고려 문벌사회에서 조선 사대부사회로

고려 문벌사회에서 조선 사대부사회로

초판 1쇄 인쇄 2025년 10월 24일
초판 1쇄 발행 2025년 11월 3일

지은이 유승원
펴낸이 정순구
책임편집 조원식
기획편집 정윤경 조수정
마케팅 황주영

출력 블루엔
용지 한서지업사
인쇄 한영문화사
제본 한영제책사

펴낸곳 (주) 역사비평사
등록 제300-2007-139호 (2007.9.20)
주소 10497 : 경기도 고양시 덕양구 화중로 100(비전타워21) 506호
전화 02-741-6123~5
팩스 02-741-6126
홈페이지 www.yukbi.com
이메일 yukbi88@naver.com

ⓒ 유승원, 2025
ISBN 978-89-7696-604-9 93910

책값은 표지 뒷면에 표시되어 있습니다.
잘못 만들어진 책은 구입하신 서점에서 바꾸어 드립니다.

高麗門閥

地門閥
門第閥慶閥大家
門閥名相門高世族

고려 문벌사회에서 조선 사대부사회로

유승원 지음

階級班民道治鄉院田制改革
兩爲王至鄉書

朝鮮士大夫

역사비평사

머리말

 이 책은 2부작으로 계획한 조선시대사의 두 번째 책에 해당한다. 첫 번째 책 『사대부시대의 사회사 —조선의 계급·의식·정치·경제구조』가 조선 사대부사회의 정치·경제·사회·사상 각 부문의 항상적인 구조를 밝히려는 것이었다면, 이 책은 문벌사회에서 사대부사회로 이행하는 구조의 변동을 다루려 한 것이다. 본래 이 책에서 사대부사회의 성립에서 해체에 이르는 사대부시대 전체의 구조 변동을 취급할 예정이었으나 조선 후기까지 한 책으로 소화하기에는 무리가 있어 부득이 사대부사회의 성립, 즉 문벌사회에서 사대부사회로의 이행까지만으로 한정하게 되었다.
 이 책의 성격이나 연구의 목적·시각은 앞의 책과 다를 바 없다. 정치사·경제사·사상사 부문과 구분되는 '부분사로서의 사회사'가 아니라 모든 부문의 구조를 통합적으로 다루는 '전체사로서의 사회사'를 지향하고, 지배계급의 속성이나 이해관계를 통해서 전체 사회구조에 접근한다는 것이다.
 연구의 목적은 서구중심주의 사관에 의해 왜곡된 한국사가 아니라, 한국사 독자의 개성을 지닌 진정한 내재적 발전을 규명하는 데 있다. 이제까지 서구사를 인류 역사의 보편적 진보의 발자취로 여겨, 한국사에서 서구사와 비슷한 양상을 보이는 부분은 발전적인 면모로 간주하고, 서구사와 다른 한국사의 행적은 세계사의 진보 노정에서의 일탈로 간주하는 경향이 없지 않았던 것이다.

근대 이전 우리 역사에는 두 차례의 사회전환이 이루어졌다. 귀족사회에서 문벌사회로 이행된 나말여초의 사회전환과 문벌사회에서 사대부사회로 이행된 여말선초의 사회전환이 그것이다. 오늘날까지 두 차례의 사회전환은 모두 제대로 된 역사적 평가를 받지 못하고 있다고 할 수 있다. 특히 여말선초 사회전환의 경우가 그러하다. 여말선초의 역사적 변화는 시대적 변화가 아니라 단지 같은 시대 내에서의 시기적 변화에 불과하다는 인식이 널리 퍼져 있다. 고려사회와 조선사회는 모두 같은 중세사회, 또는 봉건사회였다는 것이다. 면밀한 검토 끝에 내린 결론이라기보다는 고대-중세-근대라는 서구식 3구분법을 따라, 고대는 벗어났으나 근대가 될 수 없는 시대이니 고려시대와 조선시대는 동일한 중세나 봉건사회일 수밖에 없다는 선험적 예단에서 나온 것이라 할 수 있다.

흔히 동질적인 사회로 간주되어 온 고려와 조선 두 사회는 질적으로 다른 사회였다. 고려 문벌사회와 조선 사대부사회는 모든 부문에서 그 구조를 달리했으며, 위화도 회군 이후 구 문벌계급과 신 사대부계급의 전위집단 사이에 벌어진 계급투쟁이 사회전환의 계기가 되었다는 것이 이 책의 기본 시각이다.

계급투쟁기에 제시된 사회혁신의 방안 가운데 즉각적으로 시행되어 성과를 거둔 것이 적지 않았다. 전제개혁이 그 대표적인 것이었다. 전제개혁이야말로 계급투쟁의 핵심이자 계급투쟁 그 자체였다. 계급투쟁기에 미처 시행되지 못한 것은 조선왕조에 들어와 그 혁신의 방향과 방안이 계승되어 사대부사회 체제의 확립을 보게 되었던 것이다.

계급투쟁의 성과들이 그동안 충실한 평가를 받지 못한 데에는 관련 자료들이 대단히 부실한 데서 연유된 바도 크다. 자료의 부실은 전제개혁을 비롯하여 전위집단이 이룬 많은 성과들이 의도적으로 은폐되거나 축소된 데 일인이 있다고 여겨진다. 역사는 승리자의 기록이라 흔히 말해지지만 전위집단은 최종 승리자가 되지 못하였다. 정도전·조준·이성계 등 역성혁명의 주역은 숙청

되거나 실세하였고, '왕자란'으로 주역들을 몰아낸 이방원·하륜 등이 득세하게 되었던 것이다. 그들이 조선 건국기의 역사 편찬에 깊이 관여하면서 혁명 주역들이 일궈낸 성과들을 많이 지워버렸던 것으로 보인다. 그들은 혁명 주역들의 혁신책을 계승하여 태종 대의 개혁을 주도하고 위업을 이룰 수 있었다. 그 때문에 자신들의 업적을 퇴색시킬 수 있는, 건국 전후 시기의 관련 기록들을 은폐하거나 축소시키고 싶은 유혹을 떨치기 어려웠던 것으로 여겨진다.

계급투쟁에 의해 신구 지배계급이 교체되고 사회전환이 이루어진 것은 근대 이전의 세계사에서 그 유례를 찾기 어려운 것이다. 파묻혀 버린 계급투쟁기의 역사적 성과를 그 일부라도 복원해 보려는 것이 이 책의 중요한 목적의 하나이다.

이 책은 두 부분으로 구성되어 있다. 이 책 표제의 본문에 해당하는 1부와, 1부의 주장을 뒷받침하는 글들을 모은 2부이다. 1부에서는 두 사회의 구조를 파악하기 위해 앞의 책과 동일하게 각 부문별로 한두 개의 핵심 주제를 선정하였다. 사회부문에서는 신분제와 계급구성, 사상부문에서는 통치계급의 지배정당화 논리, 정치부문에서는 중앙집권적 관료제와 권력분립, 그리고 경제부문에서는 토지정책과 부세제가 그것들이다.

1장 「고려 문벌사회의 구조와 그 모순」에서는 먼저 문벌사회로서의 고려사회의 성격과 특징을 소개하고, 이어서 각 부문의 구조와 그 모순을 지적했다. 주로 고려 전기 사회가 분석의 대상이 되었다. 문벌사회 체제가 확립된 시기이기 때문이다. 2장 「사대부계급의 형성」에서는 사회전환의 배경과 계기에 초점을 맞추었다. 사대부계급의 전위집단이 탄생되기까지의 과정과 계급투쟁기에 거둘 수 있었던 구체적인 성과들을 살펴보았다. 3장 「조선 초기 사대부사회 체제의 구축」에서는 사회 각 부문에서 사대부사회 체제가 확립되는 경위를 다루었다. 계급투쟁기에 제시된 사회혁신의 방향과 방안이 조선 건국 이후 부문별로 시행되어 나간 과정을 간략히 소개한 것이다.

2부의 글 가운데 호구제와 부세제를 다룬 두 글은 상당히 긴 논문이지만, 그 자체로 중요한 주제일 뿐 아니라, 고려·조선 두 사회의 구조를 파악하기 위해 반드시 규명해야 할 사항들이기 때문에 1부와 함께 수록하였다. 2부의 마지막의 글 '전제개혁의 성과와 파장'에서는 군자전·전세공물전·병작의 실체를 간략히 밝혀 보았다. 1부 안에 넣어 서술하면 본문이 지나치게 번쇄해질까 염려되어 2부로 돌렸다.

독자들의 불편을 무릅쓰고 개설서나 인터넷에서 어렵지 않게 확인할 수 있는 내용의 소개는 대폭 생략하였다. 책의 분량이 지나치게 많아지는 것을 우려한 때문이다. 앞의 책에서 소개된 내용은 중복을 피하고자 최대한 애썼다. 1부에서는 논지를 가급적 쉽고 간결하게 서술하려 노력하였는데 다루는 영역이 넓은 탓으로 부득이 전거를 많이 생략하게 되었다. 다만 지금까지 잘 알려지지 않은 사항이나 잘못 알려진 사항에 대해서는 간략하게나마 논증하지 않을 수 없었다.

해방 이후 한국사 연구는 괄목할 만한 성과를 거두었다. 그러나 고려시대나 조선시대의 전체 사회구조를 명확히 제시할 수 있는 수준에까지 도달했다고는 말할 수 없다. 따라서 이 책에서 두 시대 사회구조의 전면적 대비에 나선 것은 상당히 무모한 시도가 아닐 수 없다. 그럼에도 불구하고 만용을 부린 것은 부분적인 사실의 천착이나 집적만으로는 두 사회의 전체 구조를 파악하기 어렵다고 생각했기 때문이다.

부분을 통해 전체의 구조를 유추하는 것이 일반적인 방법이라 할 수 있다. 그러나 역으로 전체로부터 각 부분이 차지하는 위치나 의미를 파악해 보는 것도 하나의 방법이 될 수 있을 것이다. 부분에서 전체로, 그리고 전체에서 부분으로의 접근은 상보적인 관계에 있고 연구를 진척시키는 데 도움이 될 수 있을 것으로 믿는다. 조략하게나마 기존의 관점에서 벗어나 새로운 시각에서 사회구조의 변동을 조감해 보는 것은 앞으로 해결해야 할 과제나 좀 더 관심을 기울여야 할 주제들을 발견하는 데에 도움이 되지 않을까 한다.

  감히 이 책이 이상의 역할을 제대로 수행했다고는 생각할 수 없다. 탈고에 즈음하여 자신의 역량 부족은 말할 것도 없고, 기존의 연구 성과조차 충실히 섭렵하지 못했다는 큰 두려움과 부끄러움을 느낀다. 단지 조금이라도 한국사 인식에 도움이 될 만한 문제 제기나 사실 규명이 있었기를 기대하고 또 위안으로 삼는다.

차례

머리말 5

1부 고려 문벌사회에서 조선 사대부사회로

1장 고려 문벌사회의 구조와 그 모순

1절 고려사회의 성격과 특징 16
1. 고려사회와 문벌사회 16
2. 고려문벌사회의 특징 —중국문벌사회와의 대비 22

2절 고려의 신분·계급구조와 그 모순 25
1. 고려의 신분제 26
2. 고려의 계급구조 —계급의 구성과 그 존재양태 36
3. 고려 신분·계급구조의 모순 59

3절 고려의 의식구조와 그 모순 61
1. 고려의 의식구조 —지배정당화 논리로서의 '능력주의'와 '문벌주의' 61
2. 고려사회 지배정당화 논리의 모순 —문벌주의가 초래하는 폐해 70

4절 고려의 정치구조와 그 모순 73
1. 고려의 정치구조 73
2. 고려 정치구조의 모순 83

5절 고려의 경제구조와 그 모순 94
1. 고려의 경제구조 94
2. 고려 경제구조의 모순 102

2장 사대부계급의 형성

1절 전위집단의 탄생 배경과 사회혁신책 105
  1. 전위집단의 탄생 배경 106
  2. 전위집단의 사회혁신책 114

2절 전제개혁의 성과 127
  1. 종래 인식의 검토 127
  2. 전제개혁의 목표와 성과 130

3절 계급투쟁과 사대부계급의 형성 137
  1. 전제개혁과 계급투쟁 137
  2. 사대부계급의 형성과 조선건국 141

3장 조선 초기 사대부사회 체제의 구축

1절 신분제의 재편과 계급구조의 변화 144
  1. 신분제의 재편 —양천신분제의 확립 144
  2. 계급구조의 변화 160

2절 의식구조 —이데올로기의 내용변화와 국정 172
  1. 사대부계급과 이데올로기 172
  2. 이데올로기의 내용변화와 국정 173

3절 국가체제의 정비와 권력구조의 개편 180
  1. 국가체제의 정비 —중앙집권적 관료체제의 강화 180
  2. 권력구조의 개편 187

4절 경제체제의 개편 196
  1. 토지정책과 토지이용·소유권 196
  2. 국가재정과 부세제의 개혁 222

4장 요약과 조망

1절 요약 244
    1. 고려 문벌사회의 구조와 그 모순 244
    2. 사대부계급의 형성과 계급투쟁 250
    3. 조선 초기 사대부체제의 구축 255

2절 조망 —한국사의 내재적 발전 267

2부 고려·조선 두 사회의 구조 비교를 위한 기초 작업

1장 조선 초기 '호'·'구'의 실체와 고려시대 및 조선 초기 호구제

1. 문제의 소재 276

2. 조선 초기 '호'·'구'와 호구제 280
    1) 호구통계상의 '호'·'구'의 성분 280
    2) 조선 초기 호구제의 성격 —선별적 호구제와 공식호·구의 존재양태 295

3. 선별적 호구제의 연원 319
    1) 고려 전기의 호구제와 선별적 호구제의 성립배경 319
    2) 고려 후기 호구제의 변화 328

4. 조선 초기 호구제의 운영과 그 변화 341
    1) 세조 대 이전 선별적 호구제의 운영 341
    2) 세조 대 호구제의 개혁 —선별적 호구제의 지양 347

5. 고려시대에서 조선 초기에 이르는 호구제의 변화 363

2장 고려시대에서 조선 초기에 이르는 부세 부과체계의 변화
—부과의 대상과 기준

1. 문제의 제기 375

2. 고려시대 381
    1) 고려 전기 —계급별 부세 부과체계의 시행 381
    2) 고려 후기 부과체계의 변화 392

3. 조선 초기 —보편적 부과체계의 확립 401
    1) 조선 건국기 —보편적 부과체계의 지향 401
    2) 태종~세종 대 —보편적 부과체계의 발족 408
    3) 세조 대 이후 —보편적 부과체계의 확립과 전결기준의 표준화 435

3장 전제개혁의 성과와 파장

1. 전제개혁과 군자전 445
    1) 군자전에 대한 종래 견해의 검토 445
    2) 군자전의 설정 시기 448
    3) 1차상소문의 '군전軍田'과 3차상소문의 '군수軍須' 453

2. 전제개혁과 전세공물전田稅貢物田 460

3. 조선 초기 '병작竝作' 용어의 성립 경위 464

【찾아보기】 472

1부
고려 문벌사회에서 조선 사대부사회로

1장 고려 문벌사회의 구조와 그 모순

1절 고려사회의 성격과 특징

1. 고려사회와 문벌사회

1) 고려귀족사회설의 검토

고려사회는 신라 귀족사회의 모순을 극복하고 성립한 사회로서 신라사회와는 구조가 다른 사회였다. 그러나 학계에서는 오랫동안 고려사회를 (문벌)귀족사회로 불러왔다. 최근 고려사회를 귀족사회에서 벗어난 문벌사회로 간주하려는 경향이 나타나고 있지만 아직까지 많은 연구자가 고려귀족사회설을 수용하고 있다. 고려의 (문벌)귀족은 5품 이상 관원에게 주어지는 음서의 특권을 향유하여 대대로 고위 관직을 차지했으며 폐쇄적인 통혼권을 고수했다는 것이다.

고려귀족사회설은 많은 문제점을 가지고 있다.[1] 무엇보다 귀족사회의 필

---

[1] 귀족사회설의 문제점에 대해서는 이미 지적한 바 있으므로(유승원,「고려사회를 귀족사회로 보아야 할 것인가」,『역사비평』 36, 1997), 이하에서는 그 골자만 간략히 소개하기로 한다. 고려사회의 성격을 둘러싼 여러 견해에 대해서는 채웅석,「문벌사회의 빛과 그림자」,『쟁점 한국사 전근대편』,

수적인 요건이라 할 세습귀족이 존재하지 않았다는 점이다. 고려사회에는 신라의 골품귀족과 같이 세습적인 법제적 특권을 누리는 귀족신분은 이미 소멸되었던 것이다. 둘째, 고려의 귀족제를 대변하는 것으로 제시된 음서제는 귀족제와 상당한 거리가 있다는 점이다. 음서제는 문음자손의 입사 기회만 제공할 뿐 부조와 동일한 지위를 보장하지 않는 것이어서 귀족제와 그 원리가 다르다. 한미한 가문의 사람이라 해도 5품 이상의 관직에 진출하면 기존의 5품 이상 관원과 동일한 혜택을 받아 후손을 입사시킬 수 있으므로, 조정에서는 끊임없이 관원의 물갈이가 이루어질 수 있다. 이러한 점에서 음서는 한편으로는 혈통에 따른 특혜를 누리는 귀족주의적 요소를 가짐과 동시에, 다른 한편으로는 기존의 구성원과 기성의 서열체계를 끊임없이 바꾸는 반귀족제적 성격까지 내포한 것이라 할 수 있다. 셋째, 고려사회에서는 능력주의 원칙을 가진 반귀족제적 제도까지 실시하고 있었다는 점이다. 과거제가 시행되고 있었던 것이다. 과거야말로 고려사회에서 가장 명예롭고도 보편적인 입사로였다. 이로써 고려시대에는 문벌가 내지 재상가의 끊임없는 교체가 이루어질 수 있었던 것이다.

법제적 귀족이 군림하는 전형적인 귀족사회는 아니라도 고려사회는 사실상 귀족사회와 다름없는 사회로 볼 수 있다는 관점 역시 타당하지 않다. 첫째, 이론적인 면에서 문벌과 귀족의 범주적 차이를 무시한 결함을 지니고 있다는 점이다. 고려사회에 문벌이 있다고 하여 그들을 귀족이라 부를 수는 없다. 귀족은 귀족제 사회에서만 존재하지만 문벌은 어느 사회에나 존재할 수 있기 때문이다. 둘째, 실증적인 면에서도 문벌의 존재를 입증하는 수준에서 벗어나지

창비, 2017 참조. 근래 기존의 귀족사회설에 대해 비판적인 연구를 계속해서 발표하고 있는 박재우의 다음과 같은 글도 참고가 된다. 박재우, 「고려 문벌의 형성과 성격: 문벌귀족, 새로운 이해가 필요하다」, 『고려 역사상의 탐색 – 국가체계에서 가족과 삶의 문제까지』, 집문당, 2017.

못한다는 점이다. 고려사회에 문벌이 분명히 존재했지만, 고려사회는 유독 문벌이 번성한 사회도, 문벌의식이 강한 사회도 아니었다. 고려의 문벌들은 불과 몇 대 지나지 않아 가세가 기울고 있었으며, 끊임없이 신인이나 신흥가문이 등장하여 문벌의 잦은 교체 현상을 보였다. 유서 깊은 가문임을 내세워 도도하게 행세하기보다 문지를 자랑하지 않는 것을 미덕으로 여겼다. 실제로도 기존의 문벌은 신인이나 신흥가문과 별 거리낌 없이 교유하고 통혼하였다. 문벌들의 폐쇄적 통혼권이라는 것도 같은 계급끼리 통혼하는 일반적인 계급내혼의 현상과 다를 것이 없었다.

귀족사회설이 역사 인식에 끼치는 폐해에도 유의할 필요가 있다. 귀족사회설은 소수 지배층이 사회적 특권을 사실상 독점한다는 초시대적인 명제에 초점을 맞추어, 신라의 세습귀족과 고려의 문벌의 성격을 동일시함으로써 전후 시대와의 동질성을 부각시키고 이질성을 매몰시키는 몰역사적인 인식을 조장할 수 있다는 점이다. 서구에서는 시민혁명이 일어난 근대에 와서야 귀족제가 폐기된 반면, 한국에서는 그보다 훨씬 이른 나말여초에 귀족제가 폐기됨으로써 두 사회는 극명한 대비를 보이고 있다. 그럼에도 불구하고 귀족사회설을 수용한다면, 골품귀족체제를 극복한 나말여초의 역사적 발전이 퇴색되고, 귀족사회의 조기 종식이라는 고려사회가 가진 비교사적 특색이 묻히고 말게 된다.

2) 문벌사회의 시대적 위치와 고려 문벌사회

(1) 문벌사회의 시대적 위치

문벌은 어느 사회에나 두루 존재한다. 그럼에도 불구하고 하나의 독립된 시대로 '문벌사회'를 설정하는 것이 가능하다고 생각된다. 관건은 문벌사회의 문벌과 앞이나 뒷 사회의 문벌이 성격이나 존재양태에 있어서 근본적인 차이가 있는

가의 여부에 있다. 문벌자체는 계급사회라면 어느 시대, 어느 지역을 가리지 않고 존재한다. 언제, 어디서나 명망이 있는 가문, 위신이 높은 가문은 있기 마련이기 때문이다. 그러나 시대마다 문벌의 성격이나 존재 양태는 같을 수가 없다.

귀족사회에서 문벌이라면 당연히 귀족가문이 이에 해당된다. 귀족사회의 귀족이 혈통으로 신분이 결정된다면, 문벌사회의 문벌은 성취에 의해 형성된다는 점에서 대조를 보인다. 양자의 성분도 다르다. 귀족사회에서는 보통 왕족이 최고의 귀족을 이루는 것이었으나, 문벌사회의 경우는 왕족이 아닌 자도 최고의 문벌이 될 수 있다. 바로 고려사회가 그러했다. 고려사회에서는 재상에 올라야 문벌이 될 수 있었다. 고려에서의 왕족은 좋은 혈통에도 불구하고 문벌이 되지 못했다. 종친에게는 직사를 맡기지 않는다는 '종친불임이사宗親不任以事' 원칙에 따라 왕족은 관직을 가질 수 없어 도리어 권력의 핵심에서 소외되어 있었기 때문이다.

문벌사회에서의 문벌은 근대사회의 문벌과도 다르다. 근대사회에서는 문벌을 형성하고 유지시키는 제도적 기제를 갖고 있지 않다. 따라서 근대에는 문벌을 이루는 경로가 다양하다. 권력뿐만 아니라 경제적 부나 문화적 재능으로도 이름난 가문을 이룰 수 있다. 반면 문벌사회에서는 문벌이 되는 경로가 비교적 단순했다고 할 수 있다. 예컨대 고려사회의 경우는 관직의 취득이 문벌을 이루는 거의 유일한 경로라 할 수 있다. 근대의 문벌은 잠시 형성되었다가 곧 소멸되기 쉬운 반면 문벌사회의 문벌은 가문의 유지 기간이 상대적으로 길다는 점에서도 차이가 난다. 문벌사회는 귀족사회에서는 벗어났지만 아직 근대사회에 진입하지 못한 시대에 존재한다고 할 수 있다.

다 같은 근대 이전의 사회라 하더라도 문벌사회의 문벌은 사대부사회의 문벌과 다르다. 사대부사회는 '족망族望'보다는 개인의 학식이나 덕망을 중시했다. 정계를 이끌어나갔던 산림山林의 존재가 그 상징적인 예이다. 당자가 고관이 아니어도 무방하며 문지門地와도 관계없었던 것이다.
　이상과 같은 전후 시대와의 차이를 고려하면 '문벌사회'는 다음과 같이 정의할 수 있을 것이다. "특정 혈통이나 가문에 대한 세습특권이 법제화되어 있지는 않았으나, 개인의 능력보다 가문의 배경이 우선시되거나 적어도 그에 못지않게 중시되어, 상류층에 대한 우대책이 공공연하게 입안되고 실시될 수 있었던 사회"가 그것이다.
　그렇다면 문벌사회가 존재했던 지역은 어디인가. 현재로서는 근대 이전의 중국과 한국밖에는 그 명확한 지역을 특정하기 어렵다. 유럽지역은 귀족사회에서 바로 근대사회에 진입하였으며, 근대 이전에 일시적으로 문벌사회의 형태를 띨 수는 있어도 하나의 시대를 구획할 만큼 장기간 유지된 경우는 없었던 것으로 여겨진다. 이를테면 유럽 중세에 법제적인 귀족제가 확립되기 이전 시기에 문벌이 있기는 했으나, 이 시기에 문벌에 대한 "우대책이 공공연하게 입안되고 실시"되지 않았다는 점, 그리고 마침내 문벌들은 귀족으로 추인되어 귀족사회로 귀착되었다는 점에서 독립적인 한 시대로 설정되기 어렵다. 각처에 문벌이 존재하던 시기는 귀족사회 발전 과정의 한 국면이었던 셈이다. 중국이나 한국의 경우 문벌사회는 귀족사회가 무너진 이후 사대부사회가 성립되기 이전, 즉 과거관료가 단연 국정 운영의 중심이 되기 이전의 시기에 해당되며 상당히 장기간 유지되었다. 베트남의 경우에도 과거제가 오랫동안 시행되었으므로 귀족사회에서 벗어나 문벌사회나 사대부사회의 성격을 띤 시기가 존재했을 가능성이 있으나 아직 확실한 것은 알 수 없다.

　(2) 문벌사회의 개념과 고려사회
　고려사회가 위와 같은 '문벌사회'의 정의에 부합되는 사회였음을 간단히 살펴보기로 한다. 고려사회가 "(귀족사회처럼) 특정 혈통이나 가문에 대한 세습

특권이 법제화되어 있지는 않았"음은 이미 앞에서 지적한 대로이다. 고려사회의 지배계급은 폐쇄된 '신분'이 아니라 개방된 '계급'이었던 것이다. 문벌은 관원이라는 성취적 지위를 통해서 형성되었다. 관원이 되는 가장 일반적인 방법은 공개경쟁시험인 과거를 통해 입사하는 것이었다. 기존의 지배계급에 속하지 않았던 자도 과거를 비롯한 입사로를 통하여 관원이 될 수 있었다. 향리와 경군京軍과 같은 중간계급에게는 제도적으로 입사의 기회가 보장되어 있었다. 평민계급에게는 입사의 기회가 따로 마련되어 있지는 않았으나 사환·부거·공교육수혜권이 부인되지 않았다.(후술)

다음으로 "개인의 능력보다 가문의 배경이 우선시되거나 적어도 그에 못지않게 중시되었다."라고 하는 것은 한마디로 문벌을 중시했다는 것이다. 문벌 중시의 풍조는 관련 용어가 풍부하고 빈번하게 사용된 데서 확인할 수 있다. 문벌에는 두 가지 뜻이 있다. 하나는 가문이 가진 지위·위신의 등급을 나타내며, 문지門地·문제門第 등이 그 동의어이다. 다른 하나는 문지가 높은 가문을 뜻한다. 그 동의어로는 벌열閥閱을 비롯하여 경벌慶閥·대가大家·명가名家·상문相門·고문高門, 세족世族·대족大族·갑족甲族·우족右族·망족望族·현족顯族 등이 알려져 있다.[2] 이하에서의 '문벌'은 특별한 경우가 아닌 한, 두 번째의 뜻 즉 '문지가 높은 가문'으로 사용한다. 이밖에 문지를 중시하는 분위기 속에서 고려사회에서는 족망이니 망족이니 향망鄉望이니 하는, 집안에 대한 평판을 나타내는 용어도 많이 사용되었다. 성씨에 본관을 붙여 표현하는 것도 본관 지역의 명망 가문임을 상기시키는 의미를 가질 수 있었다.

상이한 계급은 말할 것도 없고 같은 계급의 사람들에게도 문지에 따라 상이한 대우를 하였다. 지배계급인 관원층 사이에서 부조의 관직 고하에 따라 그

---

2) 金龍善,「高麗門閥의 構成要件과 家系」,『韓國史研究』93, 1996.

자제들이 입학하는 학교를 국자감·태학·사문학 등으로 구분한 고려의 교육제도, 부조의 관직 고하에 따라 문음자제의 초임직을 달리하여 기성의 문벌이 그 지위를 유지하기 용이하도록 배려하고 있는 관원 임용제도 등이 그것이다. 문지의 구분은 중간계급에서도 적용되었다. 같은 중간계급 내에서도 향리와 경군의 대우가 달랐고, 향리 사이에서도 문지에 따라 상층 향리와 하층 향리로 구분되어 향리직 내의 초임직을 달리하였다. 심지어 평민에게도 '장정莊丁'과 '백정白丁' 사이에 차등을 두었다. 명경업감시에서 양자에게 시험 궤机의 수를 달리한 것이 그것이다.

2. 고려문벌사회의 특징 —중국문벌사회와의 대비

같은 문벌사회라 하여 그 성격이 똑같을 수는 없다. 중국과 고려 사이에는 뚜렷한 차이가 있었다. 문벌사회 체제가 가장 확고했던 위진남북조 시기의 중국사회와 고려사회의 두드러진 차이는 국가권력으로부터 문벌의 독립성 여부에서 찾을 수 있다. 중국의 경우에는 문벌의 독립성이 강했던 반면, 고려의 경우에는 국가권력에의 의존성이 컸던 것이다. 중국의 경우에는 중앙의 관원이 되지 않고서도 문벌로서의 지위나 명성을 오래 유지할 수 있었던 반면, 고려의 문벌은 관직을 취득하지 않고서는 문벌이 될 수 없었다. 고려의 경우 문벌이 될 수 있는 거의 유일한 수단은 고위 관원 즉 재상이 되는 것이었다.

중국과 고려는 족망과 관품과의 선후 관계에서도 매우 뚜렷한 차이를 보인다. 중국에서는 족망 즉 '향품(鄕邑品第)'을 근거하여 입사시의 관품이나 도달할 수 있는 최고의 관품이 결정되는 경향이 있었던 반면,[3] 고려에서는 그와 반

---

3) 이하 중국 문벌사회에 대해서는 유승원, 앞의 글 참조.

대로 높은 관품을 취득한 결과로 족망이 높아진다고 말할 수 있다는 것이다.

양 사회는 문벌의 존재 지역이나 유지 기간에도 큰 차이를 드러냈다. 중국의 문벌은 주로 수도에서 멀리 떨어진 향촌에 위치한 반면, 고려의 문벌은 서울 또는 그 근교에 거주했다. 중국의 문벌은 조정의 관원으로서 복무한 뒤에는 본거지인 고향으로 낙향하는 경우가 많았던 반면, 고려의 문벌 가문은 입사와 동시에 수도로 이주한 후 줄곧 서울에만 살았다. 고향으로 돌아가게 하는 '귀향'이라는 처벌이 생길 수 있었던 것도 거주지가 서울로 굳어져 있었기 때문이다. 중국의 문벌 가운데는 왕조의 교체와 무관하게 수백 년 이상 유지되는 가문이 적지 않았고, 문벌사회의 존립기간 역시 귀족사회가 종식된 진한秦漢 이래 당에 이르기까지 천년을 훌쩍 넘는 장기간이었지만, 고려에서는 3대 이상 지속되는 가문이 많지 않았으며 문벌사회의 존립기간도 고려시대에 한정되었다.

문벌과 관원 선발제의 관계에서도 판이하다. 중국에서는 과거제를 시행함으로써 문벌제의 쇠락이 시작한 데 반해 고려에서는 문벌체제가 성립되기 전부터 과거제가 시행되었다. 또 중국에서는 문음제(任子制)가 문벌을 약화시키는 수단으로 사용되기도 한 반면, 고려에서 문음제는 문벌제의 핵심 제도가 되었다.[4]

이러한 차이들은 중국의 문벌이나 문벌제가 훨씬 강고했는 데 반해 고려의 문벌이나 문벌제는 취약했다는 것, 역으로 말하면 고려 문벌사회에서 중앙집권적 관료제가 훨씬 발달했던 것임을 말해준다. 문벌체제의 성립시기나 종식

---

4) 중국에서는 기존의 문벌이 높은 향품으로 인하여 자동적으로 정부 고위직을 독차지하는 것을 방지하기 위해 군주가 자신에 충성하는 신인을 키워 기성 문벌을 견제할 수 있게 하기 위해 임자제를 이용했다. 반면 고려에서는 군주에 대한 기성 관원들의 충성과 직무에의 충실을 독려하기 위해 음서제를 도입했던 것이다.

시기가 중국이 고려보다 훨씬 일렀던 것과도 관련된다. 같은 문벌사회라도 고려의 경우 중국보다 훨씬 늦게 성립한 반면 해당 시기의 사회수준은 더 높았던 것이다.

두 지역 문벌사회의 차이는 어디에서 유래한 것인가. 중국에서는 춘추전국시대가 종식되면서 황제 1인이 광대한 영토를 통치하는 제국이 탄생했다. 광대한 제국을 통치하기 위해서 중앙집권적 관료제를 구비하지 않으면 안 되었고, 동시에 외방에 산재해 있는 많은 지방세력을 인정하고 포섭하지 않으면 안 되었다. 이것이 진한시대 이래 중국에서 발달된 중앙집권적 관료제하에서도 문벌사회가 탄생하고 오랫동안 유지될 수 있었던 기본 배경이 된다. 중국의 문벌은 대부분 수도와 아주 멀리 떨어진 곳에 자리 잡고 있었을 뿐만 아니라 그들이 지배하는 토지와 인민의 규모도 상당했다. 반면 나말에 출현한 한국의 지방세력은 중국에 비해 상대적으로 수도와의 거리가 짧았고, 지배의 규모 역시 훨씬 작았다. 그리하여 고려왕조는 이전에 중앙집권적 관료제를 운영해 본 역사적 경험을 바탕으로 당·송의 관료제를 변용하고 활용하여 지방세력을 포섭하고 통제하는 데 비교적 빠르고 쉽게 성공할 수 있었다. 나말 이래 오랜 전란에 시달려 왔던 지방세력 역시 기꺼이 정부의 정책에 호응하여 중앙으로 진출하였고, 관원에게 주어지는 여러 가지 특혜를 향유하면서 국가체제에 안주하는 문벌계급으로 변신해 갔다.

중국문벌과 고려문벌의 가장 중요한 차이는 관직취득이 문벌 성립의 필수조건인가 여부에 있다고 할 수 있다. 즉 중국의 문벌은 자력으로 가문을 일군 지방할거세력이었던 반면, 고려의 문벌은 관직을 통해 가문을 일군 관직문벌이었던 것이다. 따라서 고려문벌사회는 관직문벌사회라고 명명할 수 있겠다.

2절 고려의 신분·계급구조와 그 모순

한 시대의 사회구조에 접근하는 지름길은 계급구조를 파악하는 일이다. 그런데 근대 이전의 사회는 동서를 막론하고 지배계급의 특권적 지위를 보장하기 위한 신분제를 운용하고 있었다. 신분과 계급이 공존하였던 것이다. 따라서 고려왕조의 사회구조를 제대로 이해하기 위해서는 신분과 계급을 함께 파악하지 않으면 안 된다.

신분은 계급과 서로 깊은 상관관계를 가지면서도 사뭇 성격을 달리하는 사회적 범주이다. 신분이나 계급은 구조화된 사회 불평등체계를 표현한다는 점에서 공통되지만 뚜렷한 차이를 가지고 있다. 무엇보다 결정적인 차이는 폐쇄성의 차이에 있다. 계급의 폐쇄성은 상대적인 반면, 신분의 폐쇄성은 절대적이라 할 수 있다. 이러한 차이는 신분체계가 현실의 계급적 차등관계를 토대로 만들어지지만, 지배계급의 이해에 배치되지 않게, 그리고 지배계급이 의도하는 방향에 맞추어 법제화된 데서 나온 것이다. 신분은 세습되는 법제적 불평등을 표현하는 반면, 계급은 현실에서 나타나는 실질적 불평등을 표현한다는 것, 그것이 신분과 계급의 기본적인 범주 차이다.[5] 신분은 "상호간의 법제적 차등을 징표로 하는 집단이며 동시에 그러한 법제적 차등이 혈통에 따라 세습되도록 규제된 집단"이라 정의할 수 있다. 따라서 신분제는 "한 사회의 구성원을 혈통에 따라 지위를 세습하는 둘 이상의 신분으로 구분하고, 각 신분 사이의 특권이나 차대差待, 특히 권리·의무상의 차등을 규정하는 법제 혹은 법적 체제"라 말할 수 있다. 이러한 정의와 개념에 입각하여 고려시대의 신분제와 계급구조를 차례로 살펴보기로 한다.

---

[5] 이하 신분의 개념과 신분제의 유형에 대해서는 유승원, 「신분제」, 『역사용어사전』, 서울대 역사연구소 편, 서울대학교출판문화원, 2015 참조.

1. 고려의 신분제

1) 고려 신분제의 유형적 특성

(1) 고려 신분제에 대한 기존설의 검토

이제까지 고려시대의 신분제에 대해서 여러 가지 견해가 피력되어 왔지만 신분체계에 대한 가장 일반적인 견해는 다음과 같은 두 가지로 간추릴 수 있다. 하나는 4신분설로 고려의 기본신분은 '귀족' – '중류층' – '양민' – '천민'의 4신분으로 구성되어 있었다는 것이다. 다른 하나는 양천제설로 고려의 기본신분은 양인과 천인의 둘로 구성되어 있었다는 것이다.

4신분설은 오랫동안 통설적 지위를 차지해 온 견해이다. 4신분설 내에서 각 신분의 범위를 둘러싸고 다시 여러 가지 견해 차이를 보이는데, 대표적인 견해를 소개하면 대략 다음과 같다. 관원층이 지배신분층을 이루는 가운데 최상위 신분인 '귀족'은 음서나 공음전의 혜택을 받는 5품 이상의 관원으로서 이들이 대대로 고위 관직을 차지하여 '문벌귀족'을 형성한다는 것이다. '중류층'으로는 중앙관청의 서리, 궁중 실무를 담당하는 관리인 남반, 지방 군현의 향리, 경군을 구성하는 군반 등이 지목된다. '양민'은 일반 백성으로서 그 절대다수를 차지하는 것은 백정白丁으로 불리는 군현민이었다. 향·소·부곡·진·역·장·처 등의 특수행정구역에 거주하는 사람들은 한동안 '집단천민'으로 간주되기도 하였으나 이제는 양인에 속한다는 쪽으로 의견이 모아지고 있다. 천민으로는 주로 노비가 거론된다.

이러한 설명에는 몇 가지 문제점이 있는 것으로 보인다. 첫째, 집단범주의 구분이 철저하지 못하다는 점이다. 즉 전근대사회의 사회적 구분을 모두 신분적 구분에 해당하는 것으로 간주하며 신분·계급·계층과 같은 집단적 범주를

구분하지 않고 혼용하여 신분체계를 논한다는 점이다.[6]

둘째, 신분제사회에서는 반드시 귀족이라는 특권신분이 존재한다고 전제한다는 점이다. 귀족사회설의 오류에 대해서는 이미 앞에서 살펴본 바 있으므로 다음과 같은 사항만 지적해 두기로 한다. 세습귀족이 아닐 경우에는 굳이 '귀족'으로 부를 것이 아니라 '문벌'로 지칭하는 것이 타당하다는 것이다.

셋째, 신분제를 카스트적인 위계제로 보는 관점이다. 우리 학계에서는 전근대사회의 신분제는 모두 카스트적인 체계를 가지는 것으로 전제하고 해당 시대의 신분구성에 접근하는 경향을 보인다. 즉 모든 사회구성원이 최상위의 특권신분으로부터 최하위의 천민신분에 이르기까지 계서적으로 배열되었을 것으로 상정하고 해당 시대의 신분체계를 설명하려 한다는 것이다. 신라골품제 사회는 말할 것도 없고 조선사회까지 이러한 방식을 적용하여 '양반' - '중인' - '상민' - '천민'의 신분구성을 제시한다. 그러나 실은 모든 사회구성원을 대상으로 한 계서적 신분체계를 가진 신분제는 세계사에서 아주 드물다는 점에 유의할 필요가 있다.

넷째, '양민'과 '천민'을 하급 신분의 대표 명칭으로 채택한 점이다. 양민과 천민은 법제적 용어가 아니라 그저 '선량한 인민', '미천한 인민'이라는 의미를 가진 용어일 뿐이다. 더구나 이러한 명칭은 당시의 법규정에는 전혀 보이지 않는 용어일 뿐 아니라 천민은 용례조차 찾아보기 어렵다.

다음으로 양천제설을 검토해 보기로 하자. 최근의 대표적인 양천제설을 보면 고려시대의 신분제가 양·천 2분법적 신분제였다고 보고 양인 내의 사士·서庶 구분과 중간계층의 존재를 가지고 '신분·계층질서'를 설명하는 방식을

---

[6] 계급과 계층의 구분에 대해서는 유승원, 「문제의 제기와 계급·계층의 개념」, 『사대부시대의 사회사 - 조선의 계급·의식·정치·경제구조』, 2020 참조.

취하고 있다.[7] 사·서의 구분이란 품관과 진사 및 문음자손 등을 '사'로 하고, 일반 양인인 '서'와 구분하는 것을 말한다. 중간계층이란 사·서의 중간에 위치한 계층으로서 향리·서리·남반·잡류 등과 군반씨족의 군인 등이 이에 속하는 것으로 본다.

이 견해는 종래의 4신분론이 지닌 방법론적 문제점을 극복하기 위해 계급·계층과 범주가 다른 신분의 특성을 고려하면서 입론한 것이다. 우선 기본신분에서 귀족이라는 신분을 배제했다. 양천제설에서 법제와 일상에서의 행태를 구별하여 '사·서구분'이라 표현한 것도 눈여겨 볼만하다. 앞의 4신분론에서 고려의 양천 구분을 인정하는 경우에도 양인 내에서의 사·서의 구분을 마치 하나의 법제처럼 취급하여 '사'를 귀족으로 간주한 것과 뚜렷이 대비된다. 마지막으로 '중간계층'이라 하여 여기에 속한 집단을 '신분'이 아닌 '계층'으로 파악하여 기본신분으로 인정하지 않은 것도 주목된다.

그러나 이 견해에도 '계층'의 개념처럼 선뜻 수긍하기 어려운 부분이 없지 않다고 생각된다. "상·하 둘로 나누어지는 계층이 존재하는 사회에서 두 계층의 중간에 끼어 계층이동이 가능하면서 동시에 현실적으로는 계층적 고정성이 두드러지는 계층"이라고 중간계층을 정의하였는데[8] 중간계층의 가장 핵심적 집단의 하나인 향리가 이 정의에 부합되지 않는 것이 그것이다. 향리는 상승이동하는 데는 아무런 법제적 제약이 없었지만, 향리 가계에 속하지 않는 집단은 향리로 진출할 수 없는, 폐쇄된 집단이었기 때문이다. 향리 내에서도 상승이동의 기회를 잡지 못하는 절대다수의 향리는 자자손손 향리라는 신분으로 남아 있어야 했다. 따라서 향리는 '서리'나 '남반'과 동일한 집단 범주에

---

7) 채웅석,「고려전기 사회적 분업 편성의 다원성과 신분·계층질서」,『한국중세사연구』45, 2016 참조.
8) 채웅석,「고려 "중간계층"의 존재양태 – 연구상의 문제점 검토와 연구의 진전을 위한 제언」,『高麗朝鮮前期 中人硏究』, 新書苑, 2001, 159쪽.

소속시킬 수 없다. 즉 향리는 서리나 남반처럼 집단의 유출·유입이 제한되어 있지 않은 계층과는 구분되는 신분집단이었던 것이다.

(2) 고려 전기 신분제의 유형적 특성

'세습적인 법제적 차등'이라는 신분의 지표를 가지고 접근했을 때 고려의 신분제는 포괄형과 선별형이라는 두 유형이 혼재하는 다원형의 신분제로 파악된다. 신분제의 유형은 첫째, 국가나 지배계급이 분명한 의도를 가지고 제정한 것인가 여부에 따라 적극형과 소극형으로 구분되고 둘째, 사회의 모든 구성원을 대상으로 권리·의무가 지정된 것인가 여부에 따라 포괄형과 선별형으로 구분될 수 있으며,[9] 셋째, 한 사회가 몇 개의 신분체계를 가지는가에 따라 일원형과 다원형으로 구분될 수 있다. 다만 실제에 있어서 한 신분제가 상반된 유형의 성격을 동시에 갖는 경우가 드물지 않다. 고려의 경우도 마찬가지이다.

고려는 양천제라는 포괄형의 신분제를 채택하면서도 동시에, 직역인으로 구성된 중간신분(향리·경군)과 특수행정구역인으로 구성된 잡척(향·소·부곡·진·역인)이라는 선별형의 신분집단을 설정하였다. 즉 고려시대의 신분에는 포괄형의 양·천과 선별형의 중간신분·잡척이 있었다고 하겠다.

2) 포괄형의 신분—양·천

고려시대에 포괄형 신분제로서의 양천제가 수용된 것은 한국 신분제의 역사에서 획기적인 일이었다. 귀족과 같은 세습적인 특권신분을 폐기했을 뿐만

---
[9] 선별형은 사회구성원 중 특정부류만을 대상으로 고유의 자격이나 권리·의무를 규정한 결과로, 이들과 여타의 사회구성원이 신분적으로 구분되는 유형이다.

아니라, 양인의 사환권을 원칙적으로 인정한 것이기 때문이다. 전 시대에 귀족과 귀족 아닌 자의 구분이 가장 일차적인 사회적 구분이었던 것이, 고려시대에 이르러서는 노비와 노비 아닌 자의 구분이 가장 일차적인 사회적 구분으로 바뀐 것이다.

그러나 양천제는 고려시대의 실질적인 신분제라기보다는 명목상의 신분제에 가까웠다. 양인의 신분적 제일성齊一性—보편적인 권리·의무의 설정으로 인한 양인의 신분적 동일성—이 확립되어 있지 않았을 뿐만 아니라, 양·천 2분법적 구분조차 분명하게 성립되지 않았던 것이다. 노비가 '천'·'천인'으로 지칭되었음은 확인되지만, '양'·'양인'이 비천인 일반의 범칭이었는지도 확인되지 않는다. 고려시대에 과연 관원층에서 평민에 이르는 모든 비천인자가 동일한 양인이라는 의식을 가지고 있었는지는 확언하기 어렵다는 것이다.

천인의 경우에도 그 범위가 불분명하였다. 양천제가 확립된 당의 경우에는 노비 외에도 다양한 종류의 천인이 있고, 천인들 사이에 분명한 차등 체계가 설정되어 있었던 데 반해, 고려에서는 노비만이 천인에 해당하는 것인지 다른 천인이 있는 것인지 아무런 규정을 남기지 않았다. 양천이 일단 노비 아닌 자와 노비를 구분한 것임은 분명하지만, 과연 노비 아닌 자는 무조건 양인으로 간주되었는지는 알 수 없다. 이를테면 노비 아닌 양수척이 양인에 속하는지 천인에 속하는지 확인할 수 없다는 것이다. 노비만이 천인이라는 분명한 규정도 찾을 수 없고, 그와 같은 의식의 존재도 명확하지 않다. 단지 노비는 천인으로 간주되고 있었고, 노비 아닌 자가 천인으로 지칭된 사례가 나타나지 않을 뿐이다.

이러한 점에서 잡척양인설에서 잡척의 신분을 양인으로 간주하는 것도 위험성이 있다고 지적하지 않을 수 없다. 양천 2분법적 구분을 전제하고서 잡척을 천인으로 보기 어려우므로 잡척은 양인이라는 결론을 도출한 것이기 때문이다. 잡척과 같이 일반 양인과 세습적인 권리·의무를 달리하는 집단이 있었던 것은 비노비자 내에도 신분구분이 존재하고 있었음을 보여준다. 비노비자 내부의 신분은 잡척말고도 더 있었다. 곧 살펴보게 될 중간신분이다. 양인의 신분적 제일성이 성립될 수 없었던 결정적인 원인이다.

고려시대에 양인신분의 범위는 모호했지만 천인으로서 노비의 신분은 명확하게 설정되어 있었다. 노비는 사환권 자체가 인정되지 않았을 뿐만 아니라 매매나 상속의 대상이 되었다. 양인과의 혼인 금지 원칙이 표방되고 있었으며 금혼령을 어긴 자들에 대한 처벌 규정과 함께 교혼소생에 대한 신분귀속규정도 명확히 제정되어 있었다. 부모 중 어느 한 쪽만 천인이어도 천인으로 삼는 '일천즉천一賤則賤' 규정이 그것이다.

고려시대의 천인신분 소유자는 과연 노비뿐이었는가. 고려시대에는 노비만이 천인이라는 명확한 의식을 갖고 있지는 않았던 것으로 보인다. 가령 부거권을 인정하지 않는 자의 하나로 열거된 '오천五賤'의 존재가 보이기 때문이다.[10] '오천'의 정체는 아직 밝혀져 있지 않다. 당의 양천제를 수용하면서 천인에 관천민(官賤民: 工戶·樂戶·官戶)과 사천민(私賤民: 부곡·사노비) 등 많은 천인을 두고 있던 당의 천인제를 원용한 것인지, 고려 독자적으로 설정한 천인인지 알 수 없다. 그러나 '오천'을 언급하는 것을 보면 이 당시 위정자가 노비만이 천인이라는 확고한 의식을 가지고 있지 않았음을 엿볼 수 있다. 후술하는 바와 같이 조선 태종 대에 이르러 간척干尺과 같은 고려 이래의 미천한 부류를 '종량從良'하는 조치가 취해졌던 것도 그 방증이 될 수 있다. 그때까지도 천인의 범위가 불분명하게 남아있었던 것이다.

종종 천인으로 거론되곤 하는 양수척·화척도 고려시대에 애당초 양천 그

---

10) "五逆·五賤·不忠·不孝·鄕·部曲·樂工·雜類子孫 勿許赴擧"(『고려사』 권 73, 선거지1 과목 1 靖宗 11년 4월 判)

어느 하나로 소속시키기 어려운 부류였던 것으로 생각된다. 그들은 소위 군주의 교화 대상에서 제외된 '화외지민化外之民'에 해당되어 위정자로부터 도외시된, 신분체계 밖의 사람이 아니었나 한다.

고려시대에는 양천제가 도입되기는 했지만 정착되지 못하였다. 양천제의 핵심이 되는 양인의 신분적 제일성이 구축되지 못했던 것이다. 문지에 따라 사람을 평가하고 대우하는 것이 일반화되어 있는 사회에서 양인 일반에 대한 보편적인 권리·의무를 부여한다는 것은 이루어지기 어려운 일이었다. 그리하여 고려시대에는 포괄형의 양천제 외에 선별형의 신분제를 병용하게 되었다.

3) 선별형의 신분 —중간신분·잡척

세습적인 법제적 차등이라는 신분의 분류 - 검출 기준에 입각하여 고려시대의 사회집단을 살펴보면 양·천 외에도 향리·경군 등의 직역인으로 구성된 '중간신분'과 향·소·부곡·진·역 등의 특수행정구역 소속된 '잡척'이라는 신분집단을 찾을 수 있다. 이 두 신분집단은 그들만의 자격이나 권리·의무를 부여했다는 점에서 다른 구성원과 구분되는, 선별형의 신분에 해당하는 집단이라 할 수 있다.

(1) 중간신분

중간신분은 고려 왕조가 나말 향촌에서 형성된 계층질서를 그대로 신분제에 끌어들인 결과로 탄생된 것이다. 중앙집권적 관료제를 토대로 하여 국가체제를 정비하고 중앙 관원을 육성하는 작업을 본격화하면서, 고려왕조가 당면한 문제는 '전국에 산재한 지방세력을 어떻게 포섭하고 활용할 것인가'였다. 자율적인 지배체제와 계층질서를 가지고 있던 향촌사회의 지배층과 중견층에 대하여 평민과 다른 특별한 권리와 의무를 설정하게 된 것은 그 해결 방안의 하나였다. 그들은 선별적 신분으로서의 중간신분이 된 것이다.

중간신분은 '직역職役'을 매개로 성립되는 신분이다. 향리와 경군이라는 두 개의 집단으로 이루어진 중간신분은 평민계급에 해당하는 백정과 여러 가지 면에서 구분된다. 첫째, 향리와 경군은 각각 향역과 군역이라는 고유의 직역에 복무한다는 점, 둘째, 자손에게 직역과 그 반대급부로 지급하는 직역전을 세전하게 한다는 점, 셋째, 제한 없는 사환권과 부거권을 누린다는 점, 넷째, 입사에서 백정에게는 주어지지 않는 특채의 기회가 제공된다는 점이다. 향리에게는 향직鄕職이나 무산계武散階의 수여, 입사직 서리로의 진출, 계수관시를 통한 향공鄕貢 진출 등의 많은 기회가 부여된 것이 그것이다. 경군에게는 복무 중 항상 장교로 발탁되어 무반이 될 수 있는 기회가 부여되었다.

문제가 되는 것은 경군의 구체적인 범위이다. '직역'이란 무엇인가. 직역은 연구자에 따라 여러 가지 개념으로 사용되지만, 그 어의만으로 본다면 '직책에 따라 수행해야 할 의무 내지 업무' 정도의 의미를 갖는다. 고려시대의 직역은 '신역'과는 뚜렷이 구분될 수 있는 것이라 할 수 있다. 즉 신역이 모든 공민에게 부과하는 보편적 의무인 데 반해 직역은 토지지급을 매개로 특정부류에게만 부과된다는 점, 신역은 세전이라는 규제를 설치하지 않는 반면 직역은 '전정연립田丁連立'의 형식으로 영대적으로 세전하도록 해 놓았다는 점이 그것이다.

이러한 점에서 잡직·서리·공장 등은 직역으로 일컬어지기는 했지만,[11] 선별적인 신분으로서의 직역인에는 포함될 수 없다. 설사 정부에서 그들에게 토지를 주고 자손들이 부조의 직역을 승계하기를 기대하고, 또 자손 중에 실제

---

11) "內面妃主·宗室·百官 外面三京·州·府·郡·縣 莫不有祿 以養廉恥 而以至雜職·胥史·工匠·凡有**職役**者亦
皆有常俸 以代其耕 謂之別賜"(『高麗史』 권80, 식화지3 녹봉)

로 승계한 자들이 상당수 있었다 하더라도, 하나의 신분집단으로 간주될 수 없다는 것이다. 유출과 유입이 항상 열려 있는 집단이기 때문이다. 따라서 이들은 신분이 아니라 계급 또는 계층으로 취급되어야 할 집단이다.

　다음으로는 직역인으로서 경군의 범위이다. 경군의 성격에 대해서 아직도 상당한 논란이 남아 있기는 하지만, 대략 2원적 구성론으로 의견이 모아지고 있다. 즉 경군은 2군을 중심으로 한 군반씨족과 6위를 중심으로 한 번상군으로 구성되어 있었다는 것이다. 문제는 선별적 신분으로서의 경군에 군반씨족만이 해당하는가, 아니면 번상군도 해당하는가이다. 전시과의 토지를 지급받는 군반씨족의 경우는 의심할 바 없지만, 번상군까지 과연 직역전을 받았는가가 문제가 된다. 만약 경군이 모두 직역전을 받았다면 군인전의 총액이 수십만 결로 전국 토지면적의 대부분을 차지할 만큼 과다해지기 때문이다. 현재로서는 군인전 과다의 문제를 말끔히 해결할 수는 없지만 번상군도 다음과 같은 점에서 군인전을 매개로 군역을 세전하였다고 생각된다. 첫째, 같은 경군인데 군반씨족에게는 지급하고 번상군에는 지급하지 않는다는 것은 지나치게 형평성에 어긋난다는 점이다. 둘째, 실제로 군반씨족이 아닌데도 군인전을 받은 사례가 확인된다는 점이다.[12] 셋째, 군역 및 군인전의 연립을 언급하면서 '군인'이라 범칭하여 군반씨족과 번상군을 구분하지 않았다는 점이다.[13] 넷째, '잡류'라고 일컬어지는 미입사직未入仕職의 하급 이속에게도 전시과의 토지가 지급되었는데 경군에게 토지를 지급하지 않는다는 것은 이해하기 어렵다는 점이다. 다섯째, 번상군이 본래 지방에서 차지하던 '전업적 군사'라는 위상

---

12) 숙종 대 이영의 사례가 그것이다. 그의 부 이중선은 호장이었다가 경군으로 옮겼는데 그대로 영업전을 보유할 수 있었다. 군반씨족에 속하지 않은 사람이 군인전을 받은 셈이다.(『고려사』 권 97, 이영전)

13) "軍人年老身病者 許令子孫親族代之 無子孫親族者 年滿七十閒 屬監門衛 七十後 只給口分田五結 收餘田 至於海軍 亦依此例"(『고려사』 권 78, 식화지1 전제 전시과 문종 23년 10월 判)

으로 보아,[14] 중앙정부가 번상군에 대해서 무상의 복역을 요구하지는 않았을 것이라는 것이다. 여섯째, 고려 후기의 기사이기는 하지만 지방군의 확장을 시도하면서, 공민왕이 군 1정에게 17결의 족정을 지급한 예전의 토지지급 방식을 부활하려는 포부를 피력했다는 점이다.[15]

(2) 잡척

잡척이란 향·소·부곡·진·역 등 특수행정구역에 거주하는 사람들을 통칭하는 용어였다. 잡척의 경우 과거에 응시할 수 있는 부거권이나 공교육을 받을 수 있는 공교육 수혜권 등을 불허하는 규정을 찾아볼 수 있다. 사로에 나가는 데 성공한 경우에도 승진에 일정한 제한을 두는 한직限職의 제한을 받았다. 비록 일반 군현에 거주하는 사람과의 혼인을 막지는 않았으나 잡척과 군현인 사이에서 태어난 소생을 모두 잡척이 되게 함으로써 잡척은 유입은 있으나 유출은 없는, 혈통적으로 폐쇄된 집단으로 설정되어 있었다. 일반 군현민과 뚜렷한 신분적 구분이 설치되어 있었던 것이다.

지방제도의 정비 과정에서 주·부·군·현의 편성은 여러 가지 사항을 고려하여 이루어졌다. 지리적 경계나 수취·교통의 편의성, 군사적 중요성 등이 그 기준이 되었지만, 지역별 지방세력이 가진 세력의 크기나 왕조에 대한 그간의 정치적 향배도 중요한 기준이 되었다. 그리하여 고려 전기 주·부·군·현 등의 관

---

14) 중앙으로 번상했던 保勝·精勇 역시 군반씨족과 마찬가지로 전업적 군사였다.(최종석, 「高麗前期 保勝·精勇軍의 성격과 지방군 구성에 대한 재검토」, 『역사와 담론』 58, 2011) 그들의 뿌리는 나말의 지역별 자위공동체의 전업적 군사에 있었을 것이다. 당시에는 장기간의 전란으로 인하여 공동체마다 전업적 군사를 갖추지 않을 수 없었고, 지방의 기존 지배체제는 고려 건국 이후에도 그대로 온존되었기 때문이다. 당시 향촌에서 전업적 군사의 역할을 담당할 만한 자는 일찍이 신라의 지방군에 소속되었던 자를 비롯하여 향촌민 가운데 직접 농사를 짓지 않고도 생활이 가능한 중견층이었을 것이다.

15) 『고려사』 권 81, 병지1 병제 공민왕 5년 6월.

호官號는 토지나 인구의 규모와 배치되는 경우가 많이 발생했고, 설정된 특수 행정구역 가운데 고려왕조에 적대적인 세력에 대한 징벌적 규제가 설치되는 경우도 발생했다. 잡척에 대한 신분적 제한은 그러한 규제의 산물이었다.[16]

당시 위정자들은 귀족제를 폐기하고 양천제를 수용하였지만, 양천제에 대한 의식은 매우 단순하고도 막연한 것이었다. 노비는 여타의 구성원과 신분적으로 구분되어야 한다는 것, 노비 아닌 자 가운데 능력 있는 자라면 사환하지 못할 이유는 없다는 것 두 가지 정도였다. 노비 아닌 모든 사회구성원이 동일한 신분의 소유자라든가, 동일한 권리·의무를 가져야 한다든가 하는 의식은 없었던 것이다. 그리하여 선별적 신분으로서 중간신분과 잡척이 노비와 함께 고려 전기 사회를 대표하는 신분을 구성하게 된 것이다.

2. 고려의 계급구조 —계급의 구성과 그 존재양태

계급은 실질적인 사회불평등을 기준으로 분류되는 집단범주이다. 계급을 분류-검출하는 지표는 세 가지를 꼽을 수 있다. 사회적 구분, 사회적 관계, 집단의 고정성이 그것이다. 사회 구성원 내의 한 집단을 다른 집단과 분리하는 '사회적 구분'에는 인종이나 언어·성별·연령 등 여러 가지 차원의 구분이 있지만 계급은 가장 대표적인 사회적 구분이 된다. 근대 이전 사회에서 계급의 구분은 흔히 신분이나 지위집단이라는 형태로 나타나며, 계급별 집단 호칭으로 표현된다. '귀족'과 '평민'은 가장 대표적인 집단 호칭이며, '사士'나 '양반'도 이에 해당된다.

상대하는 계급과 대립·의존의 관계를 가지는 '사회적 관계'에는 사회적 생

---

16) 태조 '훈요십조' 중 제8조의 "津驛雜尺 … 雖其良民, 不宜使在位用事"는 그 상징적인 지침이었다.(『고려사』 권 2, 세가 태조 26년 4월)

산의 과정에서 맺어지는 관계(생산관계)와 사회적 역할의 배분에서 맺어지는 관계가 있다. 예컨대 지주와 작인과의 생산관계, 통치와 생산과 같은 사회적 역할 배분 등이 그것이다. 이 점에서 계급은 사회적 위계상의 서열만을 표현하는 '등급적 계층'과 구분된다.

마지막 지표로는 '집단적 고정성'이 있다. 계급의 구성원은 짧은 기간이나 당대에 국한되지 않고 세대를 넘어서까지 소속 계급에 고정되는 경향을 가진다. 계급에도 구성원의 유입이나 유출은 항상 이루어지지만, 계급 전체로 보면 어디까지나 국부적인 현상에 불과할 뿐이다. 이 지표 역시 계급과 계층을 나누는 기준이 된다. 해당 집단이 차지하는 특정 시점의 사회적 위치로 결정되는 계층 역시 계급처럼 구조화된 사회불평등체계를 반영하지만 계급과 달리 당대에도 여러 차례 그 성원은 소속을 달리하여 상하로 이동할 수 있기 때문이다. 이상과 같은 계급의 분류-검출기준, '관계적 계급'과 '등급적 계층' 사이의 차이에 유의한다면 고려시대의 계급은 문벌계급·중간계급·평민계급·노비계급이라는 4개의 계급으로 구성되어 있었다고 할 수 있다.

1) 문벌계급

(1) 구성원

문벌체제가 형성되는 성종 대 이후, 문벌계급은 고려사회의 지배계급이 되었다. 문벌계급의 핵심을 이루는 것은 문벌이었다. 고려사회의 문벌은 3대 4촌 범위의 친족에 재상을 둘 이상 배출한 집안 정도로 잡아볼 수 있을 듯하다.[17] 여기서 4촌은 내·외·처친을 가리지 않는 친족의 촌수를 가리킨다. 고려

---

[17] 여기서 통상적으로 쓰이는 '가문'이라는 용어 대신 '집안'이라는 용어를 사용한 것은 무엇보다 가문이 조선 후기 이래의 부계혈족을 연상시키는 용어이기 때문이다. 고려시대에도 '가문'이라는

의 친족제도는 '양측적 친속'으로 밝혀져 있기 때문이다.[18] 고려시대에 직역이나 문음·상속·연좌 등 친족으로서 수혜나 징벌이 미치는 범위가 대개 자·손·서·제·질이었음을 감안하면, 고려에서의 집안은 내·외·처족을 불문하고 적어도 3대 4촌 정도의 범위를 갖는다고 할 수 있다. 그리고 3대 4촌 정도의 범위는 바로 고려에서 조선 초기에 자주 사용되었던 '1가一家'의 범위와 대략 부합된다.[19] 재상의 배출은 문벌이 되기 위한 일차적인 요건이다. 2품 이상의 재상은 관원 중에서도 최고위직에 해당할 뿐 아니라 고려에서 재상의 권능은 막강했기 때문이다. 당시의 사람들이 지목한 문벌에는 예외 없이 재상을 배출한 집안이 들어 있다.

문벌계급은 문벌체제의 지지자이며 수혜자이다. 따라서 고려시대의 지배계급을 문벌계급이라 명명할 수 있다. 문벌계급은 문벌만으로 구성되지는 않는다. 문벌은 문벌계급의 핵심일 뿐이다. 귀족계급에 속하는 사람이 모두 귀족이 아닌 것과 같은 이치이다. 예컨대 중세 영국에서 신분으로서의 작위귀족은 수십 명에 지나지 않는 아주 소수였지만 기사·에스콰이어·젠틀맨 등 귀족계급으로서의 귀족은 그보다 훨씬 많았다.

문벌계급은 관원층으로 구성되었다. 관원은 다른 집단과 사회적으로 구분되었다. 관원과 관원 아닌 사람 사이의 구분은 고려사회에서 무엇보다 두드러

용어는 사용되었다(『고려사』 권 3, 세가 성종 9년; 『고려사』 권 100, 崔世輔傳). 그러나 고려시대 '가문'의 용례에서는 한 가문 구성원의 범위를 짐작하기 어렵다. 고려시대 문지의 단위로서의 가문이라면 오늘날 우리가 "그 집안에는 운동선수가 많다"고 말할 때의 '집안' 정도에 해당하는 것이 아닌가 한다. 이때 집안의 범위에 속하는 사람이 반드시 부계혈족일 필요는 없을 것이다. 친가·외가는 물론 처가까지 아우를 수 있다. 그러한 점에서 부계제가 아직 정착되지 않았던 조선 전기까지의 사회에서는 가문보다는 집안이라는 용어가 좀 더 적당할 것으로 생각된다.

18) 노명호, 『高麗社會의 兩側的 親屬組織 硏究』, 서울대학교 박사학위논문, 1988.
19) 1가의 기능에 대해서는 이 책의 2부 1장 「조선 초기 '호'·'구'의 실체와 고려시대 및 조선 초기의 호구제」 참조. 이하 고려에서 조선 초기에 이르는 호구제와 관련된 내용은 위의 글 참조.

진 사회적 구분이었다. 국가로부터 받는 여러 가지 특혜와 예우, 그리고 높은 사회적인 위신 때문이었다. 고려시대에는 전 인민을 곧잘 '사서士庶'로 표현하였는데 이때 사와 서는 각각 지배계급과 피지배계급을 가리키는 것이었으며 '사'는 일차적으로 관원을 지칭하는 것이었다. 관원은 높은 위신을 가진 자였으므로 관원을 지칭하는 어휘가 발달해 있었다. 주로 관원을 지칭하는 사대부를 비롯하여 사류(士流·士類), 사림 등이 있고, 관원의 친족까지 포함하는 좀 더 넓은 범위의 사인士人, 사족도 사용되었다.

고려사회의 문벌계급을 구성하는 관원층이란 구체적으로는 서울에 호적을 둔 재경관원과 그 '1가'의 사람들로 구성된다고 할 수 있다. 문벌계급 구성원의 조건으로 관원이라는 조건에 굳이 '재경'이라는 조건을 첨가한 것은 고려 전기까지 지배계급은 개경과 그 인근에 거주하였기 때문이다. 이를테면 지방의 향리 출신이 입사한 경우 그 가족이 모두 고향을 떠나 서울로 이주하였던 것이다.[20] 지방에 토착했던 자라도 관원이 되면 서울로 이주한 것은 후대에 계속해서 사로에 진출하기를 기대한 때문이기도 하지만 서울의 호적에 올라 있어야 부세의 면제와 같은 관원으로서의 특혜를 제대로 누릴 수 있었기 때문이다.

지배계급은 관원층으로만 구성되어 있었다고 보아야 할 것인가. 향리층도 지배계급으로 간주할 수 있다는 견해가 있다. 그 논거는 대략 두 가지로 간추려진다. 나말의 지방세력에 기원을 두고 있는 향리는 정부로부터 그 지위를 인정받아 향촌에서 지배층의 위치에 있었고, 실제로 속현에서 통치의 기능을 수행했으며 상당한 자율권을 가졌다는 것이 하나이다. 다른 하나는 향리가 관원의 모집단의 하나로서 꾸준히 관원으로 진출하였을 뿐만 아니라 관원층과 자유로이 통혼할 수 있었다는 것이다. 일리 있는 논거이기는 하지만 한계도

---

20) 김용선, 「高麗 支配層의 埋葬地에 대한 考察」, 『동아연구』 17, 1989에서 고려 전기에는 퇴직 후에도 개경 인근에서 생활하였음이 밝혀졌다.

있다고 여겨진다. 이러한 주장은 고려 초의 상황에 초점이 맞추어진 것으로서 문벌계급이 형성되고 문벌사회체제가 성립된 성종 이후에는 해당되기 어려운 것이라 할 수 있다. 향촌에 남아 있는 지방세력은 문벌계급과 구분되는 중간계급이 된 것이다.

(2) 문벌계급과 문벌체제의 형성

고려왕조의 탄생 이래 문벌계급이 형성되기까지 두 단계의 과정을 겪었던 것으로 생각된다. 문벌계급의 모태가 되는 상류층이 형성되는 1단계와, 상류층이 다시 문벌계급과 중간계급으로 분화되는 2단계가 그것이다.[21] 1단계는 고려건국에서 경종 대까지, 2단계는 성종 대에서 현종 대까지가 각각 해당되는 것으로 이해된다.

고려왕조가 건국되면서 왕조의 지배 영역에 속하는 지역의 지방세력은 건국 이전부터 왕건의 친위세력을 이루고 있던 중앙세력과 함께 고려왕조의 상류층을 이루게 되었다. 나말의 크고 작은 지방세력 가운데 고려왕조에 귀부한 세력이 중앙의 통제와 보호를 동시에 받으면서 고려사회의 상류층으로 인정된 것이다.

향리의 전신인 고려 초의 지방세력은 나말 이래 지역별로 설치된 자치적 행정 조직인 관반(官班)의 상위직을 차지하고 있었다. 관반체제는 후삼국 통일 이후에도 향리직제로 개편되기까지 큰 변화 없이 유지되었다. 향촌의 지배층은 그들이 구축한 기성의 권력·지위에 대한 추인을 받았고 향촌 내부의 계층구성도 역시 그대로 유지되었다. 태조 사후 중앙에서는 중앙정치세력에 대한 광종의 대대적인 숙청과 같은 여러 가지 정치적 파동을 겪었지만, 향촌에서의

---

21) 상류층이란 사회적 위계 체계에서 상위 등급을 차지하고 있으나, 아직 사회적 구분·사회적 관계·집단적 고정성과 같은 계급의 요건을 확고하게 갖추지 못한 상태에 있는 집단을 가리킨 것이다.

기존 지배체제에는 큰 변동이 없었다.

성종 대에 이르러 고려식 중앙집권적 관료체제가 정립되고 지방에 대한 통제가 이루어짐으로써 상류층이 문벌계급과 중간계급으로 분화를 보게 되었다. 문벌체제가 성립할 수 있었던 배경은 두 가지였다. 중앙의 관원에 대한 우대책의 시행과 관원집안 내에서의 관원의 재생산이다.

관원에 대한 광범한 우대책은 관원 재생산의 발판이 되었다. 고려 초기 관원들은 그 전신이 지방세력이었고 끊임없이 지방에서 충원되고 있었지만, 기존의 관원집안에서 배출되는 관원이 점차 관원의 주류를 이루게 된 것이다. 이러한 문벌체제를 기반으로 문벌도 형성되었다. 고려 중앙집권적 관료체제의 최성기라 지목되는 문종 대에 고려 최대의 문벌의 하나인 최충 가문이 대두한 것이 대표적인 예이다. 그는 향리 집안에서 몸을 일으켜 과거에 급제하고 수상인 문하시중까지 역임한 인물이다. 그의 집안에서 과거 또는 음서를 통해 많은 재상이 배출되었고 최충을 포함하여 3대가 잇달아 문하시중이 되었다.[22] 최충이 문헌공도라 불린 사학私學을 열자 순식간에 사학이 불어나 서울에는 사학 12도가 생기게 되었다. 과거도 재경 유생이 거의 독점하는 상황을 보여주는 것이다. 이제 재경관원층은 향촌지배층과 지역적으로 분리되었을 뿐 아니라 서로 다른 계급을 이루게 되었다.

문벌체제가 성립됨으로써 향리와 같은 향촌지배층은 통치계급의 지위에서 통치계급을 보조하는 지위로 밀려나게 되었다. 관원으로 구성된 문벌계급과 향촌지배층 사이에 상하관계가 뚜렷해진 것이다. 12주에 외관을 파견하여 지방에 대한 중앙의 직접적인 통제가 본격화되기 시작한 성종 2년에 자율적인 관반체제를 운영하던 향촌지배층은 전국에 걸쳐 일률적으로 규정된 향리직

---

[22] 자세한 내용은 박용운, 「고려시대 해주최씨와 파평윤씨 가문 분석」, 『고려사회와 문벌귀족가문』, 경인문화사, 2003 참조.

체제에 편입되었다.

이후에도 향리들은 읍사邑司를 구성하여 여전히 군현 행정을 주관하였지만, 외관에게 보고하고 그의 지휘와 감독을 받지 않으면 안 되게 되었다. 성종 15년에 모든 군현에 2원 이상의 중앙 관원이 사심관으로 배정된 것도 주목할 만한 일이다. 중앙 관원에게 자신의 연고지에 상당한 영향력을 행사할 수 있는 공식적인 권한이 부여된 것이다. 이상과 같은 과정을 거쳐 나말려초의 상류층은 성종 이후 분화되어 각기 지배계급과 중간계급으로 정립된 것이다.

(3) 관원의 대우

고려시대의 관원에게는 많은 혜택과 예우가 베풀어졌다. 경제적 혜택으로서는 녹봉 외에 전시과 토지의 지급과 함께 공음전시를 받을 수 있는 기회가 주어진다. 재경 관원은 광범한 면세의 혜택을 누렸다. 양반전의 지급으로 조세는 사실상 면제의 혜택을 누렸고, 서울의 호적에 등재되었기 때문에 공물과 요역은 자연스럽게 부담하지 않아도 되었다. 지방에 있는 그들의 소유지를 관리하고 경작하는 노비나 용전인傭佃人[23]에게도 일체 부세가 부과되지 않았다. 조용조 3세의 면세 혜택은 문벌계급의 외방 소유지를 일종의 불수불입不輸不入의 특권지로 만들었고 이를 토대로 용전인을 예농으로 지배할 수 있었다. 단지 거주지인 서울의 요역을 제한적으로 부담했을 뿐이다.[24]

---

[23] 이 책에서는 고려시대 상류층의 토지를 경작하는 자를 특별히 '전호' 대신 『조선경국전』 상, 부전 경리조에서 사용된 '용전인'이라는 용어를 빌어 표기하였다. '전호'는 이미 밝혀진 대로 차지借地 여부와 관계없이 단순히 경작자를 가리키는 용어여서 그들을 전호라고 부르는 것이 적절치 않고, 지주에 예속되어 있는 그들을 지주와 경제적 관계를 맺는 '소작인'으로 부르는 것 역시 적절치 않기 때문이다. 반면 품을 팔아 토지를 경작한다는 의미의 용전인은 지주에게 의존성을 드러낼 수 있다는 점에서 무난한 용어가 될 수 있지 않을까 한다.

[24] 이 책의 2부 2장 「고려시대에서 조선 초기에 이르는 부세 부과체계의 변화 – 부과의 대상과 기준」 참조. 이하 고려에서 조선 초기에 이르는 부세제와 관련된 내용은 위의 글 참조.

사환상의 혜택으로는 무엇보다 5품 이상의 관원에게 주어지는 음서의 특혜를 들 수 있다. 고려시대의 음서의 구체적인 내용에 대해서는 여러 가지 다른 주장이 있지만 관원의 재생산에 크게 활용되었다는 점에는 이견이 없다. 음서에 의해 입사하여도 실직에 바로 임용되지 못하고 오래 적체할 수 있으나 대기하는 동안 동정직同正職으로 한인전閑人田을 받을 수 있었다.[25] 집안이 번성하면 할수록 이점은 커져서 5품 이상의 관원이 여럿 있을 경우에는 여러 가족에게 음서의 혜택을 부여할 수 있었다. 또한 관위가 높으면 높은 초직을 받을 수 있을 뿐 아니라, 승진 과정에서도 문지의 영향으로 빠르게 승진할 수 있어서 문벌의 재생산에 크게 유리했다. 일단 관원이 되면 과거 응시에도 혜택이 주어졌으니 서인의 경우와 달리 3단계 시험의 마지막 단계인 예부시에 직부할 수 있었던 것이다.

　관인에게 베풀어지는 예우도 적지 않았다. 중범죄가 아닐 경우 수속收贖과 같은 벌금형으로 신체형을 면할 수 있고 관당官當으로 죄를 탕감할 수도 있었다. 복식이나 탈 것 등에서 서인과 구분되는 위신을 과시할 수 있었다. 지배계급을 지칭하는 용어들이 한결같이 관원을 일차적으로 지칭하는 것이었음은 우연한 일이 아니었던 것이다.

2) 중간계급

(1) 구성원

　고려시대의 중간계급은 중간신분인 향리와 경군을 바탕으로 구성되었다. 그리고 여기에 남반 및 서리 가운데 일부, 즉 남반·서리직을 세업으로 삼고 있

---

25) 문철영,「고려시대의 閑人과 閑人田」,『한국사론』 18, 1988.

었던 약간의 무리를 첨가할 수 있을 것으로 생각된다. 고려시대의 중간계급은 종래 '중간계층'으로 분류되어 온 자들과 거의 중첩된다. 그러나 '중간계급'에 속하는 자와 단순히 '중간계층'으로 분류될 수 있는 자는 명확히 구분할 필요가 있다.

향리와 경군은 신라의 중앙정부가 지방에 대한 통제력을 상실한 나말에, 자치적인 공동체를 성립시키고 있었던 향촌사회에서, 각기 지배층과 중견층으로 자리 잡고 있던 세력에 기원을 두었다. 중앙정부가 그들을 대상으로 고유의 권리와 의무를 부여하여 중간신분으로 설정한 데서 중간계급으로서의 위치가 확정되었다. 즉 '직역'을 세전하게 되면서 다른 계급과의 뚜렷한 사회적 구분과 집단의 고정성이 이루어졌다. 또한 '직역'을 매개로 하여 '통치'라는 지배계급의 역할을 보조하는 사회적 역할―즉 각기 국가 행정 수행과 국가공동체 수호라는 통치의 보조 역할―이 부여된 데에 기인한 것이다.

남반과 중앙 서리를 일괄적으로 중간계급으로 간주하기 어려운 이유는 이들의 직책 자체는 품관으로 올라가는 징검다리가 될 뿐, 직책 소유자 일반이 고정된 집단을 형성하기 어렵기 때문이다. 그리고 실제로도 남반이나 서리는 다양한 부류로 구성되어 있었던 것으로 알려져 있다. 남반의 경우에는 남반 진출자의 성분을 구체적으로 확인하기 어렵지만, 서리의 경우에는 소수이나마 서리 진출자의 구체적인 성분을 확인할 수 있다. 음서로 진출한 문음자제가 있었으며 향리·경군·기인에서 진출한 자도 있다. 그밖에 잡업을 통해 진출한 자, 비입사직 이속에서 특별조치로 입사한 자도 있었다. 서리의 자식이 부조를 이어 서리가 되는 경우가 많았을 것이지만 하나의 '신분층'으로 굳어지지는 않았던 것으로 보인다.[26] 남반·서리 진출자 가운데 남반이나 서리직

---

[26] 이상 서리 진출자의 성분에 대해서는 박종진,「고려시기 이속직의 구조와 서리의 지위」,『高麗-朝鮮前期 中人硏究』, 신서원, 2001 참조.

을 가업으로 삼아 대를 이어 남반과 서리에 진출했던 부류는 중간계급에 속한다고 할 수 있다. 계급의 세 가지 지표를 모두 충족시킬 수 있기 때문이다. 반면 중앙의 이속 가운데 미입사직에 해당하는 하급이속이라든가, 악공이나 중앙의 관아에서 복무하는 공장 등은 평민 중의 특수 직업군으로 취급하는 것이 더 온당해 보인다.(후술)

(2) 사회적 지위와 타계급과의 관계

향리는 지배계급과의 사이에 대립과 의존관계를 가지고 있었다. 향리는 문벌국가의 통치에 참여하고 대민 행정을 수행하였으며 국가권력과 지배계급의 지원 속에서 피지배계급 위에 군림할 수 있었다. 이러한 면이 의존관계라면 다른 한편으로 향리는 지배계급과 대립관계를 가지고 있었다. 항시 명령을 내리고 명령을 수행하는 상하관계를 형성하였기 때문이다.

경군 역시 지배계급과 대립과 의존의 관계를 가졌다. 경군은 국가의 국방과 치안의 중심이 되어 공동체의 수호라는 통치의 가장 중요한 역할을 수행하였고 국가 내지 지배계급에 의해 일정한 지위가 보장되었다. 그러나 경군은 지배계급과 대립관계도 가지고 있었다. 우선 지휘관인 무반과 상명하복의 관계에 놓여 있었다. 경군이 보유한 군인전의 총량이 많았기 때문에, 그들 역시 지배계급의 침탈 대상이 되었다.

향리와 경군은 중간계급으로서 피지배계급과도 대립과 의존관계를 가졌다. 국가나 지배계급으로부터 지배와 통제, 수탈을 당하는 입장에 있어 피지배계급과 일정하게 이해를 공유하는 부분이 있었다. 향리는 향민의 조락을 막기 위해 지나친 수탈로부터 피지배계급을 보호해야 했고 비번의 번상군은 향촌의 방어와 치안을 담당했다. 반면 향리는 지배계급의 보좌역으로서 국가나 지배계급의 지배·통제와 수탈을 도왔다. 국가 수취의 대행자였으며 외관을 도와 대민행정을 수행했다. 경군은 피지배계급의 저항이 일어나면 이를 진압하는 위치에 있었다.

(3) 경제적 기반과 사회이동

고려 전기의 향리층은 대체로 중소지주 정도의 경제적 기반은 가지고 있었을 것으로 보인다. 나말 이래 향촌사회 내에서 지배층의 지위를 유지해 왔기 때문이다. 향리층의 용전인도 문벌계급의 경우와 마찬가지로 예농적 처지에 놓여 있었을 것으로 추정된다.

경군 내에서 군반씨족은 번상군보다 상대적으로 경제적 기반이 나았을 것이다. 그러나 경군 전체의 경제적 표준은 지주 겸 자작 정도에 해당하지 않았을까 한다. 이들의 기원은 나말 자위공동체에서 전업적인 전사로 활동했던 자들로 추정되므로 농경에 전념하지 않아도 되는 경제적 기반을 가지고 있었다고 보아야 할 것이다. 이들에게 주어지는 직역전의 규모가 20여 결(군반씨족의 경우)에서 최소 7~8결(반정半丁을 받은 번상군의 경우)이었다.

중간계급은 문벌계급으로 상승이동을 할 기회가 마련되어 있었다. 향리는 향공으로 과거에 나아가 관원이 될 수 있었고 입사직 서리를 거쳐 품관으로 진출할 수 있었다. 고려시대에는 무과가 시행되지 않았으니 경군은 복무 중 '항오行伍'에서 장교로 발탁되는 경우가 적지 않았을 것이다. 이는 실제 사례에서 종종 확인되는 사항이다. 향리는 서리뿐만 아니라 경군으로의 이동도 가능했다. 앞에서 본 이영의 사례에서 호장에서 경군으로, 그리고 경군에서 서리로의 전환하는 것이 가능했음을 알 수 있다.

3) 평민계급

(1) 구성원

평민계급의 구성원은 다양했다. 생업으로 보면 농업 외에 공·상업에 종사하는 자들이 있었고, 궁정의 내료나 중앙관아의 하급이속·공장·악공 등으로 나아가기도 했다. 평민은 사회적 지위를 기준으로 하여 상하층으로 구분할 수 있다. 일반 군현민과 잡척의 구분, 자유농과 예농의 구분이 그것이다.

평민의 구성이 단순하지 않다 하더라도 평민의 계급적 지표는 뚜렷하다. 평민계급은 '평민'이라는 어의대로 평범한 사람·보통사람으로서 노비와 구분되었으며, 비노자 가운데서도 관원이라든가 직역인과 같은 특수한 자들과 구분되었다. 평민의 사회적 역할은 기본적으로 사회적 생산에 있다. 근대 이전 거의 모든 사회에서 나타나는 평민의 공통된 역할이다. 농민의 경우 자작농이 평민의 중심을 이루며 국가 부세의 주된 부담자였다. 그러나 문벌계급이나 향리와 같은 권력 있는 사람들의 토지를 경작하는 용전인은 사실상 예농의 처지를 면하기 어려웠던 것으로 보인다. 경제적 지위도 열악했거니와 정부에 의해 방치된 상태에 있었기 때문이다.

평민의 절대다수는 농민이었지만 공상인도 평민의 일부였다. 공상에게는 때때로 입사 금지 등 권리의 제한이 가해졌고, 본업을 세전시키려는 정책이 입안되는 경우도 없지 않았다. 그러나 이들은 독립된 신분집단이 되지는 않았다. 공상에 대한 세전 규제는 중앙관아에서 직임을 가진 공장에게만 적용되었고 일시적인 것으로 그쳤기 때문이다. 기본적으로 사농공상의 4민은 상호 전환이 가능하다는 사회적 인식이 있었고 실제로도 직업의 전환은 인정되었다. 또 공상 자식의 사환도 인정되었다. 공상 자손에 대한 규제가 없지는 않았지만 주로 높은 관직에 오를 때에야 문제가 되었고 제한도 철저히 이루어지지 못했다.

(문종) 27년 정월에 유사有司에서 아뢰기를, "법전(令典)을 보면 공상 집안은 기능을 가지고 위를 섬기는 자이니, 본업에 전념할 뿐 입사하여 사士와 나란히 할 수 없게 되어 있습니다. 군기주부 최충행과 양온령동정 양운은 모두 공장의 외손이며, 별장 나례와 대정 예순 역시 모두 공장의 적손嫡孫인데, 스스로 9등급의 유품(九流)을 흠모하여 본업을 버리고 이미 조정의 반행班行에 올랐으니, 다시 공장에 충속시킬 수는 없습니다. 바라건대 각자 현재의 관직으로 제한하고, (다른 관직으로) 옮겨 제수하는 것을 허용하지 마십시오."라고 하였다. 제서制書를 내리기를, "신해년(1071)에 낭장 충맹을 대장군까지로 제한한 전례에 따라 사로를 통하게 하여(許通) 임용하라."라고 하였다. 중서성에서 논박하여 아뢰기를, "최충행 등은 큰 공적이나 능력이 없는데도 세계世系의 허물을 가리고 숨겨서 함부로 유품에 들어왔으니, 변방에서 무공을 세운 충맹의 예와 같이 하는 것은 마땅하지 않습니다."라고 하였다. 그러자 제서를 내리기를, "청요직淸要職과 이민직理民職을 제외하고는 모두 이전의 제서에서 말한 것과 같게 하라."고 하였다.(『고려사』 권 75, 선거지 3 전주 한직)

여기서 공장의 후예로 문무반에 진출한 자들이 여럿 나타난다. 이 가운데 군기주부에 오른 최충행은 과거에 급제하여 입사했을 가능성이 있다. 군공으로 서용되지 않았기 때문이다.[27] 문종이 신료의 반대에도 불구하고 청요직(대간직)이나 이민직(수령)은 제외하되 종3품인 대장군까지 승진할 수 있게 한

---

27) 서성호, 「高麗前期 지배체제와 工匠」, 『한국사론』 27, 1992 참조.

것을 보아서도 그렇게 추정할 수 있다. 그가 '세계의 허물을 가리고 숨'겼다고 한 구체적인 내용은 알 수 없으나 4조의 성명만 밝히고 공인工人의 후예임은 노출되지 않게 한 것으로 추정된다. 시간이 많이 차이가 나지만 조선시대에도 공상이 세계를 숨긴 채 급제한 뒤에 고위직 승진 과정에서 세계가 적발되어 논란되는 경우가 많았다.[28]

위의 기사에서 유사에서는 "법전(令典)을 보면 공상 집안은 … 본업에 전념할 뿐 입사하여 사士와 나란히 할 수 없게 되어 있"다고 말하고 있다. 그러나 가업을 바꾼 행위나 과거 응시(또는 입사) 자체는 문제 삼지 않고 세계를 감춘 것만 문제 삼는다든가 파직시키자고 하지 않고 현재의 관직에만 묶어두자고 한 것을 보면, 전업은 말할 것도 없고 공상의 자손에 대한 사환 금지도 그리 철저한 것이 아니었음을 짐작케 한다. 세계를 숨긴 사실이 발각되었음에도 내버려 두면 계속 승진하게 될 것으로 예상하고 있다든가, 신료의 불허 요청에도 불구하고 종3품인 대장군까지 승진할 수 있게 한 것을 보면 평민과 다른 독립된 신분집단이라 보기 어렵다.

(2) 사회적 지위

평민 자작농인 백정이 자유민임은 두말할 나위가 없다. 그러나 평민 가운데 사전의 용전인은 법적으로는 자유민이라 할 수 있어도 사실상은 예농적 지위에 있었던 것으로 짐작된다. 고려시대의 정부는 문벌계급이나 향리에 대한 배려는 컸던 반면, 용전인은 방치하였다. 용전인을 특정하는 용어조차 확인되지 않으며 존재 자체가 사료에 등장하는 일이 드문 것은 그 때문일 것이다. 고려 전기 광종 대와 예종 대에 진전陳田에서의 수취율을 책정하는 대목에서 용전

---

28) 유승원, 앞의 책, 157~159쪽 참조.

인의 자취가 어렴풋이 나타난다.

> 1) 광종 24년 12월에 판하기를 "진전간경인陳田墾耕人은 사전의 경우에는 초년에 수확한 것을 전부 지급하고 2년에는 비로소 전주와 반으로 나눈다. 공전은 3년을 기한으로 전부 지급하며 4년에는 법에 따라 조세를 걷는다." 하였다.(『고려사』 권 78, 식화지 1 전제 조세)
>
> 2) (예종) 6년 6월에 판하기를 "3년 이상 진전이면 간경하여 수확한 것을 두 해 동안 모두 전호에 지급하며 제3년에는 전주와 함께 반으로 나눈다. 2년 진전은 4분을 비율로 하여 1분을 전주에게 3분은 전호, 1년 진전은 3분을 비율로 하여 1분은 전주, 2분은 전호로 한다." 하였다.(『고려사』 권 78, 식화지 1 전제 조세)

공·사전의 진전을 간경한 대가로 처음 한 두 해는 수확의 많은 몫을 차지하고 그 뒤에는 전주와 반분하는 '전호'는 과연 누구일까. 해당 토지를 경작하던 기존의 용전인이라기보다는 진전의 경작을 자원한 새로운 용전인일 가능성이 높다고 생각된다. 기존의 용전인이라고 보기에는 의문스러운 점이 많기 때문이다. 기존의 용전인이라면 전지를 황폐시킨 장본인일 텐데 책임을 묻기는커녕 개간을 유도할 좋은 조건을 제시하고 있는 점, 기존의 용전인에게 이 규정을 적용한다면 용전인은 자신이 경작하는 척박한 전지가 진전이 되지 않도록 굳이 애쓸 필요를 느끼지 않게 될 수도 있다는 점, 이제까지 전주와 용전인의 차경관계를 사적 관계로 치부하여 방치하고 있던 정부가 갑자기 용전인의 보호에 나선 이유도 찾기 어렵다는 점, 기존의 용전인을 '진전간경인'이라 표현한 것도 어울리지 않는다는 점 등이다.

정부가 이러한 규정을 만들고 나선 것은 기존의 용전인이 대거 유이하여 진전이 많이 발생하게 되자 진전의 개간을 독려하여 사전주와 새로운 용전인을 동시에 보호하려는 목적에서였다고 추정된다. 광종 대의 조건보다(자료 1)) 예종 대의 조건(자료 2))의 조건이 용전인에게 더 유리해진 것도 유이가 계속해서 발생했기 때문일 것이다.

용전인의 유이가 많이 발생하게 된 이유는 전주의 자의적 수탈을 더 이상 감내하지 않게 되었던 데 있었다고 보인다. 후삼국 통일 이전에는 전국적으로 전란 상황에 놓여 있으므로 용전인이 소속 자위공동체를 좀처럼 벗어나기 어려워 열악한 처지를 감내했을 테지만, 전란이 종식된 이후에도 이전과 같은 수탈을 당한다면 용전인이 반발하지 않을 수 없게 될 것이다. 더구나 전주가 중앙에 진출하여 서울로 거처를 옮기면 부재지주가 되어 감시가 소홀해질 수밖에 없으므로 용전인은 유이하기가 그만큼 수월해진다. 용전인의 유이가 많아지면 자연히 진전도 많아지게 되고 관원에 대한 수조지 분급도 원활히 이루어질 수 없게 될 것이다.

정부가 상기의 규정을 마련한 구체적인 목표는 새로운 용전인으로 하여금 일정 기간 많은 수확을 차지하게 하고 그 뒤에도 1/2이라는 정률 지대를 정부가 보증해 줌으로써 진전의 개간 자원자를 유도하는 데 있었다고 보인다. 다시 말하면 정부는 수취율을 공정함으로써 전주의 자의적인 수탈이나 인격적 지배로부터 용전인을 보호하려는 것이며, 이것은 궁극적으로는 전주에게도 이익이 될 것이다. 상기의 규정은 지주가 1/2을 넘게 수탈하면 용전인이 항의하고 관에 호소할 수 있게 되고, 정부도 전주를 처벌할 근거를 마련했다는 점에서 적지 않은 의미가 있었다고 보인다. 다만 정부의 통제가 과연 얼마만큼의 실효를 거둘 수 있었는지는 알 수 없는 일이다. 만약 이상과 같은 추정이 사실과 부합하는 것이라면, 기존의 용전인은 자유농이 아닌 예농적 처지의 농민이었다고 할 수 있다. 결국 평민계급의 대종을 이루는 농민층은 자유농과 예농이라는 두 개의 층으로 구성되어 있었다고 할 수 있다.

특수행정구역에 거주하는 잡척은 군현민과 구분되는 선별적 신분이었지만 계급으로서는 군현의 백정과 함께 평민계급으로 간주할 수 있다. 사회적 역할이나 사회경제적 존재양태에 본질적인 차이를 발견할 수 없기 때문이다. 신분은 다르지만 계급은 같을 수 있다. 예컨대 서구 중세의 농노 내지 예농과 자치도시에 거주하는 시민은 각기 부자유민과 자유민으로서 신분적 처지는 다르지만 같은 평민으로 간주되었던 것은 그 좋은 예이다.

잡척은 비록 사회적 지위가 군현민보다 낮고 부세의 부담이 군현민보다 다소 무거웠지만 생활면에서 일반 군현민과 본질적인 차이가 없었던 것으로 알려져 있다. 단지 특정한 물자를 생산하여 납부할 의무가 지워진 소민所民의 존재양태는 다른 지역의 거주민과 차이가 있었을 것이다.

(3) 사회이동

근대 이전의 사회라도 평민계급의 수평이동, 그리고 수직이동 특히 하강이동은 곧잘 일어난다. 농에서 공·상으로, 공·상에서 농으로의 전환 같은 수평이동, 그리고 자작농이 몰락하여 유이하거나 용전인이 되고, 심지어 노비로 전락하는 하강이동이 그것이다. 반면 근대 이전의 사회에서 평민계급의 활발한 상승이동을 기대하기는 어려운 일이다. 신분적 제약을 받는 경우가 많기 때문이다.

그러나 다 같은 근대 이전의 사회라 해도 중국이나 한국과 같은 유교적 관료국가에서는 법제적으로 상승이동이 허용되었고, 근거리 이동이라면 실제로도 드물지 않게 이루어질 수 있었다. 고려시대에 평민계급의 상승이동은 법제적으로 가능했고 실제로도 이루어지고 있었던 것이다.

고려시대 평민의 근거리 상승이동에 해당하는 것은 평민이 궁정에 설치된 내료직이나 일반 관아에 설치된 하급 이속직 그리고 공장과 악공 같은 기능·기예직으로 진출하는 것이다. 고려 전기에 그와 같은 말단 직임에 채용된 자들을 가리키는 용어가 '잡류'였고, 그들을 뽑아 승진시키는 사로가 '잡로雜路'였다. 미입사직 하급 이속이 '잡류'로 불렸다는 것이나, 이들이 '잡로'로 진출할 수 있어도 품관직에는 나갈 수 없었다는 기존의 설명은 대체로 타당하다고 보인다. 그러나 잡류는 미입사직의 말단 이속만을 가리키는 것이 아니라 미입사직의 궁정 내료·공장·악공 등도 포함하는 '잡다한 부류'를 범칭하는 용어였다고 보인다.[29] 이들 모두가 미입사직의 직임에 종사하는 자들이었고 국가로부터 전시과 토지를 수급하였기 때문이다. 문종 30년의 '경정전시과'의 최하위 18과에서는 이들을 일일이 열거하는 번거로움을 피해서 '잡류'로 범칭하고 있다. 전주를 맡은 이·병부에서 임용하는 사로인 정로와 달리, 잡로는 여러 기관에서 자체적으로 필요한 인원을 선발하여 이부에 보고하여 허락을 받고 채용한 후 일정한 복무기간이 끝나면 같은 계통의 더 높은 직임으로 승급할 수 있게 했던 '잡다한 사로'를 가리키는 것으로 보인다.

잡로에 진출하는 자는 어떠한 자였을까. 한 시기를 잘라 놓고 잡로인들의 성분을 조사하면 부조가 잡로직을 역임했던 자들이 적지 않았을 것으로 추정할 수 있다. 그러나 잡로인이나 그 후손들 가운데에는 잡로직을 발판으로 하여 좀 더 지위를 상승시킨 자들이나 아예 다른 길로 방향을 바꾼 자들이 있고, 같은 잡로에 해당한다 하더라도 '출신사로'를 달리하는 자들도 있을 것이

---

29) 잡류가 '잡다한 부류'를 가리키는 것으로서 말단 이속 외에도 여러 부류가 포함될 수 있다는 점은 이미 김난옥, 「고려·조선전기 잡류의 구성과 계층적 이질성」, 『한국사학보』 40, 2010에서 지적된 바 있다.

다.30) 잡로직을 세업으로 삼는 자라 할지라도 애초에는 잡로직과 무관한 사람이 많았을 것이다. 또 부조의 잡로직을 계승하고 싶다고 항상 희망대로 이루어질 수는 없었을 것이다. 악공이나 공장의 경우 그 자손이 부조의 기술를 배우기가 다른 사람에 비해 상대적으로 수월할 수는 있겠지만, 그 자손이 반드시 부조와 같은 수준의 기능·기예를 가질 수는 없는 노릇이기 때문이다. 해당 관아에서는 악공이나 공장의 자손이 아니라도 기능·기예에 따라 신인을 채용할 수 있었을 것이다.

그렇다면 잡로직에 처음 진출하는 사람들은 누구일까. 평민일 수밖에 없다. 중간계급 이상의 자들은 정로를 통하여 사로에 진출하였을 것이기 때문이다. 사로 진출 당시의 상황을 상정해보면 다음과 같다. 개경에는 기존의 잡로인과 함께 부세를 피하거나 수직의 기회를 얻기 위해 지방에서 올라온 평민들이 잡로직에 지원하였을 것이다. 이미 부조 대부터 잡로직에 진출한 자는 단연 채용상의 유리한 고지를 점했음에 틀림없다. 잡로직에 대한 정보에 밝고 해당 관아에 인맥도 있어서 알음알음으로 채용되기 쉬울 것이기 때문이다. 그러나 잡로인들이 모두 잡로직을 세업으로 삼는다고 하기는 어렵다. 잡로직에 대한 대우가 좋다고 할 수 없고 잡로인에 대한 제한도 많았기 때문이다. 잡로직을 발판으로 하여 자신이나 후손들의 지위 상승을 꾀하는 경우가 많았을 것이다. 결국 잡로인에서 잡로인이 많이 배출되는 경향은 있었을지라도 하나의 세습집단을 형성하기는 어려웠다는 것이다. 향리와 경군처럼 세전되는 '직역'과 '영업전'이 주어지는 것이 아니었기 때문이다.

평민들이 반드시 잡로를 통해서만 입사하는 것은 아니었다. 과거나 군공 등

---

30) 이를테면 악공의 1자는 계업하고 다른 자식은 하급 이속직으로 나가게 하는 조치를 찾아볼 수 있다. "文宗七年十月 判 樂工有三四子者 以一子繼業 其餘 屬注膳·幕士·驅史 轉陪戎副尉·校尉 限至曜武校尉"(『고려사』권 75, 선거지3 銓注 限職)

을 통해 문무관 진출을 도모하는 자도 있었다. 잡로로서는 유품관에 진출하기 어렵기 때문이다. 문무관 진출을 도모하는 평민들은 어떠한 자들이었을까. 우선 잡로인의 자손으로서 이미 개경에 생활 터전이 마련된 자를 상정할 수 있다. 다음으로는 개경의 공상인이다. 공장의 후예 가운데는 앞에서 본 바와 같이 공장으로서의 사로 대신 다른 사로를 구하는 자도 있었다.

이제 원거리 상승이동과 관련하여 가장 중요한 사항인 평민의 과거 응시 문제를 살펴보기로 한다. 지금까지의 일반적인 견해는 일반 평민에게는 과거 가운데 가장 중요한 제술업에 응시할 권리가 주어지지 않았다는 것이다. 그 논거는 대략 다음과 같은 3가지다. 첫째, 향공을 선발하는 계수관시에 나갈 수 있는 자는 "각 주현의 부호장 이상의 손과 부호정 이상 자"로 한정되어 있으니 백정과 같은 평민은 응시할 수 없었다는 것이다. 둘째, 의업의 응시자격을 언급하면서 "의업은 널리 익히게 할 필요가 있으므로 호정 이상의 자에 한정하지 말고 서인이라도 악공·잡류에 관계되지 않으면 응시할 수 있게 하라"는 규정의 존재이다. 이를 통해 평민은 잡업에만 응시할 수 있었음을 알 수 있다는 것이다. 셋째, '장정壯丁'이나 '백정'은 명경업감시의 경우에만 응시자로 나타난다는 것이다. 즉 명경업보다 더 중요하였던 제술업감시에 대해서 언급이 없는 것은 제술업감시의 경우에는 자격이 없었음을 시사한다는 것이다.

이러한 통설과 달리 양인이면 일체의 응시 제한이 없었다고 생각하는 연구자도 있다. 과거 응시 금지는 천인에게나 해당되는 사항이지 양인에게는 해당되지 않는 것이어서 잡류 자손들에 대한 부거 금지도 일시적인 조치에 불과했다는 것을 지적한다. 무엇보다 양대업의 하나로 꼽히는 명경업에 응시 대상자로 명기되어 있었다는 것은 양인의 부거권을 분명하게 보여주는 것이라 주장했다. 적절한 지적이라 할 수 있다. 그러나 막연한 추정에 그치는 것인 까닭에 많은 연구자가 수용하지 않았다.

여기서 평민은 제술업 응시자격이 없다는 주장에 대해 재고를 요하는 사항을 두어 가지 지적해 두고 싶다. 우선 앞의 계수관시 조항에 "각 주현의 부호장 이상의 손과 부호정 이상 자"로 한정되어 있다고 하여 이것을 가지고 이들만이 응시자격을 가졌다고 단정하기 어렵다는 것이다. 이에 대해서는 "과거의 일반 응시자격을 명시한 것이라기보다 단순한 鄕貢에 대한 규정으로서, 유력한 지방세력을 과거에 나오도록 적극적으로 독려하는 선으로 책정된 것은 아니었을까 추정해 볼 수도 있겠다."는 의견을 이미 피력한 바 있다.[31] 의업에 관한 규정 역시 그 제정 취지가 양대업의 응시는 안 되고 의업과 같은 잡업만은 서인에게도 허락하자는 데 있는 것이 아니라, 의업의 경우에는 향리층만이 아니라 여타의 평민에게도 적극적으로 의업을 익혀 시험을 치르도록 독려하자는 데 있었던 것이 아닌가 한다.

마지막으로 명경업 감시에 백정과 장정의 응시가 명시된 것을 어떻게 해석할 것인가에 대한 것이다. 이는 명경업 감시에만 백정·장정의 응시가 예외적으로 허락되는 것임을 말하는 것이 아니라, 도리어 백정과 장정에게도 원칙적으로 과거응시자격이 있었음을 시사하는 근거로 간주할 수 있다는 것이다. 감시는 2단계의 시험이므로[32] 명경업 감시에 응시하는 백정·장정은 이미 1단계의 시험을 통과한 자였을 것이기 때문이다.[33] 그렇다면 초시에 별문제없

---

31) 유승원, 앞의 글「고려사회를 귀족사회로 보아야 할 것인가」, 216쪽.
32) 고려시대의 과거는 1단계의 시험인 지방의 계수관시나 서경시 및 개경시, 2단계의 시험인 국자감의 감시, 3단계의 예부시로 처리된다. 박용운,「고려시대 과거의 고시와 체계에 대한 연구」,『한국사연구』61·62, 1988.
33) 1단계 시험을 거치지 않고 바로 백정이나 장정의 감시 응시가 가능했다고 생각할 수는 없다. 상층 향리의 자제는 계수관시를 거쳐야만 감시를 볼 수 있는데 백정이나 장정은 감시에 바로 응시할 수 있었다고 생각할 수는 없기 때문이다.

이 응시하고 합격했던 백정과 장정이 왜 2단계인 감시의 규정에 새삼스레 응시자로 나타나게 된 것일까. 혹시 이전에는 백정·장정이 응시한 예가 별로 없었다가 백정·장정이 감시에 응시하는 사례들이 나타나게 되자 조정의 논의를 거쳐 이때 관련 규정을 새로 제정하게 된 것은 아닐까 한다.

이때의 규정을 보면 다른 감시의 경우와는 달리 유독 명경업 감시에만 '감시격監試格'이라 하여 이 규정이 '격'에 해당하는 것임을 명시한 것도 이러한 추측을 뒷받침해 준다. '격'이란 율·령·격·식에서의 격일 것이고 이러한 격은 보통 이전의 법을 바꾸거나 보충하는 법규를 가리키는 것이어서 없던 규정을 새로이 만들어 넣었을 가능성을 시사하고 있기 때문이다.

부연해서 말한다면 대략 다음과 같은 추정이 가능하다는 뜻이다. 위정자들은 양인이라면 누구나 과거에 응시할 수 있다는 막연한 원론적인 인식만 가지고 있었을 뿐, 백정과 장정이 실제로 양대업에 응시하는 사태를 예상하지 못하고 있다가, 뜻밖에 백정이나 장정이 초시에 합격한 후 감시에 응시하자 허용 여부를 두고 논란을 벌이다가 응시를 허용하자는 결론을 내리고 관련 규정의 제정에 나선 것이 아닌가 한다. 평민의 부거를 막는 법은 없으니 응시하려는 자가 있으면 부거를 허용하지 않을 수 없다고 여긴 것이다. 세계를 속인 사실이 발각되었음에도 불구하고 문과급제가 의연히 인정된 것으로 추정한 앞의 최충행 사례를 생각하면 일단 응시하여 합격하는 자가 있으면 이를 인정하는 것이 당시 조정의 분위기가 아니었을까 한다.

그렇다면 제술업 감시에 대한 규정은 왜 없었을까. 명경업의 경우에는 평민이 시험을 치는 상황이 벌어진 뒤 장정과 백정에 대한 새로운 규정을 만들어 대처했지만, 제술업의 경우에는 발생하지 않은 일에까지 굳이 그렇게 할 필요를 느끼지 못했기 때문이 아닐까 한다. 그동안 응시자가 없었고, 앞으로도 없을 것으로 예상되고, 평민의 응시를 별 기대하지도 않았다는 것이다. 실제로 제술업은 명경업에 비해 상대적으로 시험준비가 용이치 않고,[34] 경쟁이 치열해서 합격도 쉽지 않았을 것으로 짐작된다. 이러한 가정이 옳다면, 제술업의 경우에도 응시가 원천적으로 불허된 것은 아니었을 것으로 추정해 볼 수 있겠다.

이상과 같이 고려시대에는 평민에게 법제적인 상승이동의 길이 열려 있었을 뿐 아니라 실제로도 상승이동을 이룬 사람들이 없지 않았던 것을 확인할 수 있었다. 문벌주의의 만연에도 불구하고 이러한 유연성이 고려사회가 오래 유지될 수 있었던 활력소가 되지 않았을까 한다.

4) 노비계급

노비는 신분이자 계급이었다. 노비는 그 법제적 지위가 명확히 규정되어 있었고 그 지위를 자자손손 계승해야 했으므로 노비와 비노비자의 사회적 구분은 더할 나위 없이 명료했고 계급으로서의 고정성도 확고했다. 큰 공을 세워 면천되거나 유망하여 신분을 위장하여 사는 것만이 거의 유일한 신분 탈출로가 될 수 있었다.

노비의 사회적 역할은 소유주인 관官·주主 즉 국가나 개인에게 노역을 바치는 데 있었다. 공노비는 평민에 다음가는, 국가의 부차적인 토대라 할 수 있지만, 사노비는 소유주의 주된 토대라 할 수 있다. 노비는 소유주 토지의 경작·관리뿐만 아니라 소유주 가족에 대한 가사와 수발을 거의 전담했기 때문이

---

34) 조선 초기의 사례를 참고하면, 명경업은 고려시대에도 암송 위주의 講經 방식으로 시험을 치렀을 가능성이 있다. 만약 그렇다면 명경업의 경우에는 합격이 상대적으로 용이했을 것이다. 이에 반해 제술업의 경우에는 詞章의 숙달을 위해 오랜 수련과 많은 비용이 소요되었기 때문에 평민이 도전하기가 상대적으로 쉽지 않았을 것으로 보인다.

다. 노비는 3가지 지표 모두가 계급에 부합되는 존재이다.

노비는 부자유민으로서 소유주에게 인격적으로 예속되어 있고 매매·증여·상속의 대상이 될 수 있으므로 사회적 지위는 피지배계급 가운데 최하였다. 고려시대의 노비는 관·주의 노비문서에 등재되어 있을 뿐 호적상의 독립된 호를 구성하지 못하였다. 사노비 중의 일부가 솔거인으로서 주인의 호적에 등재되어 있었을 뿐이다. 그러나 고려시대의 노비도 재산권을 가지고 있었고 가족권도 어느 정도 인정되고 있었던 것으로 알려져 있다.[35]

같은 노비라도 공노비인가 사노비인가, 생산노비인가 가내 사환노비인가, 솔거노비인가 외거노비인가 등에 따라 생활 양태는 다양하였다. 비록 법제적으로 양천교혼이 금지되었을지라도 교혼은 적지 않았을 것이며, 노비 배우자가 양인이라 하더라도 노처·비부는 노비에 준한 예속적인 처지에 놓여 있었다. 충선왕 즉위 교서에서 양반노비는 본래 공역公役·잡렴雜斂을 부과하지 않았다면서 이들에 대한 부세 부과를 엄금하는 한편 노처·비부에게도 부과하지 못하게 하였다.(『고려사』 권 85, 형법지2 奴婢 충렬왕 24년 정월) 고려시대의 노비 중에 평량처럼 많은 부를 축적한 노비가 없지 않았음을 보면 노비 사이의 편차는 상당히 컸던 것으로 짐작된다.

3. 고려 신분·계급구조의 모순

1) 신분제의 모순

고려사회 신분제의 모순은 양천제라는 포괄형의 신분제를 표방하면서도

---

35) 홍승기, 『고려귀족사회와 노비』, 일조각, 1983.

선별형의 신분제가 착종되어 있었다는 데 있다. 한마디로 양천제가 제 기능을 하지 못한 것이다. 양인과 천인의 범주가 불투명했을 뿐 아니라 양인의 신분적 제일성도 확립되지 못하였다. 각기 독립적인 권리·의무체계를 가지는 선별적 신분인 중간신분과 잡척신분이 존재하여 비노비자 사이의 보편적인 권리·의무체계가 성립되지 못했던 것이다. 고려 후기에는 중간신분과 잡척신분이 해체되어가는 양상을 보였지만 이러한 흐름은 양천제로 수렴되지 못하였다.

2) 계급구조의 모순

모든 사회의 계급구조 모순은 계급 간의 불평등에 있고, 계급 간의 불평등은 일차적으로 계급 간의 경제적 불평등에서 빚어지는 것이라 할 수 있다. 단지 사회마다 불평등의 유래·정도·개선 가능성의 차이를 가질 뿐이다. 고려사회의 계급구조는 나말 이래 향촌사회의 기존 계급질서를 추인한 위에 국가의 의도적인 문벌계급 창출에서 형성되었다고 할 수 있다. 고려사회 계급구조의 형성에 국가의 역할이 컸던 만큼 계급구조의 모순에 대한 국가의 책임도 적지 않았다고 할 수 있다. 고려왕조는 문벌계급에게 많은 사회적 특권을 부여했을 뿐 아니라 타계급에 대한 문벌계급의 침해에 적극적으로 대처하지 않는 모습을 보였다.

문벌계급에게는 면세의 특권이 주어졌다. 중간계급의 부세부담은 비교적 가벼웠던 반면, 경제적인 약자인 백정은 무거운 부담을 떠안았다. 문벌계급에 대한 국가의 경제적 급부가 부실하면 문벌계급은 자의적인 수조권을 행사하고 소유권을 침해하기도 했다. 보조 계급이라 할 수 있는 중간계급도 침해의 대상에서 벗어나지 못했다.

인격적 지배예속 관계가 만연한 것도 중요한 계급적 모순이었다. 문벌계급이나 향리층의 토지를 경작하는 용전인은 법적으로 자유민이어도 예농적인 처지에 놓여 있었던 것이다. 용전인은 고려왕조가 성립된 후에도 나말 이래의 예농적 처지를 좀처럼 벗어나지 못했고 정부는 이를 거의 방치하다시피 했다. 열악한 처지로 말미암아 용전인은 끊임없이 유이하여 고려왕조의 사회적 불안정을 야기하는 주요 원인이 되었다. 고려시대 계급구조 모순의 심화에 국가의 몫이 컸으므로 그러한 모순을 극복하기 위해서는 국가정책의 대전환이 필요하다고 할 수 있다.

3절 고려의 의식구조와 그 모순

1. 고려의 의식구조
―지배정당화 논리로서의 '능력주의'와 '문벌주의'

1) 고려사회와 이데올로기

한 사회의 의식구조를 파악하기 위해서는 이데올로기를 통해서 접근하는 것이 유효한 방법이 될 수 있다. "특정의 체제나 계급을 합리화·정당화하는 관념이나 논리의 체계" 정도로 정의할 수 있는 이데올로기는 그것을 운용하는 지배계급의 사회의식을 반영할 뿐만 아니라, 설득 대상이 되는 피지배계급의 사회의식에도 적지 않은 영향을 미치는 것이기 때문이다. 그러나 근대 이전의 사회에서는 근대 이후의 사회와 달리 지배계급이 정교하고 체계적인 이데올로기를 갖기 어려웠다. 고려사회도 크게 다르지 않았다.

간혹 불교나 유교가 고려시대의 이데올로기로 지목되는 경우가 있다. 그러나 불교와 유교 자체를 하나의 이데올로기로 간주하기는 어렵다. 불교나 유교가 체제를 정당화하는 데 원용될 수는 있으나 이데올로기와는 그 성격이 판이하기 때문이다. 고려왕조는 불교와 유교 모두 국교로 수용했다. 불교는 불력이 국가와 군주를 보호한다는 믿음을 북돋울 수 있고 연등회·팔관회 등을 통해 군주와 신민의 일체감을 높일 수 있었다. 또 위정자는 인민으로 하여금 '모든 것이 허상에 지나지 않는다'와 같은 현실의 절대적 부정을 통해 부조리한 현실을 절대적으로 수용하게 하는 이점을 기대할 수도 있었다. 군주와 지배계급은 불교 신앙이 여러모로 체제의 안정과 유지에 도움이 된다고 여겼을 것임이 틀림없다.

　유교의 경우도 마찬가지다. 유교에서 제시되는 천명의 논리는 군주의 위상을 정립할 수 있게 하고, 천명에 담긴 민본·위민의 정신으로 국가의 존재 이유를 설파할 수 있다. 실제로 왕건이 궁예를 몰아내고 고려왕조를 창건할 때 혁명의 논리를 원용했다. 또 유교이념을 통하여 군신 공치를 도모하고 선진 관료제를 수용하여 국정의 효율성을 제고할 수 있었다. 유교경전은 그 밖에도 현실 정치에 대한 이론이나 논리 그리고 모범이 될 만한 사례들을 많이 갖추고 있었으므로 현 체제를 합리화·정당화하는 이론이나 논리를 차용하고, 국정을 운영해 나가는 데 대단히 유용하였다.

　그러나 불교나 유교와 같은 종교나 사상은 바로 이데올로기가 될 수는 없다. 다양한 교의·논리·생활의 지침을 담고 있을 뿐 아니라, 애당초 이데올로기와 달리 현실 세계가 아닌 이상 세계를 추구하기 때문이다. 불교나 유교 가운데 오직 특정한 교의나 논리를 이데올로기로 원용할 수 있을 뿐이다. 기독교가 서구 중세사회를 지탱한 정신적인 지주였다 하여 기독교 자체를 지배이데올로기와 등치시킬 수 없는 것과 마찬가지이다.

2) 지배정당화 논리 1 — 능력주의

근대 이전의 사회에서 지배이데올로기가 없었다 하여도 이데올로기의 역할을 대신하는 것을 찾을 수는 있다. 바로 지배계급에 배분된 사회적 역할의 배후에 놓인 사회적 전언이 그것이다. 근대 이전 사회 지배계급의 공통된 사회적 역할은 '통치'에 있었다. 다만 통치라는 지배계급의 역할 자체는 동일하여도 통치 주체의 자격이나 현 지배체제를 정당화하는 기제는 시대나 지역에 따라 달랐다.[36] 귀족은 공동체를 수호하는 군사적 기능을 수행함으로써 공동체의 안전이라는 통치의 목표를 지향하고 지배의 정당성을 확보했다. 귀족의 사회적 역할에 담겨진 사회적 전언 즉 이데올로기적 명제는 "우리가 위험을 무릅쓰고 국가·공동체의 안전을 지키니 국가·공동체를 통치할 자격이 있다." 정도가 될 수 있을 것이다.

고려 지배계급은 관원이었으니 그들 역시 사회적 역할은 통치에 있었다. 그러나 귀족과 달리 공동체의 안전을 지키는 임무는 중간계급에게 위임하고 공동체의 행복·번영이라는 목표를 지향했다. 지배의 정당성을 자신들이 국정 운영의 적임자라는 데서 찾았으며, 중앙집권적 관료제라는, 합리적이고 효율적인 지배체제를 구축하려 노력하였다. 고려 문벌계급의 체제 운영 원칙의 하나가 능력주의에 있었던 것이다.

능력주의는 "능력에 따라 개인을 평가하고 대우해야 한다는 신념" 정도로 이해할 수 있겠는데, 고려사회에서는 과거제와 같은 실적제를 통해 구현되었다. 입사로를 개방하여 중간계급에게 사환의 기회를 제공했고 평민에게도 사환권을 인정하였다. 능력에 의해 관원이라는 성취적 지위를 취득했다는 논리

---

[36] 지배계급의 사회적 역할과 정당화 논리에 대한 좀 더 자세한 설명은 유승원, 앞의 책, 120-125쪽 참조.

는 지배계급에게 자긍심과 계급적 정체성을 심어줄 수 있었고, 피지배계급을 대상으로는 통치라는 자신들의 사회적 역할을 정당화하는 논리로도 사용될 수 있었다.

3) 지배정당화 논리 2 —문벌주의

고려사회는 능력주의와 병행하여 또 하나의 원칙을 가지고 운영되었다. 문벌주의였다. 문벌주의는 "문지는 사람을 평가하는 중요한 평가기준이 될 수 있고, 문지에 따른 차대는 정당하다고 여기는 신념"이라 할 수 있다. 고려시대에 문벌주의 원칙은 모든 계급에 적용되었다. 문벌계급 내에서는 같은 관원이라도 부조의 직위에 따라 문음 혜택의 유무가 결정되었으며, 똑같이 문음의 혜택을 받아도 부조의 직위에 따라 초임직에 차등이 있었다. 똑같이 유학을 배우는 학교라도 부조의 직위에 따라 각기 다른 학교가 배정되었다. 중간계급에게는 계수관시처럼 평민과 별도의 사환기회를 제공하여 배려하였다. 같은 향리층에 대해서도 문지에 따라 나갈 수 있는 직임을 구분하였다.

문벌주의는 평민에게도 적용되었다. 하층 평민인 잡척에게는 사환권의 제한을 두었다. 군현인 이상의 상층 평민에 대해서도 문지에 따른 차별이 가해졌다. 부조가 말단이직·공장·악공 등의 직임을 맡았다는 이유만으로 아무런 하자 없는 그들 잡류 자손의 사환권을 제한하였다. 과거에서도 같은 평민인 장정과 백성 사이에 차등을 설치했다. 문벌주의에 의한 차별적인 인사규정이 문벌계급에서 평민계급에 이르기까지 복잡다단하게 적용되고 있었던 것이다.

4) 능력주의와 문벌주의의 공존

 원리적으로 충돌하는 능력주의와 문벌주의가 어떻게 함께 작동하는 것이 가능했을까. 한마디로 문벌체제의 사회였기 때문에 가능했다. 좀 더 구체적으로 양자의 공존이 가능했던 요인을 찾아본다면 다음과 같다. 첫째, 문벌주의에 의해 능력주의가 손상된다 할지라도 그 작동이 불가능해지는 것은 아니라는 점이다. 6품 이하의 관원들도 5품 이상으로 승진하여 문음의 특전을 받을 수 있고, 중간계급은 입사하여 문벌계급의 일원이 될 수 있었다. 평민에게도 사환권이 인정되어 사환의 기회가 폐쇄되어 있지는 않았다. 잡류 자손에 대한 사환권 제한 규정 같은 것은 대개 문벌이 가장 극성했던 시기에 만들어진 것이고 그후 점차 완화되는 방향으로 진전되었다.
 둘째, 능력주의와 문벌주의는 원리적으로는 배치되어도 성립 과정에서 '성취'라는 같은 뿌리에서 분지되어 나온 것이라는 점이다. 신라시대의 문지는 혈통으로 결정되는 것이어서 신라시대의 문벌주의는 곧 혈통주의이고, 귀족주의였다. 그러나 고려시대의 문지는 집안의 '족망'으로 평가되는 것이고 족망은 집안이 이룬 성취로서 가늠되는 것이다. 후삼국 통일 무렵 지방세력이 '○○장군', '○○성주' 등으로 자랑스레 내세웠던 지역명 '○○'은 후일 성과 결부된 본관의 이름이 되었다. 중앙관원으로 이루어진 문벌·문벌계급이 형성된 뒤에 문지의 기준이 된 관품이나 직위 역시 성취에 의한 것임은 말할 것도 없다.
 능력주의는 개인의 능력과 성취를 존중한 반면, 문벌주의는 집안의 능력과 성취를 중시하는 것이었다. 그러나 능력주의·문벌주의를 배태한 그들의 '성취'는 혈통에 따라 세습적으로 지위를 승계하는 귀족제를 해체하여 사회적 발전을 이루었다는 역사적 의미를 지닌 것이었다. 획기적인 사회적 성취를 보여준 나말의 지방세력이야말로 능력주의와 문벌주의를 탄생시킨 모태였던 것이다. 고려 문벌주의는 건국 초 귀부한 지방세력의 기득권을 인정하는 데서 출발했다. 고려왕조 출범 당시의 지방세력의 강성도强盛度가 곧 문지가 되었다. 그 후 중앙집권적 관료제의 발달로 인하여 중앙관원층이 형성된 다음에는 관원의 직품 고하가 문지가 되었지만, 문벌주의 자체는 나말여초의 문벌주의를 계승한 것이었다.

선천적 재능과 후천적 노력을 결합시킨 '능력'이라고 하는 것은 어느 시대 어느 지역에서도 존중될 수 있다. 계급이 분화되지 않은 원시공동체 사회라 할지라도 탁월한 능력을 발휘하는 사람은 존경받고 공동체의 지도자로 추대된다. 그러나 귀족사회로 접어들게 되면 개인의 능력보다는 혈통이 1차적인 사회적 기준이 된다. 귀족사회에서도 능력은 존중될 수 있다. 이를테면 동일한 골품에 속하는 사람이라도 능력 있는 사람을 뽑아 빠르게 승진시키고 좋은 대우를 제공하는 것은 당연한 인사원칙이었을 것이기 때문이다. 그러나 귀족사회에서의 능력은 오직 같은 신분·계급 내부에서나 중요한 평가기준이 될 수 있다는 점에서 치명적인 한계를 가졌다. 통일신라시대까지 폐쇄적 골품제는 유지되었다. 고위직은 진골귀족이 독점하였고 골품에 따른 관등의 상한선이 설정되어 있었다. 그러나 나말에 이르러 왕위의 계승을 둘러싼 다툼이 일어나고 사방에 도둑떼가 횡행하는 등 커다란 사회 혼란기를 맞이하게 되면서 새로운 사회의 전환기가 도래하게 되었다.

나말에는 군웅할거의 지방 세력이 형성되었다. 이들 모두는 기득권을 토대로 세를 불린 사람들이라기보다는 실력으로 자수성가한 사람들이었다. 자신의 '능력'을 발판으로 대두한 지방세력은 고려왕조의 성립 이후 탄생한 문벌계급의 모태가 되었다. 고려의 능력주의는 자수성가한 지방세력의 자긍심에 그 사회적 뿌리를 두었던 것이다.

건국 초의 왕조는 귀부한 지방세력의 기득권을 인정해 주었지만 중앙집권적 통치체계를 확립하기 위해 선진 관료제 도입에 나섰다. 이 과정에서 과거제가 도입·실시되었으니 능력주의가 꽃피우게 된 것이다. 치열한 공개경쟁 시험을 거쳐 관원이 되는 데 성공한 자들은 '능력'에 의해 통치계급으로서의 자격을 객관적으로 입증한 자들이 되었다. 이제 관원에게 주어지는 막대한 특권·특혜는 성취에 대한 보상이라 주장할 수 있게 되었다. 문벌계급이나 문벌체제의 정당성은 신성족神聖族이라는 혈통에 기반을 둔 전시대 골품귀족이나 귀족체제의 정당성에 비할 바가 아니다. 관원층으로 구성된 고려시대의 지배계급은 능력주의 논리를 통해 문벌계급과 문벌체제를 합리화·정당화할 수 있었던 것이다.

능력주의는 신라 골품제사회를 무너뜨린 지방세력의 자부심이었고, 고려시대 지배계급의 정체성이었다. 중앙 관원들의 능력주의 이데올로기에 담겨 있는 핵심적인 전언은 "우리는 능력으로 오늘날의 지위를 가지게 된 자들이며 현재의 사회체제는 능력 있는 자들을 발탁하고 우대하는 체제이다"라는 것이다. 고려사회에서는 귀족사회보다 능력주의 원칙이 적용되는 범위나 중요성이 획기적으로 커진 것이다.

능력주의는 지배계급이 추구하는 이념이자 귀족제를 극복한 획기적 성과였다. 지배계급이 사회정의로 여길 수 있는 가치를 담아야 한다는 것, 그리고 자신들이 그 가치를 구현하는 자라는 자긍심을 부여할 수 있는 것이야말로 지배 이데올로기가 갖추어야 할 기본적인 조건의 하나이다.

셋째, 당시 사회적으로 만연한 문벌의식[37]으로 인하여 능력주의와 문벌주

---

[37] 문벌의식은 자신을 문벌이라 자부하고 그에 맞추어 처신하는 태도, 또는 문지를 가지고 타인을 평가하거나 대하려는 태도 등이라 할 수 있다. 문벌주의는 당시 폭넓게 자리 잡고 있던 문벌의식에 상류층의 이해관계가 결합되어 생성된 것으로 여겨진다.

의 사이의 원리상의 모순을 크게 의식하지 못하였고 문벌주의에 대한 반감이나 저항이 적었던 것으로 보인다는 점이다. 문벌의식은 신라 골품제사회의 신분·계급 구분 의식을 완전히 청산하지는 못한 데서 나온 것으로 보인다. 사회의 진보와 마찬가지로 의식의 진보도 비약하는 일 없이 단계적으로 이루어지기 때문일 것이다.

나말의 지방세력은 골품 귀족이 혈통에 의해 배타적 특권을 향유하는 것에 반기를 들고 자신들이 중앙에 맞서는 지방세력임을 자랑스럽게 내세웠다. '성주'나 '장군'을 칭하면서 그 앞에 지역명을 붙인 것이 그것이다. 그러나 그러한 자부심의 다른 한편에 골품귀족에 대한 선망을 가지고 있었다. '관반'의 명칭에서 그러한 선망을 분명하게 읽을 수 있다. 당대등·대등을 비롯하여 낭중·원외랑·집사·경 등의 직급명과 병부·창부 등의 부서명은 모두 신라의 직제에서 빌려온 것이었다. 고려왕조에 들어와서도 성종 2년 향리직제로 개칭될 때까지 관반의 명칭은 그대로 유지되었다. 자의적으로 만들어 붙인 관반의 명칭에서 나말여초 지방세력의 상반된 사회적 욕구, 즉 신라 중앙정부의 권위를 무시하려는 욕구와 자신들도 그러한 권위를 누리고 싶어 하는 욕구가 동시에 드러난다.

신라왕조에 대한 선망과 모방의 의식은 지방세력에만 국한된 것은 아니었다. 태조의 세계世系에 시조를 '성골聖骨장군'이라 호칭한 것이나 선대 인물들의 출생과 행적을 서술하는 데 신라의 설화를 채용한 것 등에서 그러한 의식의 영향을 찾아볼 수 있다. 또한 고려 전기 왕실에서 성행된 족내혼에서도 그러한 선망 내지 모방의식을 엿볼 수 있다.

나말의 지방세력이 없애려고 한 것은 골품제였지 신분이나 계급의 존재 자체가 아니었다. 중앙의 진골귀족으로 하여금 사회적 특권을 독점하게 하고 지방인의 사회적 상승이동을 봉쇄한 중앙 중심의 신분체제에 항거한 것이었다.

지방세력은 나말에 형성되어 있던 향촌사회의 기존 계층질서를 그대로 유지하고 싶어 했고 후삼국 통일 후의 중앙정부는 이를 묵인했다. 문벌체제가 비교적 순탄하게 성립될 수 있었던 것도 그와 같은 계층구분 의식이나 문벌의식이 온존한 덕분이었을 것이다. 상류층의 명부와 같은 호구제를 운영한다든지 용전인에 대한 지주의 인격적 지배를 용인한다든지 하는 것들도 모두 그러한 의식에서 가능했던 것으로 여겨진다.

  넷째, 양자는 고려왕조의 정치적·사회적 안정을 가져오는 데 상호보완적인 기능을 발휘할 수 있었다는 점이다. 문벌주의는 기존 세력의 기득권을 유지할 수 있게 함으로써 사회적 통합과 안정을 가져올 수 있지만 이로 말미암아 사회적 정체와 무기력이 초래될 수 있다. 여기서 능력주의는 경쟁의 기회를 제공함으로써 사회에 활력을 불어넣고 사회적 발전을 견인하게 된다. 반대로 문벌주의 역시 능력주의를 보완할 수 있다. 문벌주의는 능력주의로 말미암아 초래될 수 있는 관료사회의 불안정성을 완화할 수 있다는 것이다. 기존의 정치 판도를 바꾸기 위한 과거제의 도입과 군주를 위해 봉사할 안정된 관료층을 확보하기 위한 음서제의 도입은 능력주의와 문벌주의가 상호 보완한 실례들이다.

  중앙집권적 관료체제 구축을 본격화한 성종 때에 와서 음서가 시행된 것은 음미할 만하다. 새로운 체제하에 안정된 관료층을 신속히 구축하기 위해 군주가 문벌주의를 이용하였던 것이다. 성종은 음서를 유인책으로 하여 조정에 충성스러운 관원들이 조정에 다투어 모여들고 충성할 것을 기대했다. 음서제 실시 이전에 문벌주의가 존재하고 있었기 때문에 음서제의 시행이 가능했을 것이지만, 음서제의 시행이 역으로 문벌주의를 강화시키고 문벌·문벌계급의 형성을 촉진하게 되었다.

  끝으로 개인을 독립된 개인으로서가 아니라 집안의 일원으로 보는 당시의 사회적 관습도 양자의 공존을 가능하게 한 요인이 아닌가 한다. 당시의 가족은 거주 단위로만 본다면 단혼소가족이 중심이 되었을 것이나,[38] 단혼소가족이 독립된 가계를 꾸려가면서도 사안에 따라 1가에 속하는 복수의 가구가 결합하거나 상호 지원함으로써 각 가구의 생활이 원활히 이루어질 수 있었던 것으로 보인다. 당시의 호적이 단혼소가족이 아니라 1가를 대상으로 작성되었다든가, 음서의 대상이 1가의 남성 구성원을 포괄한다든가, 직역이나 영업전이 1가 내에서 승계가 이루어진다거나 하는 등이 그러한 사안들이다. 고려시대의 이러한 관행은 조선 초기까지 1가에는 1인만 입역하게 하는 등의 '1가완취'라는 원칙 속에 끈질기게 남아 있었다.

결국 고려 문벌계급의 지배정당화 논리가 천명하는 사회적 전언은 대략 다음과 같은 것으로 정리해 볼 수 있겠다. "우리(문벌계급)는 능력으로 현재의 지위를 누리게 된 자들이며, 현 사회체제는 능력 있는 자들을 발탁하여 적절하게 대우하는 체제이다". 그리고 관원들에게 주어지는 많은 특전에 대해서는 "능력과 노력을 통해 이루어 낸 성취는 충분한 보상을 받을 자격이 있다."는 것이다.

2. 고려사회 지배정당화 논리의 모순
—문벌주의가 초래하는 폐해

고려사회 지배정당화 논리가 가진 모순은 기본적으로 고려시대의 능력주의와 문벌주의가 원천적으로 충돌하는 것이라는 데에 있다. 양자의 원리는 배치되는 것이고, 양자의 공존이 언제까지고 유지될 수는 없다. 고려시대 문벌

---

[38] 노명호, 「高麗時代 鄕村社會의 親族關係網과 家族」, 『韓國史論』 19, 1988.

주의가 초래하는 폐해는 크게 두 가지로 간추릴 수 있다. 능력주의를 저해하는 데서 초래되는 폐해와 문벌주의 자체가 초래하는 폐해다.

1) 능력주의의 저해

(1) 기회의 불공정성

능력주의에 끼치는 폐해는 두 가지로 나타난다. 하나는 기회의 불공정이고 다른 하나는 보상의 불공정이다. 기회의 불공정성이란 첫째, 기회의 접근이라는 면에서의 불공정이다. 아무런 신분적 하자가 없으나 문지가 낮은 사람들은 문벌주의로 인해 균등한 상승이동의 기회를 누리기 어렵다는 점이다. 입사의 특전에서 배제되는 경우가 많았고 기회 자체가 차단되는 경우도 있었다. 특정 부류에 대한 특혜는 거기서 제외되는 사람의 기회를 그만큼 협소하게 만드는 것이어서 상대적 차별에 해당하는 것임은 말할 나위가 없다. 둘째, 기회의 제공이라는 면에서의 불공정이다. 당사자인 개인의 능력이나 성취가 아니라 그 1가의 능력이나 성취에 의해 기회의 제공 여부가 결정되는 것이니 불공정한 경쟁이 된다는 것이다.

(2) 보상의 불공정성

보상의 불공정도 두 가지로 나눌 수 있다. 하나는 성취에 대한 보상이 과도하다는 점이다. 고려시대에는 '승자독식'이라고 해도 좋을 만큼 관직 취득자에 대한 보상이 컸다. 관직 취득만으로 문벌계급의 일원으로 편입되는 것이 가능했다. 다른 하나는 보상 대상의 불공정에 있다. 보상을 능력과 성취의 당사자가 아니라 일가의 사람이 받는다는 것이다. 문음이나 공음전처럼 부조의 공적에 대한 포상을 후손이 받는 것이 그것이다.

2) 문벌주의 자체의 폐해 —특권의식의 배태

고려사회의 문벌주의 내지 문벌체제는 필연적으로 지배계급의 특권의식을 배태할 수밖에 없었다. 관원은 발군의 성취를 이룬 자이므로 성취에 대한 보상을 대대적이고도 우선적으로 누릴 자격이 있다고 생각하는 데서 특권의식이 만들어진다. 관원들에 지급할 녹봉이 부족해지자 경군의 영업전을 빼앗아 녹봉에 충당한 사건은 특권의식이 발로된 대표적인 사례라 할 수 있다. 문벌 사회체제가 성립된 지 얼마 지나지 않은 11세기 전반의 일이었다.

고려 전시과 체제의 붕괴를 초래한 분급토지 부족 사태가 야기된 데에도 특권의식에 일정한 책임이 있다. 후술하는 바와 같이 고려의 토지분급제는 본인의 소유지에 면조권을 부여하는 것을 원칙으로 삼았다. 문제는 사망으로 인하여 수급 자격이 상실된 관원의 면조권이 환수되지 않고 방치된 데 있다. 지배계급은 면조권이란 관원 '1가'의 소유지에 대한 공인된 권리로서 관원이 사망한다 해도 후손이 계속 보유해도 무방하다는 특권의식을 가졌고, 전시과 제도를 만들면서 환수 규정을 제정하지 않은 당국이나 분급토지를 관리하는 관원 역시 그러한 특권의식에 암묵적으로 동조한 것이 아닌가 싶다. 정부가 적극적인 환수 의지를 갖지 않은 데서 토지분급제는 때 이르게 토지부족 사태에 직면하게 되었다. 문벌주의와 특권의식은 문벌사회체제의 필연적인 산물이자 사회의식 면에서의 구조적 모순이었다.

4절 고려의 정치구조와 그 모순

1. 고려의 정치구조

1) 국가체제

(1) 중앙집권체제

고려사회는 신라사회에 비해 중앙집권적 관료체제가 괄목할 만큼 발달했다. 신라의 군주권은 귀족에 의해 큰 제약을 받았던 반면, 고려왕조의 군주는 전제군주로서의 면모를 어느 정도 갖출 수 있었다. 신라시대의 군주는 왕족의 대표, 왕경인의 대표로서의 위상을 크게 벗어나지 못했지만, 고려시대에 들어와서는 삼한의 군주, 나아가서 해동천자임을 과시하기도 했다. 천하는 병렬적으로 존재하는 몇 개의 소천하들로 구성된다는 천하다원론의 관점하에 고려천하 내에서는 황제·천자를 칭하면서, 강대국들 관계에서는 왕을 칭하는 외왕내제外王內帝를 추구한 것이다.[39]

고려의 군주는 명분상·형식상 유일한 주권자로서 입법·사법·행정의 모든 권한을 한 몸에 지닌 전제군주였다. 왕명이 곧 법으로서 법령의 개폐를 결정할 수 있는 입법권을 가졌고, 기소·수사·재판·행형·사면권의 모든 영역에 걸친 사법권, 국가정책의 결정·집행과 관원임용 그리고 군통수권에 이르는 행정권을 보유했다. 그리고 군주는 중앙과 지방의 모든 중요기관의 직접 상주를 받을 수 있었고, 그 최종 결정권을 가졌다.

---

39) 노명호, 『고려국가와 집단의식: 자위공동체·삼국유민·삼한일통·해동천자의 천하』, 서울대학교 출판문화원, 2009; 노명호, 「고려전기 천하관과 황제국체제」, 『고려 역사상의 탐색 – 국가체계에서 가족과 삶의 문제까지』, 집문당, 2017.

(2) 관료제

　신라왕조의 관료제에는 미숙한 점이 많았다. 관부 구성이나 업무 분담이 체계화되지 못했다. 이에 반해 고려에서는 당의 3성6부제와 송의 추밀원제를 원형으로 하고 도병마사·식목도감과 같은 고려 특유의 기구를 병립시켜 나름대로 정부기관을 체계적으로 편성했다. 신라에서 국가의 요직은 귀족이 독점한 반면 고려에서는 실적제에 의한 관원임용이 이루어졌다. 공개경쟁시험인 과거제와 임기·고과에 의해 임용하는 순자제循資制와 같은 인사제도가 마련된 것이 그것이다.

2) 권력분립

(1) 종래설의 검토 ─ 재상우위론과 국왕주도론

　고려왕조는 한국의 다른 왕조와 마찬가지로 장수했다. 5세기에 가까운 474년간 유지되었다. 장수의 비결은 근본적으로 신라 사회의 구조적 모순을 극복하여 사회 전환에 성공한 데 있다. 귀족제사회를 타파하고 보다 개방적인 사회를 지향하여 정치·경제·사회·문화의 각 방면에 걸친 커다란 발전을 성취한 것이다. 정치면에서 본다면 중앙집권적 관료체제의 발전을 이루었고, 군신 간의 권력분립의 토대 위에서 신라시대보다 안정적인 권력구조를 구축할 수 있었다.

　여기서 말하는 권력구조란 국가권력을 행사하는 주체들 사이의 항상적인 관계를 가리킨다. 안정적인 권력구조가 정착되기 위해서는 국가권력의 행사 주체 사이에 견제와 균형을 이루는 권력분립이 필수적이다. 예컨대 오늘날 많은 국가에서 채택되고 있는 삼권분립은 입법·행정·사법이라는 국가권력의 작용을 각각 별개의 독립된 기관에 분담시켜 서로 견제와 균형을 유지하게 한다. 국가권력의 행사 주체들이 국가권력을 분점함으로써 어느 일방에 의한 국가권력의 집중과 남용을 방지하는 것이다.

　기관별로 국가의 업무를 나누는 방식은 근대 이전의 사회에서도 곧장 행해졌다. 중국과 한국에서 국가기관을 통상 행정기관·자문-심의기관·언론-감찰기관·비서기관 등 4개의 기관으로 나누었던 것이 그것이다. 그러나 국가기관 사이의 수평적 분립만으로는 국가 전체의 권력분립은 이룰 수 없다. 행정수반이 선거에 의해 정기적으로 교체되는 오늘날의 사회와 달리 국가기관 위에 세습 군주라는 절대자가 군림하고 있기 때문이다. 군주제하에서의 기관별 권력분립은 도리어 군주의 전제권에 대항할 수 있는 힘을 분산시킬 수 있는 것이다. 이리하여 중국이나 한국의 유교적 관료국가에서는 군주권에 대한 여러 가지 견제 장치나 제도를 마련해 놓았다. 고려시대에 그와 같은 견제 장치나 제도를 총괄적으로 활용할 수 있는 주체로 설정된 것이 바로 재상이었다.

　고려의 권력구조는 군주와 재상이라는 두 개의 권력의 축 사이에 이루어진 권력분립의 항상적인 체계로 설명할 수 있다. 이제까지 고려시대 국정을 운영하는 핵심적인 주체가 군주와 재상이었다는 점에 대해서는 아무런 이의가 없었다. 그러나 군주와 재상 사이의 권력관계에 대해서는 큰 의견 차이를 보이고 있다. 군주와 재상을 대립관계로 설정하고 재상이 군주를 압도했다고 보는 견해(이하 '재상우위론')와 군주가 국정을 주도하고 재상은 군주를 보필하는, 군주와 재상의 협조관계를 강조하는 견해(이하 '군주주도론')로 크게 나눌 수 있다.[40]

　귀족사회설과 결부된 '재상우위론'이 오랫동안 통설적 지위를 차지했다. 중

---

[40] 군주와 재상의 관계에 대한 여러 견해는 다음의 글에 잘 정리되어 있다. 박용운, 「고려시기의 兼職과 重複職에 대한 논의와 권력구조」, 『한국사연구』 136, 2007; 박재우, 「고려전기 宰樞의 출신과 국정회의에서의 위상」, 『東方學志』 172, 2015.

서문하성의 2품 이상의 재신과 중추원의 추밀로 구성된 양부兩府의 재상은 귀족의 대표자로서 겸직을 통하여 중서(내사)·문하·상서의 3성의 기능을 모두 장악하여 군주권을 누르고 국정을 주도하여 귀족의 이해를 관철할 수 있었다는 것이다. 재상권의 가장 중요한 기반으로서 재상의 6부 판사직 겸직을 들고, 그밖에 대간직의 겸직과 문하부 낭사에 대한 재신의 영향력을 거론하였다.

근자에는 '재상우위론'이 가진 고려귀족사회설의 시각과 재상국정주도론의 관점을 비판하고, 군주가 그 고유의 권한을 바탕으로 국정을 주도했다는 사실과 고려의 중앙집권적 관료체제를 강조하는 '국왕주도론'이 부상하고 있다. 고려 전기에 중앙기관이든 지방기관이든 국왕에게 직접 상주上奏하게 하여 국왕이 국정을 직접 통할하게 되어 있었음을 지적했다. 또한 왕명 반포, 상주에 대한 최종 결정은 국왕만의 권한이며, 상벌권·인사권 역시 국왕의 고유 권한임을 지적한다. 본직과 겸직의 정확한 구분을 통해 재상직은 대부분 겸직이었으며 국왕이 제수한 본직에 의거해서 겸직을 수여했음을 밝힘으로써, 겸직제를 토대로 한 고려시대 재상권 우위의 논거를 반박하고 있다.

'재상우위론'은 국정 운영에서 재상이 연출하는 역할을 잘 부각시키고 있으나 시각상의 문제가 없지 않다. 고려사회가 귀족사회이며 재상이 귀족을 대표한다는 예단을 가지고 있다는 것이다. 우선 앞에서 언급한 대로 고려사회에서 귀족은 이미 소멸되어 있었다. 귀족 대신에 문벌을 대입한다 하더라도 문제가 모두 해결되는 것은 아니다. 재상이 문벌을 대표한다는 것도 다소 도식적인 설정이라 할 수 있지만, 왕권과 신권이라는 대립구도 자체가 더 큰 문제이다. 문벌이나 문벌계급에게 군주의 존재는 필수불가결하다. 군주 없이는 문벌이나 문벌계급이 존립할 수 없기 때문이다. 양자는 상호의존관계일 수밖에 없다.

'국왕주도론'은 종래의 재상중심주의적 관점을 시정하고 군주의 위상이나 권능에 대한 주의를 환기시킬 수 있었다. 뿐만 아니라 본직과 겸직의 판별을 통해 고려 전기의 겸직제가 가진 새로운 면을 드러냈다는 점에서 고려시대 정치제도 내지 권력구조 이해에 큰 진전을 가져왔다. 그러나 보완의 여지가 없지 않은 것으로 보인다. 명분상·형식상의 군주권만으로 군주의 실질적인 권능을 확보하기 어렵다는 점, 군신협치가 강조되고 있음에도 불구하고 군주 대 재상의 대립구도가 완전히 없어지지 않았다는 점 등이 그것이다.

그동안 많은 연구자들이 관용적으로 사용해온 왕권과 신권이라는 대립구도에서 벗어나 국정 운영의 주체인 군주와 재상의 관계를 좀 더 명확하게 파악할 수 있는 방법이 없지 않을 듯하다. 바로 권력의 축이라는 분석 틀이다.

(2) 권력분립—권력의 두 축

① **권력의 축**

권력의 축이란 국가권력을 항상적으로 행사하는 핵심적인 주체들 사이에 국가권력을 분점하여 서로 견제와 균형을 이루는 단위를 가리킨다. 고려왕조에 있어서의 권력의 축은 군주의 축과 재상의 축 둘로 이루어져 있었다. 군주와 재상이 각각 권력의 한 축을 이룬다는 것은 국가권력이 주로 군주 또는 재상을 통해서 행사된다는 사실을 가리킬 뿐, 군주 1인이 권력의 한 축을 이루고 재상 전원으로 구성된 다른 한 축이 이에 대립한다는 것을 의미하는 것은 아니다. 군주의 축은 군주만이 아니라 군주에 동조하는 재상을 비롯한 모든 신료로 구성되며, 재상의 축에는 앞장서서 군주의 축에 맞서는 재상을 비롯하여 그에 동조하는 다른 모든 신료로 이루어진다. 군주의 축과 재상의 축에 속하는 구성원은 성분 자체가 다른 것은 아니다. 사안에 따라, 여론에 따라, 시세에 따라 각 축에 가담하는 인물도 달라지고 인원수도 가감된다. 동일 인물이라도 어떤 때는 군주의 축, 어떤 때는 재상의 축에 가담한다.

권력의 축이 존재하는 이유는 일차적으로 권력분립을 통해 정치적 안정을 이루고자 하는 데 있다. 다음으로는 국정 운영상에서 나타나는 현안에 대한 인식이나 입장 차이를 조정하는 데 있다. 따라서 서로의 이견이 조정될 수 있는 평상시에는 권력의 축은 내면화되어 있을 뿐, 밖으로 드러나지 않는다.[41] 그러나 인식이나 입장의 차이가 첨예하게 갈리게 되는 상황이 발생하면 권력의 축은 대립 양상을 띠고 가시화된다. 한마디로 권력의 축이라는 틀을 도입하면 권력분립이나 권력구조를 탄력적으로 이해할 수 있게 된다는 것이다.

국정 운영에 군주와 재상이라는 두 권력의 축이 만들어진 데에는 이유가 있었다. 양자는 체제를 유지하는 공동운명체이면서도 서로의 입지가 달랐기 때문이다. 첫째, 서로 상대를 견제해야 하는 역할을 수행해야 한다는 점이다. 군주는 유일한 주권자이지만 그렇기 때문에 고유한 권한을 자의적으로 과도하게 행사할 위험을 항상 가지고 있다. 개개의 재상은 군주에게 대적할 수 없을지라도 군주의 전횡이 벌어지면 집단적인 세력 결집이 이루어져 군주에게 대적이 가능해진다.

둘째, 양자는 사회적 위치가 다르므로 계급적 이해와 계급적 전망을 달리할 수 있다는 점이다. 군주는 지배계급의 핵심적인 존재이지만 동시에 지배계급을 넘어서는 초월적 존재인 때문이다. 군주는 지배계급만의 군주가 아니다. 지나친 문벌·문벌계급 위주의 국정 운영은 여타 계급의 사람들에게 피해를 주게 된다. 그것은 왕조체제의 동요를 불러오게 된다. 이는 군주만이 아니라

---

41) 밖으로 들어나지 않고 내면화되어 있었다는 것은 다음과 같은 상황을 상정하는 것이다. 군주는 재상들의 관심사나 이해관계·집단의사를 헤아리고, 자신의 정책이나 의도에 재상들이 집단적으로 반대하는 상황이 일어날 수 있음을 늘 의식하면서 정책을 입안하고 결정하게 된다. 재상들 역시 군주의 관심사나 이해관계, 군주 측의 동향 등을 살피면서 자신들의 반대에도 불구하고 군주가 자신의 의사를 관철시키고 신료들을 제압하는 상황을 늘 염두에 두고 활동한다는 것이다.

궁극적으로는 문벌·문벌계급에게도 바람직한 일이 못된다. 문벌·문벌계급 내에서도 계급적 이해란 단일한 것으로 나타나지 않는다. 집단적 이해와 개별적 이해, 궁극적 이익과 목전의 이해가 각각 다르며, 계급적 이해의 실현 방안도 그 범위나 심도를 둘러싸고 다양하게 나뉠 수 있다. 같은 계급 내에서 개개인마다 처한 위치나 각자의 관점에 따라 계급적 이해에 대한 인식과 실현 방안을 달리할 수밖에 없다. 이리하여 재상 중에서도 기꺼이 군주 측의 관점에 동조하는 자가 나올 수 있게 되는 것이다.

군주와 재상은 대립과 통일의 관계였다. 군주가 전제권을 휘두르면 재상이 이를 막을 수밖에 없는 구조였지만, 기본적으로 양자는 문벌사회체제를 관리하고 유지해 나가는 운명공동체였다. 재상과 문벌·문벌계급과의 관계도 기본 구조는 군주와 재상의 관계와 크게 다를 바 없다. 재상은 반드시 문벌출신도 아니고 문벌출신이라 해도 다른 문벌과 의취를 항상 같이하는 것은 아니다. 국정의 담당자로서 문벌계급의 목전의 이해를 모두 충족시켜 줄 수는 없다. 재상과 문벌·문벌계급의 관계 역시 대립과 통일의 관계이다. 이제 권력의 축으로서의 재상의 권능과 역할을 겸직제를 통하여 살펴보기로 하자.

② **권력의 두 축과 겸직제**

겸직제가 반드시 군주나 재상의 권능을 강화시키기 위한 도구로 사용되는 것은 아니다. 겸직제는 여러 곳으로 분산된 업무와 기능을 묶어 행정능률을 향상시키기 위해 시행될 수도 있으며, 경비를 줄일 수 있어 재정문제를 타개하는 방편으로 이용될 수도 있다. 이 점은 '국왕주도론'에서 곧잘 지적하는 사항이다. 따라서 겸직은 시공을 막론하고 언제 어느 곳에서나 존재할 수 있다. 그러나 겸직제가 고려시대만큼 성행된 시대는 없었다. 앞 시대인 신라나 뒤 시대인 조선에서도 겸직제가 시행되었지만, 주로 상급기관의 고위관원이 휘하 하급기관에 대한 지휘·감독을 원활하게 하기 위한 것이었다. 그러나 고려에서는 주로 국왕과 재상 사이의 견제와 균형을 맞추는 데 중점이 두어진 것이었다. 군주의 축에서나 재상의 축에서나 겸직제를 자신에게 유리하게 활용하려 했고 또한 그것이 가능했다. 그러나 전체적으로 본다면 재상의 축에서 이를 더 많이 활용할 수 있었던 것으로 생각된다.

'재상우위론'에서는 재상권의 기반이 겸직에 있었던 것으로 이해했지만, '국왕주도론'에서는 군주가 겸직을 능동적으로 활용한 것으로 파악했다. 이를 논증하기 위해 '국왕주도론'에서는 먼저 본직과 겸직의 판별 기준을 세웠다. 한 사람이 가진 여러 관직 가운데 전시과에 규정된 전시와 녹봉을 받는 관직은 본직, 두 가지 모두 받지 못하거나 녹봉만 받는 관직은 겸직이라는 것이 그것이다. 이 기준에 따라 재신 중에 문하시중이나 평장사를 제외하면 참지정사·정당문학·지문하성사는 모두 겸직으로 간주했고, 추밀은 모두 겸직에 해당하는 것으로 파악했다. 겸직 재추가 겸하는 겸직 역시 겸직에 해당하는 것으로 간주한 것은 말할 것도 없다.

본직으로서 가장 중요한 것은 상서 6부의 관직이었다. 특히 그 장관인 상서는 중서문하성의 참지정사 이하의 재신과 중추원의 추밀을 겸하고 6부판사·지사, 삼사와 어사대 등의 판사직을 비롯하여 여러 문한직이나 동궁관직을 겸하였다. 군주는 본직을 활용해서 본직을 가진 자 가운데 군주가 자신의 의사를 관철시킬 수 있는 인사를 재추 등의 적재적소에 잘 배치하여 적극적으로 국정을 주도해 나갈 수 있었다는 것이다. 국왕이 국정을 주도할 수 있는 방법은 또 있었다. 재추회의를 비롯한 각종 회의도 모두 국왕의 자문이 있을 때에야 개최될 수 있었다. 이로써 당시의 정치체제는 재상이 국정을 주도할 수도 없고 국왕만이 선도적으로 집단 의사를 모을 수 있는 체제였음을 시사했다.

이러한 고찰을 통하여 겸직은 군주 측에서도 군주권을 강화하기 위해 충분히 활용할 수 있었음이 명백해졌다. 그러나 군주가 본직과 겸직을 활용하여 재상을 제어하는 데는 한계가 적지 않았고, 재상도 겸직을 통하여 상당히 강한 권능을 가질 수 있었다고 보인다.

첫째, 본직과 겸직의 판별 문제다. 과연 전시와 녹봉을 둘 다 받는 관직만이 본직이라고 하는 기준은 정확한가의 문제가 있다. 녹봉을 받는 관직도 본직으로 간주할 여지가 있고,[42] 참지정사는 전시와 녹봉을 둘 다 받는데도 본직인 상서직이 있다 하여 겸직으로 취급되어 기준에 어긋나는 문제점도 있다.[43] 당시에는 본직과 겸직을 엄격히 구분하여 일관된 원칙을 가지고 운영한 것이 아니라 신축적으로 운영하고 예외도 많이 두었을 가능성을 염두에 둘 필요가 있다. 이를테면 반드시 본직을 토대로 그 직이 맡을 수 있는 겸직 가운데 하나를 골라 겸직을 부여하는 것이 아니라 그 반대의 경우도 있을 수 있다는 것이다. 예컨대 승선은 대간직을 본직으로 한 경우가 많았는데[44] 반드시 대간이 승선을 겸대하는 것이 아니라 승선으로 하여금 대간직을 겸대하게 하는 경우도 있다는 것이다.

---

[42] 최정환은 녹봉을 받는 자를 본직으로 간주한 바 있다(『고려·조선시대 녹봉제 연구』, 경북대출판부, 1991). 전시 없이 녹봉만 있는 경우가 나타난 것은 여러 경우가 있을 수 있다. 다른 본직 없이 겸직으로 운용되는 직책을 상당 기간 수행할 경우 임시적이나마 본직의 구실을 할 수 있다. 일단 어떤 본직에 임명되었으나 謝牒을 받아 정식 취임하기까지 대기하는 기간 동안 직책을 수행하게 하고 녹봉을 주는 경우도 생각할 수 있다. 본직보다 품계가 높은 요직을 겸하게 되는 경우 전시는 올리지 않아도 녹봉만은 높게 책정해 주는 경우 등등을 상정해 볼 수 있다.

[43] 박용운은 참지정사·이부상서처럼 본직을 중복해서 갖는다는 의미에서 이러한 직을 중복직이라 명명한 바 있다. 본직·겸직문제에서 판별이 어려운 대표적 관직인 참지정사는 다음과 같은 가정을 세워 볼 수도 있지 않을까 한다. 참지정사는 다른 본직을 두지 않고 그 자체를 본직으로 삼거나, 이부상서와 같은 다른 본직을 가질 경우 경제적 대우는 정3품의 상서로서가 아니라 종2품의 참지정사 자격으로 받게 하기 위해 전시와 녹봉을 규정했다는 것이 그것이다.

[44] 김경희, 「高麗前期 中樞院 承宣研究」, 『梨大史苑』 24·25, 1989.

좌간의대부 김신윤 등이 상소하기를, "승선은 국왕의 목구멍과 혀로 오직 국왕의 말씀을 출납하는 일만을 허락하는 것이 옳습니다. 지금 이준의와 문극겸이 대성臺省의 직을 겸하여 중간에서 권력을 휘두르고 있으니 청컨대 겸직에서 해임하십시오."라고 하였으나 허락하지 않았다. 이튿날에도 간관이 궁궐 문 앞에 엎드려 힘써 간쟁하자 이준의를 위위소경衛尉少卿으로, 문극겸을 태부소경太府少卿으로 고쳐 임명하였다.(『고려사』 권 99, 문극겸전)

여기서 승선인 이준의·문극겸으로 하여금 대간직을 겸직하게 한 국왕의 조치는 간관의 반대로 철회되었지만 본직과 겸직은 그 발령 순서가 항상 일정한 것이 아니었음을 보여준다. 다시 말하면 보통 겸직으로 활용되는 관직부터 발령을 낸 다음 적절한 본직을 골랐을 수도 있다는 것이다.

둘째, 기능이나 역할 면에서 겸직이 본직보다 오히려 더 중요할 수 있다는 것이다. 특정 관원에 있어 본직은 전시와 녹봉과 같은 경제적 급부를 제공하기 위해 발령한 것에 불과하고 정작 그 관원의 정치적 역할은 겸직에서 발휘되기를 기대할 수 있다. 그리고 겸직은 그것을 바탕으로 다른 겸직을 취득할 수 있는 매개체가 되니—가령 윤관처럼 이부상서로서 참지정사를 겸직하고 다시 참지정사로서 판형부사를 겸하는 경우— 이 경우 겸직의 중요성은 배가된다.

아직 본직과 겸직의 판별도 미진한 부분이 없지 않고, 본직이 겸직보다 더 중요하다고 단정하기 어렵다. 따라서 본직과 겸직의 문제는 좀 더 치밀하고 융통성 있게 해석해야 할 여지가 있는 것으로 보인다.

본직과 겸직에 대한 이상과 같은 이해가 크게 잘못된 것이 아니라면, 강한 재상권의 근거를 겸직에서 찾은 종래의 관점은 여전히 어느 정도 그 타당성을 가지는 것이라 할 수 있다. 고려왕조의 재상은 겸직을 통해 본래 소속 기구를 넘어 행정기관·언론-감찰기관·비서기관 등 다른 모든 국가기구에 참여할 수 있었다. 그리하여 고유의 자문-심의권이나 봉박권을 가질 뿐 아니라, 대간이 가진 간쟁권이나 서경권에도 영향력을 행사할 수 있었고, 심지어는 군주의 비서로서도 복무할 수 있었다. 중서문하성의 재신은 군주의 지시 없이도 자체적으로 언제든 모여서 회의할 수 있고, 재추회의가 관행화되어 군주의 개최권과 관계없이 거의 일상적으로 재추가 합좌하여 심의할 수 있다. 그 밖에도 국방과 군사문제를 다루는 도병마사와 법제를 다루는 식목도감과 같은 재상의 합좌기구가 있어 재상이 국정에 관여하는 범위는 아주 넓었다고 할 수 있다.

2. 고려 정치구조의 모순

1) 권력구조의 모순

고려시대 권력구조의 주요 모순은 크게 두 가지였다. 하나는 고려왕조의 군주가 태생적으로 지닌 군주권 기반의 취약성이었고, 다른 하나는 권력의 양축 사이에 견제와 균형을 이루기 위해 활용한 겸직제가 가진 한계와 부작용이었다.

(1) 군주권 기반의 취약성
고려왕조의 군주가 재상을 압도하지 못한 것은 재상권이 강력한 때문만이 아니고 군주권의 기반이 취약했던 탓도 있다. 다시 말하면 문벌 세력을 등에

업은 재상이 군주를 압박한 결과라기보다는 군주가 애당초 전제권을 발휘하기 어려운 취약한 기반을 가지고 있었다는 것이다.

군주제 국가에서는 군주권의 기반이 확고하게 마련되어 있어야 한다. 그래야 국가의 장기적인 정치적 안정이라는 군주제 고유의 장점을 충분히 살릴 수 있다. 근대 이전의 사회에서 가장 보편적인 정치체제가 군주제였던 것은 다른 어떠한 정치체제보다 정치적 안정을 확보하기 용이한 체제이기 때문이다. 군주제는 세습적인 주권자 1인을 지정하는 체제이다. 유일한 세습적 주권자를 보유함으로써 현재의 안정과 미래의 안정을 모두 확보할 수 있다. 현재의 실력자들 사이에 벌어질 수 있는, 우두머리가 되려는 경쟁이나 이익을 독차지하려는 다툼을 억제할 수 있고, 후계자가 미리 지정되어 있어 미래의 정치적 불확실성도 제거할 수 있기 때문이다. 군주가 현명하면 좋지만 그렇지 않다 하더라도 군주가 신민의 삶을 파괴하는 전횡을 일삼지만 않는다면, 군주가 정해지지 않은 상황에서 빚어지는 정치적 혼란보다는 치르는 대가가 훨씬 작다는 것이다.

군주제 국가라고 하여 항상 정치적 안정이 보장되는 것은 아니다. 위기는 언제든 닥칠 수 있다. 위기가 발생하는 가장 흔한 경우는 첫째, 재위한 군주가 지나치게 어리석거나 방종하거나 오랜 신병으로 집정하지 못하는 경우가 있다. 다음으로는 후계자 선정을 둘러싸고 문제가 발생하는 경우이다. 후계자를 선정하지 못한 상태에서 선왕의 유고 사태가 발생하거나, 미리 후계자가 지정되었어도 아직 국정을 수행하기에는 너무 어려 섭정이 필요하다거나, 이제까지의 선정 원칙이나 관례를 깨뜨리고 후계자를 선정했을 경우 등이다. 이상이 기존의 군주국에서 발생할 수 있는 위기라 할 수 있다. 태생적으로 한 국가의 군주권이 취약한 경우도 있다. 경쟁자를 완전히 제거하거나 제압하지 못한 상태에서 국가가 출범하는 경우이다. 고려왕조의 출범도 그와 유사한 상황이었다.

① 기존 세력의 온존

고려왕조가 출범할 때 태조는 방방곡곡의 할거 세력을 무력으로 제압하기보다는 적극적으로 회유하고 포용하는 방식을 채택했다. 이른바 '호족연합정권설'이 제기된 배경이다. '호족연합정권설'은 선뜻 동의하기 어렵다. 지방세력이 태조 왕건과의 군신관계를 수용하여 정권이 수립되었음에도 불구하고, 마치 지방세력이 왕건과 대등한 위치에서 공동으로 정권을 창출한 듯한 오해를 불러일으키기 때문이다.[45] 그러나 고려왕조가 지방세력의 협조 없이는 후삼국을 통일하기가 쉽지 않았던 측면을 부각시킨 점에서는 의미가 없지 않다.

고려왕조 군주권의 기반이 취약한 원인 가운데 가장 으뜸가는 원인이 기존 세력의 온존에 있었음은 분명하다. 그러나 태조 왕건이 취한 유화책은 단순히 왕건의 힘이 미약했던 데서 연유한 것은 아니었다. 나름대로의 훌륭한 전략과 원대한 안목의 산물이었다. 그것은 궁예나 견훤과 같은 다른 경쟁자에게 승리할 수 있는 원동력이 되었고, 정치적 혼란을 극복하고 새로운 국가의 초석을 마련하는 기틀이 되었다. 단지 그것이 불가피하게 고려왕조가 군주권의 취약이라는 한계를 안고 가게 하였을 뿐이다.

지방 세력을 회유하기 위해 태조가 이른바 '중폐비사重幣卑辭' 정책과 혼인정책을 사용했음은 잘 알려져 있다. 고려왕조에 복속하는 대가로 지방세력에

---

[45] 상세한 논의는 김갑동, 「호족 연합정권설의 문제(왕권의 확립과정과 호족)」, 『고려왕조의 성립과 발전』, 한국사 12, 국사편찬위원회, 1993; 윤경진, 「고려초기의 정치체제와 호족연합정권설」, 『한국 전근대사의 주요 쟁점』, 역사비평사, 2002 참조. 흔히 族團의 수장을 가리켜 사용되는 '호족'이라는 용어를 사용하는 것도 문제가 있어 이 책에서는 호족 대신 '지방세력'이라 표현하였다.

게 그들이 기존에 가지고 있던 기득권을 상당 부분 인정해 준 정책은 후대의 국왕들에 의해서도 대체로 계승되었다. 향리제와 지방제에서 쉽게 확인할 수 있다.

기득권을 인정해 주는 것은 족망을 인정해주는 것이어서 이후 문벌을 존중하는 사회풍조로 이어지고, 이러한 사회풍조 속에서 고려 왕조의 문벌체제는 빠르게 자리 잡아 갈 수 있게 되었다. 군주권도 문벌체제의 제약을 받지 않을 수 없었다. 유교의 정치이념을 수용하였지만, 문벌계급의 테두리를 벗어나 국가의 수장으로서 전 인민을 상대로 한 정치를 시도하기는 어려웠다. 고려왕조의 군주 가운데 여말의 공민왕 등 극소수를 제외하고는 문벌계급의 이해에 정면으로 도전하려 한 군주를 찾아보기 어려운 것도 그 때문이다.

② 국정에서의 왕족 배제

신라사회는 왕족인 진골귀족이 모든 사회적 특권을 독점하는 사회였다. 폐쇄적인 골품제 사회를 극복하는 것은 고려왕조의 최대의 사명이었다. 능력주의 원칙에 입각한 관원의 임용과 더불어 '종친불임이사' 원칙에 의한 국정에서의 왕족 배제만큼 고려사회의 새로운 면목을 유감없이 보여주는 것은 없다. 이 제도는 이전의 신라사회와 고려사회를 명확히 구분하는 이정표가 된다. 세습귀족제의 폐기 즉 귀족사회의 종식을 알리는 것이기 때문이다. 현재로서는 언제 어떻게 하여 이 원칙이 수립되었는지 그 구체적인 사정은 알 수 없다. 그러나 이미 건국 초부터 명예직이 아닌 중요한 관직에 왕족을 임명하는 사례를 좀처럼 찾기 어려운 것을 본다면[46] 꽤 이른 시기에 위정자 사이에 공감대가 이루어진 것임을 짐작할 수 있다.

---

46) 金成俊, 「宗親府考」, 『史學硏究』 18, 1964.

신료로서는 고위직을 독점하던 왕족이 사라져 마음껏 승진할 수 있는 기회가 마련되니 크게 환영했을 것이다. 군주로서도 전 시대, 특히 나말에서 보인 왕위를 둘러싼 왕족 사이의 수많은 쟁투의 악몽에서 벗어날 수 있으니 도움이 되는 면이 없지 않았다. 그러나 이는 다른 한편으로는 군주권에 대한 제약이 될 수 있었다. 신료들의 반란과 같은 정치적 위기가 닥쳤을 때 군주가 왕족들의 도움을 받지 못하고 고립무원의 처지에 놓이기 쉽기 때문이다. 고려왕조의 군주가 항상 재상의 협조를 갈구한 것, 외척에게 휘둘리는 경우가 적지 않았던 것 등은 여기서 기인하는 면이 없지 않았다.

③ 군주 친병의 부재

군주가 자신이 직접 통솔하는 군대를 보유하지 못한 것도 취약성의 한 원인이라 할 수 있다. 태조 휘하의 친병은 2군6위의 경군 가운데 2군의 모태가 된 것으로 알려져 있다. 그런데 2군은 군주의 사병이 아니라 어디까지나 국가의 공병이었다. 2군6위가 설립될 당시에는 이미 군주와 2군 장병 사이의 사적인 유대는 단절되어 있었고, 무반의 장군에 의해 장악되어 공적인 복무체계에 따라 근무했기 때문이다. 서구 절대주의 시대의 상비군은 용병으로서 사실상 군주의 사병과 같은 존재였다. 당시의 군주가 부르주아로부터 마련한 경비로 상비군을 키우고 상비군을 기반으로 절대주의 체제를 구축할 수 있었던 것은 고려 군주의 처지와 대비되는 대목이다.

물론 공병제의 채택은 불가피하고도 당연한 일이었다. 군주가 따로 사병을 보유한다는 것은 유일한 주권자이자 국가의 수장으로서의 위상에 맞지 않고 체모를 손상시키는 것이다. 더구나 국가는 지방세력이 군사력을 보유하는 것을 금지시켰는데 군주 혼자만 사병을 가질 명분도 없었다. 그러한 군대를 유지할 비용을 마련하는 것도 쉽지 않은 일이다. 군주권을 확립하기 위한 방안으로는 발전된 관료제의 구축이라는 방안을 채택하였으니, 관료로 하여금 군대를 지휘하게 하는 것은 당연한 일이었다. 그러나 유사시 군주가 위험에 노출되는 것은 피할 수 없는 일이었다.

군주는 군통수권자였다. 군주의 명령 없이는 군사를 동원하거나 사용할 수 없다. 그러나 군주는 신료들이 항명하는 만일의 사태에 항상 대비하지 않으면 안 되었다. 일찍부터 병부가 있는 데도 따로 중추원을 설치하여 한 기관이 군사적 기능을 전담하지 못하게 한 것, 그리고 신임하는 자를 추밀로 삼아 재추회의에 나갈 수 있게 하여 재신들을 견제하는 등 여러 가지 방안을 강구했던 것은, 군사적 기반의 취약성을 보완하려는 의도와 무관하지 않을 것으로 생각된다.

그러나 그와 같은 노력에도 막상 권력자가 군주에게 정면으로 도전하는 상황이 발생하게 되면, 신료의 지휘에 맡겨진 공병의 대응은 예측할 수 없다. 더구나 군사를 직접 장악한 자가 도전의 당사자가 되면 군주로서는 속수무책의 처지에 놓일 수밖에 없게 된다. 무신란은 실제로 그래서 발생할 수 있었고 무신정권이 오래 지속될 수 있었던 것도 그 때문이었다.

(2) 권력분립의 불안정성

군주권의 기반이 취약했음에도 불구하고 고려왕조가 장수할 수 있었던 것은 고려의 군주제가 나름대로 잘 작동했음을 의미한다. 고려의 군주제가 잘 작동한 것은 군주가 국가의 안정적 유지를 위해 불가결하다는 사회적 공감대가 광범하게 형성되어 있던 덕분이었다. 무신집정자들도 감히 왕위를 찬탈하지 못했다. 중앙집권적 관료체제를 궤도에 올려놓은 오랜 노력의 결과이기도 하였다. 또한 겸직제를 통해 권력분립의 전통을 유지해 온 덕분이기도 하였다. 그러나 겸직제는 양날의 칼이었다. 군주와 재상의 협치를 이끌어 낼 수도 있었지만, 재상은 자신들이 가진 광범한 겸직을 이용하여 군주의 국정 운영을 저지하는 역기능을 연출할 수도 있었기 때문이다.

조정에서 두 축 사이의 역관계에 불협화음이 발생하면 이를 시정하는 데 먼저 나서게 되는 것은 관원 임면권과 관직 배정권을 가지는 군주였다. 겸직의 확대에 적극적이었던 것도 재상보다는 군주였다. 군주권의 기반이 취약한 군주는 종종 겸직의 확대를 통해 기존 재상들의 권능을 제한하려 시도했던 것이다. 중국의 정치제도를 수용하여 본격적으로 중앙집권적 관료체제를 구축하려 했던 시점부터 그러하였다. 성종이 당제의 3성6부제를 수용하여 왕조의 정치체제를 정비하면서 몇 년 뒤에는 여기에 송제를 가미하여 중추원을 따로 설치한 것이 바로 그것이다. 전왕인 목종을 폐위하고 즉위하여 적극적으로 왕권강화책을 모색했던 현종은 추밀을 확대하였다.[47]

문제는 겸직제의 활용이 양 축 사이의 항상적인 권력분립을 보장하지 않았다는 점이다. 도리어 재상권의 확대로 귀결되는 경우가 많았다. 군주는 충성스러운 관원을 중요한 관직에 임명하고 그 본직을 통해 재상을 겸직하게 하여 재상에 대한 군주의 영향력을 행사하려 했다. 심복의 관원을 재상에 앉히기 위해 재상 수를 늘리기도 했다. 문제는 재상이 된 관원이 언제까지고 군주의 바람대로 움직이지 않는다는 것이다. 군주의 축에서 언제나 이탈할 수 있는 것이다.

겸직의 확대는 일시적으로 권력 안배에 도움이 될 수는 있다. 그러나 장기적으로는 군주의 축이 작동하는 범위를 축소시키기 쉽다. 재상의 인원수와 겸직 범위 그리고 재상합좌체제의 확대 등이 이루어지면, 군주가 재상을 제어하기는 그만큼 더 어려워지게 되기 때문이다. 시기가 내려갈수록 겸직이 확대되

---

47) 김태욱, 「高麗 顯宗代의 宰樞」, 『歷史學報』 144, 1994.

는 경향을 보인 것은 그만큼 군주가 재상들을 제어하는 것이 어려웠음을 반영하는 것일 것이다. 겸직의 확대는 비단 두 축 사이의 권력분립의 불안정만 초래한 것은 아니다. 중앙집권적 관료제의 운영에도 적지 않은 악영향을 끼쳤던 것이다.

2) 중앙집권적 관료체제의 한계 —겸직제의 악영향

중앙집권적 관료체제가 완비된다면 군주국으로서의 정치적 안정이 담보될 수 있다. 그것이 여러 미비점을 갖게 되면 군주의 명분상·형식상의 권능과 실제상·내용상의 권능은 괴리를 보이게 된다. 고려시대 겸직제의 악영향은 중앙집권체제와 관료체제 모두에서 나타났다.

(1) 중앙집권체제
① 군주와 중앙기관
고려왕조에서는 군주가 국가 주요 행정기관을 효율적으로 통할하기 어려운 구조였다. 물론 중앙기관의 대부분은 군주에게 직접 상주할 수 있었다. 군주가 중앙기관을 직접 통할할 수 있었다는 의미이다. 그러나 다른 한편에서는 효율적인 통제가 어렵다는 것을 의미하는 것이기도 하다. 군주가 수많은 기관의 다양한 업무를 일일이 보고받고 그에 대한 지시를 내린다는 것은 불가능하기 때문이다. 한마디로 업무의 폭주를 감당할 수 없는 것이다.

물론 비서기구가 있지만 비서기구만으로 국정의 현안을 모두 해결할 수 없다. 겸직제가 성행한 이유의 하나도 여기에 있었던 것으로 짐작된다. 겸직관으로 하여금 기관별 업무를 지휘하고 상주할 안건을 챙기게 하여 왕명을 집행하는 데 도움을 주도록 하였을 것이다.[48] 그러나 군주가 일일이 각사를 통할하기 어려워지는 기술적이고 물리적인 문제 외에도 재상을 비롯한 고위관원의 권한이 커진다는 문제를 낳게 된다. 군주가 중앙기관을 통할하는데 적지 않은 어려움이 생기게 되는 것이다.

② 군주와 지방기관

고려왕조는 군주의 일원적 지방통치를 달성하지 못했다. 외관을 파견한 군현보다 외관을 파견하지 못한 군현이나 특수행정구역이 훨씬 많았던 것이다. 고려왕조가 나말 이래 향촌에서 지방세력이 구축했던 독자적인 권력을 그대로 용인하는 방향에서 지방제를 운영했던 까닭이었다. 이리하여 가장 기초단위의 지방 행정은 주현이나 속현을 불문하고 향리에게 위임되었다.[49] 지방에 대한 일사분란한 중앙집권적 통제는 지장을 받지 않을 수 없었던 것이다.

뿐만 아니라 체계적인 군현제를 실시하지 못했다. 우선 주·부·군·현의 관호·등급과 각 군현의 실제의 크기와 인구수는 큰 괴리를 보였다. 다음으로 향·소·부곡과 같은 특수행정구역이 많았다. 고려왕조는 지방통제를 강화하려는 노력을 꾸준히 지속하였지만, 고려가 멸망할 때까지 속현의 숫자가 주현의 숫자를 능가했던 것이다.

(2) 관료체제의 한계

광범한 겸직 활용은 관료제에도 악영향을 미쳤다. 우선 업무분담이 제대로

---

48) 현종이 6부에 있던 속사를 혁파하고 그 업무를 관련되는 성·시·감 등에 이관하여 각사를 직접 통할하는 방식을 취하였는데, 이후 이들 기관에 적지 않은 겸직 판사가 설치되었던 것은 그 때문일 것이다.

49) 윤경진, 「지방 제도의 다원적 편성: 지방 통치가 제도적으로 구현되는 방식」, 『고려시대사 1 - 정치와 경제』, 한국역사연구회시대사총서 03, 푸른역사, 2017.

이루어지지 못한 것을 들 수 있다. 유사한 기관이 중첩되게 설치되는 것, 한 관원이 이질적인 업무를 중첩되게 맡는 것, 한 기관에 사실상 별개의 기능을 가진 부서가 공존하는 것 등이다.

기관이 중첩된 사례로는 국가의 재정을 담당하는 기관으로 호부가 있는데도 삼사를 따로 두고 있었던 것이나, 병부 외에 군기軍機를 다루는 중추원이나 병마사를 둔 것 등이 대표적이다. 특정 사업을 위한 도감을 많이 설치한 것도 이에 해당된다. 임시기관인 도감이 대부분 장기간 존치됨으로써 해당 업무를 담당하는 정식기관과 병립하게 된 것이다.

업무의 중첩으로는 재상의 겸직이 대표적이지만 겸직은 재상에게만 국한되지 않았다. 본직과 겸직의 구분을 따지지 않고 말한다면 행정기구인 6부의 관원이 심의기구·언론-감찰기구·비서기구의 업무를 겸하고, 감찰기구인 대간의 관원이 심의기구·행정기구·비서기구의 업무를 겸한다는 것은, 애초의 기구별 업무분담의 취지를 무색하게 하는 것이 아닐 수 없다. 예컨대 최유청은 어사대부·지추밀원사·병부상서를 동시에 맡고 있었다.[50] 심지어는 대관이 간관직을, 반대로 간관이 대관직을 겸하는 경우까지 있었다. 아무리 대관과 간관이 같은 업무를 담당하고 함께 활동을 하는 경우가 많다고 해도 이는 불합리한 일이 아닐 수 없다. 그럴 바에야 애당초 한 기관으로 통합하면 될 것이기 때문이다.

기구의 이중적 편성 역시 많이 지적되는 사항이다. 중서성과 문하성을 실제로는 중서문하성이라는 하나의 성으로 운영한 자체도 합리적이라 할 수 없지만, 중서문하성 내에 재부와 낭사, 중추원 내에 추부와 승선방, 상서성 내에 상서도성과 상서6부 등 각각 이질적인 기능을 담당하는 두 부서가 하나의 기관

---

50) 박용운, 「고려시기의 겸직과 중복직에 대한 논의와 권력구조」 참조.

을 이루고 있었던 것은 불합리한 체계라 하지 않을 수 없다. 위와 같은 업무분담상의 모든 불합리한 사항들은 근본적으로 정부조직상의 우선순위를 합리적인 업무 배분에 두기보다는 권력의 양 축 사이의 견제와 균형에 두었던 데서 초래된 것이라 하겠다. 한 기관 내에서 본직자와 겸직자를 서로 견제하게 만들어 어느 일방이 독주하지 못하게 한다는 것은 관료제 본연의 효율성을 크게 저해하는 것이라 하지 않을 수 없다.

고려의 관료제의 한계는 관원 임용제에도 나타난다. 무엇보다 인사에 있어서의 문벌주의가 많이 작용하여 과거 응시에 종종의 차별이 가해졌고 음서의 비중도 컸다. 겸직제는 포폄제에도 영향을 미쳤을 것으로 보인다. 고려시대 관원의 고과에 있어서 순자제와 같은 정량적인 평가는 어느 정도 규명되어 있지만 정성평가는 거의 알려진 바가 없다. 고려시대에도 근무성적의 평가에 의한 포폄이 시행되었을 가능성이 높은데[51] 그 평가는 각 기관의 겸직 판사나 장관의 주관적 평가에 일임하고 있었을 가능성이 높다. 포폄의 기준이나 포폄에 따른 임용에 대해 언급하는 기사를 찾기 어려운 것은 객관적 평가를 유도하기 위한 방안 마련에 그다지 신경을 쓰지 않았음을 시사하는 것으로 볼 수 있기 때문이다. 다시 말하면 이는 겸직자의 재량이 크게 발휘될 수 있음을 의미하는 것이다. 고려시대에 들어와서 중앙집권적 관료제가 전 시대에 비해 크게 발달하였으나, 문벌체제로 인하여 권력분립의 면에서나 관료제의 효율성 면에서 해결해야 할 과제를 많이 가지고 있었다 하겠다.

---

51) 경관에 대한 근무평가제 기사는 찾을 수 없지만, 외관에 대한 근무평가가 이루어지고 있었음을 보아("凡選用監司 文宗十年八月 諸州牧·刺史·通判·縣令·尉及長吏 政績勤慢淸濁 百姓貧富苦樂 遣使按檢"『고려사』, 권 75, 선거지 3 전주) 경관에도 근무평가가 이루어졌을 가능성이 있다.

5절 고려의 경제구조와 그 모순

1. 고려의 경제구조

1) 토지분급제 —수조권설과 면조권설의 검토

고려사회의 경제체제를 파악하기 위해서는 토지제도의 해명이 그 관건이 된다. 고려사회는 농경사회였을 뿐 아니라 토지가 국가 재정의 바탕이 되었기 때문이다. 과거 한때 "국가의 모든 토지는 왕의 토지"라는 왕토사상의 존재를 근거로 토지국유론이 제기되기도 하였다. 그러나 현재는 의제적 토지국유제가 존재했을 뿐 고려사회는 사유권이 확립된 사회라는데 의견이 모아져 있다. 매매·상속이 자유롭게 이루어지고 있었고, 토지소유권 자체에는 신분이나 지위가 문제되지 않았다. 국왕으로부터 노비에 이르기까지 누구나 토지를 소유할 수 있었다.

고려의 토지제도가 철저한 토지분급제에 기반을 두고 운영되었다는 점에 대해서도 아무런 이견이 없다. 국가기관과 관원·직역인에게 각기 공해전이나 전시과 토지 및 직역전을 분급하여 수급자가 필요 경비를 개별적으로 충당하도록 하는 체제였다. 논란이 완전히 해소된 것은 아니지만 공전·사전 등의 개념과 민전과의 관계에 대해서도 대략 정리되어 있는 상태이다. 공전·사전은 소유권에 입각하여 각각 국·공유지와 사유지를 가리키는 경우와, 수조권에 입각하여 각기 국가가 직접 수조하는 토지와 개인이 수조할 수 있게 한 토지를 가리키는 경우 두 가지가 있었다는 것이다. 그리고 민전은 국가에 조세를 납부한다는 점에서 '공전'으로 불릴 수 있지만, 개인 사유지이므로 동시에 '사전'으로도 불릴 수 있다는 것이다. 현재까지 큰 논란이 되고 있는 것은 분급토지를 어떠한 토지에 설정했는가이다. 즉 국가의 토지, 타인의 토지, 본인의 토지, 그 중 어느 것에 설정했는가의 문제이다.

고려 전기의 토지분급제를 대표하는 것은 전시과였다. 관직의 등급이나 직역의 종류에 따라 전지田地와 시지柴地를 차등 지급하는 제도였다. 분급은 문자대로라면 국·공유지를 나누어 주는 것이라야 할 것이다. 실제로 국가를 위해 복무하는 관원·직역인에게 국·공유지를 할양해 주는 경우도 있었다. 그러나 타인이 소유하는 토지나, 본인이 소유하고 있는 토지에 수조지를 설정한 것도 '분급'이라 할 수 있다. 왕토사상에 따라 민전을 모두 왕토로 간주하여 이를 개인에게 분급하는 형식을 취하는 의제적 분급제였던 것이다. 그 실제적 내용은 타인이 납부하는 조세를 국가 대신 수급자가 거두게 하거나, 수급자 본인이 납부해야 할 조세를 내지 않고 면제받게 하는 것이다. 이상의 세 가지 분급 방식이 모두 시행되었다. 논란이 되는 것은 '어느 것이 주된 분급방식이었나'이다. 국·공유지의 할양은 예외적인 경우에 해당되는 것이었으므로, 결국 쟁점은 분급 대상이 되는 주된 토지가 타인의 토지인가('수조권설'), 본인의 토지인가('면조권설')에 있다.

수조권설과 면조권설이 가장 첨예하게 대립되는 토지는 양반전이다. 직역전의 경우에는 본인의 토지에 면조지가 설정된다는 데 대해서 큰 이의가 없기 때문이다. 이를테면 중앙군 중 번상군의 경우 본인의 토지 소유면적에 따라 족정·반정의 군인전이 주어졌다는 것이다. 수조권설이나 면조권설이나 다양한 견해로 나뉘어져 있는데,[52] 양설 모두 나름대로의 강점과 약점을 지니고 있다.

수조권설은 타인의 토지인 민전에 분급지를 설정하여 수급자가 그 토지로부터 수조할 권리를 국가로부터 양여받았다는 견해이다. 수조권설의 강점은

---

[52] 여러 연구자의 견해에 대해서는 김기섭, 「고려시기 토지소유론의 비판적 계승과 '佃戶'의 실체」, 『한국중세사연구』 55, 2018 참조.

무엇보다 분급제의 취지에 부합되는 주장이라는 데 있다. 국가가 가진 수조권을 개인에게 양도하는 것이니 국가가 민전에서 수조하듯 수급자가 국가 대신 민전에서 수조하는 것은 지극히 자연스럽게 보인다는 것이다. 다음으로 토지분급제 운영을 합리적으로 설명할 수 있다는 점도 큰 강점으로 꼽을 수 있다. 양반 과전의 경우 끊임없이 관원의 유입과 승진, 퇴직과 사망과 같은 변동사항이 발생하게 되는데, 그때그때 규정 액수에 맞게 토지를 지급하거나 지급된 토지를 환수하면 그만이기 때문이다.

문제는 수조권설이 과연 당시의 토지분급 실상을 제대로 반영하는 것인지 의문이 든다는 데 있다. 다시 말하면 수시로 민전을 수조지로 지급하고 환수하는 일이 실제로 이루어졌는가가 의심된다는 것이다. 수조권설에서 상정하는 방식으로 토지분급이 실제로 이루어졌다고 보기 어려운 점 몇 가지를 들면 다음과 같다. 첫째, 수조권설을 뒷받침할 수 있는 토지수수와 관련된 규정을 찾아볼 수 없다는 점이다. 간혹 보이는 토지의 급전이나 환수의 사례들은 포상으로 토지를 받거나 처벌로 토지를 빼앗기는 특수한 경우의 사례들일 뿐이다. 일반적인 토지 환수 규정으로 볼 수 있는 것은 다음 기사의 규정이 유일하다.

> 문종 원년 2월 판判하기를 "6품 이하·7품 이상 **연립連立**할 자손이 없는 자의 처에게는 구분전 8결을 지급하고, 8결 이하와 전망戰亡 군인은 모두 처에게 구분전 5결을 지급한다. 5품 이상 호에 부처가 모두 죽고 남자는 없는데 시집가지 않은 딸이 있으면 구분전 8결을 지급하고 딸이 시집간 후에 관에 반납한다."고 하였다.

구분전을 지급한다는 것은 구분전 결수 외의 토지는 환수한다는 것을 전제로 하는 것이기 때문에, 이 규정은 곧 환수 규정에 해당한다. 이 규정은 상식적으로는 문무반 일반에게 보편적으로 적용되는 규정이라 보아야 할 것이다. 관품 앞에 범위의 제한을 나타내는 아무런 수식어가 없기 때문이다.

그러나 이 규정은 특수한 무반에만 해당하는 규정으로 보는 것이 합당할 듯하다. 그 이유는 다음과 같다. 우선 '판'의 첫머리에 "6품 이하·7품 이상 **연립**할 자손"이라 하여 직역의 승계와 관련된 '연립'이라는 표현이 사용되고 있어, 관원 일반을 가리키는 것으로 보기 어렵다는 점이다. 교체가 항상적으로 이루어지는 관원 특히 과거를 통해 입사한 문반 관원에게는 연립이라는 표현이 어울리지 않기 때문이다. 무반 가운데서도 경군 출신의 무반에 해당하는 규정이라 볼 수 있다. 경군은 본래 직역을 대대로 세습하는 자이니 무반으로 승진했다고 하여도 자손의 '연립'이 가능하기 때문이다.[53]

또한 이 규정이 무자 또는 범죄 등 특별한 사정으로 통상적인 토지 승계 방식을 따를 수 없게 된 무반이나 군인의 토지에 대한 처리 규정만을 모아 놓은 기사 중의 하나에 포함되어 나타나는 것도,[54] 이 규정에서 보이는 관원이 특수한 조건을 가진 무반에만 해당될 가능성이 있다는 추정을 뒷받침해 준다.

이상과 같은 사항들을 고려하면 이 규정은 분급된 전시과 토지에 대한 일반적인 환수 원칙을 담은 규정이 아니라, 경군 출신의 무반 가운데 직역을 승계

---

[53] 최근 음서가 불가능한 6품 이하의 무반은 자손에게 직역과 함께 토지를 물려줄 수 있었을 것이라는 견해를 피력한 연구가 나온 바 있다. 그 자손은 일단 군인으로 복무하다가 장교로 선발되어 무반이 될 수 있다는 것이다.(오치훈, 「고려전기 무반의 전정연립에 대한 試論」, 『歷史學報』 260, 2023) 이러한 가설을 한 걸음 더 밀고 나가면, 이 규정은 1) 모든 무반을 대상으로 한 것이 아니라 무반 중에서도 경군 출신의 무반을 대상으로 한 것이며, 2) 경군 출신의 무반 중 6품 이하에만 한정되지 않는다는 것이다. 이 환수 규정에 5품 이상의 무반도 포함되어 있는 것은 그 때문이 아닐까 한다.
[54] 이 규정은 편목상으로는 '전시과' 항목에 들어있지만 '전시과' 항목과 '공음전시' 항목 사이에 구분전·영업전과 관련된 자료만 별도로 모아놓은 기사 중의 하나로 들어 있다. 그리하여 『역주 「고려사」 식화지』(권영국 외 6인, 한국정신문화연구원, 1996)에서는 원전에 없는 '구분전·영업전'이라는 항목을 따로 설치하여 이들 기사를 역주한 바 있다.

할 자손이 없는 경우에 대한 특수한 환수 규정에 지나지 않는다고 할 수 있다. 수조권설대로라면 양반전의 경우 관원의 교체로 인하여 토지를 지급하고 환수하는 일이 수시로 발생하지 않을 수 없는데, 관련 규정이나 사례가 일체 보이지 않는 것은 사료 일실의 탓으로만 돌릴 수 없는, 이해하기 어려운 일이다.

둘째, 분급에 전품田品이 전혀 고려되어 있지 않았다는 점이다. 같은 결수라도 수확량에 큰 차이가 나기 마련이어서 타인의 토지에 수조지를 설정한다면 어떤 토지를 받는가가 수급자의 이해관계와 직결되는 민감한 문제가 될 터인데, 이와 관련된 규정이나 논란의 사례를 전혀 발견할 수 없다는 점 역시 매우 의심스러운 것이다.

셋째, 본인의 전지를 놓아두고 타인의 전지에 분급지를 설정한다는 것은 대단히 불편하고 번거로운 방식이라는 점이다. 남의 토지에서 수조하면서 자신의 토지에서는 납조해야 하는 부자연스러운 사태가 발생하기 때문이다. 분급해야 될 토지의 총량은 실로 막대한데 정부가 급전할 토지를 찾아내어 일일이 배정하는 일도 보통이 아닐 것이다. 더구나 양반전의 경우 분급지를 민전에 설정하는 작업이 1회로 끝나는 일도 아니었다. 관원이 승진할 때마다 수시로 또 다른 민전을 할당하여 보충해 주어야 하기 때문이다.

넷째, 분급지의 변동상황에 따른 처리도 쉽지 않다는 점이다. 매매에 의해 분급지의 소유자가 바뀐다든지 소유자의 사정으로 경작하기 어려운 상황이 되거나, 재해로 인해 수확이 크게 감소하거나 아예 진전이 되는 등등의 상황에 일일이 대처하기가 여간 복잡한 일이 아니라는 것이다.

다섯째, 토지분급제를 붕괴시킨 원인인 때 이른 토지부족 문제에 대해서 분명한 답을 내놓기 어렵다는 점이다. 토지의 수수가 제대로 이뤄졌다면 토지부족 사태를 어느 정도 예방할 수 있었을 것이기 때문이다. 이상에서 수조권설에서 상정하는 토지수수 방식은 실제로 시행된 방식이라 보기 어렵다는 점을 살펴보았다.

면조권설은 본인의 토지에 분급지를 설정하여 조세를 면제해 주는 것이 전시과 분급제의 실제 내용이라는 것이다. 이러한 분급 방식에 의한다면 수조권설에서 제기된 의문이나 난점들은 상당 부분 해소될 수 있다. 또 그러한 방식은 지급자와 수급자 양편 모두에게 가장 편리한 것이 될 수 있다. 먼저 수급자의 처지에서 보면 수조에 전혀 신경 쓸 필요가 없다는 점이다. 이제까지 자신의 소유지에서 수취해 왔던 대로 수취하면 될 따름이다. 타인의 소유지에 배정되었을 때 맞닥뜨리게 되는 문제 즉 분급지가 비옥한 땅인지, 해마다 달라지는 작황을 놓고 얼마를 어떻게 걷어야 하는지 등등의 일체의 문제에서 해방될 수 있는 것이다. 자신의 소유지에서 이전부터 행해져 온 토지지배관계도 더욱 공고하게 될 수 있다. 경작자에 대한 지배에 대해서 누구의 간섭을 받을 필요가 없고, 일체의 부세가 없어져 자신의 소유지는 마치 불수불입의 특권지를 방불케 되는 것이다.

지급자인 정부의 입장에서도 아주 편리하다. 국초 이래의 지방세력에 대한 기득권 인정 관행과 합치되고 행정적으로도 무척 간편하다. 수조지를 물색하고 배정하는 데에 따르는 수고로움을 덜 수 있기 때문이다. 수급자의 불평을 초래할 수 있는 토지의 위치나 비옥도와 같은 문제도 신경 쓸 필요 없다. 수조의 이행 여부나 경작자의 변동 사항과 같은 일체의 문제에서도 자유로워진다. 이상의 모든 가능성을 검토해 보면 고려의 전시과는 면조 위주의 토지분급 방식으로 운영되었으리라 보는 것이 타당할 듯하다.

수급자 소유지의 결수가 분급 액수에 미치지 못할 경우 면조권설에 입각한 처리 방식은 어떠한 것이 될까. 친족의 소유지를 분급대상 토지로 함께 등록하여 부족액을 채우는 방식을 생각할 수 있다. 즉 '1가'의 소유지, 그것으로도 부족하면 1가보다 좀 더 먼 친족의 인근 지역 소유지를 신고하여 면세의 조치

를 받을 수도 있었을 것으로 추측된다.[55]

　수조권설이나 면조권설이나 정작 문제가 되는 것은 분급토지의 환수 문제이다. 과연 전시과는 뒷날의 과전법처럼 정부가 토지의 환수를 엄격하게 관리하려 한 것이었는가. 향리와 경군과 같은 직역인의 경우에는 큰 문제가 되지 않는다. 기존의 직역인이 사망이나 노병 등으로 더 이상 직역 수행이 어려울 경우 1가 내에서 대체자를 선정해 면조의 혜택을 이전해 주면 그만이기 때문이다. 문제가 되는 것은 양반전이었다. 관직은 성취적 지위이지 자자손손 계승하는 세습직이 아니었기 때문이다. 자식들이 대대로 관직에 나아간다는 보장이 없고 부조와 같은 지위에 도달한다는 보장은 더더욱 없다. 원칙대로라면 분급지의 환수라는 절차가 수행되어야 한다.

　그러나 환수는 제대로 이루어지지 못한 것으로 생각된다. 양반전도 세습되는 직역전의 경우처럼 '영업전永業田'이라 불리는 사례가 나타난다는 사실은 잘 알려져 있다. 이러한 사실은 당시 위정자들이 양반전의 경우에도 후손들에게 전수될 것으로 예상─혹은 기대─하고 분급토지의 환수 즉 면조권의 환수문제를 그다지 신경 쓰지 않았음을 시사하는 것이라고 해석할 수 있다. 전시과 제도가 여러 차례 개정되었음에도 불구하고 환수에 관한 어떠한 규정도 찾아볼 수 없는 것은 환수 문제에 대한 바로 그와 같은 미온적인 태도로 말미암아 환수 규정을 마련하지 않은 때문이 아닌가 한다. 결국 분급한 토지를 다시 환수하는 방식에 의한 수조권 분급은 고려 후기의 녹과전제에 와서야 시행되기 시작하여 여말의 과전법에 와서야 본격화되었다고 볼 수 있다.

---

55) 잘 알려진 대로 군인의 경우 본인의 토지가 부족하면 인근지역에 사는 친족의 토지까지 등록할 수 있게 되어 있었다.

2) 부세의 부과체계

고려시대의 기본 세목은 조세·공부·요역의 세 가지였다. 이 외에 주로 특수한 생업을 영위하는 자에 대한 부세인 잡세가 있었다. 이들 부세는 계급별로 그 부과체계를 달리했다. 즉 문벌계급에 해당하는 재경관원, 중간계급에 해당하는 직역인, 평민계급의 백정이나 잡척에 대한 부세 부과 내역이 각기 달랐다는 것이다. 그리고 노비계급은 기본적으로 부세 부과체계에서 제외되었다.

문벌계급은 광범위한 면세의 특혜를 누렸다. 공부를 비롯하여 조세·요역까지 사실상 모두 면제되고 있었다. 공부는 문벌계급과 무관하였다. 공부는 임토작공任土作貢이라 하여 지방의 가호로부터 토산물을 수취하는 부세 종목이어서 지방이 아닌 서울에 적을 두고 있는 문벌계급에게는 애당초 해당되지 않기 때문이다. 조세는 관원 소유지에 설정되는 수조지의 면조권을 바탕으로 하여 대체로 수조지 외의 토지까지 납조하지 않고 있었던 것으로 추정된다. 요역의 경우에는 서울 거주민에게도 부과되었다. 그러나 서울의 요역은 지방의 요역에 비해 질적으로나 양적으로나 대단히 가벼운 것이었다. 더구나 관원은 서울의 요역에서도 제외되거나 제한적으로 부과가 이루어질 뿐이었다. 지방에는 문벌계급의 토지를 관리하거나 경작하는 외거노비가 거주하고 있었지만 그 중 자신의 토지를 가지고 있는 노비라 할지라도 일체 공부나 요역의 부과 대상에서 제외되었다. 오로지 상전에게만 사역되어야 할 사민私民이어서 공민과 같은 납세의 의무를 질 필요가 없다는 이유에서였다.

고려 전기에는 중간계급도 별도의 부세체계에 편성되어 있었다. 직역職役을 가진 정호층丁戶層은 문벌계급이나 평민계급과 부세체계를 달리했던 것이다. 이들은 조세가 면제된다는 점에서 관원층과 유사하지만, 공부와 요역을 부담한다는 점에서 관원층과 달랐다. 공부와 요역의 대상이라는 점에서 평민계급과 유사하지만, 부담하는 내용이 달랐다. 공부로는 공식호에 부과하는 조포調布를 부담했고, 요역으로는 국가차원의 요역만을 부담했다. 직역호 가운데 보승·정용과 같은 군인호의 경우에는 일품군一品軍으로서 국가차원의 공역工役을 담당하였으며, 향리호의 경우에는 품군品軍(役軍)을 지휘하는 역할을 맡았다.

평민계급의 경우에는 조세는 말할 것도 없고, 공물을 마련하기 위한 공역貢役을 비롯하여 부세의 수송, 축성築城·영선營繕 등의 토목공사(工役), 군현을 출입하는 관원들에 대한 영송迎送·지대支待 등 다양한 잡역을 부담하였다. 평민계급 내에서도 차이가 없지 않았다. 향·소·부곡 등의 특수행정구역에 거주하는 사람들의 경우는 일반 군현에 거주하는 사람들에 비해 좀 더 많은 부담을 진 것으로 추정되고 있다.

2. 고려 경제구조의 모순

1) 토지분급제의 모순

항상 교체될 수밖에 없는 관원에게 전시과 토지를 분급하고 자자손손 면조의 특권을 누릴 수 있게 함으로써 토지부족 사태를 초래한 것이 토지분급제의 근본 모순이라 하겠다. 고려 정부는 관원가에서 관원이 재생산될 것을 기대하고 환수의 의지나 노력을 보이지 않았던 것이다. 그러나 새로운 관원은 끊임없이 배출되었다. 경군 중 파산하는 자도 꾸준히 발생했다. 친족의 토지까지 동원해도 분급액에 미치지 못하면 부득이 민전을 추가로 할당해 주지 않으면 안 되었을 것이다. 국가의 수조지는 그만큼 줄어들게 되는 것이다.

면세라는 오랜 관행과 문벌계급의 뿌리박힌 특권의식으로 정부가 뒤늦게 환수에 나서기도 어려운 상황이 되었다. 분급지 총량에서 가장 큰 비중을 차지하는 경군에 대한 전정을 족정에서 반정으로 내리는 조치는 부득이한 것이었으나 근본적인 해결책이 될 수 없었다.

2) 부세 부과체계의 모순

고려 부세제의 근본 모순은 문벌계급이 분급지 면조권의 세전과 공부·요역의 면제와 같은 경제적 특권을 독점한 데 있다. 고려시대 부세제는 부세 부담이 경제적 부와 반비례했다. 가장 부유한 문벌계급은 면세의 특권을 누렸고 중간계급은 평민계급에 비해 상대적으로 가벼웠으니, 평민계급이야말로 국가재정을 떠받치고 있었던 것이다. 노비계급에게 부세가 부과되지 않았던 것은 근본적으로 노비소유자가 주로 면세의 특권을 누리는 문벌계급이었기 때문이다.

문벌계급이 경제적 특권을 독점하게 된 것은 문벌사회체제 때문이었다. 후삼국 통일과 새 왕조의 평탄한 출범을 위해 고려왕조는 귀부해 온 지방세력의 기득권을 인정해 주었고, 이후 왕조는 지방세력을 통제하고 중앙집권체제 구축을 위해 안정된 관원층을 형성하여 군주의 우익으로 삼으려 하는 정책을 추진하게 되었다. 관원층에게 분급지 세전이나 부세 면제와 같은 막대한 경제적 특혜를 주었고, 이러한 특혜는 문벌계급의 특권의식을 배양하여 후일 권력형 비리를 저지르게 하는 결과를 낳았다.

문벌계급 스스로 분급지 세전이라는 굳어진 관행을 쇄신할 것으로 기대하기는 어려운 일이다. 그렇다고 군주 1인이 문벌계급 전체를 적으로 돌리고 일거에 그들의 분급지를 몰수할 수도 없는 노릇이다. 그것이 문종 대의 경정전시과를 끝으로 전면적인 토지제도의 개편이 일어나지 못한 까닭이다. 새로운 계급에 의한 문벌체제의 해체 없이는 구조적 모순을 극복할 방법이 없었던 것이다.

2장 사대부계급의 형성

1절 전위집단의 탄생 배경과 사회혁신책

　조선사회를 이끌어간 사대부계급은 고려사회의 문벌계급을 대체한 새로운 계급이었다. 사대부계급은 위화도 회군 이후 전개된 사회변혁 과정에서 탄생되었다. 사대부계급의 전위집단에 의해 추진된 전제개혁은 사회전환의 전기를 마련한 사회변혁이었고 계급투쟁이었다. 이제까지 고려시대의 지배계급과 조선시대의 지배계급이 서로 성격이 판이한 계급으로 인정되지 못했다. 여말선초에 일어난 사회변동 역시 획기적인 의의가 있는 것으로 받아들여지지 못했다. 단지 여말에 일부 급진적인 사대부가 전제개혁을 비롯한 개혁을 수행하고 조선왕조를 개창하여 약간의 사회적 발전을 이루었다고 설명되는 정도에 그쳤다. 사회적 변화가 있었다는 사실 자체를 아예 부인하는 견해도 있었다.

　이처럼 학계에서 양 사회 지배계급의 질적 차이를 인정하지 않는 견해가 단연 우세한 것은 이미 앞에서 지적한 대로 고려사회와 조선사회가 동질적인 사회(동일한 중세사회)라는 예단에서 연유한 것이다. 고려·조선사회 동질론과 여말선초의 사회변동에 대한 평가는 밀접하게 관련되어 있다. 여말선초의 사회변동이 그리 큰 의미가 없다는 것이 동질론의 근거가 되기도 하고, 거꾸로 동질론에서 여말선초 사회변동이 큰 의미가 없다는 예단이 도출되기도 한다. 여말선초의 사회변동을 평가하는 데 관건이 되는 것은 전제개혁의 성격과 성과이다. 지금까지는 전제개혁을 추진한 집단과 그에 반대한 집단의 본질적인 차이가 인정되지 않았다. 다만 개혁 강도의 차이만 인정되어 각기 '개혁파 사대부' 내의 '온건'·'급진'세력으로 파악되었을 뿐이었다. 전제개혁 역시 당면한 경제적 어려움을 부분적으로 개선하는데 그치는 것으로 이해되어 왔다.

그러나 전제개혁은 사회전환의 전기가 되는 계급투쟁이었다. 그리고 계급투쟁을 이끈 것은 바로 사대부계급의 '전위집단'이었다. 한 계급의 전위집단이란 자신이 대표할 계급의 이념을 주창하고 새로운 계급이 형성될 수 있는 토대와 전기를 앞장서서 개척하고 마련하는 집단이다. 다시 말하면 여말 사대부계급의 전위집단이 벌인 계급투쟁에 동조한 사람들이 조선 사대부계급의 모태가 되었다는 뜻이다. 전위집단은 위화도 회군을 계기로 급부상하게 되었다. 그러나 아무 것도 없는 상태에서 전위집단이 갑자기 대두한 것도 아니고, 아무 것도 없는 상태에서 전위집단이 갑자기 새로운 계급을 창출할 수 있었던 것도 아니다. 새로운 계급이 형성되기까지, 전위집단이 배출되기까지, 여러 가지 조건이나 상황 그리고 계기가 필요하며 상당한 기간이 소요되지 않을 수 없었다.

1. 전위집단의 탄생 배경

1) 경제적 토대와 대내외적 상황

(1) 경제적 토대

하나의 사회계급이 탄생하는 데에는 우선 그 계급이 성장하고 유지될 수 있는 경제적 토대가 마련되어야 한다. 고려 후기에는 그러한 조건이 구비되고 있었다. 극한 상황에 몰리고 있는 민생과 국가재정에 활로를 열어줄 수 있는 가능성이 만들어지고 있었던 것이다. 바로 농업생산력의 발달이었다.

이 시기의 농업생산력 발전으로는 다음과 같은 사실이 밝혀져 있다. 첫째, 단위 면적당 생산량을 증대시키는 농업기술의 발달이다. 수리시설, 시비법, 종자 개량 등의 발달이 지적되고 있다. 연해안·저습지를 개간하기 위한 제언의 확충이나 도랑의 축조, 녹비법綠肥法·답분법踏糞法의 시행, 선명도蟬鳴稻·점성도占城稻 등의 도입이 그것이다.[56] 둘째, 경작 면적을 확대시키는 개간이다. 14세기 초반에는 배수로를 만드는 기술이 발달하여 연해 지역의 저습지가 논으로 개간되었다. 왜구의 침략이 심하였던 14세기 후반에는 내륙의 하천가를 중심으로 개간이 이루어졌고, 14세기 말 이후에는 다시 삼남의 바닷가가 크게 개간되었다. 재지지주층과 지방관도 농민의 노력을 뒷받침하여 소규모 제언이 늘어났다. 이러한 기회를 잘 살릴 수 있다면 중소지주층의 성장을 기대할 수 있게 되고, 자작농층도 한결 경제적 사정이 나아질 수 있다. 이처럼 고려 후기에 새로운 경제적 발전의 토대는 마련되었으나 이를 적극 활용한 발전은 이루어지지 못했다. 권력자들이 이들을 침해하고 개간의 이득을 독점한 때문이었다.

(2) 대내외적 상황

과감한 사회혁신을 모색하지 않으면 안 될 절박한 상황도 조성되고 있었다. 대내외적 모순의 심화와 그로 인한 위기의식이 고조된 것이다. 오랜 대몽항쟁을 치렀을 뿐 아니라 원간섭기에는 사회 각 부문에 걸쳐 심각한 폐해가 일어

---

[56] 위은숙,「농업생산력의 발전」,『고려후기 농업경제연구』, 혜안, 1998.

나고 있었다. 원 황실의 지지나 측근세력의 도움에 의지해서 지탱되는 군주권은 권세가의 발호와 토지겸병의 만연을 막을 수 없었다. 민생의 조락과 국가재정의 궁핍은 피할 수 없는 일이 되었다. 이에 더하여 14세기 중엽 이후 두 차례의 홍건적난과 반 세기가량 지속된 왜구의 침략에 시달렸다.

경제적 발전의 가능성이 만들어졌는데도 활로가 막힌 상황, 그리고 고려사회의 구조적 모순의 심화에 대처할 수 없게 하는 대내외적 상황 속에서 이러한 난관을 타개하기 위한 움직임이 나타났다. 사회의 위기의식이 고조됨에 따라 개혁적 성향의 관원·지식층이 배출된 것이 그것이다.

2) 개혁성향 관원층의 등장과 전위집단

(1) 개혁성향 관원층의 등장

고려 후기에는 기존의 세족世族이나 권문權門과는 다른, 개혁적 성향의 관원층이 등장했다. 기존의 권문세족과 사회적 성분이 달랐을 뿐 아니라, 성리학을 수용하는 등 사뭇 다른 존재양태를 보였다.

① 개혁성향 관원층의 성분

일찍이 조선 '사대부'의 기원을 무신집권기 능문능리能文能吏의 새로운 관인에서 찾은[57] 이래 고려 후기의 새로운 관원층을 명명하는 용어로 등장한 것이 '신진(흥)사대부' 또는 '신진사류'였다. 이에 해당하는 자들로 무신집권기에서 원간섭기에 걸쳐 지방에서 중소지주적 기반을 가진, 특히 향리 가계의 사람으로서 과거를 통해 중앙무대에 진출한 자들이 지목되었다. 문지를 바탕

---

[57] 李佑成「高麗朝의「吏」에 對하여」,『역사학보』 23, 1964.

으로 주로 음서에 의해 관계에 진출하던 기성의 권문세족층과는 뚜렷한 차이를 보이는 관원층이었다.

문제는 지방의 한미한 집안에서 과거를 통하여 관원이 되었다고 하여 모두가 개혁적 성향을 가진 자라 할 수는 없다는 점이다. 이들은 세 가지 정도의 부류로 구분할 수 있다. 첫째, 개혁성향을 가진 부류이다. 이들은 나름대로 개혁의지를 가지고 입사하여 국정이 바르게 운영되는 데 일조하고자 하였다. 충선왕·충숙왕 대 일련의 개혁에 그 일부가 참여할 수 있었으나, 개혁은 큰 성과를 거두지 못한 채 좌절되고 말았다. 원의 간섭이 있었을 뿐 아니라, 개혁을 추진한 국왕이 개혁 자체보다는 왕권의 신장에 더 관심을 가졌기 때문이다. 국왕의 개혁은 기성의 세족·권세가뿐 아니라 때로는 측근의 반대에도 부딪치지 않을 수 없었다.

두 번째로는 평범한 관원층에 해당하는 부류이다. 한미한 집안에서 기신하여 관원이 된 것으로 자족하고 평범한 관직생활을 영위하였다. 따라서 아무런 자취를 남기지 못한 부류라 하겠다.

세 번째로는 기성의 권문세족의 일원으로 합류하기 위해 진력한 부류이다. 문지가 낮은 집안에서 태어난 것을 한으로 여겨 권력과 출세를 위해 명문이나 권문과 교류하려 애썼다.[58]

---

58) 여말 조정 관원의 행태에 대한 다음과 같은 공민왕의 세평이 전해지고 있다. "왕이 재위한 지 오래되었는데 재상들 대부분이 뜻에 맞지 않았다. 일찍이 말하기를 '세신대족世臣大族은 친당親黨이 뿌리처럼 연결되어 서로 가리고 숨겨주며, 초야신진草野新進은 뜻과 행동을 바꾸고 꾸며서 명망을 얻고, 귀하고 현달하게 되면 문지가 단한單寒한 것을 스스로 부끄럽게 여기어 대족들과 혼인관계를 맺어서 그 초심을 모두 버리며, 유생儒生은 나약하고 강직함이 적고 또 문생門生·좌주座主·동년同年의 호칭을 가지고 무리를 지어 사귀어(黨比) 사사로운 정에 얽매이니(徇情) 세 부류는 모두 쓰기에 부족하다' 하였다."(『고려사절요』 권 28, 공민왕 14년 12월) 공민왕이 언급한 '초야신진'은 바로 '신진(흥)사대부'의 셋째 부류를 가리키는 것임을 쉽게 알 수 있다. 공민왕의 위 술회는 신돈 영입의 불가피성을 설파하기 위한 것이지만, 여기에서 공민왕의 개혁을 뒷받침할 정치

새로운 관원층의 그와 같은 양태를 보면, '신진(흥)사대부'의 성분만 가지고, 조선 사대부계급의 기원을 찾는 것은 타당하지 않다고 할 수 있다. 다만 이들의 존재를 통해 고려 후기 향촌에 중소지주층 출신의 지식인층이 형성되고 있었다는 사실을 엿볼 수 있다.

　충목왕 대의 개혁은 이전과 달리 국왕이 아닌 새로운 관원층이 주도권을 가지고 개혁을 추진했다는 점에서 주목을 받았다. 이 때에 개혁을 추진한 주축세력은 성리학자들이었다. 충목왕 대의 개혁 역시 원과 기득권 세력에 의해 좌절되지 않을 수 없었다. 그러나 당대의 개혁인사들이 원 간섭 아래에서의 개혁은 성공하기 어렵다는 역사적 교훈을 얻게 되었다는 점에서는 의미가 없지 않았다. 공민왕이 개혁을 위해 반원정책을 추진한 것은 우연한 일이 아니었던 것이다.

　충목왕 대에 과거의 초장에 6경의六經義·4서의四書疑가 시험과목으로 채택됨으로써 과거를 통해 입사하고자 하는 자는 성리학을 공부하지 않을 수 없게 되었던 것도 특기할 만한 사실이다. 충목왕 이후 개혁성향의 관원층을 대표하는 것이 이른바 '신흥유신'이다.

　신흥유신은 이색·정몽주·정도전 등으로 대표되는, 과거를 통해 입사한 개혁성향의 성리학자들을 가리킨다. 앞의 공민왕 세평에서 '유생'으로 지칭된 부류가 신흥유신에 해당하는 자들이라 할 수 있다. 일찍부터 서로 간의 긴밀한 교류가 이루어지고 있었음을 확인할 수 있다. 이들의 본격적인 세력결집이 이루어진 것은 중영重營된 성균관을 거점으로 한 공민왕 16년 이후의 일이었음은 널리 알려진 사실이다.

　세력이 부재했던 상황을 엿볼 수 있다.

② 개혁성향 관원층과 성리학

성리학은 종래의 유학과 달랐다. 과거의 유학처럼 지식이나 교양을 쌓는 도구나 국정 운영에 참고 되는 구실에 그치는 것이 아니라, 유학자에게 수기치인과 성인의 도를 깨우치기 위한 길잡이가 되었다. 성리학이 사대부계급의 형성에 적지 않은 영향을 미친 것은 부인할 수 없는 사실이다. 개혁적 지식인들이 성리학을 매개로 세력결집을 이룰 수 있었을 뿐 아니라, 성리학을 통해서 왕도정치이념과 같은 사회개혁이념을 다듬어 나갈 수 있었기 때문이다. 그러나 새로운 관원층의 형성과 성리학을 직접 결부시키는 것이 반드시 적절하다고는 말할 수 없다. 성리학 자체가 그 수용자의 사회의식을 바꾼다고 단정할 수 없기 때문이다. 같은 성리학자라도 정치적 지향은 얼마든지 다를 수 있었던 것이다.

성리학이 사회변혁의 원동력이 될 수 없는 이유는 여러 가지이다. 우선 성리학 자체는 당면한 사회개혁을 위한 별다른 구체적인 방안을 가지고 있지 않다는 점이다. 현실에서 구현하기 어려운 옛 성인들의 위업이나 자세를 본받도록 종용하거나 격물에서 수신제가에 이르는 개인의 수양을 추상적으로 역설하고 있기 때문이다. 다음으로는 성리학 내에 서로 상충될 수 있는 교의가 존재하는 탓으로 성리학은 그 수용자로 하여금 일률적으로 특정한 교의를 따르게 할 수 없다는 점이다. 이를테면 군신의 의리와 역성혁명의 논리와의 상충이 대표적이다. 마지막으로 성리학은 그 자체가 가진 이론적·논리적 모순들이 있다는 점이다. 성리학에서 부자의 의리와 군신의 의리는 동일한 천리天理로 규정되지만, 전자는 파기가 불가능한 숙명적인 관계인 반면 후자는 파기가 가능한 인위적인 관계이다. 따라서 항상 군신관계를 파기할 수 있는 폐해의 정도와 군신관계를 폐기해야 할 시점이 쟁점이 된다.

성리학은 어디까지나 개혁 의지를 이미 가지고 있는 사람들에게 커다란 울림을 줄 수 있는 것이지 개혁 의지가 없던 사람으로 하여금 개혁 의지를 갖도록 만드는 것은 아니었다. 그리고 성리학은 그 수용자로 하여금 특정한 계급 노선으로 유도할 수는 없었다. 다양한 부류의 사람들이 성리학을 습득할 수 있었고 다양한 노선을 채택할 수 있었다. 그리하여 신흥유신과 정치적 대척점에 선 세족 가운데에도 성리학자가 있었던 것이다. 실제로 사회변혁이 일어나고, 그러한 변혁을 통해 사대부계급이 형성될 수 있었던 것은 성리학이 아니라 사대부계급 전위집단의 역할로 말미암은 것이었다.

(2) 사대부계급의 '전위집단'

사대부계급의 전위집단은 현상적으로는 돌연히 수면 위로 떠올랐다고 할 수 있다. 부상의 기회(위화도 회군)가 갑자기 찾아왔기 때문이다. 사대부계급 전위집단의 핵심이 정도전과 조준이었음은 두말할 필요가 없다. 그리고 이성계도 전위집단 대표자의 한 사람으로 꼽을 수 있다. 정도전이나 조준과 같이 새로운 사회에 대한 포괄적인 전망이나 계급투쟁을 위한 구체적인 방안을 갖고 있지는 못했으나, 그들의 개혁 이념과 방안에 공명하였을 뿐 아니라,[59] 그들이 활약할 수 있는 계기와 기회를 부여하고, 끊임없이 지원하여 계급투쟁의 성공을 견인했기 때문이다.

전위집단은 여타의 '신흥유신'과는 근본적으로 달랐다. 계급투쟁을 단행한 사대부계급의 '전위집단'과 그 이전의 개혁 성향의 과거관료들 사이에는 급진과 온건과 같은 개혁성의 정도만으로 따질 수 없는 질적 차이가 있었다. '체제를 바꿀 것인가', '체제를 수호할 것인가' 하는 근본적인 차이이다. 전위집단

---

[59] 이성계는 일개 무장에 그치는 인물은 아니었다. 여러 연구자가 지적한 바와 같이 우왕 9년에 그가 올린 安邊策에서 사회 현안에 대한 그의 식견의 일단을 볼 수 있다. 전결의 다과에 따른 과세와 3가 1호의 개병제 주장이 그것이다. 『고려사』 권 135, 우왕 9년 8월.

은 기존의 사회를 근본적으로 바꾸어야 한다는 소명의식과 실행의지, 그리고 시대적 과제를 해결할 수 있는 방안과 새로운 사회체제에 대한 선구적인 혜안을 가지고 있었던 것이다. 이를테면 이색·권근과 같은 이들이 토지겸병을 척결하는 방안으로 한 토지에 오직 한 사람의 수조자만 인정하자는 '1전1주'론과 같은 개량주의적 방안을 제시한 데 반해, 전위집단은 토지겸병을 원천적으로 차단할 수 있는 사전혁파라는 변혁주의적 방안을 제시한 것이다.[60] 전위집단은 시대의 과제를 포착하고 그 해결할 방안을 찾아내어 체제변혁을 단행한 것이다.

출신성분이나 사회적 위치가 유사하다고 하여 반드시 동일한 세계관을 가지는 것도 아니고, 동일한 계급에 소속되는 것도 아니다. 오늘날 사회에서 보듯이 특히 지식인의 경우는 극좌에서 극우까지 이념적 편차가 무척 크고 다양할 수 있다. 지식인은 자신이 현재 속해 있지 않은 계급의 이해를 대변할 수 있다는 뜻이다. 이를테면 프랑스 대혁명이나 사회주의 혁명을 이끌었던 사람들은 자신들이 속하지 않은 부르주아계급이나 프롤레타리아 계급의 이해관계를 대변했다. 고려의 문벌계급과 조선의 사대부계급이 모두 관원을 핵심 구성원으로 하여 이루어졌지만 그 계급적 성격이 달랐던 것처럼, 같은 신흥유신 사이에도 소속 계급을 달리할 수 있었던 것이다. 전위집단이 전개한 계급투쟁의 이념과 방안은 그들이 제시한 여러 가지 개혁안에 담겨 있다. 그들이 제시한 개혁 방안은 당면한 시대적 과제를 해결하는 방안이었다. 다시 말하면 고

---

[60] 1전1주론과 사전혁파론의 차이에 대해서는 일찍이 좋은 지적이 있었다. 1전1주론은 종전에 시행되던 전민변정사업과 동궤의 것으로서 사전점유자 전체의 안전을 도모하기 위해 불법적으로 지목되는 수조권자들을 개별적으로 제거한다는 발상에서 나왔던 반면, 사전혁파론은 사전의 점유와 그 집적에 의거하여 운영되는 농장을 부정함으로써, 토지겸병으로 인한 피해를 받는 중소지주층의 이해관계를 대변함과 동시에 농민층의 상대적 안정을 가져올 수 있다는 점에서 의의를 갖는다는 것이다(이경식,「高麗末의 私田捄弊策과 科田法」,『東方學志』42, 1984).

려 문벌사회의 구조적 모순을 척결하고, 조선 사대부사회의 초석을 닦는 방안이었던 것이다.

지배계급의 교체가 계급투쟁에 의해 이루어진 경우는 근대 이전의 사회에서 그 유례를 찾기 어렵다. 서구사회에서는 고대에서 초기 근대에 이르기까지 귀족사회가 계속되었으므로, 시대에 따라 귀족계급 구성원의 성분이 달라졌을 뿐 귀족과 다른 지배계급이 대두하는 일은 일어나지 않았다. 서로마 제국의 멸망과 함께 고대 로마의 구귀족은 소멸되었으며, 로마의 변방에서 새로운 중세귀족이 형성되었던 것이다. 중국사회에서도 마찬가지였다. 당·송 사이에 한국처럼 문벌계급에서 사대부계급으로 지배계급의 변동이 일어났지만 계급투쟁과는 무관하게 이루어졌다. 과거관료를 중심으로 하는 송대 사대부계급은 이전의 문벌들이 몰락해 버린 상태에서 형성되었던 것이다.

반면 한국의 경우, 여말에 새로운 계급의 전위집단이 기성관원 내에서 배출되어, 구체제를 유지하려는 관원들과 계급투쟁을 벌이면서 사대부계급의 형성을 가져온 것이다. 여말의 역성혁명은 위로부터의 혁명이라는 결정적인 한계에도 불구하고, 근대 사회혁명의 요소를 갖고 있었다고 할 수 있다. 뚜렷한 목표를 가지고 지배세력을 교체하였을 뿐 아니라 사회 전 분야에 걸친 시대적 과제의 해결에 착수함으로써 궁극적으로 사회전환을 이룰 수 있게 하였기 때문이다.

2. 전위집단의 사회혁신책

1) 고려 후기 신분·계급구조의 변화와 전위집단의 혁신책

(1) 고려 후기 신분·계급구조의 변화

고려 후기에는 미천한 자로서 일약 관직을 얻고 재상의 지위까지 도달하는 자도 적지 않다. 고려 후기에 신분·계급질서가 크게 동요되고 있었음을 보여준다. 그러나 그러한 현상은 능력주의 원칙에 따른 인사의 결과가 아니라 고려 후기 정치적 파행의 결과였다. 즉 무신란에서 천계의 무장이 등장한 이래 원간섭기에 이르러 국왕이 측근이나 폐행을 등용한 데 따른 결과였다.

원간섭기에 '사대부'·'사족'과 같은 용어가 다수 출현한 것은 그러한 세태에 정통 관원들이 비분강개한 데서 나온 것이라 할 수 있다. 즉 이러한 용어의 성행 배경은 사士·서庶의 신분적·계급적 구분이 심화된 결과라기보다는, 과거와 같은 정통의 입사로를 거치지 않고 벼락출세하는 자들과 과거문신인 자신들을 구분하려는 데서 나왔다고 보는 것이 온당하다. 한마디로 입사로의 차이에 의한 구분이었던 것이다.

고려 후기에는 신분제와 계급구성에 구조적인 변화가 일어나고 있었다. 먼저 신분구성의 변화로는 중간신분·잡척 등의 선별적 신분이 와해된 것을 들 수 있다. 경군은 벌써 12세기경부터 군인전의 지급이 제대로 이루어지지 못해 붕괴되기 시작했다. 고려 후기에 와서는 직역전을 수급하는 경군은 거의 자취를 감추고, 군사는 모병이나 징병에 의한 평민 병사로 대체되어 갔다.

잡척 가운데 향·소·부곡민은 군현인과 신분적으로 등질화되어 갔다. 향·소·부곡과 같은 특수 행정구역이 12세기 후반 이래 전국적인 농민항쟁과 함께 해체되기 시작하여 점차 군현으로 승격되거나 군현에 편입되는 등 일반 행정구역으로 흡수되어 갔기 때문이다. 다만 진·역 등 특수한 국가기관에 소속된 세습적 천역부담자의 경우에는 그대로 잔존하고 있었고, 염간과 같은 새로운 잡색역인이 발생하기도 했다.

계급구조에도 큰 변화가 나타났다. 중간신분을 주 구성원으로 하는 중간계급이 소멸되고 있었던 것이다. 경군이라는 중간계급의 한 축이 무너졌을 뿐 아니라 향리의 지위도 크게 낮아졌다. 호장과 같은 상층 향리만 명맥을 이어갔을 뿐 하층 향리 가운데는 향역을 피해 유이하는 자들이 적지 않게 나타났다.

평민계급에서는 자작농이 예속적인 용전인의 처지로 조락되는 현상이 광범하게 일어났다. 유이와 전란으로 인한 경제적 어려움을 타개하기 위해 농업생산력의 발달과 적극적인 개간활동이 전개되었지만, 그 과실은 중소지주나 자작농에게 돌아가지 못하고 권세가가 독점했다. 과세나 신역을 피하기 위해 많은 평민이 권세가의 농장에 투탁하고 때로는 노비의 처지로 떨어졌다. 토지겸병에 의해 소유권을 빼앗기거나 한 토지에 여러 명의 수조자가 존재하는 '1전다주'에 의해 이중 삼중으로 수탈을 당했던 것이 그 주요 원인이었다.

이상에서 본 바와 같이 고려 후기에 신분·계급구조상의 적지 않은 변화가 일어났다. 그러나 새로운 신분·계급구조로 전환될 수 있는 단계에는 이르지 못하였다. 무엇보다 문벌사회체제가 유지되고 있었던 것이다. 문벌이나 문벌계급의 성분이 전기와 다소 달라지기는 했지만 '권문'·'세족' 등으로 지칭되는 문벌과 재경관원이라는 문벌계급이 엄존했다.

(2) 전위집단의 혁신책

고려 후기에 전기의 사회가 안고 있던 구조적 모순이 극복되지 못하고 도리어 심화되자 전위집단은 당면한 사회구조적 모순에 대해 여러 가지 대책을 마련하여 제시하게 되었다.[61] 비록 신분·계급체계에 대한 전체적인 구상이나 방안이 구체적으로 제시되지는 않았으나, 그들의 개혁안 중에서 양천제의 지향이나 피지배계급의 보호에 대한 관심을 찾아볼 수 있다.

우선 양천 2분법적 구분이다. 모든 인민을 호적에 등재하되 노비만을 천인

---

61) 이하에서 각 분야의 구조적 모순에 대한 전위집단의 대책은 그 개요만 간략하게 소개하고 좀 더 상세한 내용과 이후의 시기에 미친 영향에 대해서는 다음 3장에서 소개하기로 한다.

으로 하여 일체의 비노비자는 양인으로 간주하려 했다.[62] 양천미변자에 대한 변정사업에서 오직 노비인가 여부만 문제 삼고 있었던 것이 그것이다. 끝내 양천을 가릴 수 없는 자에 대해서는 양인으로 판정하는 원칙이 수립되었다. 다만 여러 대에 걸쳐 노비로 부린 사실이 확실한 자는 종천하게 하였다. 이상과 같이 노비만을 천인으로 하고 모든 비노비자를 양인으로 삼는 양천2분법적 구분이 본격화된 것이다.

양인의 신분적 제일성을 강화하는 행보도 나타났다. 전위집단이 지배계급에도 군역을 부과함으로써, 군역제는 공민왕 대 이래의 병농일치제에서 양인개병제의 방향으로 한 걸음 더 진전될 수 있었던 것이다. 전함관에게 퇴직 뒤에도 과전을 보유할 수 있게 하되, 서울에 거주하면서 왕실을 시위하는 '거경성·위왕실居京城衛王室'의 의무가 부과되었다. 이 조치에는 일찍이 지적된 바와 같이 전함관을 통제하려는 정치적 목적이 없지 않았을 것으로 보인다. 그러나 일차적으로는 국가에 대해서 아무런 봉사를 하지 않는 자에 대해서는 토지를 지급할 수 없다는 사전재분배의 대원칙에서 나온 것이라 할 수 있다. 말하자면 전함관이 관직에서 물러난 뒤에도 과전을 보유하려면 그에 상응하는 의무도 부담해야 한다는 것이다.[63] 이 규정이 그대로 시행됨으로써 양천제는 커다란 진전을 보게 되었다.

전위집단이 주도한 전제개혁은 조선 초기 계급구조의 변화를 가져오는 중

---

62) 고려 후기의 신분·계급질서의 동요를 바로 잡기 위한 대책으로 공양왕 2년의 호구성적의 요청이 일찍부터 주목되었다. 양반의 세계를 정확히 추심하여 호구 위조에 의한 양반층의 증가를 막자는 데 초점이 있었다는 것이다. 그러나 이때의 호구성적의 의미는 그보다 훨씬 광범하였다. 양인호 가운데 사환호와 신역호 일부 호만을 등재하던 호구제를 양천을 막론한 모든 인민을 등재하는 皆籍制로 바꾸려 한 것이었다. 또 이러한 호적을 토대로 장차 전결 기준의 호등에 의한 비례세제를 시행하려는 계획을 가진 것이기도 하였다.
63) 유승원, 「조선 건국기 전함관의 군역」, 『한국사론』 41·42합, 1999 참조.

요한 계기가 되었다. 후술하는 바와 같이 사전혁파로 인하여 중소지주·자작농층의 사회경제적 지위가 향상되었기 때문이다. 전제개혁에서 비롯된 토지정책이 조선 건국 이후에도 계승되어 예속농의 처지에 있던 용전인층이 소작농(자유농)이 될 수 있었던 것도 간과할 수 없는 사항이다.

노비의 인권과 보호에 대한 관심도 주목된다. 노비를 '하늘이 내린 인민(天民)'이라 하여 자손 이외의 사람들에게는 서로 전하지 못하게 하는 조처를 취하기도 하였다. 자유로운 노비매매가 억제되었던 것이다.

2) 고려 후기 의식구조의 변화와 전위집단의 혁신책

(1) 고려 후기 의식구조의 변화

고려 후기에는 능력주의·문벌주의라는 문벌사회의 지배정당화 논리가 급격히 퇴조하게 되었다. 무신정권기와 원간섭기를 거치면서 고려 전기의 능력주의 원칙이나 문벌이 지닌 성취적 요소가 크게 퇴색하고 말았기 때문이다. 고려 전기 문벌체제의 모순은 중간계급의 몰락을 가져왔고 무신란을 불러왔다. 무신란은 문벌체제를 뒷받침하던 능력주의와 문벌주의에 커다란 타격을 주었다. 만적이 '왕후장상의 씨'를 부정한 것, 그리고 그가 바로 무신정권의 상징과도 같은 최충헌의 가노였다는 것은 우연한 일이 아니다.

원 간섭기에는 미천한 자들이 국왕의 측근과 폐행이 되어 벼락출세하는 경우가 많았다. 과거가 실시되기는 하였지만 관원의 임용이 권세가나 국왕의 측근세력에 의해 좌우되어 능력주의 원칙이 크게 훼손되고 있었기 때문이다. 문벌주의도 퇴조하여 집안이 미천한 자가 대거 관직에 나아갔다. 그러한 임용이 개인의 능력을 중시하는 것과 같은 발전적인 방향에서 이루어진 것이 아니었음은 말할 것도 없다. 국왕이 측근이나 폐행을 등용시키기 위해서 문지를 무시한 결과일 따름이었다.

고려 후기에는 지배정당화의 논리가 약화되었지만, 특권의식은 그대로 남아 있었다. 도리어 특권의식은 더욱 강고해졌고, 더욱 왜곡된 형태로 나타났다. 가문에 대한 긍지마저 없어졌으므로 관직이나 국왕의 신임이 가져다주는 권력을 마음대로 행사하는 데 거리낌이 없어진 것이다. 원간섭기의 정치적 파행과 이로 인한 조정의 기강 해이 등으로 특권의식은 권력형 비리의 온상이 되기에 이르렀다.

(2) 전위집단의 혁신책

① **문벌주의의 폐기와 능력주의의 신장**

전위집단이 고려문벌사회의 지배정당화논리를 폐기하고 새로운 사대부 사회의 지배정당화논리로 바꾸는 방안은 실적제의 강화와 관원의 공공성 강화였다. 실적제의 구체적인 방안은 능력주의 제고를 위한 시험제 강화였다. 정도전은 '문학文學·무과武科·이과吏科·문음門蔭'(또는 '文學·才幹·武藝·門蔭')의 4가지로 관원을 선발할 것을 강조했다.[64]

정도전도 문음제를 반대하지는 않았다. 시험제 강화를 역설했던 그가 능력주의 원칙과 상충되는 문음제를 수용한 까닭은 무엇인가. 그가 내세운 문음제 유지의 명분은 "장상대신將相大臣은 인민에 대한 공덕이 있고 그 자손 또한 가정의 교훈을 계승하여 예의의 방도를 안다"는 것이었다.(『조선경국전』 상, 치전 보리) 단순히 문벌 또는 성취에 대한 보상으로서 문음 수혜를 주장하는 것이 아니라 '가정의 교훈'이나 '예의의 방도'라는 문음의 유용성을 부각시키는 것이었다. 문음제를 수용하면서도 문음에 내포된 문벌주의에 대한 일말의 거리

---

64) 『고려사』 권 119, 정도전전.

낌을 느끼고 있었던 데서 나온 것이 아닌가 한다. 과거와 함께 관원 선발의 중심적 위치를 차지하는 문음을 무과·이과보다 뒤에 열거하면서, 시험에 의해 선발하는 문학·무과·이과와 시험을 거치지 않고 임용하는 문음을 따로 구분한 것도 그 때문이었을 것이다. 능력주의 원칙과 배치되는 것이라는 점이 항상 의식되고 있었던 것이다. 문음은 결국 조선에 들어와서 문음에 의한 서용 역시 '음자제취재蔭子弟取才'라는 시험을 거치게 되었다. 조선 초기의 사대부들이 문음에 대한 문제의식을 정도전과 공유하고 있었음을 보여주는 것이다.

조준 역시 과거를 거치지 않고 관직을 받은 '공사노예公私奴隸·주역리州驛吏·공상잡류工商雜類' 등의 관직 박탈을 주장했고 부사府史·서리胥吏가 실직에 나가는 것도 제한할 것을 주장했다.[65] 이 역시 출신 성분으로 불이익을 주려는 것이라기보다는 아니라 과거와 같은 정상적인 경로를 거쳐 입사하게 하려는 방침에서 나온 것이다. 도평의사사의 상주에 의해 공양왕 2년에 무과 설치가 결정된 것에서도(『고려사』 권 74, 선거지2 과목 2 무과) 당시 사대부계급 인사들의 능력주의 강화 방침을 읽을 수 있다.

② 특권의식의 폐기

전위집단이 사대부사회에 걸맞는 새로운 관원의 위상을 정립하려 한 것은 주목할 만한 일이다. 성취적 지위에 따른 특전을 향유하는 자로서의 관원을, 군주와 함께 왕도정치를 구현할 사명을 지닌 관원으로 바꾸는 것이다. 종전에는 관원이 되면 분급토지에 영대적인 면조권을 가질 것을 기대하였지만 이제부터 수조는 일대에 한하고 반드시 반납하는 것으로 못을 박았다. 퇴직 후에도 토지를 보유할 수 있도록 했지만, 그 대신 '서울에 거주하면서 왕실을 시위

---

[65] 『고려사』 권 118, 조준전.

하는' 역을 부담해야 했다.

관원들에게 관품에 따라 경기도의 과전을 주었지만 외방에 산재해 있는 모든 소유지에서 조세를 납부하게 했다. 개세제皆稅制에 기초한 비례세제를 지향하여 조세형평성을 높이고자 하였다. 특권의식을 타파하는 결정적인 방법은 민본주의적 민생주의 개혁을 추진하는 일이고, 그러한 의식을 공유하는 일이었다. 전제개혁의 시행은 바로 그러한 의식의 지표가 되는 것이었다.

3) 고려 후기 정치구조의 변화와 전위집단의 혁신책

(1) 고려 후기 정치구조의 변화

문벌사회의 관료제와 권력분립에 내재되어 있던 구조적 모순은 고려 후기에 더 심화되었다. 기존 국가기관의 기능을 저해하거나 무력화시키는 기관들이 많이 설치되었다. 무신정권에서 이·병부의 고유 업무를 무시하고 임의로 설치한 정방은 무신정권이 소멸된 뒤에도 그대로 존치되었다. 원간섭기에 도병마사가 도평의사사 체제로 바뀐 것도 커다란 변화의 하나였다. 삼사 관원의 참여와 같은 구성원의 확대가 이루어지고, 군사문제만이 아니라 국가 대사 전반이 의제가 되었을 뿐 아니라 임시기관이었던 것이 상설기관이 되는 등의 변화가 있었던 것이다. 모든 재상이 합좌하여 국정을 처리하게 됨으로써 고려 후기 권력분립의 추는 재상 쪽으로 크게 기울어지게 되었다. 이에 대응하여 측근정치하에 국왕 직속의 비칙치(必闍赤)나 내재추內宰樞 등이 두어지기도 했다. 고려 후기에도 도감의 증치나 장기 존속은 계속되었다.

고려 후기에 군주의 권능은 크게 약화되어 원간섭기에는 원으로부터의 지원이나 측근세력에 의존하여 지탱되고 있었다. 그 결과 실적제가 무시되고 국왕과 권세가의 자의에 따라 관원의 임용이 이루어지고 있었다. 노비에서 몸을 일으켜 재상에 오른 자까지 나타나게 되었다.

(2) 전위집단의 혁신책

전위집단은 중앙집권적 관료체제를 진전시킬 수 있는 여러 가지 방안을 제시했다. 6부를 행정의 중심에 두고 총재 아래에 6부를 직속시키는 한편 중앙의 각사를 6부에 분속시키는 방안, 시험제와 같은 실적제 강화 방안, 합리적인 업무분담 방안 등이 그것이다.

권력구조를 개편하기 위한 방안으로 정도전이나 조준 모두 총재중심제라는 이상적인 방안을 제시하였다. 총재중심제는 재상중심제와 전혀 다르다. 국정의 중심을 군주가 아닌 재상에 둔다는 점에서는 재상중심제와 일치한다고 할 수 있다. 그러나 재상의 합의로 국정을 추진하는 것이 아니라 총재 1인에 의한 일원적인 통치체제를 지향한다는 점에서는 군주제의 중앙집권적 통치체제와 일맥상통한다. 이부에 해당하는 치전治典을 담당하면서 호·예·병·형·공부에 해당하는 교敎·예禮·정政·형刑·사전事典을 담당하는 여타의 5경卿을 지휘하니 총재는 군주의 대리인 셈이다. 실제로 정도전은 "인주의 직책은 한 사람의 재상을 논하는 데 있다"면서 군주가 총재 1인을 발탁하면 총재가 백관을 통솔하고 만민을 다스리는 등 국정을 총괄하는 체제를 구상한 바 있다.(『조선경국전』 치전 총서) 조준 역시 360의 속관이 6경에게 통섭되고 다시 6경이 총재에 통섭되게 한 『주례』의 관제를 거론하면서 총재·6부 중심의 중앙집권적 행정체계의 수립을 역설한 바 있다.(『고려사』 권 118, 조준 전)

총재중심제는 군주의 통치권을 사실상 부정하는 것이어서 실현가능성은 희박했지만, 그 목표는 총재를 설치하는 자체에 있는 것이 아니라 강력한 일원적 통치체제를 지향하는 데 있었다. 비록 총재중심제 자체는 실현되지 못했지만 총재중심제가 지향한 중앙집권의 강력한 일원적 통치체제는 조선 초기에 그 실현을 볼 수 있었다.

총재중심제는 그들이 중시한 『주례』의 체제를 따르는 것이기는 하지만 여기에는 그들의 포부와 회군 이후의 특수한 상황도 반영되어 있었다. 즉 『주례』를 빌어 구세력의 지원을 받는 국왕(공양왕)을 견제함과 동시에 자신들의 경륜을 펴보려는 포부가 반영된 것이기도 하다는 것이다.

총재가 국정을 제대로 운영하지 못할 경우에는 당연히 군주에 의해 교체될 것이다. 그러한 사태가 야기되는 것을 미연에 방지하기 위해 정도전은 평소 언관의 육성과 언로의 개방을 역설하였다. 여기서 군주·총재·언관 3축 사이의 권력분립 구상을 엿볼 수 있다.

4) 고려 후기 경제구조의 변화와 전위집단의 혁신책

(1) 고려 후기 경제구조의 변화

고려 후기에는 분급토지의 부족 사태가 날이 갈수록 심화되었음에도 불구하고 새로운 토지분급제를 마련하지 못하였다. 12세기부터 나타나기 시작한 토지부족은 일차적으로 경군의 몰락을 불러왔다. 무신정권의 수립과 장기간의 대몽 전쟁으로 토지부족이 가일층 심화되고 대규모의 전지 황폐가 발생하게 되자, 지배계급 특히 권세가들은 저마다 토지확보에 혈안이 되었다. 개간을 빙자하여 사패를 받음으로써 개간권을 독점하였고, 타인의 토지를 점탈하는 토지겸병을 자행하였다. 부세 면제의 특권과 용전인 지배에 대한 정부의 방임 등에서 형성된 지배계급의 특권의식과, 원간섭기의 정치적 파행으로 인한 조정의 기강 해이 등으로 인해 권세가의 불법과 비행은 거리낌 없이 자행되었다. 폭력적으로 타인의 소유지를 빼앗아 '수정목공문水精木公文'이라는 말까지 생기게 된 것은 널리 알려진 사실이다. 개간을 빙자한 타인의 소유지·

수조지의 점탈이 자행되어 하나의 전지에 여러 명의 전주가 있는 1전다주의 폐해가 나타났다. 대토지소유가 성행하여 권세가의 농장은 피역 농민의 투탁처가 되고, 왕실 요속이나 권세가에 의해 중렴이나 횡렴이 만연되었다.

권세가에 의한 경제적 폐해는 평민계급에게만 미치는 것이 아니었다. 재지품관층에도 미쳤다. 벌써 명종 대에 권세가가 '이민吏民'과 결탁하여 경외의 양반·군인의 가전과 영업전을 '한지閑地'라 속이고 토지대장에 자신의 소유지로 등재하는 행위가 만연하였다.[66] 원간섭기에 모수사패로 인해 토지 점탈의 피해를 당하는 '양반'은[67] 재경관원층보다는 상대적으로 위세가 약한 재지품관이 주로 해당되었을 것으로 추정된다. 1전다주에 의한 피해도 납조자인 농민에게만 국한되는 것은 아니었을 것이다. 재지품관은 권세가에게 수조의 순위가 밀리거나, 납조를 감당하지 못한 농민의 파산으로 인하여 수조를 못하게 되거나, 심지어는 자신이 직접 납조를 강요받을 수도 있었을 것이다. 농민들이 부세의 부담을 피해 유이하거나 농장에 투탁하게 되면 정부만이 아니라 재지품관층도 함께 그 피해를 입게 된다. 세수 결손을 메우기 위해 어떤 형태로든 부담이 재지품관에게 전가될 수밖에 없었기 때문이다.

정부 역시 경제적 폐해에서 비켜갈 수 없었다. 정부재정은 크게 궁핍하게 되어 녹봉도 제때 정해진 만큼 지급하지 못하였고, 군사나 진·역리를 비롯한 국역담당자에 대한 경제적 지원이 이루어지지 못했다. 부족한 재정을 채우기 위해 용·조의 명목으로 부과된 상요常徭·잡공雜貢이나 염세포鹽稅布를 비롯한 잡세를 거두었으나[68] 재정난을 해결하지 못했다. 14세기 중엽부터는 끊임

---

(66) 『고려사』 권78, 전제 전시과 명종 18년 3월.
(67) 『고려사』 권84, 형법지1 직제 충렬왕 24년 정월(충선왕 즉위교서); 『고려사』 권78, 식화지1 녹과전 충목왕 원년 8월.
(68) 박종진, 「조세제도의 개편과 세목의 증가」, 『고려시기 재정운영과 조세제도』, 서울대학교출판부, 2000.

없이 외침에 시달리며 군수의 확보에 어려움을 겪었다.

　고려 후기에도 계급별로 부세 부과체계를 달리하는 전기 부세제의 틀이 어느 정도 유지되고 있었다. 문벌계급의 경우 재경관원은 물론 지방에 거주하는 자라도 관품을 지닌 경우에는 면세의 특혜를 누렸던 것이 그것이다. 그러나 상당한 변화도 나타났다. 중간계급의 절대다수를 차지하는 군인호가 해체됨으로써 중간계급 독자의 부세체계가 와해된 것이다. 군인호의 해체로 호구의 급격한 감소가 초래되자 그 공백을 메우게 된 것은 새로 공식호로 편성된 지방별초와 공호였다.

　모병에 응한 초기의 지방별초는 전정田丁을 수급하거나 요역을 면제받는 등 종전의 군인호인 보승·정용에 준하는 대우를 받기도 했다. 그러나 점차 모병에서 징병으로 옮겨가게 되자 평민과의 부세상의 구분은 흐려지게 되었다. 공호는 통상적인 군현민에서 선정된 일반 공호와 특수한 생업을 가진 자로 구성된 물납의 잡색역자로 크게 나뉜다. 일반 공호는 조포를 부담하고 지방차원의 잡역이 면제되는 등 이전 공식호와 유사한 면이 없지 않았지만, 조세는 물론 상요·잡공까지 부담하는 등 비공식호인 백정과 크게 다를 바 없었다.

　말기에 이르면 지방별초나 공호 모두에 상당한 변화가 나타났다. 외침에 대비하기 위해 대대적으로 군역부담자를 확충하는 과정에서 지방별초는 징집된 일반 군사에 흡수되었다. 공호 역시 물납 잡색역자를 제외하고는 군사로 충원되었다.

　비례세제로의 지향이 나타난 것도 여말 부세제의 중요한 변화였다. 빈부 차로 구분한 호등에 따라 수취량을 달리 한 호등제의 시행이 그것이다. 그러나 호등제는 뚜렷한 한계를 가진 것이었다. 주로 부족한 재정을 메우기 위한 과렴의 목적으로 서울에서만 예외적이고 간헐적으로 시행되었기 때문이다. 외방의 경우 수령에게 위임하여 시행하려는 움직임이 한 차례 나타났을 뿐 실행에 옮겨지지 못하였다.

(2) 전위집단의 혁신책

전위집단이 주도한 전제개혁은 경제면의 구조적 모순을 일거에 그리고 근본적으로 해결하기 위한 방안이었다. 전제개혁의 핵심은 사전의 혁파에 있었다. 사전혁파를 통하여 국가권력의 비호 아래 자행되던 권세가들의 개간 독점과 토지겸병의 폐해를 제거하여, 사회의 경제적 활로를 열고 중소지주층 및 자작농 층의 토지이용권과 토지소유권을 크게 강화시키는 한편, 국가의 재정적 기반을 획기적으로 확충할 수 있었다.(후술)

전제개혁기에는 개세제에 기초한 비례세제를 지향하는, 부세제 개혁 방안이 제시되었다. 양천을 가리지 않고 모두 호적에 올리고 보유한 전결 수에 따라 호등을 나누어 병사와 요역을 징발하자는 것이었다. 군역과 요역 모두 인정을 대상으로 부과하는 것인데 가호의 토지 소유량을 참작하여 부과하고자 한 점에서 무척 파격적인 제안이었다.

전제개혁 과정에서 전세공물전이 탄생된 것도 주목할 만하다. 외방의 사전에서 곡물 대신 포화잡물로 납조하던 민간의 이전 관행을 국가의 수취체제 안에 수용하여 인민의 자원에 의한 조세의 대납을 공식화함으로써 정부와 인민 양측의 편의를 도모했다. 이후 전세공물전은 국가수조지의 적지 않은 비중을 차지하게 되었고 부세 분정에서 전결기준이 확산되는 일조했다.

사회구조적 모순을 극복하기 위한 정치·경제·사회·의식의 각 방면에 걸친 전위집단의 개혁방향과 대책은 위화도 회군 직후 거의 한꺼번에 제시되었다. 그것들은 전위집단이 우왕 대에 정계를 떠나 은인자중하는 가운데 오랫동안 온축해 왔던 것이었다. 그리고 그러한 개혁의 방향과 대책은 거의 그대로 조선 초기에 계승되고 실행되었다.

2절 전제개혁의 성과

1. 종래 인식의 검토

전제개혁은 지배층이 제시한, 유례를 찾아보기 어려울 정도의 파격적인 개혁이었다. 급진성이나 성과, 의의 모든 면에서 그러하였다. 그 파격성에 비한다면, 전제개혁에 대한 학계의 평가는 대체로 인색한 편이다. 전제개혁의 성과가 어느 정도 인정되고 있기는 하지만 실제의 성과에 비한다면 턱없이 낮은 평가를 받고 있는 것으로 보인다. 심지어는 전제개혁이 재정개혁을 목표로 삼았음에도 불구하고 성과가 미미했다고 주장하며 전혀 성과를 인정하지 않는 견해까지 나왔다. 전제개혁에 대한 기존의 낮은 평가에는 고려·조선 양 사회가 같은 중세사회라는 선입관이나, 정몽주·이성계와 같은 당시 인물에 대한 연구자 내면의 호오 정서가 부지불식간에 영향을 미치기도 했을 것으로 보인다. 그러나 사실에 대한 오해에서 연유되는 바도 적지 않다. 전제개혁과 과전법의 관계, 그리고 전제개혁의 성격이나 성과에 대한 오해가 그것이다.

1) 전제개혁과 과전법

'과전법'을 전제개혁의 총결산으로 간주하는 것은 과전법에 대한 오해에 기인한 것이다. 조선 초기의 경제체제가 곧잘 과전법체제라 명명되기도 하는 것은 '과전법'이 전제개혁의 총결산처럼 인식되고 있음을 여실히 보여준다. 이로 인하여 과전법에는 실제 이상의 의미가 부여된 반면, 전제개혁의 전체적인 성과나 의미는 축소될 수밖에 없었다.

과전법은 어디까지나 전제개혁의 작은 일부분이며, 중요한 개혁이 이루어지고 난 뒤의 마무리 작업의 하나였을 뿐이다. 과전법의 제정 목적은 이미 분급을 마친 과전의 지급 기준과 결과를 법에 명시하고 앞으로 과전을 운영하는 데 필요한 세부적인 규정을 확정하는 데 있었던 것이다. 그 밖의 내용으로는 과전지급의 간략한 경위, 과전 대신 지급하는 군전, 과전을 비롯한 공사전의 수세 규정 등이 실려 있을 뿐이다. 따라서 사전혁파에 따른 소유권의 이전이나 토지변정작업 등과 같은 전제개혁의 핵심적인 내용은 담겨 있지 않으며, 전제개혁에서 이루어진 성과 역시 과전 관련 내용에 덧붙여 불과 몇 행으로 압축되어 전해질 뿐이다.

외방의 사전을 일체 혁파하면서도 경기에 새로운 사전인 과전을 분급하는 것은 불가피한 일이었다. 사전혁파에 대한 저항을 어느 정도 누그러뜨릴 수 있고, 사대부계급에 합류하는 관원층의 경제적 기반을 마련해주는 일이기 때문이다. 그렇다고 단순한 사전재분배 작업도 아니었고, 고려 전기의 전시과를 복원하는 것도 아니었다. 고려 전기 전시과와는 성격이 전혀 달랐던 것이다.

전시과는 토지수급자의 소유지에 면조권을 주어 자신의 소유지에 있어서의 기존 토지지배를 그대로 유지할 수 있게 하였고, 후손이 대대로 승계할 것으로 예상하여 환수에 적극적으로 나서지 않는 체제였다. 그러나 과전법은 타인의 소유지에 수조지를 설정하여 수조권만 주었으며 철저히 환수하도록 한 것이었다. 퇴직 후에도 보유할 수 있게 하였지만, '거경성·위왕실'과 같은 응분의 의무를 져야 했다. 사망 후 처자가 승계할 수 있었지만, 처가 사망하면 남아 있는 미성년의 자녀가 입사하거나 시집갈 때까지만 보유하고 반납하게 한 것이다.

과거와 같이 사전이 확대되는 일이 없도록 철저히 대비했고, 조선건국 이후에도 잘 준수되었다. 사전경기원칙과 할당된 과전 총량 10만 결을 벗어나지 않게 한 것이 그것이다. 과전을 처음 지급한 공양왕 3년 5월 당시에 이미 정액에 미치지 못하게 받은 자가 있었는데도, 부족한 액수를 메우기 위한 사전지 확장은 전혀 고려하고 있지 않았다. 부족하게 받은 자와 새로 종사하게 되는 자에게는 죄를 지은 자나 후손이 없는 자의 토지, 지급하고 남은 토지만 가지고 지급하게 함으로써 책정된 사전지 면적을 그대로 유지하도록 한 것이다.

전제개혁에서 사전경기원칙을 수립하고 과전의 총량을 고수하며 철저한 토지환수로 사전을 관리하고자 한 것은 말할 것도 없이 수조권을 빌미로 한 종래의 온갖 작폐를 근절하기 위한 것이었다. 과전법에는 전제개혁에서 추진했던 여러 가지 토지정책을 계승한 것들이 있는데, 이에 대해서는 3장에서 자세히 소개하기로 한다.

2) 전제개혁의 성격

전제개혁의 성격을 흔히 수조권 차원의 개혁으로 단순하게 이해한 것도 전제개혁을 과소평가하게 된 중요한 요인이었다. 이러한 이해는 전제개혁에 대한 오해일 뿐 아니라 전제개혁의 성과에 대한 연구자들의 관심을 약화시키는 데도 일조했다. 전제개혁에서 토지국유화와 같은 조치는 시행되지 않았고, 일반 농민에게 토지를 분급한 일도 없었으니, 그 점에서는 소유권 차원의 개혁이라 할 수 없음이 분명하다. 그러나 수조권 차원의 개혁이라는 평가가 정도전이 이상으로 내세운 '경자유전'의 시책이 실행되지 못했음을 염두에 둔 주장이라면 과도한 폄가라 하지 않을 수 없다. 그러한 이상은 애당초 실현 불가능한 것이기 때문이다. 전제개혁을 통해 침탈된 중소지주층과 자작농층의 소유권이 회복되고 소유권의 절대성이 강화되었다는 점에서 전제개혁은 소유권 차원의 개혁이라는 성격도 적지 않게 가지고 있었다.

수조권 차원의 개혁이란 이해에서 파생된 '사전재분배론'은 더욱더 심한 폄

하이자 오해이다. 전제개혁의 핵심은 사전재분배가 아니라 사전혁파에 있었다. 재분배된 사전 즉 과전은 기존 사전의 작은 일부에 지나지 않았다. 사전의 혁파로 얻게 된 국가 수조지와 분급지가 수십만 결에 달한 데서 알 수 있다.[69] 또 기존의 사전 보유자와 새로운 과전 보유자는 그 구성원이 판이하였다. 전제개혁은 기존의 토지분급제를 획기적으로 바꾸었을 뿐 아니라 후술하는 바와 같이 토지이용·소유권을 강화하여 이후 중소지주층과 자작농층 성장의 계기가 되었다.[70]

2. 전제개혁의 목표와 성과

1) 목표

전제개혁의 목표는 사전을 혁파하여 '사전의 폐'를 제거하고, 확보된 전지를 바탕으로 균전책을 시행하며, 민생이나 국가재정의 활로를 여는 것이었다. 전위집단은 왕도정치이념을 구현할 수 있는 근본적인 전제개혁을 꿈꾸어왔다. 토지 겸병으로 인한 민생과 국가재정의 파탄을 막기 위해서는 겸병의 배경에 놓인, 그리고 만병의 근원이 되는 사전의 혁파가 급선무였다. 사전의 전면 혁파 없이 전민변정이나 1전1주의 회복과 같은 개량주의적인 방식으로는 무너진 토지제도나 민생·국가재정의 회복은 이루어질 수 없다고 생각한 것이다.

---

[69] 10만 결을 상회하는 군자전을 비롯하여 10만 결을 넘는 전세공물전 및 국역부담자에게 분급한 토지의 상당 부분은 사전혁파에서 얻어진 토지로 충당한 것으로 보인다. 이 책의 2부 3장의 「전제개혁과 군자전」, 「전제개혁과 전세공물전」을 참조.

[70] 전제개혁이 '자영농' 양산의 계기가 되었음을 크게 강조한 대표적 연구로는 김태영, 「조선전기 소농민경영의 추이」, 『조선전기 토지제도사연구』, 지식산업사, 1983이 있다.

그들이 추구한 '균전'은 일반적 의미의 균전과는 달랐다. '경자유전'의 원칙에 따라 모든 경작자에게 동일한 면적의 토지를 분급한다는 의미의 균전이 아니라, 국가가 수조지를 분급해 주어야 할 모든 봉공자奉公者에게 '고르게 분급한다'는 의미의 균전이었다.[71] 분급량은 달라도 관원이나 군사를 비롯한 국역담당자가 자신의 임무를 수행할 수 있도록 빠짐없이 지급해 주는 것이다. 전위집단이 상정한 조종祖宗의 전제 역시 그러한 의미의 균전제였다. 조준은 '균전'이라는 말을 개혁상소문에서 직접 사용하지는 않았으나 당의 균전제를 좋은 전제의 하나로 열거한 바 있고, 사·군사·국역담당자에게 고르게 분급할 것을 역설하였다.(조준 제1차 상소) 허응은 자신의 상소문에서 여러 차례 균전이라는 표현을 사용하였다.(『고려사』 권 78, 식화지1 전제 녹과전)

균전제를 원활히 운용할 수 있는 방법으로 전위집단이 제시한 것은 국가를 위해 복무할 때 지급하였다가 복무를 마치면 환수하는 '수전수전지법授田受田之法'이었다. 그리하여 토지겸병이 발생한 것은 바로 수전수전지법이 붕괴된 때문이라 주장하였다.(『고려사』 권 78, 식화지1 전제 녹과전) 그러나 고려 전기의 주된 분급방식은 면조하는 방식이었으므로, 조준이 조종의 법이라고 한 방식은 사실상 고려 후기 녹과전제 이후에야 시행된 방식이었을 뿐이다.

---

[71] 과연 정도전도 그러한 균전책에 동조한 것인가. 정도전은 일반적 의미의 균전제 다시 말하면 토지국유제를 이상적인 토지제도로 여겼다. 자신의 방안이 받아들여지지 않자 전제개혁 제조관을 사임하기까지 했다. 그러나 정도전 자신도 토지국유제 방안은 실현하기 어렵다고 판단하여 조준 등이 추진한 토지분급 방안을 결국 받아들인 것이 아닌가 한다. 제조관에서 사퇴한 이후 이루어진 급전에 대한 원망이 정도전에게 향한 것으로 보아 ("革私田之議 臣初以爲皆屬公家 厚國用而足兵食 祿士夫而廉軍役 俾上下無匱乏之憂 臣之志也. 而志竟不行 尋請殿下 免提調官 久矣 而分田不均之怨 皆歸於臣"『고려사』 권 119, 정도전전) 당시인들은 제조관 사퇴 이후에도 정도전이 여전히 조준과 보조를 같이하여 전제개혁을 추진한 것으로 인식하고 있었음을 알 수 있다. 그리고 이후에도 정도전은 조준 등의 전제개혁안에 대한 별다른 이의를 제기한 일이 없었을 뿐 아니라, "비록 고인에 미치지는 못하지만 전법을 가지런히 다듬어 일대의 전범으로 만들었다"고 평가한 바 있다.(『조선경국전』 상, 부전 경리)

전제개혁의 목표는 균전책의 시행에 한정된 것은 아니었다. 민생과 국가재정의 회복에 더 큰 목표가 있었다. 그리고 그 성과도 적지 않았다. 전제개혁이 거둔 성과에는 즉각 달성된 것이 있고 상당 기간에 걸쳐 이루어진 것도 있다. 조선건국 이후에 나타난 성과는 3장에서 살펴보기로 하고 이하에서는 전제개혁 당시에 즉각적으로 이룰 수 있었던 성과에 한정하여 순차적으로 소개하기로 한다.

2) 성과 1 —민생면

전제개혁은 사전혁파 조치에서 출발하여 양전과 급전이라는 2단계로 진행되었다. 즉 전국의 농지를 대상으로 토지조사를 실시하고 그것을 토대로 혁파된 수조지 소유권의 변정 및 그 재배정 사업을 전개하는 것이다. 창왕 즉위년 8월에 개시된 '기사己巳양전'에서 간전과 진황지를 파악하고 농지의 소유자(=납조자)를 토지대장에 등재하는 것은 다른 때의 양전과 다를 바 없다. 그러나 양전 과정에서 대대적인 개혁이 함께 진행된 것이 다른 양전과 달랐다. 무엇보다 소유자 즉 납조자를 파악하는 과정에서 토지변정 작업이 수행되었던 것이다. 부당하게 납조가 강요되었던 토지의 수조권은 무효가 되었고, 부당하게 소유권을 빼앗긴 토지는 본래의 소유자에 돌려주었다. 합법적인 사유지임을 증명할 수 있는 토지문서를 가진 경우에는 의연히 문서 소유자의 소유지로 인정되었다. 그러나 조상으로부터 대대로 물려받은 수조지임을 내세워 자신의 소유권을 주장하는 토지는 그 소유권과 수조권이 모두 박탈되었다.

이리하여 수조지를 빌미로 침탈된 많은 토지의 실소유자는 자신의 소유권을 회복할 수 있게 되었고, 토지소유 농민이 여러 전주에게 납조해야 했던 '1전다주'의 폐해도 사라지게 되었다. 이후의 기록에서 '1전다주'의 사례가 일체 자취를 감춘 것은 그 뚜렷한 성과를 입증하는 것이다. 오로지 정부에 1/10 세를 내는 것으로 끝나는 것이었다. 사전혁파로 인하여 외방 사전의 전조 수취 과정에서 발생했던 중렴이나 횡렴이 사라지게 되었다.

양전 과정에서 이루어진 또 하나의 중요한 개혁으로는 인민이 자신이 개간한 토지의 소유권을 갖게 된 것을 들 수 있다. 고려시대에도 산림천택을 농지로 개간하면 개간자는 원칙적으로 그 토지를 소유할 수 있었다. 그러나 고려 후기의 토지 개간권은 실제로는 사패수급자가 거의 독점하고 있었던 상황이었다. 정상적으로 사패를 받은 자가 자신의 용전인이나 노비를 부려서 개간한 경우에는 전제개혁에서도 그 토지를 계속 소유할 수 있었다. 그러나 '모수사패'로 얻은 토지, 그리고 개간을 빙자하여 사패만 받아놓고 놀리는 토지는 몰수되었다. 사패지 안에 들어 있는 타인 간경지의 소유권을 빼앗은 경우 그 토지는 원래의 간경자에게 환급되었다. 이러한 조치는 이미 고려 후기에도 시행된 적이 있기는 하지만 전제개혁에 와서 강력히 단속되었고 조선 초기까지 그 기조가 유지되었다. 사패 수급 여부와 관계없이 황무지를 선점한 후 타인의 경작을 금지하고 땅을 놀리는 일체의 행위—후일 이러한 행위는 흔히 '광점'으로 표현되었다—까지 단속의 대상이 되었다.

양전 과정에서 이른바 '권력형' 농장이 혁파된 것도 중요한 성과의 하나였다. 상속이나 매득에 의해 합법적으로 취득한 토지에서 노비나 비부·노처 등을 부려 경작하는 농장은 아무 탈이 없었다. 그러나 농장 중에는 '처간處干'이라 불리우는 농민 즉 피역하기 위해 투탁하거나 권세가에 의해 탈점된 농민을 역사하는 농장이 많았다.[72] 그러한 농장은 모두 혁파 대상이 되었고 몰락농

---

72) 일찍이 강진철은 법제상 공인되지는 않아도 현실적으로 불수불입의 특권이 용인되었다는 의미에서 이러한 농장을 '권력형 농장'이라 명명한 바 있다. 「高麗의 權力型農莊에 대하여 – 民田의 奪占에 의하여 형성된 農莊의 實體追求」, 『韓國中世土地所有研究』, 일조각, 1989.

민은 예속적 처지에서 벗어날 수 있게 되었던 것이다.

이러한 조치들은 비교적 순탄하게 이행되었던 것으로 보인다. 점탈자나 광점자들의 저항을 꺾기 위한 조치를 미리 마련해 두었기 때문이다. 양전 착수와 함께 재상급의 도관찰출척사를 신설하고 전위집단과 가까운 인사들을 선임하여 5도에 파견한 것이 그것이다. 공양왕 대에 토지와 노비를 함께 변정하는 전민변정도감 대신 인물추변도감을 세운 것도 토지변정 사업이 일단락되어 노비의 변정만 남은 때문으로 추정된다. 태조 3년에 "태조가 즉위 전에 전제를 바로 잡아 그 폐단이 저절로 없어졌는데 … 노비라는 한 가지 일만 쟁송이 아직도 번거롭다"면서 도감을 세워 연한을 정해 결절決折할 것을 요청한 것에서도 토지변정은 별다른 문제없이 일단락되었음을 확인할 수 있다.(『태조실록』 3년 8월 2일) 권력형 농장의 혁파도 잘 이행되었다. 널리 인정되고 있는 바와 같이 조선 초기의 농장이 대체로 노비에 의해 경작되고 있었던 것은 전제개혁에서 권력형 농장이 혁파된 결과일 것이다.

기사양전에서의 급전 대상은 셋이었다. 첫째는 침탈된 토지의 원 소유자로서 양전이 끝나는 공양왕 원년 12월 이전에 이미 급전이 완료되었다. 둘째는 과전수급 대상인 시산관이다. 공양왕 2년 정월부터 경기도의 토지로 지급하기 시작하였다.(『高麗史節要』 권34, 공양왕 2년 1월) 셋째는 외관원을 비롯하여 향·역리·진척·원주(院主) 등 국역담당자로서, 사전혁파로 새로 확보하게 된 외방의 토지—수조지나 사패지—를 가지고 공양왕 2년 11월에 지급 액수의 산정에 착수했다.(『고려사』 권 45, 공양왕세가 2년 11월 계묘) 비록 일반 군사에게 토지를 분급하지는 못하였지만 국역을 담당하는 자들에 대한 급전이 제대로 이루어지게 된 것이다.

3) 성과 2 —재정면

국가재정이 충실해진 것 역시 전제개혁의 중요한 성과였다. 그 성과를 단적으로 보여주는 것은 그동안 파행적으로 운영되던 국가의 재정 운영이 정상화된 것이다. 국왕을 비롯한 창고궁사 및 각사의 분급토지가 확보되었으며, 왕족과 시산관에 대한 과전분급과 국역부담자에 대한 위전·구분전 분급이 이루어진 것이다. 과전의 지급은 비록 외방의 사전을 혁파한 데 대한 보상이었지만, 국가재정이 정상화되었기 때문에 가능했던 것이라 할 수 있다. 12세기 이래 관원에 대한 토지분급이 정상적으로 이루어지지 못하던 것이 전제개혁 이후 체계적이고 항상적으로 이루어질 수 있게 되었다.

녹봉의 경우도 마찬가지이다. 국가재정의 가장 기본적인 녹봉과 같은 지출도 제대로 하지 못한 사태가 빚어진 것은 고려 후기 국가재정의 궁핍을 단적으로 보여주는 것이다. 이를 해결하기 위해 취해진 조치의 하나가 녹과전의 설치였다. 그러나 녹과전 역시 제대로 지급되지 못했고, 지급된 녹과전마저 겸병에 의해 잠식되었음은 잘 알려진 사실이다. 전제개혁 상소문에서도 360석을 받아야 할 재상이 20석도 못받고 있음이 지적되었고(조준1차상소), 3년 공수公收를 통해 우선적으로 지출해야 할 항목으로 '군국의 수요(軍國之需)'와 함께 '재직관원의 녹봉(在官之俸)' 이 두 가지가 꼽히고 있었다. 전제개혁 이후에는 녹봉이 제대로 지급되었다. 이는 녹봉의 감액 지급에 대한 언급이 일체 사라졌다는 데에서 짐작할 수 있다. 녹봉 지급이 실제로 원활해졌음은 여러 가지 정황으로 확인할 수 있다. 태조 1년 조준은 사전개혁 성과의 하나로 '봉록이 두터워져서 염치가 행해지게 되었다'는 것을 거론하고 있고(『태조실록』 1년 12월 16일), 정도전도 전제개혁 이후 녹봉을 두텁게 주어 사대부를 권장하는 '권사勸士'의 모습을 갖췄다고 말하고 있다.(『조선경국전』 하, 공전 창고) 태조 7년에는 태조가 녹봉 액수의 인상까지 지시하였다가 간관이 만류하는 일도 빚어졌다.(태조 7년 1월 24일) 녹봉이 제대로 지급되지 않고 있었다면 인상 시도는 애당초 나올 수 없었을 것이다.

국가재정의 수입이 획기적으로 증대된 무엇보다 뚜렷한 증거로는 상당한 규모의 군자전이 확보되었던 것을 들 수 있다. 군자전은 조준의 1차 상소문에서 볼 수 있듯이 전제개혁 착수 당시 이미 대규모의 설정이 계획되어 있었다. 그리고 양전 과정에서 군자전 배정이 이루어졌다. 공양왕 원년 12월의 조준 3차 전제개혁상소문에 나타나는 간전 결수와 과전법의 실전 결수와의 차이 12만3천 결은 그 대부분이 군자전에 배정된 결수였다.[73]

사전혁파로 국가재정이 충실해졌음은 당시 위정자의 발언을 통해서도 짐작할 수 있다. 동서고금을 막론하고 국가재정은 그 부족의 고충을 토로하는 것이 일반적인 것인데, 이례적으로 조선건국기에는 재정이 여유가 있다고 말하고 있었던 것이다. 양전이 일단락된 공양왕 원년 12월 조준이 "국가가 사전을 개혁하여 이르는 곳마다 모두 축적이 있으니 지금부터 군현에는 모두 상평창(뒤의 의창)을 두기 바랍니다."라 한 것이 그것이다. 의창의 설치는 이미 양전 시작 단계인 창왕 즉위년 8월에 개시되어 공양왕 3년 4월 이후 전국적으로 확대되었다. 의창은 군자곡을 덜어내어 운영되는 것이어서 군자곡의 확보가 여유 있게 이루어지고 있었음을 엿볼 수 있다. 태조 즉위 직후, 고려 말에 호포를 징수하면서 또 잡공을 징수하여 인민에게 고통을 준다고 하여 호포를 폐지할 수 있었던 것도(『태조실록』 1년 7월 28일), 국가재정이 안정되지 못했다면 단행할 수 없는 일이었다.

---

[73] 이 책의 2부 3장 「전제개혁과 군자전」을 참조.

3절 계급투쟁과 사대부계급의 형성

여말의 계급투쟁은 신구 지배계급 사이의 계급투쟁이었다. 지배계급과 피지배계급 사이의 투쟁과 같은 통상적인 계급투쟁이 아니라, 이제까지의 지배계급이었던 문벌계급과 새로이 형성되는 사대부계급을 대표하는 전위집단 사이에 벌어진 계급투쟁이었다. 새로운 사회체제의 창출을 꿈꾸는 사대부계급이 기존의 체제를 유지하고자 하는 문벌계급을 상대로 벌인 정치·경제·사회·사상적 투쟁을 반영한 것이었으며, 문벌사회가 사대부사회로 전환되는 분수령이 되었다. 전제개혁을 계기로 신구 두 계급의 대립 진영이 형성되었고, 마침내 구계급이 몰락하고 신계급이 형성되었던 것이다.

1. 전제개혁과 계급투쟁

1) 사전혁파와 신구계급

전제개혁은 곧 계급투쟁이었고 사전혁파는 전제개혁의 핵심이었다. 요동정벌을 추진한 우왕과 최영을 제거하는 것은 회군 당시의 예정된 수순이었다. 그 후 신계급 전위집단의 정치적 물갈이, 즉 구계급 세력의 제거는 전제개혁의 반대자를 축출하는 데서 시작되었다. 회군한 군대의 형식상 최고 수장으로 창왕을 옹립한 조민수를 조준이 탄핵한 명분은 민전의 탈점, 그리고 전제개혁 반대에 있었던 것이다. 전제개혁은 곧바로 거센 반발에 부딪혔다. 창왕이 모든 사전의 세를 3년 동안 국가가 걷도록 한 기존의 지시를 바꾸어 그 반만 거두게 하는 '반수지령'을 내린 것은 그 명백한 방증이다.

창왕 원년 4월, 도평의사사에서 전제개혁의 찬반 여부를 최종적으로 논의한 것을 계기로 신구 양 진영은 뚜렷이 나눠지게 되었다. 신흥유신의 거두인 이색은 반대진영에 가담했으나, 논의의 결과는 전제개혁을 계속 추진하는 것으로 매듭지어졌다. 이후 김저의 옥, 폐가입진廢假立眞의 명분에 의한 창왕 폐위와 공양왕 옹립, 우·창왕이 죽은 후 윤이·이초의 옥 등이 계속해서 일어나는 가운데 물갈이는 계속되었다. 이상의 사안들에서 어디까지가 진실이고 어디까지가 조작인가는 명확히 밝히기 어렵다. 다만 분명한 것은 전제개혁으로 신구진영이 갈리고 양 진영 모두 상대방 진영 인사에 대한 불신의 확증편향이 계속 깊어져 갔다는 점이다.

전제개혁으로 신구계급이 빠르고도 뚜렷하게 각자의 진영을 구성하게 된 것은 전제개혁이 구계급의 경제적 기반을 송두리째 박탈하는 것이었기 때문이다. 첫째, 사전혁파로 구계급은 그들의 경제적 기반이었던 외방 사전의 수조권을 완전히 상실하였다. 외방의 수조지를 잃게 되었을 뿐 아니라, 사전을 빌미로 타인의 토지를 빼앗거나 소유주에게 납조를 강요했던 토지까지도 모두 상실하게 되었다. 합법적으로 취득한 것임을 입증할 수 있는 토지 외에는 조상 전래의 소유지·수조지를 모두 상실한 것이다.

둘째, 개간을 빙자한 사패지 역시 모두 상실하였다. 사패지 가운데 자신의 용전인이나 노비를 부려 직접 개간한 땅을 제외하고 미개간지로 남아 있던 토지, 강제로 탈취한 타인의 소유지, 강제로 납조하게 한 토지는 모두 빼앗겼다.

셋째, 대다수의 문벌계급은 과전을 지급받지 못했다. 문벌계급 가운데 당대에 실직을 갖지 못한 자가 많았기 때문이다. 시산관에게 과전이 지급되었지만 오직 실직을 기준으로 지급되는 것이었다.

넷째, 실직을 역임하여 과전을 수급할 수 있었던 문벌계급이라 하더라도 이전에 비해 아주 제한된 권리밖에 누리지 못했다. 수조권을 바탕으로 한 공부나 요역의 면제, 소유지 용전인에 대한 배타적 지배, 수조지를 자손에게 넘겨

주는 데 있어서 정부의 배려를 앞으로는 기대할 수 없게 된 것이다. 오직 당대에 한하여 1/10조를 받을 수 있을 뿐이었다. 더구나 퇴직 후에도 과전을 보유하려면 군역을 부담해야 했다. 문벌계급은 회복할 수 없는 경제적 타격을 받게 된 것이다.

반면 과전의 분급은 대다수의 관원에게는 즉각적인 혜택이 되었다. 전시과 토지의 분급 중단으로 인한 토지분급의 공백을 메우기 위해 도입된 녹과전마저 분급이 원활하지 못하여 대부분의 관원들이 토지를 전혀 받지 못하거나 아주 적게 받은 상태에 있었기 때문이다. 이제 자신이 가진 관직이나 관품에 따라 과전을 받을 수 있게 되었다. 과전은 수신전·휼량전 명목으로 처자에게까지만 물려줄 수 있게 되어 처가 죽거나 자녀가 성년이 된 후에는 반납해야 하지만, 받지 못하거나 아주 적은 양밖에 받을 수 없었던 과거에 비하면 훨씬 좋아진 것이었다. 또 사전혁파로 인해 여유로워진 재정 덕분에 녹봉을 규정대로 제 때에 받게 된 것도 큰 매력이 아닐 수 없었다.

2) 전제개혁을 둘러싼 찬반 양 진영의 성립

소속 진영을 결정하는 데에는 문지나 경제적 기반의 차이도 작용했다. 잘 알려진 대로 구진영에 가담한 신흥유신은 신진영에 가담한 신흥유신보다 상대적으로 집안의 배경이 좋고 경제적 기반도 탄탄했다. 진영을 선택하는데 학맥·인맥도 중요한 요인이 되었다. 유종儒宗이었던 이색의 문생은 널리 포진되어 있었다. 그러나 무엇보다 기존의 사회체제를 지킬 것인가 바꿀 것인가 여부가 진영을 결정하는 핵심적 요인이었다.

창왕 원년 4월의 도평의사사에서의 전제개혁 논의에서 사전혁파에 반대한 자는 이색·이림·우현보·변안렬·권근·유백유였으며, 잇달아 열린 백관 논의에서 10에 8·9 찬성하였고 반대자는 대가자제大家子弟라고 자료는 전하고 있다. 10에 8·9라는 비율은 승리자의 기록이라고 가볍게 취급할 수 없다. 비록 회군 이후 이성계의 영향력이 컸다고 하더라도 도평의사사에 이색을 비롯한 원로들이 건재해 있었을 뿐 아니라, 사전혁파 문제는 이해가 절박한 문제이기 때문이다. 조정의 대세는 사전혁파 쪽으로 기울어 있었다고 보아야 할 것이다. 유의할 것은 이색을 비롯해 권근·유백유 같은 성리학자가 반대쪽의 대표 인사로 열거되고 있다는 점이다. 세력이 크게 위축된 수구파를 대신하여 개량주의 유신들이 구진영의 대표가 된 것이다. 이때 정몽주가 찬반 어느 쪽 의견에도 가담하지 않았던 것도 주목할 점이다. 과감한 쇄신의 필요성을 느끼면서도 사전혁파를 지나치게 과격하다고 생각하고 있었음을 반영하는 것이다.

찬성 측은 조준·정도전·윤소종과 같은 소수의 전위집단 인사만 거명되어 있다. '백관'이라고 하지만 논의에 직접 참여한 인원이 53명에 그치는 것으로 미루어 논의에는 고위급 관원만 직접 참여한 것으로 추정된다.[74] 논의의 결과는 절대다수의 관원이 전제개혁에 찬성하는 것이었다. 그 중요한 요인이 전제개혁으로 인하여 그 직접적인 수혜자가 되고 중소지주층에게도 이익이 된다는 데 있었을 것임은 짐작하기 어렵지 않다. 그러나 많은 관원들이 자신들의 목전의 이익만 따져 찬성 진영에 가담한 것은 아니었다고 생각된다. 그들 역시 당시의 사전의 폐를 익히 경험하고 있었고 민생과 국가재정을 위한 과감한 쇄신이 필요하다고 느끼고 있었을 것이기 때문이다. 단지 그동안 사전혁파

---

74) 『고려사』에는 "백관으로 하여금 의논하게 하였다(令百官議)"라고 하였고 『고려사절요』에는 "각 사로 하여금 (사전을) 혁파할 것인지, 복구할 것인지 이해를 논의하게 하였다.(令各司議革復利害)"라고 하였는데 좀 더 상세한 내용을 전하는 『고려사절요』의 기사가 실상을 전하는 것이라 여겨진다. 즉 백관을 한 자리에 모아 각자 의견을 제출하게 한 것이 아니라, 각사별로 의견을 취합하게 한 것으로 아마도 각사의 책임자가 해당 기관의 의견을 취합하여 가부를 표시한 것이 아닌가 한다.

와 같은, 체제를 뿌리째 흔드는 혁신적인 방안을 엄두도 내지 못하고 있었을 뿐이었다. 일단 사전혁파라는 파격적 방안이 제시되자 이를 신선한 충격으로 받아들였을 것이다. 그들도 공직자로서, 그리고 교양을 가진 자로서 유교에서 말하는 왕도정치를 돌아보게 되었을 것이다. 다른 한편으로 무장 이성계 세력의 강성함도 의식하고 있었을 것임이 틀림없다.

2. 사대부계급의 형성과 조선건국

사대부계급이 형성되기까지 3단계를 거쳤다고 볼 수 있다. 1단계는 새로운 사회체제가 성립할 경제적 토대가 구축되고 기성의 문벌계급에 대해 비판적인 지식층이 배태되는 단계이다. 1단계의 끝 무렵은 '신흥유신' 가운데 전위집단과 같은 소수 인사가 제각기 사회변혁을 위한 경륜을 쌓아간 시기이다. 2단계는 위화도 회군 이후 조선 건국에 이르는 기간이다. 계급의 전위집단이 대두하여 계급투쟁을 주도하고, 많은 동조자를 확보하여 사대부계급의 모태가 형성되고 마침내 왕조교체를 이루는 단계이다. 3단계는 조선 건국 이후 재조·재야, 서울·지방을 막론하고 지식층 대부분이 역성혁명을 움직일 수 없는 시대의 대의로 수용하고 '치인자'로서의 정체성을 가지게 됨으로써 사대부계급의 형성이 일단락되는 단계이다.

2단계에 접어들어 사대부계급은 빠르게 형성될 수 있었다. 정도전·조준 등의 전위집단은 위화도 회군이라는 뜻밖의 기회를 맞았다. 그들은 이성계의 후원에 의해 정계의 중심인물이 되어 계급투쟁을 선도해 나갈 수 있었다. 이 당시에 조정 내에서 어느 정도 비율의 관원들이 신계급 진영에 가담했는지는 가늠하기 어렵다. 사전혁파에 백관의 10에 8·9가 찬성했다는 기록이 상황을 엿볼 수 있는 유일한 구체적 자료이다. 재조·재야를 막론하여 관원층에서 신진영에 가담한 자들이 적지 않았을 것으로 추정된다. 이는 공양왕 4년 4월, 정몽주의 사주를 받은 간관 김진양 등이 전위집단을 탄핵할 때 "(정도전과 조준이) 서로 변란을 부채질하고 권세를 농단하면서 여러 사람을 유인하고 협박하였다. 이에 지위·재산을 빼앗길 것을 걱정하는 무리들과 일을 꾸미는 뜻에 영합하려는 무리들이 메아리처럼 호응해 일어났다."(『고려사절요』 공양왕 4년 4월)라고 말한 데서, 적지 않은 관원층이 동조했던 상황을 엿볼 수 있다. 전위집단에 동조한 관원층은 계급투쟁의 명분 즉 민생의 구제 내지 왕도정치의 실현이라는 대의명분을 공유하며 왕도정치 구현자로서의 정체성을 가지게 되었다. 전위집단이 창도한 민본적 민생주의는 일거에 사대부계급의 이데올로기로 자리 잡게 된 것이다.

전제개혁이 진행되고 정치적 물갈이에 따른 파동을 겪으면서 신구계급 진영의 구성원에 어느 정도의 변동이 있었다. 이를테면 처음에는 전제개혁에 동참했던 이행이 전위집단과 거리를 두게 된 것과, 전제개혁에 중립적 태도를 취하던 정몽주가 전위집단에 맞서는 대항세력의 중심으로 변신한 것 등이다.

정치적 물갈이가 진행되면서 신구 양 진영은 서로 상대 진영에 대한 확증편향을 강화해 나갔다. 신계급 진영은 이색을 비롯한 옛 신흥유신들이 기득권을 잃지 않으려는 구계급의 이해를 대변하는 수구세력이라 여겼으며, 구계급 진영은 전위집단이 개혁을 빙자하여 국권 탈취의 음모를 꾸미는 무리라 여겼다. 마침내 이성계의 낙마 사고를 기화로 정몽주가 최후의 반격을 시도하게 되었다.

정몽주 일파는 전위집단을 일망타진하려 하였다. 정몽주 일파가 반격을 시도할 수 있었던 것은 공양왕의 지지를 얻은 탓이기도 하지만 이성계가 함부로 나서지 않을 것이라는 일말의 기대를 가지고 있었기 때문이라 보인다. 문병차 이성계의 사제를 방문한 것도 그래서 이루어질 수 있었을 것이다. 이방원의 재빠른 대응이 없었다면 역성혁명은 좌초되었을 가능성이 있다. 이방원의 사주를 받은 조영규 등은 정몽주를 격살하였으며 구진영의 인사들은 대거 유배되었다. 왕조교체의 운명이 결정된 것이다.

3장 조선 초기 사대부사회 체제의 구축

조선 초기에는 사대부사회체제가 확립되었다. 사대부계급의 전위집단이 시대적 과제를 해결하기 위해 내놓은 사회혁신의 방향과 방안이 조선 건국 이후 대부분 계승되고 실행되었던 것이다. 건국 이후의 체제구축 사업은 대체로 태종 대의 개혁, 세종 대의 정비, 세조 대의 경장更張을 거쳐 성종 대에 이전의 모든 사업을 집약한 『경국대전』을 반포함으로써 일단락되었다.

1절 신분제의 재편과 계급구조의 변화

1. 신분제의 재편 —양천신분제의 확립

조선 초기에는 양천신분제가 확립되었다. 양천 2분법적 신분체계와 양인의 신분적 제일성이 확립된 것이다. 노비 아닌 모든 인민을 양인 신분으로 간주하고 노비만을 천인 신분으로 취급함으로써, 신분의 소속이 모호하였던 부류들이 모두 양인신분의 소유자가 되었다. 또한 양인 내에서 법적 결격 사유가 있는 자들을 제외한 여타의 양인들은 보편적인 권리·의무를 지니게 됨으로써, 양인의 신분적 제일성이 확립되었다. 이제 고려시대의 다원적 신분제가 청산되고 양천제라는 일원적 신분제가 확고한 뿌리를 내리게 된 것이다.

변화는 이미 고려 후기 사회의 저변에서 일어나고 있었다. 평민 이상층(향리·경군)의 지위는 하락되고 평민 이하층(향·소·부곡민)의 지위는 상승하는 것과 같은 비노비자 사이의 등질화가 괄목할 만큼 진행되고 있었다. 그러한 바탕 위에서 조선 초기에 이르러 마침내 양천신분제의 확립을 보게 된 것이다.[75]

1) 양천 2분법적 신분체계의 성립

(1) 양천미변자의 양인화

여말의 전위집단은 양천 2분법적 신분체제의 정립을 염두에 두고 있었다. 신분변정에서 노비인가 여부만을 변정의 기준으로 삼았고, 양천 여부를 확인할 문적이 없는 양천미변자는 양인으로 판정하는 원칙을 수립하였다. 여말에는 양천미변자가 다수 발생하고 있었다. 토지겸병에 의해 도처에 개설된 농장에 은점되어 있던 인민이 많았고, 홍건적 난과 같은 전란으로 호적대장이 대거 유실된 때문이었다. 공양왕 4년에 양천미변자를 양인으로 판정하는 원칙이 수립되었다. 그러나 여러 대에 걸쳐 노비로 역사한 것이 분명한 자는 그대로 노비로 둔다는 단서로 말미암아 분쟁은 좀처럼 종식되지 않았다. 마침내 태조 6년, 그때까지 남아 있던 모든 양천미변자에 대해 일률적으로 '신량역천'으로 판정한다는 조치를 취하였다.

'신량역천'은 새로 만들어진 신분규범으로서 문자 그대로는 "신분은 양인이지만 (부과되는) 역은 천역"이라는 의미이다. 그러나 이들이 실제로 천역에

---

75) 고려 후기에서 조선 초기에 이르는 양천신분제의 확립 과정은 이미 밝힌 바 있으므로(유승원, 「양천제의 연혁」, 『조선초기 신분제 연구』, 을유문화사, 1987), 여기서는 그 개략만을 간략히 소개하고 부분적으로 보완하는 것으로 그친다.

차정되지는 않았다. 즉 천역을 지우는 자체에 목적이 있었던 것이 아니라, 양인이 누릴 수 있는 사환권을 허락하지 않겠다는 의도하에 만들어진 규범이었던 때문이다. 이들에 대한 사환 금지라는 신분적 제한도 곧 완화되었으니, 태종 대에 이르러 보충군에 입속되어 복무를 마치면 거관하여 일반 양인이 될 수 있었다.

(2) 칭간칭척자의 일반 양인화

양천2분법적 구분이 강화되는 가운데서도 양인 내에는 천인에 준한 취급을 받고 있던 자들이 남아 있었다. '칭간칭척자稱干稱尺者'[76] 출신의 여자들 가운데 고려시대 이래 관기官妓 등의 역에 차역된 자들이 바로 그에 해당하는 자였다. 양인의 여자는 천인의 여자와 달리 신역을 부담하지 않았는데, 이들은 기역妓役을 부담했으니 천녀에 준한 존재였던 것이다. 태종 대에는 이들을 명실공히 양인으로 공인해 주었다. 태종 대에 이들의 기역을 면제해 주면서 정부는 이러한 조치를 '면천免賤'·'종량從良'이라 표현했다.

태종 대에는 염간을 제외한 칭간칭척의 남자를 신설된 '보충군'에 충속시켜 한품거관할 수 있게 하였다. 이제 노비가 아니면 무조건 양인으로 인정하는 양천 2분법적 구분이 법으로 확정된 셈이다. 그리고 보충군은 신분적 하자가 있는 양인이 복무하는 곳이 되었으며, 복무를 마치면 일반 양인화되어 종량의 사다리 역할을 하게 되었다.

---

76) 고려 후기 이래 잡척층이 대대적으로 소멸해 가는 가운데서도 일부 '干'이라 불리고 '尺'이라 불리는 칭간칭척자들이 남아 있었다. 조선에 들어와서 '신량역천'이라는 신분범주가 설정되자 칭간칭척자야말로 노비가 아니면서 천역에 종사하는 자여서 '신량역천'이라는 개념에 그대로 부합되는 존재로 여겨지게 되었고, 신량역천을 대표하는 자로 간주하게 되었던 것이다.

(3) 양인범주의 확정

조선 초기의 위정자들은 모든 비노비자를 양인으로 간주하고 있었다. 신분적 위치가 애매했던 부류들을 '양인'으로 공인함과 동시에 지배계급도 '양인'에 속하는 자임을 공개적으로 천명했다. 이는 재상 역시 양인임을 분명히 못박고 있었던 데서 단적으로 드러난다. 태종 대에 관원의 비첩 소생을 종량시키는 과정에서 모든 양인 남자의 자식은 부를 따라 종량시키는 종부위량법從父爲良法을 제정했을 때의 일이었다. 이때 예조판서 황희가 "천첩소생을 방역시키는 법은 별다른 이견이 없으니 부가 양良이면 아들도 양으로 하여 부를 따르게 하면 좋겠습니다"는 의견을 피력하자, 태종이 "재상의 골육으로서 모를 따라 노비로 부리는 것은 대단히 옳지 않다."(『태종실록』 14년 6월 27일)라고 하면서 이를 받아들였다. 재상을 양인으로 취급하고 있었던 것이다.

종부위량법은 세종 14년에 폐지되어 일천즉천의 관행으로 다시 돌아갔지만, 모든 비노비자가 양인이라는 원칙은 태종 대 이후 흔들림 없이 정착되었다. 고려시대에 신분의 소속이 모호하였던 재인·화척에 대해서 '본래 양인이다'라고 서슴지 않고 말할 수 있었던 것도(『세종실록』 5년 10월 8일) 그러한 원칙이 정착된 데서 나올 수 있었던 것이다. 그리하여 세종 16년, 예조참판 권도는 '양'으로 지칭되는 자의 등급은 하나가 아니어서 의관벌열衣冠閥閱의 후예로부터 '천'과 다름없는 역리·보충군까지 모두 '양良'이라 일컫는다고 명언하고 있었다.(『세종실록』 16년 4월 16일)

2) 양인의 신분적 제일성 구축

(1) 권리의 보편화

조선 초기에는 양인 일반의 보편적 권리로서 사환·부거·공교육수혜권이 공인되었고, 보편적 의무로서 신역의 의무와 납세의 의무가 부과되었다. 조선 초기에는 법적으로 규정된 결격자 외의 흠 없는 양인은 동일한 법적 권리를 누리게 되었던 것이다. 고려시대에도 평민의 사환권이나 부거권은 원칙상 인정되었다. 그러나 조선에 와서야 평민이 자신의 권리를 행사할 수 있는 여건이 조성되었고, 정부도 평민의 권리를 보장하려는 분명한 의지를 가지게 되었다.

고려 후기에 백정층이 신역을 부담하고 호적에 등재되기 시작하면서, 위정자들은 일반 양인에게 공민으로서의 권리와 의무를 부여해야 한다는 의식을 자연스레 가지게 된 것이 아닌가 생각된다. 권리는 의무를 매개로, 의무는 권리를 매개로 부여되는 것이기 때문이다. 그러한 의식은 직역제에서 신역제로의 전환이 본격화된 공민왕 무렵부터 한층 강화되었을 것이다. 공민왕 대에 향교가 많이 증설되었고 계급투쟁기에도 교육기회를 확장하기 위한 노력이 기울어졌다.[77]

평민 역시 조선 초기에는 자신의 권리를 뚜렷이 인식하고 있었다. 정부의 조치가 자신의 양인으로서의 권리를 침해할 소지가 있다고 생각되면 시정할 것을 당당히 요구했다. 정부도 이를 즉각 수용하는 것으로 호응했다. 소수이나마 평민의 과거 합격 사례도 확인된다.[78] 조선시대에 적지 않은 평민이 향

---

[77] 공양왕 원년, 조준이 업유자로 하여금 향교의 교관으로 삼아 교육시키고 도마다 교수관 1인이 순행하면서 교육을 점검하게 할 것을 주창하였으며 공양왕 3·4년에는 서울을 비롯한 각도 주·부에 교수관을 설치했다.(『고려사』 권 74, 선거지2 학교)

[78] 수군의 아들로서 한미한 문지로 말미암아 권람에게 과거의 수석을 빼앗겨 물의를 빚었던 김의정 사례는 이미 자세히 소개한 바 있다.(유승원, 앞의 책, 2020, 97~99쪽) 그 외에도 朴鹹의 사례를 찾아볼 수 있다. 과거로 입사한 후 절제사의 都事로 임명될 때 琴尺의 여손이라 하여 그의 告身에 '政曹外'라는 限職 조건이 명기되었지만 도사의 취임은 가능했고, 이후에도 승진을 계속하여 성균관 司成까지 올라갔다. 그의 아들은 世系上의 하자로 시관에 의해 무과에서 쫓겨났지만, 병조가 그에 적용된 부거 금지가 부당하다고 주장하여 다시 응시가 허용되었다. 『세종실록』 권 69, 세종 17

교에 적을 두고 있었음은 널리 알려진 사실이다.

(2) 의무의 보편화

조선 초기에 이르러 모든 양인은 계급에 관계없이 납세와 병역의 의무를 갖게 되었다. 부세에서 개세제가 확립된 것과 지배계급도 군역을 부담하게 된 것이 그것을 뚜렷이 보여준다.

① 납세의 보편화 —개세제의 확립

고려시대 부세제의 특징은 계급별로 부세체계를 달리했다는 데 있다. 문벌계급은 면세의 특권을 누렸고 중간계급과 평민계급은 각기 납세의 내용이 달랐던 것이다. 그러나 조선에 들어와 조세만이 아니라 요역과 공납에까지 전결기준이 적용되어 지배계급으로부터 평민·노비계급에 이르기까지 보유토지의 면적에 따라 조세·공납·요역을 부담하게 되었다. 개세제에 기초한 비례세제가 확립된 것이다.(후술)

② 신역의 보편화 —지배계급의 군역 부담과 이탈

가. 지배계급의 군역부담

군역의 보편화 역시 조선 초기 양인에 대한 의무의 보편화가 이루어졌음을 보여주는 대표적인 사례가 된다. 지배계급도 원칙상 군역을 부담하게 된 것이다. 전제개혁 이래 전함관이 평민과 마찬가지로 군역을 부담하게 되었던 것은 군역 보편화의 상징이었다.

조선 초기 양인의 신역은 군역과 여타 잡다한 신역으로 구성된 잡색역雜色

년 7월 18일; 『세종실록』 권 69, 세종 17년 7월 29일; 『세종실록』 권 92, 세종 23년 4월 7일; 『문종실록』 권 4, 문종 즉위년 10월 12일.

役으로 크게 양분되어 있었다. 두 역은 보통역과 특별역의 관계에 있었다. 군역이 양인의 보통역이었던 것은 군역이 양인 고유의 신역이며 공민으로서의 제1의적인 의무였기 때문이다. 군역이 특별역인 잡색역에 대비해 보통역의 위상을 갖고 있었음은 기존의 특정 잡색역이 혁파되면 그 역을 지던 자에게 어김없이 군역을 부과하는 데에서 뚜렷이 입증된다. 군역이 양인의 보통역이라는 위상을 지닌다는 것은 양인이면 누구나 병역을 부담하는 양인개병제가 시행되어야 함을 의미한다. 그러나 실제에 있어서 조선 초기의 양인개병제는 결정적인 한계를 가지고 있었다. 성립되기까지 상당한 시일이 소요되었을 뿐 아니라, 성립되자마자 퇴조하게 되었기 때문이다.

양인개병제는 상당한 시일과 진통을 거쳐 이루어졌다. 군역이 양인의 보통역으로 향하는 행보를 시작한 것은 여말 공민왕 때의 일이었다. 선별적 신분에 바탕을 둔 직역제를 포기하고 양인 농민을 대상으로 한 병농일치의 징병제를 시행한 것이다. 여말의 전제개혁에 이르러 군역제는 병농일치제를 넘어 양인개병제를 향해 한 걸음 더 나아갔다. 지배계급에도 군역을 부과하기 시작한 것이다.[79] 과전법에서 전함관은 퇴직한 다음에도 과전을 보유하는 대신 '거경성·위왕실'의 의무를 부담하도록 규정했다. 다만 태조 대까지 점고에만 그치고 실제의 복무는 이루어지지 못했다. 태종 대에 와서 과전을 받은 전함관들은 '수전패受田牌'라는 특수병종에 소속되어 궐내 숙위 의무를 실제로 수행하게 되었다. 이 의무를 수행하지 않는 자들은 과전을 빼앗기고 신설된 '무수전패無受田牌'에 충속되었다. 이 조치는 전함관에게도 급전이라는 반대급부

---

79) 이하 전함관의 군역부담에 대해서는 아래 글 참조. 유승원,「朝鮮 建國期 前衡官의 軍役」,『韓國史論』41·42, 1999; 유승원,「朝鮮 太宗代 前衡官의 軍役: 受田牌·無受田牌의 설치경위와 京侍衛牌의 實體」,『韓國史研究』115, 2001; 유승원,「조선 태종대 前衡官의 군역: 受田牌·無受田牌의 복역을 중심으로」,『歷史學報』210, 2011.

없이 군역을 부과할 수 있다는 것을 예고하는 것이었다. 완전한 양인개병제에 다시 한 걸음 더 다가선 셈이었다.

　태종 대에는 군역제에 상당한 진전이 이루어졌지만 결정적인 한계도 노출되었다. 기존의 군액을 유지하면서 그 결원만 충원하는 정액제의 관행이 고착된 것이다. 그 결과 지배계급의 군역은 과전을 수급한 전함관을 중심으로 수행되었다. 과전을 받지 못하고 퇴직하는 전함관들이 계속 배출되었지만 이들에 대한 군역부과는 이루어지지 못했다. 토지라는 군역부과의 매개체가 없었기 때문이다. 전함관의 군역은 양인으로서의 의무가 아니라 과전수급의 대가라는 기존의 인식은 그대로 살아남아 있었다. 아직 양인개병제와 괴리를 보이는 상태를 면하지 못했던 것이다.

　수전패와 무수전패는 세조 대까지 잔존했다. 양자 모두 전함관을 구성원으로 하여 출발했지만 구성원의 성격과 충원 방식은 큰 차이를 보였다. 과전을 보유한 수전패는 늙고 병들어 복무가 어려워질 경우 자손에게 대역시킬 수 있었으나, 본인이 사망한 후에는 더 이상 자손에게 역이 승계되지 않았다. 생전의 과전이 일단 반납되어야 했기 때문이다. 수전패에는 과전을 받은 후 퇴직하는 새로운 전함관이 계속 입속되었다. 즉 수전패의 구성원은 계속 교체되었던 것이다. 수전패의 충원은 과전을 받은 퇴직자의 자진 신고에 의해 이루어지게 되어 있었는데, 신고가 부실해지는 폐단을 막기 위해 타인이 신고하면 과전을 체급하게 하는 진고체수법이 도입되기도 하였다. 세종 27년에 이르러서는 호조가 3년마다 수전자의 성명과 사유를 기록하여 병조에 이관하면 병조가 수전패에 성적하는 방식으로 바뀌었다.

　무수전패의 경우 원래 소속된 전함관이 늙거나 병들거나 사망하여 더 이상 복무할 수 없게 되면 자손이 그 역을 계승하지 않으면 안 되었다. 무수전패라는 병종이 혁파되지 않는 한 후손의 군역 계승이 불가피하였던 것이다. 새로운 구성원으로 교체되지도 않았다. 무수전패의 설치 이후 과전을 받지 못한 자는 무수전패의 입속 대상이 아니었기 때문이다. 이로써 무수전패는 하나의 의무 병종이 되고 점차 일반 군사화되었다. 마침내 세조 3년에 비슷한 길을 밟고 있던 경시위패에 합속되고 말았다.

양인개병제는 세조 대에 이르러 거의 완성에 도달하게 되었다. 오직 모든 양인에 대한 징병제를 시행하지 못했다는 것이 완전한 양인개병제의 결격사유가 될 뿐이었다. 세조 대에는 지배계급도 평민과 똑같은 군역을 부과하게 됨으로써 계급을 불문한 양인 의무의 보편화 이념이 완전히 충족될 수 있었던 것이다. 지배계급에게 토지를 매개로 하지도 않고, 별도의 병종에 소속시키지도 않고 군역을 수행하게 하였다. 세조는 사대부계급에 대한 군역 부과에 상당한 열의를 보였다. 사대부계급의 자제인 한량인의 수를 전국적으로 조사하여 성적시키는가 하면(『세조실록』 3년 3월 6일) 현직자나 학교에 적을 둔 자 등 군역을 부과할 수 없는 자를 제외한 모든 사대부계급에게 군역을 지우고자 했다. 더욱이 품관들을 종래와 같이 특수 병종에 따로 소속시키는 것이 아니라, 평민과 똑같은 병종 '정병正兵'에 충속시키고 똑같은 조건으로 복무하게 하였다.

세조에게도 사대부계급에게 평민과 동일한 군역의 의무를 부과하는 것은 쉬운 일이 아니었다. 전함관을 정병에 소속시키라는 명령을 처음 내린 날로부터 실제 명령이 시행되기까지 4년이나 걸렸던 것이다. 마침내 세조 7년, 모든 도의 3품 이하의 품관은 학교에 적을 둔 자, 60세 이상자, 독폐질자篤癈疾者를 제외하고 모두 정병에 소속해 시위하게 하며 연말까지 자진 신고하지 않는 자는 변방으로 이주시키겠다는 서슬 퍼런 명을 내렸다.(『세조실록』 7년 7월 18일) 그러나 상당한 반대에 직면했던 듯 당초의 방침을 바꾸어 봉충위·공신위를 신설하여 과전 수급 여부에 따라 분속시키도록 하는 등 정병 입속 이전의 체제로 회귀하는 듯한 모습을 보였다.[80] 그러나 마침내 세조 11년, 당초의 방침대로 정병 충속을 강행하였다.[81]

세조의 사대부계급에 대한 군역부과 방침은 단호한 것이었다. 사대부계급을 쇄출하여 정병에 투속시키는 것을 넘어서, 토지 5결을 1정으로 간주하고 노비도 보인保人으로 간주하도록 하는 보법을 시행하였다. 이로써 사대부계급의 군역부담은 이전과 비교할 수 없을 만큼 커져 버렸다. 이에 이어 직전법까지 실시하여 전함관에게 지급하던 과전도 없애버렸다. 신료들이 폭발 직전의 강한 울분을 가졌을 것임을 짐작하기 어렵지 않다. 그러나 감히 세조의 강경한 태도에 정면으로 맞서지는 못했다. 오직 군역 수행 과정에서 신료들이 사대부로서의 체면을 잃는 일이 없도록 해달라고 요청하는 데 그쳤다. 세조도 이것은 받아들였다. 토목의 역에 나가지 않고 시위만 담당하게 하는 것(『세조실록』 12년 8월 25일), 시위를 담당하여도 궐내 숙위만 하게 하고 궐문을 파수한다든가 순찰 도는 것과 같은 잡무는 면하게 하는 것(『세조실록』 14년 6월 22일) 등을 받아들인 것이 그것이다. 세조 대 지배계급에 대한 대대적인 정병 충속으로 양인개병제는 마침내 실현되었던 것이다.

나. 지배계급의 군역 이탈

조선 후기에 사대부계급의 군역 이탈이 보편화된 것은 주지의 사실이다.

---

80) 『세조실록』 권 28, 8년 7월 9일; 『세조실록』 권 34, 세조 10년 9월 20일.
81) 사대부계급의 정병 충속이 세조 11년에 이루어진 일임은 아래와 같은 기사들을 통해서 알 수 있다. 전함관을 정병에 소속시킨 조치는 세조 12년 8월 25일 이전에 이루어진 것임을 알 수 있는데,(『세조실록』 권 39, 세조 12년 8월 25일) 정병에 편입시킨 구체적인 시기는 세조 11년으로 확인된다. 이해에 경기·강원·황해·평안·영안을 제외한 충청·전라·경상의 하삼도에 새로 제정된 보법을 적용하여 사대부계급을 作保하였음이 알려지기 때문이다.(『성종실록』 권 3, 성종 원년 2월 30일) 보유 토지와 함께 예속인인 고공·백정을 합산하여 작보한 것으로 미루어 작보의 대상자가 주로 사대부계급에 속하는 자였을 것임은 의심할 바 없다.

사대부계급의 군역 이탈 과연 언제 어떻게 일어나게 된 것인가. 양인개병제는 세조 사망 직후인 예종 대부터 급속히 퇴조하게 되었고 그 계기는 양인개병제의 상징적 존재인 전함관들이 소속 정병에서 빠져 나가게 되었던 데 있었다.

전함관의 정병 이탈은 예종이 즉위하자마자 이루어지게 되었다. 세조의 복심이었던 한명회도 전함관이 재상을 제외하고는 모조리 정병에 속해 있다고 불평하면서 관직 전력이 있는 자는 정병이 아닌 별도의 병종을 만들어 소속시키자고 요청하였고 예종이 즉각 이를 받아들인 것이다.(『예종실록』 즉위년 12월 10일) 이리하여 별도로 만들어진 병종이 바로 여정위였다.

> 병조에서 계하기를 "지금 '일찍이 조사朝士를 지낸 자로 정병에 소속된 자들은 하나의 위衛를 따로 설립하라'는 전교를 받들어서 '여정위勵精衛'라 칭하였습니다. 청컨대 ① 동반6품 이상과 서반4품 이상, ② 문무과출신·생원·진사·유음자손 등을 본위에 소속시키되, 서울은 한성부에서, 외방은 절도사가 마감하여 뽑아 정하고, 그 수를 모두 계문하게 합니다. 다른 군사의 예에 따라 4번으로 나누어서 서로 교대하여 차례로 쉬게 하고, 그 체아직은 상정소로 하여금 의논하여 시행하게 하소서." 하였다. 그에 따랐다.(『예종실록』 1년 1월 25일)

여기서 유의할 것은 이 조치가 단순히 전함관의 복무처를 정병에서 신설된 여정위로 옮기는 것을 의미하는 것은 아니었다는 점이다. 전함관의 군역 수행을 위해 만들어진 여정위에 난데없는 문무과출신·생원·진사·유음자손(②)이 들어 있는 것이 그러한 점을 잘 보여준다. ②의 자들이 들어가게 된 데는 두 가지 이유가 있었다. 하나는 여정위로 하여금 세조가 혁파해버린 충순위와 비슷한 구실을 할 수 있게 하려는 것이다. 즉 세종 말년, 세종이 설치한 충순위처럼[82] 입사하지 못한 ②의 자들에게 여정위의 복무를 통해서 사환과 승계의 기회를 부여하고자 한 것이었다. 실제로 여정위는 설치된 지 불과 10일 만에 이름마저 충순위로 개칭되었다.(『예종실록』 1년 2월 4일) 또 하나의 이유는 ②의 자들의 부·조에 해당하는 전함관의 복무를 면하게 하고자 한 것이었다. ②의 자들이 충순위에 소속되어 복무하게 되면 1가에 속하는 자에게는 오직 1인에게만 군역을 부과한다는 '1가완취'의 원칙에 따라 충순위에 편입된 ①의 전함관은 자연스레 복무가 면제되는 것이다. 갑자기 과거합격자와 유음자손을 충순위에 입속시킨 가장 중요한 이유는 바로 여기에 있었다.

②에 해당하는 자손이 없는 전함관 ①은 그대로 충순위에 소속되어 숙위 임무를 수행해야 했다. 그러나 이들의 복무는 당대에 그치는 것이었다. 그 자손들은 군역을 지지 않아도 되기 때문이다. 우선 그들의 자손은 충순위의 입속 자격이 없다. 그렇다고 자손을 다시 정병에 편입시킬 수도 없다. 군역은 정액제로 운영되어 이미 정병의 정액은 채워져 있는 상태일 것이기 때문이며 당초 충순위를 설치한 목적에도 위배되는 것이기 때문이다. 그런데 실제로는 당대의 복무조차 제대로 이루어지지 않았을 것으로 보인다. 곧 살펴볼 바와 같이 성종 1년에 동반7품·서반5품 이하 전함관이 군역부담에서 벗어나게 되었으므로 그들보다 지위가 높은 ①의 자들만 군역을 진다는 것은 있을 수 없는 일이 되었기 때문이다.

충순위에 충속된 ①의 자들과 달리 입속에서 제외된 동반7품·서반5품 이하의 자의 군역 수행은 어떻게 되었는가. 이들 역시 정병에서 빠져 나왔고 군역을 지지 않게 되었다. 즉 성종 1년, 5,861명에 달하는 하삼도 정병 정원의 감축

---

82) "議政府據兵曹呈啓: 伏承敎旨 二品以上子孫壻弟姪 京官實行三品·外官三品守令子孫及曾經臺省政曹者之子 仕宦之路 磨勘後錄 …"(『세종실록』 권109, 세종 27년 7월 19일)

이 있었을 때 전함관들이 감축 인원에 포함되어 정병에서 빠지게 되었고 그것으로 그들의 군역도 종식되었던 것이다. 이때의 감축 대상은 바로 세조 11년에 새로 작보되어 정병의 역을 지게 된 하삼도의 사대부계급이었다.[83]

 정병에서 이탈된 동반7품·서반5품 이하의 전함관의 경우, 더 이상 군역을 부담하지 않았을 것이다. 이들을 수용할 별도의 병종은 만들어지지 않았기 때문이다. 군역이 정액제로 운영되어 군역부담자의 충원은 통상 기존의 군역호 내의 인정으로 이루어지므로, 새로운 병종을 만들지 않는 한 그들 전함관이 새로이 소속될 복무처가 없는 것이다. 그들의 자손 역시 정부에서 특별히 지목하여 정병에 충속시키지 않는 한 정액제에 힘입어 부조처럼 자연스럽게 군역 부담에서 빠지게 될 것이다.

 이상에서 전함관들이 이전에 소속되었던 정병에서 이탈하는 것을 계기로 더 이상 군역을 지지 않게 되었음을 알 수 있었다. 충순위(여정위) 설치는 기왕에 정병에 소속되었던 전함관들의 군역면제를 위한 임시방편이었다. 즉 무턱대고 군역을 면제해 달라고 요청할 수 없으니 충순위에 소속시킨 데 불과한 것이었다. 또 동반6품 이상과 서반4품 이상의 전함관만 정병에서 제외시킬 수 없어 동반7품과 서반5품 이하의 전함관도 정병에서 제외시켰다.

 전함관의 군역 부담은 소멸되었는데 그 후에도 『경국대전』 병전 번차도목조에 충순위의 입속대상을 "동반6품 이상·서반4품 이상으로서 일찍이 실직 현관을 거친 자"로 명시한 규정은 왜 그대로 남아 있게 된 것인가. 두 가지 이유가 있다고 보인다. 하나는 동반6품 이상·서반4품 이상 전함관의 충순위 소

---

83) 이때의 하삼도 정병 정원의 감축 명분은 세조 11년에 보법에 의해 보를 만들어 사대부계급을 정병에 충속시킬 때 하삼도에 거주하는 사대부계급만 작보함으로써 다른 도와의 형평성에 위배되었다는 것이었으니(『성종실록』, 권 3, 성종 원년 2월 30일) 성종 1년에 이르러 형평의 명분을 내세워 그들을 정병에서 빼내게 된 것이다.

속은 의무가 아니게 되었지만, 그들 중 복무를 희망하는 자원자가 있기 때문이다. 즉 전함관이란 모두가 연로하여 퇴직한 자가 아니라 자리를 얻지 못해 본의 아니게 현직에서 물러나 있는 상태에 있는 자도 가리키는 것이어서, 전함관 가운데는 충순위에 입속하여 품계를 올려가며 다시 현직에 복귀할 기회를 노리는 자가 얼마든지 있을 수 있기 때문이다.[84] 다른 하나는 전함관 가운데 동반6품 이상·서반4품 이상의 관품만 가졌을 뿐 실직 현관(동서반 정직)을 거치지 못한 자의 입속을 제한하기 위한 때문이다. 성종 2년, 병조에서는 충순위를 복설한 이유가 동서반 전함 3품 이하가 모두 정병에 소속되어 귀천의 분수가 없어지는 폐단을 없애기 위한 것인데 동반6품 이상·서반4품 이상의 산관散官만 가진 서리書吏·취라치吹螺赤·대평소大平簫·제색군사諸色軍士 등의 거관자去官者들까지 입속시킬 수 없다면서, 실직 현관을 거친 자만 입속할 수 있도록 제한할 것을 요청하여 윤허를 받은 바 있었던 것이다.[85] 충순위는 사족자제 특히 화요청직華要淸職 관원의 자제에게 사환상의 혜택을 주기 위한 것이었다. 세조 5년 이전의 충순위처럼 2품 이상 관원의 경우에는 자만이 아니라 서·제·질도 입속할 수 있도록 요청하여 국왕의 재가를 받아 낸 것은 단적인 예이다.(『성종실록』 10년 3월 12일) 동 번차도목조의 입속대상에 유음자·손·서·제·질이 명기되어 있는 것은 그로 인한 것이다.

이제까지 세조 사후 전함관이나 그들의 자제는 군역의 부담이 없어지게 되었음을 보았다. 그렇다면 이제 사대부계급은 군역과 완전히 무관하게 된 것인가. 그렇지는 않았다. 양인개병이라는 원칙은 그대로 살아있었기 때문이다.

---

84) 『경국대전』 병전의 번차도목조에는 75일의 복무 일수를 채우면 1계씩 올려주게 되어 있으며 7번으로 나누어 2개월마다 교체하도록 되어 있는데, 복무의 내용은 궐내 숙위로서, 당번 기간일 때도 3일 숙위하고 9일은 在家하는 아주 편한 역이었다.
85) 『성종실록』 권 11, 성종 2년 7월 22일.

사족도 면제 사유를 가진 자가 아니라면 원칙적으로 군역부과대상자여서 필요한 경우에는 군역이 부과될 수 있었다. 사대부계급에 속하는 자라도 일단 한 번 군역이 부과되면, 관원이 되든가 과거에 급제하든가 학교에 적을 두지 않는 한 군역에서 빠져 나오기 어려웠다. 사대부계급의 면역이 일반화된 조선 후기에도 실제로 소수이나마 사족 중에 군역을 부담하는 자가 없지 않았고,[86] 군역을 지고 있지 않은 사족자제는 언제라도 충군 대상이 될 수 있었다. 군사의 정액을 늘이려 하거나, 유이·피역 등으로 기존 군사의 결원이 많아지면 보충 대상으로 항상 사족자제가 지목되기 마련이었다. 특히 군사의 유이·피역의 원인으로 평민들의 고된 군역부담이 거론될 때는 경제적으로 여유 있으면서 놀고 지내는 사족자제가 일차적인 충원 대상으로 지목되지 않을 수 없다. 잘 알려진 '낙강충군落講充軍' 책이 줄곧 시도된 것은 그 때문이었다. 사족자제가 군역부담을 피하기 위해서 가장 많이 이용한 방법이 학교에 적을 걸어놓고 업유業儒로 위장하는 것이었기 때문이다. 지배계급의 군역부담은 실제적인 의미가 거의 사라진 가운데서도 조선 후기까지 양인의 보편적인 의무라는 원칙으로 살아남아 있었던 것이다.

세조 대에 시행되었던 양인개병제가 세조 사후 급속히 퇴조하게 된 데에는 여러 가지 원인이 있었다. 이 중 세 가지 정도를 꼽아본다면 첫째, 세조가 급진적인 개혁 방안을 급격하고도 일방적으로 밀어붙인 탓이었다. 무엇보다 토지와 노비를 인정으로 계산하여 작보하는 보법을 수립한 것은 사대부계급의 이해와 정면으로 충돌하는 것이었다. 충분한 보인을 주지 않고 군액을 크게 확

---

[86] 다음의 기사를 보면 양반으로 군사가 되는 자는 평민으로 군사가 되는 자보다 훨씬 적지만 군사가 되는 자가 없지 않았음을 알 수 있다. "지금 양반이 천이나 백이라면 군사가 되는 자는 하나 둘이며, 民丁이 수십인데도 군사가 되는 자는 겨우 하나 둘이다."(『인조실록』 권 33, 인조 14년 9월 13일)

장한 것도 문제였다. 평소 누구보다 군역제 개혁을 역설하면서 세조의 개혁책을 지지했던 양성지마저 보법을 비판한 것은 그 때문이었다.[87] 세조가 자신이 벌인 사업은 창업과 다름없다고 자평하면서 가장 역점을 두었던 사업으로 호패와 군적을 꼽았다는 일화가 전해지고 있다.[88] 세조가 지배계급의 군역의 부담을 크게 늘리고 평민과 똑같이 복무하게 하려 했던 것은, 스스로는 그것이 개혁군주가 가져야 할 민본주의적 자세라 여긴 때문이었다. 왕위찬탈로 야기된 정통성의 취약성을 보완하기 위한 자기 정당화의 일면도 있었다고 할 수 있다. 세조의 군역제 개혁은 지배계급의 반발을 불러 왔을 뿐 아니라 정작 피지배계급에게서도 환영받지 못했다. 군액을 대폭 확장함으로써 그들 역시 신역부담이 크게 늘어났기 때문이다.

둘째, 직전제의 실시로 전함관에 대한 급전이 없어진 탓이다. 전함관의 정병 충속이 직전법이 실시된 후에 시행된 것은 아니었다. 세조가 전함관을 정병에 편입시킨 것은 직전제를 실시하기 한 해 전인 세조 11년의 일이었다. 그러나 그에 뒤이은 직전제의 시행은 관원층이 더 이상 군역부담을 감내하기 어렵게 만들었다. 급전까지 없어졌으니 군역 부과에 대한 반발은 커질 수밖에 없었고 정부로서도 전함관에게 군역을 강제할 마땅한 수단을 더 이상 찾을 수 없었던 것이다.

셋째, 무엇보다 양인의 보통역인 군역에 정액제를 유지한 것이 근본적인 원인이었다. 평민이 정액을 채우는 한 굳이 전함관이나 사족자제를 군역에 동원할 필요가 없었던 것이다. 군역에 정액제를 유지한 명분은 모든 인정을 군역

---

87) 『세조실록』 권 34, 세조 10년 8월 1일; 『세조실록』 권 37, 세조 11년 11월 15일; 『세조실록』 권40, 세조 12년 11월 2일.

88) "大王大妃傳于院相曰 … 世祖嘗於代行曰 予所爲與創業無異 … 號牌軍籍二法 予欲革之"(『성종실록』 권 1, 성종 즉위년 12월 4일)

에 동원하지 않음으로써, 여타의 인민은 생업에 전념할 수 있게 한다는 데 있었다. 전체 남정의 일부분밖에 호적에 등재되지 못하는 호구제 아래에서 군역호에 가해지는 무거운 부담을 줄이고 국가가 필요로 하는 최소한의 인원만 확보하자는 일종의 고육책 같은 것이었다. 그러나 정액제가 가지는 맹점을 이용하여 지방 군현에서는 역이 없는 평민을 외아전 같은 관속官屬으로 동원하여 부렸으며, 군역부담은 평민에게 떠맡겨 사족자제들이 군역에서 벗어나게 해주었던 것이다.

비록 단명에 그치고 말았으나 세조 대 양인개병제 시행은 의미가 없는 것은 아니었다. 의무의 보편화로서의 양인개병제는 양인의 신분적 제일성을 이루는 한 축으로서 양천제의 상징적인 존재였다. 그리고 양인개병의 원칙은 양천제와 함께 조선 후기까지 하나의 전범으로 살아남았다. 양역변통론을 야기했고 균역법을 시행하게 하였으며 양반층이 참여하는 공동납을 가져오기도 하였다.

2. 계급구조의 변화

조선 초기에는 고려사회와 다른 계급체계가 형성되었다. 문벌계급 - 중간계급 - 평민계급 - 노비계급의 4분법적 계급체계에서 사대부계급 - 평민계급 - 노비계급의 3분법적 계급체계로 바뀌었던 것이다. 지배계급은 사대부계급으로 교체되었으며 고려의 중간계급은 평민계급에 흡수되었다. 계급의 존재양태도 크게 변화되었다. 조선사회 평민계급 내의 용전인이 예농에서 자유농으로 전환된 것, 노비계급의 수적 비중이 커지고 노비의 지위가 향상된 것 등이 그것이다.

1) 사대부계급의 확립

위화도 회군 직후 사대부계급의 전위집단이 대두하여 계급투쟁을 주도하였고, 많은 관원층이 이에 동조하면서 사대부계급이 형성되기 시작했다. 건국 전에 중앙 관원층에 한정되었던 사대부계급이 조선 초기에는 지방의 재지사족에게까지 확대됨으로써 사대부계급 형성은 일단락되었다. 재지사족의 사대부계급화는 서서히 점진적으로 이루어졌다.

재지사족이란 관품을 가진 자 및 그 1가로서 지방에 거주하는 자를 가리킨다. 전함관이 대표적이다. 관품은 없어도 소과에 합격한 생원·진사 역시 재지사족의 범주에 포함된다. 고려 후기 이래 재지사족은 꾸준히 늘어갔지만 여말선초에는 그 수가 크게 늘었다. 여말에 지방인으로서 검교직·동정직 등의 산직이나 첨설직을 취득하는 자가 다수 배출되었고, 위화도 회군 이후 계급투쟁기에 지방으로 내려온 사람이 많았기 때문이다. 왕조 교체나 한양 천도 과정에서 개경을 떠나 지방으로 내려온 전함관들도 적지 않았다.

많은 재지사족들이 누대에 걸쳐 존속할 수 있었던 이유는 무엇인가. 전제개혁으로 재지 중소지주층이 두텁게 형성될 수 있는 경제적 기반이 마련되었기 때문이다. 고려 후기 이래 전함관들이 낙향한 데에는 정쟁이나 정변·전란을 피하여 향촌에서 유유자적한 삶을 영위하려는 목적도 있었지만, 토지분급을 받지 못해 황무지 개간이나 진전의 경작 등 토지를 관리하려는 목적도 있었다. 그러나 향촌에서의 영농활동은 토지겸병이나 외적의 침구 등으로 여의치 않은 경우가 많았다. 그러다가 전제개혁으로 권세가의 소유권 침해나 개간 독점 문제가 해결되고 토지소유권이 강화된 데에 힘입어, 조선 초기에는 중소지주층이 두텁게 형성되고 경제적 안정을 확보할 수 있게 된 것이다.

낙향에 대한 사회 분위기나 인식이 달라진 것도 재지사족이 증가하게 된 요인이 되었다. 고려 전기에는 입사에 성공하게 되면 가족을 이끌고 서울로 이주하는 것이 일반적인 풍조였다. 낙향하는 것은 주로 죄를 짓거나('귀향') 정쟁에 패했을 경우에 한정되는 것이었다. 그러나 고려 후기 이래 특히 조선 초기에 이르면 전함관이 토지를 직접 관리하거나 수양이나 한거閑居를 위해서 낙향하는 경우가 많아진 것이다. 2품 이상의 고위관료들 가운데 지방으로 내려오려는 자가 많아진 것은 그 단적인 예이다. 대신들의 귀향은 크게 확산되었다. 처음에는 대신들의 낙향을 '거경居京' 의무를 내세워 막다가 태종 말년에는 70세 이상 자에 대해서만 제한적으로 허용하였다. 세종 말년에는 치사제致仕制의 시행과 함께 치사 당상관의 퇴거를 공식적으로 허용하고 복호의 혜택까지 베풀게 되었다. 『경국대전』에도 그러한 규정이 그대로 계승되었다.[89]

　재지사족들은 큰 저항 없이 사대부사회체제를 수용해 나갔다. 그들의 사회적 처지가 사대부의 계급적 속성과 그대로 부합되는 것이기 때문이다. 사대부 계급은 다른 시대, 다른 지역의 지배계급에 비해 인구 대비 수적 비율은 컸던 반면 지배계급으로서의 세 가지 기반—혈통·가문의 위세, 커다란 부, 강력한 물리적 강제력—이 모두 미약하였으므로 피지배계급에 대한 독특한 지배방식을 모색했다. 피지배계급에 대한 직접지배 대신 국가권력을 매개로 한 간접지배, 물리적 지배 대신 학식·덕망을 통한 비물리적 지배 방식, 개별적 지배 대신 계급 내의 연대를 통한 집단적 지배, 그리고 피지배계급을 평민과 노비로 분할하여 지배하는 분할 지배 방식을 추구한 것이 그것이다.[90] 재지사족이 처해 있던 존재적 상황이 그들로 하여금 자연스럽게 사대부의 계급적 속성을 가지게 한 것이다. 고려 후기에 전함관이 낙향하기 시작했을 때부터 그들의 대다

---

89) 유승원, 앞의 글 「조선 태종대 전함관의 군역: 수전패·무수전패의 복역」, 103~105쪽.
90) 유승원, 「조선시대 사대부의 계급적 특성과 계급관계」, 앞의 책, 2020 참조.

수는 이미 문벌계급에서 떨어져 나온 존재였다. 문벌체제로부터 크게 기대할 것이 없어진 그들이 문벌체제에 미련을 가질 이유가 없었다. 더욱이 전제개혁으로 자신들의 경제적 활로가 마련되었으니 새 왕조를 굳이 거부할 이유도 없었다.

관찰사와 수령을 앞세워 지방에 대한 통제를 강화한 정부와 지방에 터전을 잡고 살아가는 재지사족들은 간혹 갈등을 빚기도 했지만 상호 간에 제휴와 협조가 잘 이루어지는 편이었다.[91] 재지사족으로서는 향촌에서의 지위를 유지하기 위해서 중앙과의 유대나 수령의 지원이 반드시 필요했기 때문이다. 정부 역시 지방통치를 위해서는 재지사족의 도움이 필요했다. 정부는 국가의 통치체제에의 참여와 협조를 끌어내려 손을 내밀었다. 재지사족은 중앙의 지방통치에 협조하고 교화 사업에 참여하였다.

물론 재지사족 중에는 산직자처럼 전제개혁에서 아무런 토지도 분급받지 못한 자도 있었고 왕조 교체에 피해를 보거나 반발하여 내려온 자도 상당수 있었다. 그러나 그들 역시 자신들의 후예들은 성리학에 정진하고 과거에 급제하여 가문을 빛내주기를 바랐다. 그것이 지배계급으로서 생존할 수 있는 유일한 길이었기 때문이다. 길재가 군주의 부름을 받은 아들에게 "너는 마땅히 나의 고려에 향한 마음을 본받아 너의 조선 군주를 섬겨라"라고 말한 것은(『세종실록』 1년 4월 12일) 유명한 일화이다. 불사이군不事二君의 의리는 전 왕조의 녹을 먹었던 자신들에게 그치고 새 왕조에 살아갈 자손들에게는 해당되지 않는다는 논리였다. 아예 농사로 전업하지 않을 바에야 유교적 지식인이 출사를 포기할 수는 없는 노릇이었던 것이다.

재지사족의 사대부계급으로의 변신은 그들이 불교와 절연한 데서도 확인

---

91) 최선혜, 『조선전기 지방사족과 국가』, 경인문화사, 2007 참조.

할 수 있다. 고려시대에는 유교를 연마한 관원이라도 불교를 신봉하는 자가 적지 않았다. 그러나 조선 초기에 이르면 관원이 아닌 재지사족이라도 불교신 앙을 갖지 않았다. 설사 갖는 일이 있더라도 절대로 이를 밖으로 드러내지 않 았다. 당장 다른 사족과 교유하지 못하게 되기 때문이다. 치인은 유교, 수기는 불교라는 수기·치인의 분리를 지양하고 수기치인이라는 유교 본령을 따른 것 이었다. 사족부녀들 가운데는 여전히 불교를 신봉하는 자가 적지 않았을지라 도 적어도 사족남성은 불교와 일정한 거리를 두었다.

재지사족 중에는 산직만 가진 품관들처럼 교양을 구비하지 못한 자들도 없지 않았다. 그러나 그들은 재지사족의 중심인물은 될 수 없었다. 재지사 족의 영도자가 될 수 있는 자는 학식이나 덕망이 뛰어난 자였다. 향촌에서 재지사족으로서 행세하려면 최소한의 교양이나 예법은 갖추려 노력하지 않 으면 안 되었다. 그리고 자식들 모두 성리학을 수학하게 하여야 했다. 그렇 게 하여야만 비로소 이족吏族이나 평민과 구별되어 사족으로 대접받을 수 있었다.

학식과 덕망을 갖추어 경륜을 펼치는 것이 그들이 나아갈 길이었다. 학식과 덕망을 갖추면 크게는 중앙에 발탁되거나 협조 요청을 받게 되고, 향촌사회 안에서 좋은 대우를 기대할 수 있었다. 학식과 덕망을 겸비한 인사가 바로 경 명행수經明行修의 인사였다. 경명행수는 이상적인 관원상이요, 천거를 받아 중앙에 탁용되는 인사의 덕목이요, 교관이 갖추어야 할 자격이요, 길러낼 인 재가 지향할 목표였다. 경명행수를 가능케 하는 것은 성리학이었다.

여말 이래 성리학이 전국적으로 빠르게 확산될 수 있었던 중요한 요인의 하 나는 충목왕 이래 6경의·4서의가 과거 초장의 시험과목으로 채택된 데 있다. 특히 과거에서 4서의 비중은 점차 커졌고 주자의 『사서집주』가 표준적인 해 석이 되었다. 과거를 통해 입사하고자 하는 자는 성리학을 공부하지 않을 수 없었던 것이다.[92] 경명이란 일차적으로 경전 중에서도 사서의 통달이요 사서에서 터득할 치인의 도는 곧 왕도정치였다. 치인의 도를 체득하기 위한 인성적 바탕이 되는 것이 바로 행수 즉 수기였다. 재지사족은 중앙의 위정자와 마찬가지로 왕도정치라는 이념을 공유하고 자신들이 정치의 주체라는 의식을 가졌다.

2) 평민계급의 변화

(1) 중간계급의 평민화

고려 후기 직역제의 붕괴로 중간계급 양대 구성원의 하나였던 경군은 소멸되었다. 경군과 달리 향리는 훨씬 오래 잔존했지만 그들 역시 조선 초기에는 평민계급에 속하게 되었다. 향리는 지방행정을 담당하면서 향촌에서 여러 가지 이권을 챙길 수 있었지만 날이 갈수록 지위 하락을 면할 수 없었다. 고려 후기 재정 위기에 봉착한 중앙정부가 지방에 대해 과중한 요구를 해 옴에 따라 부세 수취에 큰 어려움을 겪게 되었던 것이 지위 하락의 중요한 요인의 하나였다. 특히 하층 향리의 경우 향역은 고역으로 변하여 피역자가 속출하였다. 심지어 자살하는 향리까지 나오게 되었다.

피역을 막기 위해 여말에 잡과의 응시를 제한한 것도 향리의 지위 하락을 상징적으로 보여주는 것이다. 공민왕 12년에 향리의 잡과 응시를 금하는 명령이 내렸으며, 우왕 9년에는 자제 3정 가운데 1자만으로 잡과 응시가 제한되었다. 상대적으로 합격이 용이한 잡과를 통해 피역하는 것을 막기 위한 조치였다. 공양왕 원년에 조준은 특별한 군공이 없이 공패를 받은 자, 첨설직으로

---

[92] 조선 초기에는 경학 공부를 독려하기 위해 수십 년간 詞賦 중심의 진사시를 폐지하고 생원시만 설행하기까지 하였다. 진사시는 문종 2년에야 완전히 복구될 수 있었다.

3품 이하에 그친 자 등은 다시 향역을 부담하게 하고, 앞으로 명경과와 잡과로는 면역하지 못하게 하는 강경한 조치를 요청하기도 하였다.(『고려사』 권 75, 선거지3 전주 향직) 3정1자의 잡과 응시 제한은 조선시대에 법적 규정으로 확립되었다. 조선에 들어와 무과에 응시하는 향리에게 무경武經7서의 강講 시험 하나를 더 부과하는 규정이 추가되었다. 법제상 향리의 사환권은 일반 평민보다 더 많은 제한을 받게 된 것이다.

세종 27년에 향리에게 주어지던 외역전이 혁파된 것은 향리의 사회적 위신 추락의 결정적인 계기가 되었다. 군역에는 급전의 혜택이 없는데 향역만 급전할 수 없다는 하향평준화 논리에서 이루어진 조치였다. 향역은 평민의 군역과 동일한 양인 신역의 하나로 취급되었던 것이다. 이로써 특수한 신분적 지위를 누리던 향리는 평민화되었다. 향리는 조선 후기에 사대부계급에서 떨어져 나온 서얼과 사대부계급이 기피하는 전문직에 진출한 전문인과 함께 '중간집단군'을 이루게 되었다.[93]

(2) 용전인의 자유농화

조선 초기에 농민의 사회경제적 지위가 크게 상승되었다. 전제개혁에서 사전의 혁파, 토지이용권 및 소유권 보호, 개간여건의 조성 등으로 자작농의 권리와 지위가 높아지고 경제 활동의 기회가 늘어날 수 있었던 덕분이었다.[94] 자작농뿐만 아니라 용전인의 사회경제적 지위 역시 조선 초기에 이르러 크게 향상될 수 있었던 것이다.

고려 전기 문벌계급의 특권적 외방 소유지를 경작하던 용전인의 예속민적 처지는 고려 후기에도 향상되지 못하였다. 도리어 고려 후기에는 몰락한 자작

---

93) 유승원, 「조선후기의 '중간집단군'」, 앞의 책, 2020.
94) 이에 대해서는 이 책의 1부 3장 4절 참조.

농들이 대거 농장에 유입되어 '처간'이라 불리며, 기존의 용전인과 함께 노비로 전락할 처지에 내몰리고 있었다. 전제개혁에서 작폐의 근원이 되었던 사전이 모두 혁파됨으로써 중앙 권세가가 외방에서 누리던 특권적 지위는 사라지게 되었다. 경작자를 침탈하던 권세가가 제거되고 양민 은점의 거점이 된 불법적 농장 즉 권력형 농장은 혁파되었다. 권력형 농장이 혁파됨을 계기로 기존의 용전인들도 대체로 농장주와의 인격적 지배-예속관계를 끊을 수 있게 되었던 것으로 생각된다. 조선 초기 지방에 있는 부재지주의 농장은 주로 노비에 의해 경작되었기 때문이다. 권력형 농장의 혁파로 인해 늘어난 노동력을 흡수한 것은 누구였을까. 바로 재지지주에 해당하는 품관·향리층이었다. 조선 건국 초기에 품관·향리층의 토지 광점 문제가 자주 거론된 것이 그것이다.

여기서 유의할 점은 품관·향리층과 용전인의 관계는 이전의 권력형 농장에서와 같은 인격적 지배-예속관계와는 사뭇 달라졌다는 점이다. 전제개혁 이후 농민의 지위가 전반적으로 향상되는 가운데 지주라 하여 함부로 용전인에 대한 신분적 억압을 행사하지 못하게 되었다. 특히 토지를 광점하고 유이민이나 피역인을 끌어들여 경작 노동력으로 삼는 행위에 대한 단속이 엄중하였다. 이 과정에서 탄생된 것이 바로 '병작竝作'이었다.

조선 초기에는 새로운 의미의 '병작'(또는 '병경')이란 용어가 출현했다. 타인의 도움을 받아 경작하는 것을 가리키는 일반적인 병작 또는 병경과는 다른 의미를 가지는 용어였다. 즉 호강자들이 자신들과 경작자 사이의 토지대차 관계를 은폐하기 위해 '병작'에 가탁한 생산관계였던 것이다.[95] 개간을 빙자한 토지 '광점' 행위에 대한 정부의 강력한 단속을 피하기 위해 나타난 것이었다. 그와 같은 '병작'에서의 경작조건은 당초 차경인에게 대단히 유리하게 설정

---

95) 이하 병작과 관련된 내용은 이 책의 2부 3장 「조선 초기 '병작竝作' 용어의 성립 경위」 참조.

되었다. 지주가 유이민을 받아들여 그들에게 거처·양식·종자를 제공하고 지대는 관행화되어 있는 '반수半收' 즉 수확의 1/2을 받을 뿐이었다.

이렇게 출발한 '병작'이라는 이름의 지주-소작관계는 빠르게 확산되어 갈 수 있었다. 전제개혁 이래 활발한 개간 활동이 전개됨으로써 토지에 비해 노동력이 부족해지는 현상이 도처에서 벌어진 때문이었다. 이로 말미암아 용전인의 지위는 크게 향상될 수 있었다. 부자유한 예농의 지위에서 경제적 관계의 자유농이 된 것이다. 이제 소작인은 거처와 양식까지 제공받지는 않으나 적어도 인신적 예속이나 경제외적 강제는 감수하려 하지 않았다. '양인'이라는 신분에 걸맞는 자유소농으로서의 지위를 확보할 수 있게 된 것이다.

경제적 관계로서의 지주-소작제는 고려시대에도 없지 않았다. 그러나 지주-소작제가 고려시대의 전체 토지임대차 관계에서 차지하는 비중이 크지는 않았다. 일부 군인전이나 백정의 소유지 같은 곳에서나 소작이 이루어질 수 있었을 것이다. 전제개혁으로 사전이 혁파되고 불법적 농장이 해체되면서 지주-소작제가 확대의 계기를 얻게 되었으니, 조선 초기 개간사업과 사회 각 층의 영농활동이 활발히 전개되면서 본격적인 확대의 기회를 맞게 되었다고 하겠다. 이제 지주와의 관계가 경제적 관계인 지주-소작제로 변모함으로써 예농에서 자유농으로 지위가 높아졌고, 모든 양인농민은 자작농·소작농이나 할 것 없이 모두 자유농이 되었다.

3) 노비계급 —노비의 증가와 지위 향상

(1) 노비의 증가

조선 건국 초에는 여말보다 노비 수가 감소하였다. 전제개혁 이래 변정사업이 꾸준히 지속되고 압량위천에 대한 감시가 강화되었기 때문이다. 그러나 조선 초기 전체로 본다면 노비의 수는 비록 완만하지만 전반적으로 증가하는 추세였다고 보인다. 전체 인구에서 노비가 차지하는 비율도 고려시대보다 커졌을 것으로 여겨진다. 노비수를 증가시키려는 노비주들의 노력과 몰락한 농민들이 어쩔 수 없이 수용한 결과였다.

고려시대의 사노비는 사환노비보다 생산노비의 비중이 훨씬 작지 않았을까 추측된다. 지배계급 토지의 주된 경작자는 노비가 아닌 용전인으로 생각되기 때문이다. 조선 초기가 되면 생산노비의 비중이 크게 높아지게 되었다. 지배계급이 직접 경영에 나서는 경우가 많아지면서 소유 노비의 노동력을 농경에 투입하는 일이 많아졌기 때문이다. 사대부계급은 전 시대의 문벌계급에 비해 계급의 층이 두터워짐에 따라 개개인의 경제적 기반이 미약해져 소유지 경영에 적극 나서지 않으면 안 되었던 것이다. 조선 초기에는 광점에 대한 감시가 상당히 엄중했고 병작 조건도 지주로서는 상당히 부담이 되었으므로 노비에 의한 생산을 선호하지 않을 수 없었다. 노비에게 소출의 전부 혹은 지정량을 바치게 하는 작개지作介地와 소출 전부를 차지하도록 허락한 사경지私耕地를 짝지어 생산노비에게 지급한 '작개제'는 그와 같은 배경에서 조선 초기에 확산된 것이 아닌가 추정된다.[96]

노비의 증식 방법으로는 양천교혼에 의한 노비 소생의 확보가 가장 손쉬운 방법이었다. 양인을 노비로 삼는 것은 감시도 심하고 압량위천이라는 엄중한

---

[96] 작개제는 16세기에 성행된 것으로 밝혀져 있지만(김건태, 「노비와 작개」, 『조선시대 양반가의 농업경영』, 역사비평사, 2004) 「太祖賜給芳雨土地文書」를 통해 이미 조선 건국 초에 '작개'가 행해지고 있었음이 확인된 바 있다. 이때의 작개가 16세기와 유사한 형태로 운영되었는지는 알 수 없으나 노비에 의해 소경영 방식으로 행해진 것은 분명하며 농업이 발달하지 않은 朔方道에서 시행되고 있었음을 미루어, 조선 초기에 여타의 지역에서도 많이 채택되고 있었을 것으로 여겨진다. 그 밖에 작개제의 확산에는 후술하는 바와 같은, 솔居하는 노비에 대한 부세 부과도 한 요인이 되지 않았을까 한다.

처벌을 받을 수 있기 때문이었다. 교혼을 통한 노비 증대 방법은 소유노로 하여금 양녀와, 그리고 소유비로 하여금 양인이나 타인의 노와 결합할 것을 종용하는 것이었다. 그래야 각각 일천즉천 원칙과 천자수모법賤者隨母法에 따라 그 소생을 모두 차지할 수 있었기 때문이다.

양천교혼금지 정책과 양인확대정책을 함께 추진하는 정부와 양천교혼을 통해 노비의 증식을 꾀하는 노비주의 이해는 대립했지만, 결국은 노비주의 승리로 귀결되었다. 조선 초기에 일시 양천교혼에 대한 단속과 처벌을 강화하고 종부위량법을 시행하여 노비의 증식 작업이 방해를 받기도 했으나, 양천교혼금지와 종부위량법이 실시된 기간은 그리 오래 가지 못했던 것이다.

양인들로서는 궁핍이나 부채 등으로 인해 부득이하게 천인과 교혼하였다. 노비의 생활과 인권이 어느 정도 보장된다면 양인이 천인과의 교혼을 응락하는 일은 그만큼 용이하게 된다. 그러한 점에서 조선 초기 정부의 노비 보호 노력은 양천교혼을 촉진하여 노비수를 증대시키는 이율배반적인 결과를 가져왔다고도 할 수 있다.

(2) 노비의 보호

조선 초기 위정자들은 노비의 보호에 적극적으로 나섰다. 이는 위민이라는 왕도정치이념에서 나온 것이지만 궁극적으로는 사대부계급의 이익에 부합될 수 있는 것이기 때문이다. 사대부계급에게 노비는 체모를 유지하기 위해서나 생계를 위해서 필수 불가결한 존재였다. 가사노동에서 벗어날 수 있고 농경을 맡길 수 있기 때문이다. 노비에 대해 상전의 자의적인 침해가 자행되면 결국 광범한 노비의 유망을 초래하여 상전인 사대부계급에도 결코 이득이 될 수 없는 일이다.

조선은 민본주의적 민생주의를 표방하고 건설된 국가이다. '민본'의 민에는 양인만이 아니라 천인도 포함된다. 천인도 천민天民이었다. "하늘이 인민을 낼 때 천구가 따로 없었다"는 것은 노비의 인권이나 보호가 논의될 때 곧잘 쓰이던 말이다. 조선 전기 노비의 존재양태에 대해서는 이미 논의한바 있으므로 97) 이하 전제개혁기에서 조선 초기에 이르는 정부의 노비 보호 정책 두어 가지만 간단히 소개하기로 한다.

조선건국기 위정자들도 양천의 구분을 꼭 필요한 일로 여겼다. 그러나 동시에 노비의 보호를 외쳤다. 노비가 우마보다 더 값싸게 매매되고 있는 세태를 개탄하면서 매매를 제한하여 자손에게만 상속시키려 하였다.98) 태조 대에는 부채를 갚지 못한 채무자를 노비로 삼는 것을 금지하고, 채무액의 두 배를 상한으로 하여 역가役價로써 탕감하게 하는 규정을 입안하였다.99) 노비의 값이 말 값보다 훨씬 싼 것은 도리에 맞지 않음을 지적하고 당시의 시가 150필에서 300~400필로 크게 올려 가격을 공정했다.100)

노비의 재산권은 고려시대에도 인정되었지만 조선에 들어와서는 좀 더 강화되었다. 세조 대에는 본주에 대해서 재산 소송을 하는 것을 허용했다.101) 사비가 공사천에게 시집갔을 때 자신의 노비와 가산을 전지와 마찬가지로 마음대로 처분할 수 있게 하고, 만약 본주가 자식 있는 노비의 재산·노비를 침탈할 때에는 노비자손으로 하여금 소장을 낼 수 있게 한 것이다. 또한 노비도 자신의 노비를 소유할 수 있는 권리 등 노비의 재산권을 법에 명시해 둔 것도 주목할 만한 사실이다.(『경국대전』 형전 공천)

또한 세종 대에는 복지규정도 만들어졌다. 즉 주지하는 바와 같이 임신한

---

97) 유승원, 「노비계급」, 앞의 책, 2020.
98) 『고려사』 권 85, 형법지2 노비.
99) 『태조실록』 권 2, 태조 1년 11월 17일.
100) 『태조실록』 14권, 태조 7년 6월 18일.
101) 『세조실록』 권 11, 세조 4년 1월 30일.

비에게 산전·산후의 휴가를 주고, 남편인 노에게도 처를 돌볼 수 있도록 휴가를 주는 법이 마련되었던 것이 그것이다. 이상과 같은 사항들은 조선시대에 들어와서 노주의 지배 – 예속관계가 완화되어가는 추세를 반영하는 것이라 할 수 있다.

2절 의식구조 —이데올로기의 내용변화와 국정

1. 사대부계급과 이데올로기

조선의 사대부계급은 자신들의 이데올로기와 정체성을 확고하게 공유하였다는 점에서 동서를 막론한 전근대 사회의 지배계급 중에서 거의 독보적인 존재라 할 수 있다. 근대 이전의 서구에서는 지배계급이 이데올로기를 공유하지 못했고 정교하고 체계적인 이데올로기 자체를 창출하지 못했다. 본래 동아시아의 사대부계급은 강한 정치적 자의식을 가진 지식계급으로서 직접적인 통치의 역할을 수행했다는 점에서 근대 이전의 사회에서 유례를 찾기 어려운 독특한 존재였다.[102] 그리고 같은 사대부사회라도 조선의 사대부계급은 중국 사대부계급보다 훨씬 더 강한 계급의식의 소유자였다.

조선의 사대부계급은 중국의 사대부계급과 여러 가지 면에서 차이를 보였다. 지배이데올로기와 계급적 정체성의 면에서도 예외가 아니었다. 조선 사대부는 중국의 사대부보다 지배이데올로기와 계급적 정체성을 훨씬 더 확고하고도 일사분란하게 공유하였던 것이다. 계급 전체가 혼연일체가 되어, '위

---

102) 인도의 브라만도 지식계급이었으나 세속 정치는 크샤트리아계급에게 위임하고 있었다는 점에서 사대부와는 근본적인 차이가 있다.

민'정치를 구현하는 '왕도정치'의 사회가 가장 이상적인 사회라는 이데올로기를 창도했으며, 자신들은 그러한 왕도정치사회를 구현할 사명을 가진 자라는 정체성을 공유했다. 조선의 사대부 가운데 왕도정치 이데올로기와 왕도정치의 실현자라는 계급 정체성을 부인하는 자는 없었다. 이와 같은 사대부계급의 동질성이 성리학 가운데 주자학 일변도의 사상적 경향을 빚어낸 원인의 하나가 아니었나 한다.

조선의 사대부계급이 중국의 사대부계급에 비해 군주권에 대한 대항력이 큰 것도 큰 차이점이었다. 중국 송대의 사대부계급은 당말~오대의 오랜 전란으로 기존의 문벌세력이 거의 궤멸된 상태에서 군주가 과거를 통해 새로운 관원들을 대거 발탁한 데 힘입어 형성될 수 있었다. 반면 조선에서의 사대부계급 형성은 전위집단이 구 문벌계급과의 계급투쟁을 주도적으로 전개하는 과정에서 이루어진 것이다. 역성혁명으로 새로운 왕조를 개창한 것도 사대부계급이었다. 따라서 조선의 사대부계급은 자신들의 지배의 정당성에 대한 확고한 믿음 위에서 강력한 이데올로기를 주창하고 선명한 정체성을 가질 수 있었을 뿐 아니라 군주에 대한 강한 발언권을 가질 수 있었던 것이다.

2. 이데올로기의 내용변화와 국정

조선 초기에 창도되었던 왕도정치론은 시기에 따라 내용의 변화를 보였다. 민생주의 왕도정치론에서 수기주의적 왕도정치론으로 바뀌어 갔던 것이다. 조선의 사대부계급은 다양한 유형의 왕도정치론을 신봉했다. 왕도정치론에는 갈래가 많았던 것이다.[103] 우선 민생주의 왕도정치론과 수기주의 왕도정

---

103) 이하 조선 초기 왕도정치론과 그 갈래에 대해서는 유승원, 「조선시대의 의식구조:이데올로기」, 앞의 책, 2020 참조.

치론으로 나뉜다. 전자는 맹자류의 인식을 기반으로 물질생활에서의 인민의 안정을 중시하고, 민생 기반의 확충을 위한 제도나 정책의 마련에 국정의 우선순위를 두려는 것이다. 후자는 성왕聖王이라면 특별한 사업 없이도 지치至治를 이룰 수 있다는 공자류의 인식('無爲而治')을 기반으로 선정을 펴기 위해서는 무엇보다 치인자의 수양이 선행되어야 한다는 논리에 입각한다. 양자는 각기 세부적으로 민생주의는 민본주의적 민생주의와 국가주의적 민생주의로, 수기주의는 수기우선주의적 수기주의와 수기·민생병진주의적 수기주의로 나뉜다. 같은 시기에 여러 갈래의 왕도정치론이 함께 존재할 수 있지만, 그 주류가 되는 왕도정치론은 시기에 따라 달라졌다.

1) 민본주의적 민생주의와 국정

(1) 민본주의적 민생주의의 대두와 그 영향

부상하는 사대부계급은 기존 문벌계급과 계급투쟁을 벌이면서 민본주의적 민생주의 기치를 내걸었다. 신계급은 통상 구계급보다 좀 더 발전된 사회운영 원리와 도덕성을 선보이며 피지배계급의 이해를 일정하게 반영하는 진보적 역할을 수행하기 마련이다. 더구나 신구계급의 핵심을 이루는 것은 다 같은 관원층이었으므로 신계급은 기성의 관원층과는 다른 획기적인 제도적 혁신책을 제시해야 했다. 민본주의적 민생주의에 입각한 방안이 바로 사전혁파로 대표되는 전제개혁이었던 것이다.

민본주의적 민생주의는 왕조교체를 정당화할 수 있는 명분이 될 수 있었다. 군신의리는 삼강의 하나로서 신구 양 계급 진영을 대표했던 성리학자들 모두에게 최우선적으로 지켜야 할 윤리였다. 그러한 군신의리를 파기할 수 있는 명분은 오직 하나밖에 없었다. 역성혁명이었다. 그리고 역성혁명의 당위성을 보증하는 것이 곧 민본주의적 민생주의였다. 결국 민본주의적 민생주의는 건국기 사대부계급의 대의가 되었다. 계급투쟁의 명분이었던 민본주의적 민생주의 왕도정치이념이 사대부계급의 정치-사회이념으로 자리 잡게 되었고 위민정치를 구현하는 주체라는 것이 사대부계급의 자의식이자 계급적 정체성이 되었던 것이다.

 조선이 건국된 이후 왕조에 참여한 재조의 사대부에게 있어서나 조정에 참여하기를 희망하는 재야의 사대부들에게 있어서나 조선이 역성혁명으로 건국된 국가라는 사실은 부동의 사실이 되었다. 조선이 건국되고 반세기를 훌쩍 넘도록 개혁—사대부사회체제 구축작업—이 줄기차게 수행될 수 있었던 것은 민생주의라는 대의 때문이었다. 훗날 왕도정치이념의 내용이 민생주의에서 수기주의로 바뀌어 갔을지라도 고려에서 조선으로의 왕조교체가 '역성혁명' 이었다는 인식은 바뀌지 않았으며, 민본주의적 민생주의가 왕도정치를 건설하기 위한 바탕이 된다는 인식 역시 변하지 않고 남아 있었다. 논리상으로는 수기주의 역시 민생주의 왕도정치의 시행을 위해 해야할 일의 우선순위를 바꾼 데 지나지 않는 것이었다. 제도적 변개에 앞서 시행할 제도를 선택하고 운용할 치자들의 마음부터 다스리는 것이 선행되어야 한다는 것이다.

(2) 민본주의적 민생주의와 국정

 국정에 민본주의적 민생주의 시책이 뚜렷하게 드러나는 시기는 건국기에 국한된다. 그것도 태조 대의 성과는 아주 미미하게밖에 감지되지 않는다. 건국의 대의였던 민본주의적 민생주의가 조선 초기에 더 확장되지 못한 이유는 무엇인가. 첫째, 회군 이후 전개된 개혁의 성과가 대단히 컸던 까닭이다. 사전혁파를 비롯한 여러 제도의 개혁이 단행되었고 사대부 사회체제를 구축할 기본 설계가 건국 이전에 이미 마련되어 있었던 것이다. 전제개혁은 사대부계급이 할 수 있는 가장 높은 수준의 토지개혁이라 할 수 있다. 더 높은 수준의 개혁은 사대부계급의 바탕이 되는 중소지주층의 이해를 크게 위협하는 것이 될 것이기 때문이다. 건국 후의 민생주의 시책은 전제개혁에서의 설계 방향에 따라 하나씩 추진해 나가는 이상의 것이 되기 어려웠다.

둘째, 태조 대에는 온전히 개혁에 몰두할 수 없게 하는 국내외의 난제에 직면하였기 때문이다. 세자 책봉 문제, 사병혁파 문제와 같은 권력의 헤게모니를 둘러싼 국내 투쟁, 명과의 표전문제 및 요동정벌 문제 같은 명과의 갈등이 그것이다.

여기서 한 가지 유의할 사항이 있다. 태조 대의 성과가 실제보다 축소되어 우리에게 알려지게 되었을 가능성이다. 조선건국기의 기록들이 승자의 기록으로서 역성혁명파에게 유리하도록 윤색되었을 것으로 여기기 쉽지만, 반드시 그렇지만은 않다. 전제개혁 이래의 개혁 성과를 기록에서 축소하는 작업이 구진영에 가담했던 자에 의해 벌어졌기 때문이다. 태종 대의 일이었다. 정도전이 편찬한 『고려국사』의 개수작업이 이루어졌고, 『태조실록』도 정치적 필요에 따라 각색되었던 것이다.[104] 때 이른 정도전의 피살과 태조·조준과 같은 전위집단의 추락으로 혁명 정권이 수성에 실패한 데 따른 결과였다. 그 중심에 선 것은 혁명세력을 제거한 태종과 하륜이었다. 태종 대의 개혁은 대대적인 것이었지만, 사실상 전위집단의 구상을 그대로 실행한 것이 많다. 전위집단의 활동이나 업적을 인멸하고 싶은 욕구는 그 때문에 더 강해진 것이라 짐작된다.

태조 대에 민생주의 시책으로 꼽을 수 있는 것으로는 우선 부세의 경감 시책을 들 수 있다. 새로운 공안貢案의 상정詳定, 답험손실법의 시행, 호포의 폐

---

104) 유승원, 「하륜」, 『한국사 인물 열전』 1, 돌베개, 2003.

지 등이 그것이다. 그 밖에 민생주의 시책에 도움을 줄 수 있는 잡학 육성의 노력, 노비의 인권에 대한 관심 등도 민생주의 시책의 범주에 들어갈 수 있다.

2) 국가주의적 민생주의 왕도정치론과 국정

(1) 민본주의적 민생주의에서 국가주의적 민생주의로의 변화 배경

변화의 배경으로는 무엇보다 사대부계급의 생리상 민본주의적 민생주의를 무작정 확장해 나가기 어렵다는 점을 들 수 있다. 둘째, 1차 왕자란을 일으켜 결국 집권에 성공한 이방원 세력이 쿠데타의 명분을 세우기 위해 신속하고 가시적인 성과를 노린 때문이었다. 태종 역시 역성혁명의 수훈자이므로 민생주의의 대의를 저버릴 수 없었다. 그러나 민본주의적 민생주의 시책은 전제개혁이라는 과업을 이루었기 때문에 더 이상 신속하고도 가시적인 성과를 거두기란 거의 불가능한 것이었다. 이에 비해 부국강병으로 대표되는 국가주의적 민생주의 시책은 민본주의적 민생주의보다 상대적으로 성취도 빠르고 눈에 띄는 실적을 만들어 내기가 쉬웠다. 더구나 강력한 군주권을 확립하고자 했던 태종에게는 군주가 진두지휘하는 국가주의적 개혁은 매력적인 것이 아닐 수 없었다.

태종은 자신에게 충성하고 기략도 뛰어난 하륜과 같은 실리주의 인사를 중용하여 군주 주도로 부국강병을 위한 개혁을 펴나갔다. 민본주의에서도 국가주의와 마찬가지로 부국강병은 중요한 정치 목표였다. 그러나 민본주의에서는 부국강병이 민생을 위한 하나의 필요조건에 지나지 않았지만 국가주의에서는 사실상 부국강병이 국가의 목표가 된다는 점에서 근본적인 차이가 있다.

(2) 국가주의적 민생주의

① 태종 대

생산량을 늘리기 위한 개간의 장려와 둔전연호미법, 양전을 통한 개간지의 수세, 국가재정을 불리기 위한 저화유통책 등이 대표적인 시책이었다. 부세제에 전결 기준의 비례세를 도입한 것도 중요한 성과였다. 400만석에 달하는 군량을 확보하는 실적을 올렸다.

② 세종 대

세종 대에도 국가주의적 민생주의는 계승되었다. 세종은 태종 대의 강압적인 시책 대신 실용적인 대안 마련에 역점을 두었다. 농업생산량을 늘리기 위해 농서를 편찬해 보급하는 등 권농책 마련에 힘썼다. 부세제에도 많은 관심과 노력을 기울였다. 요역에서 태종 대에 도입된 전결 기준의 비례세제와 요역에서의 개세제를 정착시켰다. 공법과 5등호제도 제정하였다. 한글의 창제나 과학기술의 장려도 모두 민생주의 방안의 일환이라 할 수 있다.

③ 세조 대

세조 대에는 국가주의적 민생주의가 정점에 도달했다. 인민의 편의를 위해서 대납을 전면 허용했다. 방납이라는 부작용이 나타나기는 했으나 비례세제가 원활히 작동하는 데 큰 도움을 줄 수 있었다. 공부에서의 개세제를 완성한 것도 중요한 성과였다. 이로써 조선사회 특유의 개세제에 입각한 비례세제가 정착되었다. 호구제와 군역제의 개편도 부국강병과 인민 부담의 형평성을 제고하기 위한 방안이었다.

3) 수기주의 왕도정치론과 국정

(1) 국가주의적 민생주의에서 수기우선주의로의 변화 배경

성종 대 이후 수기주의가 부상한 데에는 나름의 이유가 있었다. 첫째, 더 이상의 민생주의 시책의 확대는 사대부의 계급적 이해에 반하게 될 가능성이 높다는 것이다. 둘째, 수기주의는 성리학적 논리와 명분에 잘 부합된다는 점이다. 셋째, 수기의 강조를 통해 자신들의 사회적 존재감을 과시할 수 있을 뿐아니라, 이를 통해서 군주를 제어할 기회를 얻을 수 있다는 점이다. 넷째, 수기주의는 점점 강화된 주자 존숭의 흐름과 궤를 같이 할 수 있다는 점이다. 주자의 정치-사회의식은 맹자류의 '유위이치有爲而治'보다 공자류의 '무위이치'에 가까웠기 때문이다. 다섯째, 사대부계급의 보수화 때문이었다. 즉 도덕성이나 품행—수기 여부—을 내세워 치자와 피치자를 가르려는 풍조가 강화되어 갔다. 이는 사림파가 주창한 양반계급 이데올로기의 표상이 되었고, 반상의 구분으로 이어졌다.

민생주의에서 수기주의로 바뀌는 과정에서 수기·민생병진주의에 앞서 수기우선주의로 선회한 것은 세조가 벌인 급격한 민생주의에 대한 반동과 세조 대에서 물려받은 훈구대신들에 대한 반발 때문이었고 재지사족의 양반화를 신속히 달성하기 위함이었다.

(2) 수기주의 왕도정치론과 국정

수기주의 왕도정치론에 입각한 국정의 운영 방식의 요점은 대략 다음과 같다. 군주에 대한 성학聖學의 요구, 투명한 국정 운영의 촉구, 언로의 개방과 공론의 강조 등이 그것이다. 수기주의는 일정한 성과를 가져오기도 했으나 사대부 사회의 모순을 해결하는 데는 별다른 역할을 하지 못했다. 수기주의 노선을 취한다 하여 민생주의에 무관심했던 것은 물론 아니었다. 중종 대에 사림파에 속하는 인사 중에 균전론·한전론을 주장한 사람이 있었던 것이다. 이는 수기주의라 하여 민생주의와 결별할 수 없다는 것을 보여주는 명백한 증거가 된다.

다만 사림파의 토지개혁 주장이라는 것은 사실상 소수인의 원론적인 차원의 주장에 그치는 것이었으며, 실현의지도 그리 강하다 할 수 없다는 한계를 가진 것이었다. 수기우선주의에 이어 수기·민생병진주의가 나타난 이유이다.

조선시대 전체로 본다면 수기주의 왕도정치론이 민생주의 왕도정치론보다 사대부계급 내에서는 우세했던 왕도정치론이라고 할 수 있다. 그러나 수기주의도 위민정치를 실현하기 위해 '수기'의 선행을 요구하는 것이어서 논리상으로는 민생주의에 배치된다고 할 수 없다. 그리고 계급투쟁기에 주창된 민본주의적 민생주의는 조선왕조 개창의 대의이므로 조선시대 내내 누구도 부정할 수 없는 것이었다. 따라서 민본주의적 민생주의 왕도정치론은 조선시대 사대부계급의 지배를 정당화하는 이데올로기라 할 수 있으며, 왕도정치의 실현자라는 사대부계급의 정체성은 변함없이 유지될 수 있었다고 하겠다.

3절 국가체제의 정비와 권력구조의 개편

1. 국가체제의 정비 —중앙집권적 관료체제의 강화

조선 초기 사대부사회의 정치체제 구축은 여말 전위집단이 구상했던 정치체제 혁신안을 계승하여 이루어졌다. 그들이 제시한 방안은 대략 세 가지였다. 첫째, 중앙집권체제의 강화 즉 일원적인 통치 – 행정체제의 수립 방안이다. 6조를 행정의 중심에 두어 국왕(또는 총재) 아래에 직속시키고, 다시 중앙의 각사를 6부에 분속시키는 방안이다. 내용적으로 이미 6조 – 속아문제를 추구한 것이다. 지방 역시 도관찰출척사를 설치하고 감무를 증파하여 국왕 – 관찰사 – 수령으로 이어지는, 중앙에 의한 일원적인 통치 – 행정체제를 추구하였다. 둘째, 관료제에서도 몰주관성과 효율성을 강화하였다. 법치주의 원칙과 실적제의 강화를 지향한 것, 합리적인 업무분담과 체계적인 문서행정을 추구한 것이 그것이다. 셋째, 권력구조의 개편 방향이다. 조준이나 정도전 모두 『주례』에 나오는 총재중심제의 지향을 보여주었다. 그러나 이 방안은 군주가 아닌 총재에게 실권을 주는데 주안점이 있는 것이 아니라, 어디까지나 일원적인 통할체제를 구축하는데 주안점이 있었던 것이다. 그리고 언관의 육성과 언로의 개방을 역설함으로써 군주·총재·언관 3축 사이의 권력분립 구도를 피력하였다.

1) 중앙집권체제의 강화

(1) 중앙기관에 대한 일원적인 통할체제

총재중심제는 조선건국 전에도, 건국 후에도 실현되지 못했다. 건국 전에는 고려의 국왕이 구계급 진영을 지원하여 신계급 진영을 견제한 탓이며, 건국 후에는 태조가 천명을 받은 창업주로서의 권위를 가지고 개국공신 세력에 대한 권력 안배에 성공한 때문이었다. 태조는 정도전과 조준과 같은 개국공신을 전폭적으로 신임하여 많은 권한을 부여하면서도 주권자로서의 군주의 권능을 충분히 행사할 수 있었다.[105] 그러나 개국공신들의 세력이 건재한 도평의사사 체제 개편에는 손을 대지 못했다. 도평의사사체제가 개편된 것은 1차왕자란으로 개국공신 세력이 크게 꺾인 다음에야 가능했다.

태종은 뛰어난 정치적 수완을 발휘하여 전제군주로서의 권능을 한껏 높일 수 있었고 국왕을 정점으로 하는 일원적 통치체제를 구축할 수 있었다. 재상

---

105) 최승희, 「조선 태조의 왕권과 국정운영」, 『조선초기 정치사 연구』, 지식산업사, 2002 참조.

의 합좌기구를 도평의사사에서 의정부로 바꾸면서 도평의사사가 가졌던 군사적 기능을 떼어냈으며 구성원을 대폭 감축하였다. 이와 함께 6조-속아문 체계를 확립하였다. 의정부서사제를 6조직계제로 바꿈으로써 의정부를 국정의 심의기구에서 자문기구의 위치로 격하시키고 국왕-6조-각사에 이르는 일원적인 통치체계를 완성하였다.

이후 의정부서사제가 부활되기도 했지만 일원적인 통치체계의 틀은 무너지지 않고 유지되었다. 세종은 군신협치를 중시하였고 의정부서사제를 시행하는 등 외면상으로는 국정의 전면에서 후퇴하는 듯했지만, 내용적으로 군주의 권능이 위축된 것은 아니었다. 설득을 통해 의논을 모으고 신료들의 신망을 얻는 등 군주로서의 위상을 지킬 수 있었다. 세조 역시 태종 못지않게 국정을 전단한 것은 주지의 사실이다.

(2) 지방기관에 대한 일원적인 통할체제

위화도 회군 직후 전위집단이 관찰사를 설치한 것은 전제개혁을 강력히 수행해 나가기 위한 것이었음은 앞에서 언급한 대로이다. 관찰사의 설치는 다른 한편으로는 지방제의 개편을 염두에 둔 조치였다. 하나는 본격적인 도제의 운영이니, 이전의 안렴사제가 가진 문제점 즉 관품이 낮은 안렴사가 자신보다 관품이 높은 외관을 제어하기 어려웠던 문제를 해결하는 것이었다. 다른 하나는 앞으로 모든 군현에 외관을 파견하고 이를 관찰사가 통할하게 함으로써 본격적인 군현제를 운영하는 것이다. 실제로 공양왕 대에는 많은 속현에 감무가 파견되었다. 국왕-관찰사-수령으로 이어지는 일원적인 지방통할체제를 구상한 것이다.

조선 태종 대에 이르러 대대적인 군현제의 개편을 통해 지방에 대한 일원적인 통할체제가 크게 강화되었다. 모든 군현에 수령을 파견하는 정책을 추진하여 아직 남아 있던 대다수의 속현과 향·부곡 등이 폐지되었다. 군현에 면리面 里체제가 도입되고 감무를 현감으로 승격시키는 외에도 대대적으로 각도와 각관의 호칭이 개정되었다. 토착세력의 세력권을 용인한 결과로 월경지나 견아상입처犬牙相入處가 많았던 군현의 경계를 조정하여 자연적인 지형에 따라 경계를 짓도록 했다.

세조 대에는 진관체제가 갖추어졌다. 양계와 남도의 구분 없이 병마절도사나 수군절도사를 둔 주진主鎭 아래 몇 개의 거진巨鎭을 두고 다시 거진 아래에 여러 진을 둠으로써, 국방체제와 병력을 전국적으로 일원화할 수 있었다. 명실상부한 8도체제는 이때에 와서 성립될 수 있었던 것이다.

2) 관료제의 강화

(1) 몰주관성의 강화

고려시대에 비해 조선시대의 관료제는 그 합리성이 크게 증대되었다. 관료제의 합리성은 몰주관성과 효율성의 두 가지 요소로 구성된다. 그리고 조선 초기 관료제의 몰주관성 강화는 법치주의와 실적제의 강화 두 가지로 대표된다.

① 법치주의의 강화와 법전의 편찬

법치주의를 소박하게 "미리 제정된 법제에 의거하여 국가의 형정刑政이나 통치가 이루어지게 하는 원칙"이라 규정한다면 사대부계급의 법치주의 원칙은 확고부동했다고 할 수 있다. 이미 위화도 회군 직후부터 전위집단은 법치를 위한 『대명률』 찬정 작업을 촉구했으며, 태조가 즉위하자 바로 찬정 작업에 착수하여 동왕 4년에 이른바 『대명률직해』를 간행할 수 있었다. 정도전은 국정 운영의 기본 지침을 담은 『조선경국전』을 찬진하였고, 조준은 조선왕조 최초의 공식적 법전 『경제육전』을 편찬했다. 그 뒤 『경제육전』을 보완한 『속육전』·『육전등록』 등 법전의 편찬이 지속적으로 이루어지다가 마침내 세조 대에서 성종 대에 걸쳐 『경국대전』을 완성하여 반포하였다. 『경국대전』이 조종 성헌으로서 조선시대 내내 법전의 모범이 되었음은 주지의 사실이다.

② 실적제의 강화

조선 초기에는 관리의 선발이나 임용에 철저한 실적제가 적용되었다. 관리의 선발에는 과거·취재·천거라는 세 가지 방식이 있었는데 이 모두에 시험제가 도입되었다. 조선 초기에 와서 시험을 통과하지 않고서는 관리로 선발될 수 없게 된 것이다.

공양왕 대에 정도전이 주장한 시험제는 태조 건국 직후 확정되었다. 7과로 나누어 관원을 선발하도록 한 '입관보리법入官補吏法'이 그것이다.(『태조실록』 1년 8월 2일) '문음'·'문과'·'이과'·'역과'·'음양과'·'의과' 등은 이조에서 이를 주관하게 하고, '무과'는 병조에서 이를 주관하도록 하였다.

문과·역과·음양과·의과의 경우는 고려에도 양대업과 잡업의 이름으로 시행되고 있었으니 조선에 들어와 새로 시행된 시험은 무과·문음·이과이다. 고려시대에 사실상 실시되지 못했다고 할 수 있는 무과는 공양왕 대에 시행이 결정되었고 태종 2년에 이르러 실행되었다.

서리를 선발하는 이과는 태조 3년 이전에 시행된 것으로 보이는데 율·서·산의 과목으로 시험하였다.(『조선경국전』 상, 치전 입관·보리) 고려시대에 입사직 서리는 유음자제 혹은 중앙서리및 지방향리의 자제로 보임되었지만 이제는 평민계급도 자유로운 응시가 가능하게 되었다. 문지에 의한 선발을 폐기한 것이다.

문음의 경우에도 제도 자체는 조선시대 내내 유지되었지만, 문지에 의한 특혜는 조선 초기에 크게 약화되었다. 유음자제에 대한 취재도 태조 대에 이미 시작되었을 가능성이 있다.[106] 태종 대에는 규정을 마련했음에도 불구하고 제대로 시행되지 못했던 문음취재를 강화하였지만, 2품 이상 고위관원의 문음자제 경우에는 취재를 거치지 않아도 되도록 우대하였다. 세종 대에는 다시 2품 이상 문음자제에게도 취재를 치르게 하였고 초음직으로는 동정직을 주게 하였다. 문음에 의해 바로 실직으로 나갈 수 없게 한 것이다. 『경국대전』에는 주목할 만한 점이 두 가지 있다. 하나는 1경으로만 규정되었던 음자제취재의 시험과목이 4서 중 하나, 5경 중 하나를 시험하도록 강화된 것이며, 다른 하나는 그동안 유지되던 부조의 직위에 따른 초임직의 차등을 없앤 것이다. 문음취재법의 강화가 이루어진 구체적인 시점은 특정할 수 없으나, 세조 대에 이루어진 것으로 추정된다.

시험제는 천거에까지 요구되었다. 이전에 시험을 치른 전력이 없는 피천자는 시험을 보고서야 임용하게 되었고 마침내는 초야에 묻힌 인재를 발굴하기 위한 유일遺逸천거에까지 '시재試才'가 요구되었다. 『경국대전』에는 추천된 자 가운데 일찍이 '시재'를 거쳤거나 6품 이상의 현관을 역임한 자를 제외하고는 자원에 따라 4서 중 하나와 5경 중 하나로 '시취試取'하도록 규정되어 있었다. 이 규정은 성종 5년 이후 '보거保擧'의 대상이 무직자로까지 확대되자 '보거'를 받은 자 가운데 무직자를 겨냥하여 만들어진 규정이었다. 그런데 시취 규정을 부정기적으로 이루어지는 유일천거에까지 적용하는 것은 논란이 되지 않을 수 없다. 초빙의 예우를 갖추고 탁용해야 할 유일에까지 시취를 요구

---

106) 박홍갑, 「조선전기 문음제의 성립」, 『조선시대 문음제도 연구』, 탐구당, 1994; 임용한, 「조선전기 문음제 개혁과 그 추이」, 『조선전기 관리등용제도 연구』, 혜안, 2008. 이하의 문음제 변천의 경위는 위의 글을 참조.

하면 결례일 뿐 아니라 응할 사람도 없게 될 것이라는 것이 시취 반대의 주장이며, 이에 반해 유일이라 하여 시취를 면제한다는 것은 법의 일관성을 해치는 일이 된다는 것이 찬성의 주장이었다. 결국 찬성 주장에 따라 조선 전기까지는 유일로 천거되었다 할지라도 어떤 시험도 치른 적이 없는 '유학幼學'은 시취를 거쳐 임용하는 것을 원칙으로 하게 되었다.[107]

관원이 다른 자리로 옮기거나 승진하는 데에도 정해진 복무일수·근무규정을 지켜야 했으며 반년마다 매겨지는 평가인 '전최殿最'에서 기준 이상의 성적을 받아야 했다. 태종 대에는 고과를 거쳐야 관직이 제수될 수 있게 하였고, 세종 대에는 임기를 채우고 평가를 받아야 승진이나 승계가 이루어질 수 있도록 하였다.[108] 고려시대에 비해 관리의 임용에 훨씬 분명한 절차와 규정이 마련된 것이다.

(2) 효율성의 강화

조선 초기에는 고려시대 정부조직에서 나타났던 비효율성이 크게 개선되었다. 즉 비슷한 업무를 복수의 기관이 담당하는 중첩성, 한 기관 내에 다른 기능을 담당하는 기구를 상하로 배치하는 이중성 등이 사라지게 된 것이다. 국가의 재정과 군정을 담당하는 기관을 각각 호조와 병조로 일원화한 것, 전선銓選을 담당하는 기관을 이·병조로 일원화한 것, 업무가 종료된 도감을 바로 해체한 것 등은 모두 기관의 중첩성을 제거한 조치에 해당한다. 문하부의 낭사와 중추원의 승선을 각각 사간원과 승정원으로 독립하게 한 것은 이중성을 제거한 조치였다.

고려시대에 광범하게 시행되던 겸직제도 대폭 축소되었다. 조선 초기에도

---

107) 유승원, 앞의 책, 2020, 312-316쪽 참조.
108) 이지훈, 『朝鮮初期 考課制度 硏究』, 고려대학교 박사학위논문, 2022.

겸직제는 적지 않게 활용되었으나, 고려시대에 비해 규모나 범위가 크게 축소되었다. 무엇보다 심의-자문기관·행정기관·언론-감찰기관·비서기관 사이의 겸직을 없앴다는 점이 중요하다. 의정부·6조·승정원·사헌부·사간원와 같은 국정 핵심기관의 관원은 모두 녹관으로만 구성되었으며 다른 기관의 관원이 일체 겸직하지 못하게 되었다. 여타 행정기관의 경우에도 녹관직은 겸직의 대상이 되지 않았다. 당상관이 담당하는 제조提調는 광범하게 설치·운영되었지만, 오직 당하아문에만 두어져 업무를 지시·감독하고 휘하 관원에 대한 성적 평가를 맡는 등의 임무를 가졌다. 긴급한 사안의 경우에는 국왕에게 직계할 수 있었다.[109]

국정의 핵심기관 사이의 겸직이 예외적으로 이루어진 것은 의정부 관원이 6조의 판사직을 맡는 경우이다. 그러나 겸판사제는 이·병조를 중심으로 하는 일부 관서에 국한하여 시행되는 데 그쳤으며, 그 경우에도 전선을 제외한 일상 업무는 손대지 못하게 하였다.[110] 국가기관 사이의 기본적인 업무 분할을 저해하는 일이 없도록 한 것이다.

2. 권력구조의 개편

여말선초는 위로부터의 개혁이 절실한 시기로 개혁을 추진할 군주권의 강화가 꼭 필요한 시기였다. 군주가 유일한 주권자로 설정된 군주제 국가에서 군주가 국정 운영의 중심이 되어야 하는 것은 당연한 일이다. 또한 군주제 국가에서는 군주권이 강해야 국가의 기능이 원활하게 발휘될 수 있다. 그러나

---

109) 김송희, 『朝鮮初期 堂上官 兼職制 硏究 -東班 京官職과 臨時職을 중심으로』, 한양대학교 출판부, 1998.
110) 한충희, 「朝鮮初期 判吏·兵曹硏究」, 『韓國學論集』 제11집, 1985 참조.

고려 후기에 군주권은 크게 약화되어 있었다. 도평의사사와 같은 재상합좌체제에 의해 국정이 운영되고, 국왕의 소수 측근이나 권신에 의해 정권이 장악되는 일이 자주 빚어졌다. 극심해진 제반 사회구조적 모순을 극복하고 새로운 사회체제를 구축하기 위해 위로부터의 강력한 개혁이 요구되는 상황이었다. 한 마디로 여말선초는 군주권 강화가 시대적 과제로 떠오른 시기였다. 정도전과 조준이 1인에 의해 통할되는 국정운영체계를 주장한 것도 그 때문이었다.

1) 군주의 위상·권능의 제고

고려와 조선 모두 형식상·명분상 전제군주제 국가였다는 점에서 다를 바 없다. 그러나 조선시대에 와서 군주의 공인으로서의 위상은 고려시대보다 훨씬 높아졌다. 지배이데올로기가 강화되면서 군주에게는 왕도정치 실현의 궁극적 책임자로서 성군이 될 것이 요구되었던 것이다. 더욱이 조선은 역성혁명을 표방하고 세워진 나라였다. 고려 태조의 경우에도 혁명이 표방되지 않은 것은 아니었다. 홍유가 궁예를 걸주桀紂에 빗대면서 은주殷周의 일을 행하도록 재촉하자 왕건이 자신은 부덕하여 '혁명'의 적임자가 될 수 없다 거절한 일화는 유명하다. 그러나 왕건의 역성혁명은 다분히 궁예를 축출하기 위한 명분에 불과했던 면이 있었다. 반면 여말 역성혁명의 경우에는 사회혁신을 둘러싸고 전개된 계급투쟁 끝에 제기된 것이어서, 그 사회적 파장은 훨씬 크지 않을 수 없었다.

조선 초기의 군주들은 역성혁명에 의해 새로운 왕조가 개창되었다는 것을 강하게 의식했다. 그리하여 군주들이 개혁을 주도해 나갔다. 태조의 경우에는 국정 운영을 자신이 신임하는 전위집단에게 맡기고 권력안배 등 신료들의 관리에 힘을 쏟았지만, 그 뒤의 태종·세종·세조가 모두 개혁을 주도했으며 커다란 성과를 남겼다. 조선 초기에는 사회적으로도 군주의 과감한 개혁을 어느 정도 용인할 태세가 되어 있었다. 여말에 군주권 약화로 인한 혼란을 익히 경험했고, 새 왕조는 사회혁신 과정에서 역성혁명을 표방하며 출범했기 때문이었다. 이것이 군주 주도의 개혁이 큰 저항 없이 꾸준히 추진될 수 있었던 배경이다.

전제군주로서 조선의 군주는 행정·입법·사법의 3권, 그리고 군통수권을 모두 쥐고 있었다. 그 구체적인 내용에 대해서는 이미 소개한 바 있으므로[111] 한두 가지 사례만 거론하기로 한다. 군주의 권능을 가장 잘 표현하는 것은 인사권과 상벌권이다. 태조는 직접 개혁에 나서는 대신 개국공신들에게 위임하였지만 인사권만은 직접 챙기려 하였다. 그것이 바로 5품 이하의 관원에 대해서만 서경을 거치게 하고 4품 이상의 관원에 대해서는 관교官敎로 임명하는 조치이다. 신료들의 반대에도 뜻을 굽히지 않았다. 정종 대에 복구된 서경제는 태종 13년에 다시 태조 때의 방식으로 돌아갔다. 그리고 세종 8년에 잠시 전 관원에 대한 서경제로 복귀했다가 불과 8개월만에 환원되었다. 이 이후에도 서경권을 둘러싼 진통이 계속되었으나 4품 이상에 대한 관교제는 더 이상 번복되지 않고 유지되었다.[112]

상벌권의 핵심은 군주의 재판권이다. 군주의 판결 개입의 일상적 통로를 마련한 것은 태종이었다. 신문고의 설치가 그것이다.[113] 신문고의 설치는 인권의 향상과 심급제 확립에 크게 기여했다. 신문고의 설치는 인민은 '자기원억'

---

111) 유승원, 「권력구조: 군주의 권능과 권력분립」, 앞의 책, 2020.
112) 송웅섭, 「조선 초기 署經制 운영에 대한 검토」, 『한국학연구』 49, 2018 참조.
113) 종래에는 신문고에 쉽게 접근할 수 없었을 것이라는 이유로 신문고의 기능에 대해서 회의적인 의견이 많았다. 그러나 최근에 신문고는 訴願이 접수된 후 이를 알리는 상징적인 행위에 불과했음이 밝혀졌다. 신동훈, 「조선 전기 訴冤제도의 변화 - 물리적 북치기에서 문서 행정 체계로」, 『白山學報』 126, 2023.

의 해결을 철저히 추구할 권리가 있다는 것, 관원의 판결이 공정하지 않을 수 있다는 것, 그리고 이에 대한 불복은 정당하다는 것을 공식적으로 천명하는 의미를 가졌다. 또한 신문고를 함부로 두드리는 사태를 방지하기 위해 정상적인 단계를 뛰어넘는 고소 즉 '월소越訴'의 금지 원칙도 심급제의 확립을 촉진할 수 있었다. 마침내 수령에 대한 불복은 관찰사에, 관찰사에 대한 불복은 사헌부에, 그래서도 해결되지 않으면 신문고를 치라고 법전에 명시하게 되었던 것이다. 결국은 '부민고소금지법'에도 불구하고 '자기원억'에 한한다는 단서를 붙여 수령고소를 허용하는 것으로 귀착되었다. 민의 정치적 지위가 크게 높아지는 계기가 된 것이다.[114] 동시에 '위민' 정치의 수행자로서의 군주의 위상과 권능을 확고히 하는 조치이기도 했다.

2) 권력분립의 개편

(1) 수평적 권력분립의 진전

수평적 권력분립은 업무분할이라는 관료제 원칙에 의해 추진되었다. 6조를 행정 중심에 두고 6조가 각사를 통할하게 함으로써 국왕-6조-각사라는 일원적인 통치체계를 구축하되, 행정기구 외에 자문심의기구·언론감찰기구·비서기구를 별도로 두고 있었다. 고려시대에도 내용적으로 그와 유사한 업무분할 형태를 갖추기는 했지만, 정부조직의 비효율성이나 광범한 겸직제로 인하여 업무분할이 분명하게 이루어지지는 못하였다. 이제 권력분립과 함께 조직상의 중첩성·이중성을 제거함으로써 기관 사이의 업무분할이 원활하게 이루어지게 되었던 것이다.

---

114) 최이돈,「조선초기 민의 수령 고소 관행의 형성과정」,『한국사연구』 82, 1993.

최고위직의 재상으로 구성된 의정부는 자문·심의를 맡아 국정의 방향을 제시하고 중요 사안을 심의하는 등 군주와 6조가 행정을 전단하지 못하게 하는 기능을 수행했다. 사헌부와 사간원으로 이루어진 대간은 모든 기관과 관원의 활동을 감시하고 비리를 적발하는 감찰 기능을 수행하는 동시에 관원의 임용이나 법률의 개폐에 대한 서경권을 가졌다.

　조선시대 군주권 강화에 발맞추어 그 기능이 대폭 확대된 것이 비서기구였다. 승정원의 일차적인 기능은 왕명출납과 군주에 대한 보고·건의·청원 등을 맡는 것이었지만 군주의 자문에 응하고 국정 전반에 자신들의 의견을 반영하였다. 이처럼 비서기구가 강화된 것은 군주 1인이 국정을 직접 통할함에 따라 많아진 업무의 처리와 신속한 정무적 판단을 돕기 위한 것이었다.

(2) 수직적 권력분립의 형성

　조선 사대부사회 권력분립의 특색은 수직적 권력분립의 탄생에 있다. 고려 문벌사회에서 권력분립은 군주와 재상이라는 2축 사이에 이루어졌다. 조선에 들어와서는 중소관원이 새로운 권력의 축으로 자리 잡으면서 '군주 – 고위관원 – 중소관원'이라는 3축에 의한 수직적 권력분립이 형성된 것이다.

　정도전이 일원적인 통치체계의 수립을 주장하는 한편, 언관의 강화를 역설함으로써 수직적 권력 분립의 큰 틀을 제시하기는 했지만, 수직적 권력분립은 조선 초기의 위정자가 의도적으로 지향한 결과라 말하기는 어렵다. 시행착오 속에서도 권력분립에 의한 정치적 안정을 추구하려는 모든 위정자의 암묵적 염원이 반영된 것이라고밖에 말할 수 없다. 고려 후기 이래 비대해진 재상의 권능을 축소하고 국왕이 국정을 주도해 가는 과정에서 과거 재상의 그늘에 있던 중소관원이 점차 독립성을 갖춰나가기 시작했고, 그와 동시에 확대된 군주의 권능을 견제하기 위한 중소관원의 정치적 역할이 커지게 된 것이다.

위화도 회군 후의 계급투쟁에서 사대부계급이 승리함으로써 기성 고위관원들의 상당수가 물갈이될 수 있었다. 그러나 태조 대에는 개국공신들이 정부의 고위 요직에 포진하게 됨으로써 비약적인 왕권강화가 이루어질 수 없었다. 1차왕자란을 통해 개국공신 세력이 크게 꺾이었지만 두 차례의 왕자란에 공을 세운 정사·좌명공신 세력이 다시 등장하게 되었다. 이와 같은 권력구도를 일거에 바꾸어 새 왕조 군주권의 초석을 놓은 것이 바로 태종이었다. 태종이 중앙집권 강화를 위한 제도적 개혁과 함께 여러 차례의 양위 파동과 같은 정략적 수법을 통해 처남과 사돈 세력 등 왕권에 도전이 될 만한 세력들을 가차 없이 숙청한 사건들은 잘 알려져 있다. 태종 대에 와서 고려 이래 군주권을 크게 제약하고 있던 재상이라는 권력의 축이 크게 약화되는 계기가 마련되었던 것이다.

권력분립과 직접 관련되는 정책으로는 도평의사사를 혁파하고 의정부를 설치한 것, 6조의 권능을 강화하고 6조–속아문체제를 출범시킨 것, 6조직계제를 시행한 것 등이 대표적이다. 도평의사사가 해체됨으로써 국정 전반에 대한 정책을 수립하고 국가재정을 관리하며 중앙 각사의 업무를 지휘감독하던 재상의 합좌체제가 무너진 것이다. 도평의사사를 대치한 의정부는 국정 수행기관이 아니라 국왕의 자문기구로 격하된 것이다.

6조의 장관을 재상으로 격상시키고, 6조가 중앙 각사를 속아문으로 거느리고 지휘·감독하며 직계제로 국왕과 항상 직접 소통할 수 있게 한 것은 바로 국정 전반에 걸친 국왕의 친정체제의 수립을 뜻하는 것이었다. 사평부와 승추부를 없애고 각각 호조와 병조로 그 기능을 옮긴 것, 전주銓注의 기능을 상서사에서 이조로 옮겨 이·병조가 문무반의 전주를 담당하게 된 것은 6조 강화의 가장 요체가 되는 부분이다. 다만 좌우 의정이 이조와 병조의 판사를 예겸하게 함으로써 재상의 급격한 권능 축소에 따른 반발을 무마하고 전조銓曹의 천단을 방비하려 했다. 이러한 권력구도의 개편이 이루어질 수 있었던 것은 태종이나 그의 책사 하륜의 뛰어난 기략의 덕이 컸다. 그러나 좀 더 근본적으로는 새로운 사회체제로의 개편을 희구하는 사회적 열망이 있었기 때문에 안착될 수 있었다고 하겠다.

세종 대에는 권력분립의 면에서는 큰 진전은 없었다고 할 수 있다. 왕권강화를 위해 추진한 태종의 권력구도 개편을 수용하되 신료의 발언권을 좀 더 신장하는 방향에서 권력구조를 조정하는 수준이었다. 세종은 부왕의 위압적인 국정 운영을 반면교사로 삼아 군신 합의 정신에 투철하여 무리 없는 국정 운영을 추구했던 것이다. 권력구도의 개편과 관련된 조치를 시도할 경우 세심하게 신경을 썼다. 이를테면 의정부서사제(의의제)를 시행하면서도 좌우 의정이 이조·병조의 판사를 겸하지 못하게 하는가 하면, 이를 부활시킬 때 좌우 의정의 예겸이 아니라 찬성이나 참찬 중에서 판사를 선발함으로써 의정의 지나친 '권중權重' 사태를 막고 의정부의 전주 개입을 제한하고자 한 것이 그것이다.

관직 임용 후보자 셋을 갖추어 올리는 비삼망備三望이라는 천망薦望 관행이 정착된 것도 세종 대의 일로 생각된다. 이러한 인사 방식은 신료의 전주권과 군주의 최종 인사권 두 가지를 동시에 만족시키는 방법으로 국정 운영의 가장 중요한 부분을 차지하는 인사 영역에 군신합의의 정신이 잘 반영된 제도라 할 수 있다. 비삼망의 천망 방식이 본격화되기 시작한 것은 『세종실록』 기사로만 본다면 대략 태종 대였던 것으로 보인다.[115] 그러나 천망제 및 삼망제

---

115) 도병마사 후보자 명단을 만들어 낙점을 받은 뒤 차견한 것(『태종실록』 권16, 태종 8년 7월 8일), 3망제가 시행되어 수망자가 자신이 낙점될 것으로 기대하고 있었던 것(『태종실록』 권16, 태종 8년 8월 18일), 사관과 같은 특정 관원의 선발에 삼망제를 도입한 것 등의 사례가 보이는 것이(『태종실록』 권34, 태종 17년 12월 4일) 그것이다.

가 임용방식으로 정식으로 자리 잡게 된 것은 세종 대의 일로 추정된다. 태종 대에는 관직을 제수하기에 앞서 신료들이 복수의 후보자를 천망하는 과정을 반드시 거쳤다고 보기 어렵다. 그러나 세종 대에는 천망의 과정을 정식으로 거치게 되었을 뿐만 아니라, 후보자의 수를 셋으로 하는 것이 관례가 되었다.

우선 인사문제로 사헌부에 교지를 내리면서 "무릇 관직을 제수할 때에는 모두 낙점을 받게 되어있다"고 세종이 발언한 데서[116] 관직의 제수에 있어 천망제가 반드시 거쳐야 할 단계가 되어 있었음을 확인할 수 있다. 천망의 방식은 3인의 후보자를 올리는 것이었다. 정규적인 인사가 아닌 경우에는 단망單望도 허용하였지만[117] 3인을 원칙으로 하는 것이었다. 세종의 다음과 같이 발언에서 삼망을 올리는 천망제가 안착되었음을 확인할 수 있다. "전조에서 장령을 의망擬望할 때, 본래 한 사람만 후보자로 하는 것이 아니고 반드시 세 사람을 갖추어서 나의 낙점을 받는다."[118]

세종은 대내 정치에서는 많은 토의를 거쳐 이루어진 합의를 존중하고 정책결정에 신중을 기하려 노력하였지만, 정벌과 같은 대외문제는 신료들의 반대를 무릅쓰고 과감하고도 적극적으로 추진했다. 그 결과 압록강과 두만강을 경계로 하는 국토 확장이라는 성과를 거둘 수 있었다. 이성계·정도전이 가졌던 북방정책을 계승한 것이자 대외 정책에서 군주의 위상과 권능을 과시하고자 한 것이다.[119]

세종은 한글창제, 권농, 과학기술의 중시와 비례세제 정착을 위한 노력 등 선정을 통해 문화군주로서의 모범을 보이려 했고 또 큰 업적을 남길 수 있었

---

116) 『세종실록』 권 54, 세종 13년 10월 11일.
117) 『세종실록』 권 81, 세종 20년 6월 26일.
118) 『세종실록』 권 95, 세종 24년 1월 11일.
119) 이규철, 「세종대 대외정벌 정책의 본격화와 파저강 정벌」, 『정벌과 사대』, 역사비평사, 2022.

다. 그러나 신료들을 위한 지나친 배려나[120] 합의의 추구로 인하여 신료의 위세가 날로 높아지게 되었다. 이것이 후일 세조가 쿠데타를 일으키는 하나의 빌미가 되었다.

세조는 태종의 국정운영 방식을 답습하려 했으며 부국강병을 실현하기 위해 지배계급에게 그들이 가진 만큼 더 봉사하게 하려 했다. 그러나 세조가 집권한 시기는 급진적 개혁을 시도하기에는 너무 늦은 시기였다. 사회 전체가 여말 이래 오랫동안의 끊임없는 개혁에 피로감을 느끼고 있었던 것이다. 더욱이 신민의 반발을 무시한 정책의 강행이나 왕위찬탈이라는 취약한 정통성으로 말미암아 호구제·군역제 개혁과 같은 세조 필생의 사업은 순탄하게 이루어질 수 없었다.

결국 세조가 추진했던 개혁은 세조의 사후 급속히 후퇴하게 되었다. 세조의 총신조차 세조의 개혁을 계승하려 하지 않았고, 쌓아 놓은 부와 지위에 안주했을 뿐이었다. 군주의 전제권에 대한 경계, 그리고 지위에 걸맞는 지도력을 발휘하지 못했던 고위관원들에 대한 불신은 그동안 누적된 재야 사대부층의 불만을 밑거름으로 하여 중소관원의 권능 확대라는 방향으로 권력구도를 급격히 변화하게 하였다. 언관의 확대와 그 권능의 강화가 그 대표적인 것이었다.

중소관원의 권능이 강화될 소지는 이미 전제개혁기부터 마련되고 있었다. 정도전·조준이 대간을 중시했던 것이나, 공양왕 1년 무렵 이미 성립되고 있었던 전임專任 사관제史官制나 자천제自薦制가 그것이다.[121] 그 이후에도 중소관원의 권능 강화는 완만하게나마 지속적으로 이루어지고 있었다. 전주에도 대신들과 함께 낭청郎廳이 참여하였고, 5품 이하 관원 전주의 경우에는 낭청

---

120) 예컨대 사족자제의 사환을 위한 특수군인 충의위·충순위의 창설이나, 資窮에 이른 관원의 加資 혜택을 친족이 대신 받을 수 있게 한 代加制는 뒷날 여러 가지 후유증을 낳게 되었다.
121) 오항녕, 「여말선초 사관 자천제 성립과 운영」, 『역사와 현실』 30, 1998.

들이 상당한 권능을 가졌던 것으로 추정된다. 예컨대 세종 27년, 이조의 당상관들이 잘못된 인사로 말미암아 헌부의 탄핵을 받게 되었을 때, 탄핵을 받게 된 경위에 대해 "군자부정軍資副正 권상공이 개월을 채우지 못했는데도, 본조의 낭청이 평양소윤을 준 때문"이라고 변명하고 있었음을 미루어,[122] 평양소윤의 제수는 낭청의 결정에 의한 것이었음을 짐작할 수 있다.

중소관원의 권능이 획기적으로 강화되기 시작한 것은 많은 연구자가 지목한 대로 사림파가 등장하기 시작하는 성종 대였다. 홍문관의 언관화와 대간의 맹렬한 활동이 그것이다. 이리하여 고려시대 군주와 재상이라는 권력의 2축은 조선 초기에 군주와 당상관 이상의 고위관원, 당하관 이하의 중소관원이라는 3축으로 변모하게 된 것이다.

4절 경제체제의 개편

1. 토지정책과 토지이용·소유권

사대부사회의 경제체제는 문벌사회의 경제체제와는 사뭇 달랐다. 토지이용권과 토지소유권이 크게 강화되어 자유로운 영농활동이 이루어질 수 있게 되었고 자유농이 대폭 확대되었던 것이다. 생산량을 증대하는 개간이 활발히 전개되고 전 시대에 예속농의 처지에 있었던 용전인이 경제적 관계의 소작인으로서 자유농이 되었던 것이다. 양인농민의 지위 향상은 점차 노비계급에게도 영향을 미쳐 조선 후기에 이르면 외거노비의 상당수가 신공만 납부할 뿐

---

122) 『세종실록』 권110, 세종 27년 11월 19일.

사실상 자유농과 다름없는 지위를 누리는 상황으로 발전하게 되었다.

문벌사회 경제체제에서 사대부사회 경제체제로의 전환은 전제개혁에서 비롯되었다. 토지이용권과 토지소유권의 성장을 가로막던 장애물이 제거됨으로써 중소지주층과 자작농층이 성장할 계기가 마련되었던 것이다. 사대부계급 전위집단의 경제체제 개편의 방향은 조선 건국 후에 그대로 계승되어 타인의 자유로운 영농활동—예컨대 개간—을 저해하는 토지의 '광점廣占' 행위를 강력히 단속하였고, 그 과정에서 '병작'이라는 지주-소작관계의 확산이 이루어지면서 자유농이 크게 확대될 수 있었던 것이다.

1) 전제개혁의 토지정책

(1) 경제체제 개편에서의 전위집단의 역할

전제개혁은 문벌사회 경제체제에서 사대부사회 경제체제로의 이행을 가져오는 획기적인 계기가 되었다. 전위집단은 새로운 경제체제에 중소지주의 이해관계를 반영함과 동시에 자작농의 이해관계까지 일정하게 대변함으로써 사회전환의 초석을 놓았다. 역사의 전환기에 일정한 진보적 역할을 수행한 것이다.

어떻게 중소지주층의 이해를 넘어 자작농의 이해관계까지 대변할 수 있었는가. 우선 토지겸병과 같은 경제적 폐해를 함께 겪었던 공동피해자였기 때문이다. 경제구조적 모순의 척결은 양자 모두에게 이익이 될 수 있었던 것이다. 다른 하나는 사회전환이라는 새로운 역사적 고지에 올라설 수 있음으로써 새로운 사회의 전망을 가질 수 있었다는 데 있다. 자작농의 성장은 장기적으로 사대부계급에게도 이익이 된다. 자작농이 있음으로써 필요한 사회적 생산이 이루어지고 국가의 재정 기반도 마련될 수 있었기 때문이다. 더구나 그들이 전제개혁에서 표방한 민본주의적 민생주의 가치에도 어울리는 일이었다. 계급투쟁 및 역성혁명의 대의가 될 수 있었던 것이다.

(2) 전제개혁에 나타나는 토지정책

전제개혁에서 이미 조선 초기 경제체제 개편의 방향이 설정되어 있었다. 정당한 토지이용권과 소유권을 보호하기 위한 사회적 기반을 조성하는 것, 토지이용권을 강화하여 적극 개간하게 하는 것, 그리고 토지소유권을 강화하여 밖으로부터의 침해에 대항력을 갖출 수 있게 하는 것이 개편의 방향이다. 전제개혁에서 체제 개편에 착수한 사업들도 있었고 앞으로 운영할 규정들도 마련되었다. 양전과 급전 과정에서 이루어진 사업들은 앞에서 소개한 바 있으므로, 이하에서는 '과전법'에 나타난 토지정책 관련 규정을 살펴보기로 한다.

① 토지이용권의 강화

왕토사상의 존재 의의는 토지의 공공성을 구현하는 데 있다. 그리고 그 공공성은 토지를 만인에게 개방하여 누구나 이용할 수 있게 하는 데 있다. 고려시대에도 "산림천택은 인민과 함께 공유한다(山林川澤 與民共之)"는 원칙이 있었지만 피지배계급이 적극적으로 활용하기는 쉽지 않았다. 토지개간자의 배타적 권리를 보장하는 법적 절차가 미비했고, 권력자에 의해 억제되거나 탈취될 가능성이 많았기 때문이다. 그러나 과전법에서는 토지의 자유로운 이용을 명시해 두었다. 공전은 물론 사전으로 분급된 토지 안에서도 자유로이 이용할 수 있게 한 것이다. "경기의 공·사전 사표四標 내에 황한지荒閑地가 있으면, 인민이 나무하고 축목하고 물고기잡고 사냥하게 한다. 막는 자는 죄를 다스린다"라는 규정이 그것이다.

농지의 경우 이용권 강화의 주 목표는 개간의 활성화에 있다. 과전법에는 개간을 촉진하기 위한 여러 조항을 발견할 수 있다. 기사양전 이후에 새로 개간된 농지에 대해 개간한 사람에게 소유권을 부여하는 규정이다. "각도의 도관찰사가 매년 (개간) 즉시 관리를 파견하여 답험하고 작정作丁하여 문서(양안)에 잇대어 기록하고, 주장主掌하는 관원에게 보고하게 하여 군수에 충당하고, 여러 사람이 마음대로 점거하는 것을 불허하며 위반자는 죄를 다스린다"는 그중의 하나이다. 여기에서 새로 개간한 자는 둔전을 개간한 군사나 군현일 수도 있지만 개인일 수도 있다. 양전 시기를 기다리지 않고 개간이 이루어지는 즉시 양안에 기록하여, 타인이 가로채지 못하게 한 것이다. 기사양전 당시 그와 같은 조치가 취해졌지만, 기사양전 후에도 같은 기조를 유지할 것임을 천명한 것이다. 뒤에 살펴볼 '종백근從白根' 정책의 기원이 되는 규정이다.

또 하나 주목할 만한 조항이 있다. "경기의 황원전과 개간전은 직사를 가지고 종사하는 자가 관에 신고하고 작정하여 과에 따라 받게 한다"는 조항이다. 분급토지의 부족으로 과전을 지급받지 못한 자가 황원전이나 새로 개간된 토지를 신고하여 과전으로 받을 수 있게 한 것이다. 수급자가 황원전을 개간하여 신고하게 되면 단순한 수조지를 넘어 자동적으로 그의 소유지로 인정받게 되는 것이니, 사실상의 토지공증이 이루어지게 되는 것이라는 점에서 주목된다. 세종 6년에 시행된 토지공증제(입안제)의 기원이 되는 셈이다.

② 토지소유권의 보호

경기도에 과전이 설치됨에 따라 과거와 같이 수조권을 빌미로 한 점탈이 재발될 것을 우려하여, 과전법에 원래 소유자의 소유권을 보호하기 위한 규정들도 마련해 두었다. "전주가 전객의 '소경所耕'을 빼앗으면 전 1부에서 5부까지는 태 20, 5부마다 1등을 높인다. 죄가 장 80에 이르기까지 직첩은 거두지 않는다. 1결 이상이면 그 전정은 타인이 바꿔 받는 것을 허락한다." 여기에서 전주는 과전수급자이며 전객은 그 토지의 소유자, 소경은 전객의 소유지이다. 소유자를 전객이라고 부르고 소유지를 '소경'으로 표시하는 것은 왕토사상(의제적 토지국유제)에서 나온 것임은 잘 알려진 사실이다.

타인의 토지탈취를 방지하기 위한 규정은 또 있다. "벼락·맹수·홍수·화재·도적으로 피해를 당한 것을 죄명으로 삼아 남의 전지를 빼앗으려 꾀하는 자는 통렬히 금하고 다스린다"라는 조항이 그것이다. 이 역시 부득이한 사정으로 토지를 황폐하게 했을 때, 이를 구실로 소유권을 빼앗지 못하도록 보호하는 규정이다.

③ 토지소유권의 제한

과전법에는 토지소유권을 보호하는 규정만 있는 것이 아니었다. 소유권을 제한하는 규정도 있었다. 소유권을 제한하는 규정은 연구자들의 큰 주목을 받았다. 그러나 관련 규정에 대한 기존의 해석에는 재고할 부분이 있다. 해당 대목의 원문을 함께 보면 다음과 같다.

> ① 전객은 소경전을 다른 호의 사람에게 **마음대로 팔거나 줄 수 없다**.(佃客毋得將所耕田 **擅賣擅與** 別戶之人) ② 만약 사망하거나 이사하여 호가 없어진 경우와 (이용하지 않고) 남겨지는 토지를 많이 점거하여 고의로 황무하게 한 경우에는(如有死亡·移徙·戶絶者 多占餘田 故令荒蕪者) ③ 그 전지는 전주가 임의대로 처리하게 허락한다.(其田 聽從田主 任意區處)

종래에는 위 규정에 대해, 소유자가 자신의 전지를 마음대로 매매하거나 증여할 수도 없고, 농사를 짓지 않아 전지가 황폐하게 되면 전주에게 전지를 빼앗기므로, 전제개혁에서 소유권이 큰 제한을 받았다고 이해해 왔다. 기본적인 소유권 행사가 커다란 제약을 받고 있었다는 것이다. 그러나 그와 달리 해석할 수 있을 것으로 보인다. 첫째, 소유권 제한을 받는 전객은 전국의 모든 전지 소유자가 아니라 사전이 설정된 경기도의 전지 소유자에 국한된다. 둘째, 경기도의 전지 소유자라 하더라도 매매 자체가 금지되는 것도 아니고 임의 방매하였다고 무조건 토지를 빼앗기는 것도 아니었다고 볼 수 있다는 것이다.

우선 ①의 "마음대로 팔거나 줄 수 없"도록 한 전객은 경기도 사전의 원 소유자에 국한된다고 보는 것은 전주와 병칭되는 전객이기 때문이다. 전객이 경기도의 민전 소유자만이 아니라 전국의 모든 민전 소유자를 가리켜 사용될 수 있기는 하지만[123] 전주는 경기도에만 존재하는 것이므로 전주와 짝을 이루는 전객 역시 경기도의 민전주라는 것이다. 방매 금지에 저촉되는 전객이 경기도의 전객이라고 간주할 수 있는 근거는 또 있다. 방매 문제를 제기한 사람이 다름 아닌 경기감사였다는 점이다. 종래에 과전법 이래 전국적으로 시행된 매매·증여의 금지가 세종 6년에 이르러서야 허락되었다고 간주한 근거 자료는 다음과 같은 세종 6년의 경기 감사의 요청이었다.

> 경기 감사가 계하기를, "무릇 전지를 방매放賣한 사람은 혹은 부모의 상장喪葬으로 인하여, 혹은 숙채宿債의 상환으로 인하여, 혹은 집이 가난해서 살아갈 수 없음으로 인하여 모두 어찌할 수 없는 일에 연유한 것인데, 그 대금(價錢)을 모두 관에서 몰수하니 원통하고 억울함이 적지 아니합니다. 또 서울 안에서는 주택을 건축할 대지(基地)와 채전菜田은 방매를 허가하면서 유독 '**외방**'에 있는 전지의 매매는 금하

---

[123] 이는 각도의 전객들이 토지측량의 부실함을 이유로 양전경차관을 고소하고 있는 사례에서(『태종실록』 권 15, 태종 8년 3월 14일) 확인할 수 있다.

는 것은 옳지 못한 일이니, 청컨대 매매를 금하지 말도록 할 것이며, 그 가운데에 관에 수수료(稅契)도 내지 않고 명의 이전 절차(過割)도 밟지 않은 것만 율문에 따라 시행하게 하십시오." 하였다. 율문에 의하여 시행하되, 연한 내에 방매한 전택은 명문에 따라 결급하라고 명하였다.(『세종실록』 6년 3월 23일)

경기 감사가 방매를 허락할 것을 요청한 것은 경기도의 전객만이 방매 금지를 받기 때문이 아닌가 한다. 물론 요청자가 경기 감사였다고 방매 금지에 해당하는 자가 경기도에 거주하는 전객이라 단정할 수는 없다. 그러나 세종 7년에 군역인의 방매 만은 제한하도록 다시 요청한 것도 경기도 감사였던 것은 우연이라 생각되지 않는다.[124] 위 감사의 계에서 '외방'이라 표현한 것을 보아 방매 금지가 전국에 해당하는 것이 아닌가 하는 의문을 가질 수 있다. 그러나 여기서의 외방은 서울의 외방인 경기도를 가리킨 것이 아닌가 한다.

위의 자료에서 또 하나 유의할 것은 방매자에 대해 매매대금만 몰수할 뿐, 매매 자체는 인정되었을 것으로 보인다는 점이다. 과전법에 금지한다는 선언만 하고 위반자에 대한 처벌 규정은 없었기 때문에[125] 과전법 이후 어느 때인가 대금 몰수 규정이 만들어졌을 터인데, 처벌이 대금의 몰수로 정해졌다는

---

[124] 이때 경기감사는 소송을 다투는 전지에 대한 판결 조건의 하나로 船軍·都府外·侍衛牌·別牌·皂隸·螺匠 등의 군역이 있는 사람은 부득이한 사정이 있는 자를 제외하고는 마음대로 방매하지 못하게 할 것을 건의하였다.(『세종실록』 권 29, 세종 7년 8월 30일) 신역을 가진 자가 피역을 위해 자신의 전택을 방매하고 유망하는 것을 막으려는 조치이니, 한 해 전의 방매 허용의 후속 조치였음이 분명하다.

[125] 앞의 과전법 규정 가운데 ③의 "전주가 임의대로 처리"하게 한다는 규정은 ②에 해당하는 자에게 적용되는 것일 뿐 ①의 매매·증여자에 해당하는 것이 아니라고 보인다. 즉 문장의 표현으로 보아 ①은 '만약'으로 시작되는 ②의 가정절과 구분되는 독립적인 문장이라는 점, 이어진 문장에서 ②의 가정절의 주절에 해당하는 것이 바로 처벌규정이었다는 점이다.

것은 매매 자체는 성사되었다는 뜻일 것이다. 그러한 추정은 경기감사가 부득이 매도할 수밖에 없었던 사람의 원억冤抑만 문제 삼고 있지 매수자의 원억은 말하고 있지 않은 데에서도 짐작할 수 있다. 선의의 매수자가 대금을 치르고 매득한 토지를 빼앗긴다면 규정을 어기고 마음대로 매도한 자보다 더 억울한 처지일 것이다.

매도 자체는 인정되었을 것이라는 추측은 경기감사의 제안에 대한 세종의 회답에서도 뒷받침된다. 감사의 제안은 매매 자체는 금지하지 말고 매매시 공증을 받게 하되, 관아에 수수료를 납부하고 입안을 받는 절차를 이행하지 않거나, 소유자의 명의를 변경하는 행위를 하지 않는 자에 대해서는 앞으로 『대명률』 규정대로 처벌하자는 것이었다.[126] 세종은 제안을 수락하면서 "(정해진) 연한 내에 방매한 전택은 명문에 따라 결급하라"고 명하였으니 매매대금을 몰수하지 않고 매매금지도 해제한 것이다.[127]

경기도 이외의 지역에서는 공증제에 의한 매매가 전면 허용되는 세종 6년 이전에도 매매가 자유롭게 이루어지고 있었던 것으로 보인다. 이를테면 태종

---

[126] 『대명률』의 해당 처벌규정은 "凡典賣田宅 不稅契者 笞五十 仍追田宅價錢一半入官 不過割者 一畝至五畝 笞四十 每五畝加一等 罪至杖一百 其田入官"이었다.(戶律 田宅)
[127] 여기서 (정해진) 연한이란 어떤 연한을 가리키는 것인가. 일찍이 박병호는 공증을 받지 않은 자에 대한 처벌 문제를 둘러싼 세종 말년의 논의(『세종실록』 권 107, 세종 27년 1월 11일)와 연결하여 입안 신청의 시한으로 해석한 바 있다.(「매매에 있어서의 공증제도」, 『한국법제사고: 근세의 법과 사회』, 법문사, 1974) 그러나 여기서의 연한은 새로운 조치 이전에 이루어진 매매를 추인해 주기 위한 연한으로 생각된다. 다시 말하면 부득이한 매매였다면 처벌하지 말고 매매사실을 문서로 확인한 다음 기존의 방매를 인정해 주라고 지시한 것으로 추정된다는 것이다. 이렇게 해석해야 감사의 요청에 대한 동문서답이 아닌, 적절한 답변이 될 수 있기 때문이다. 위와 같은 추정은 이때 공증제도가 시행되었으나 십여 년 뒤 논란이 될 때까지 공증을 신청하는 시한이 설정되어 있지 않았던 데서도 방증된다. 추인의 연한을 설치하려 한 것은 과거의 모든 매매를 법적으로 추인하는 것은 조사도 어렵고 업무가 많아지기 때문일 것으로 짐작되나 구체적으로 얼마만큼의 연한이 설치되었는지는 알 수 없다.

13년, 전라도 감사가 육지에서 제주에 온 자들이 빈민의 전택을 많이 구입하여 농지를 진황시키고 있다면서 제주의 양전을 요청했을 때 '다점多占'의 폐해만 지적했을 뿐 매매 자체에 대해서는 문제 삼지 않고 있었던 사례를 찾을 수 있다.(『태종실록』 13년 7월 12일) 서북면에서 저화楮貨를 내면 속죄贖罪되는 혜택을 받기 위해 전택을 매도하는 사례도 보인다.(『태종실록』 11년 9월 2일) 이상에서 과전법의 전객 토지의 매매·증여 금지는 경기도의 사전에만 해당하는 것이며, 전객이 과전지로 설정되어 있는 자신의 소유지를 마음대로 방매하였다 하여 전주가 이를 마음대로 처리할 수 있게 한 것은 아니었음을 알 수 있었다. 또한 소유지를 매도한 전객에게 대금몰수와 같은 처벌규정을 적용하여도 매매 자체는 무효화하지 않았다는 것을 확인할 수 있었다.

여기서 다시 앞에서 제시한 과전법 규정으로 돌아가 본다면 ①의 "마음대로 팔거나 줄 수 없"다는 의미는 매매·증여 자체를 못하게 막으려 한 것이 아니라 '마음대로' 하지 못하게 하는 것, 다시 말하면 전주에게 아무런 통고도 하지 않고 전주의 동의도 받지 않고 '마음대로' 매매·양여하는 것을 금지한 것이라 해석할 수 있다. 자신의 수조지가 모르는 사이에 다른 사람에게 넘어가는 사태는 과전수급자로 하여금 불안을 느끼게 하지 않을 수 없고 안정적으로 수조하는 데도 지장이 초래될 것이다. 이런 사태를 미연에 방지하고자 하는 것이 이 조문의 취지로 볼 수 있다.

과전법에서 이용하지 않는 토지에 대한 벌칙을 마련한 것도 소유권 제한에 해당한다. 앞의 과전법 조항 중 ②, ③의 부분이 그것이다. 사망하거나 이사하여 소유자가 없어진 전지를 전주가 임의대로 처리하게 하는 것은 별다른 문제가 야기되지 않을 것이다. 그러나 '(이용하지 않고) 남겨지는 토지를 많이 점거하여 고의로 황무하게 하는 경우'에도 전주가 임의대로 처리하게 한다면 이는 소유권의 침해가 된다. 소유물에 대한 소유주의 절대적 지배력을 부정하는 것이기 때문이다. 이러한 조항은 일차적으로 전지가 황폐하게 되어 수조를 못하게 될지도 모르게 된 전주의 입장을 고려하여 설치된 것임은 명백하다. 그러나 수조를 못하게 된다고 하여 그 농지의 처분을 전주에게 일임한다는 것은 지나치게 가혹한 벌칙이자 소유권 제한이 아닐 수 없다.

전주에게 그 처리를 일임한 결과는 현실에서 과연 어떻게 나타났을까. 아마도 농지의 황폐로 수확이 없었다 하더라도 전주가 전객으로부터 소유권을 빼앗으려 하기보다는 당초에 책정된 수조액을 받아내던지, 수조액보다 더 많은 배상액을 요구하는 식으로 처리되었을 가능성이 높지 않을까 한다. 그러나 전주에 따라서는 이 규정을 기화로 하여 진황지를 자신의 소유지로 삼으려고 나섰을 가능성도 배제할 수 없다. 구체적인 사례를 찾을 수 없으나 당시의 상황으로 미루어 수조지에 진황이 발생하면 정부는 다음과 같이 처리하지 않았을까 한다. 전객이 자작농과 같은 직접 생산자인 경우는 황폐시키지 않을 수 없는 사정을 가급적 폭넓게 인정하여 수조액 정도만 납부하는 선에서 그치게 하고, 전객이 토지를 많이 가진 지주인 경우라면 사전주로 하여금 이 진황지를 소유지로 삼을 수 있게 허락했을 가능성이 있다는 것이다.

자신들도 지주일 뿐 아니라, 중소지주적 기반을 가진 사대부계급의 입장을 대변해야 했던 전위집단들이 아무리 광점으로 인해 진황이 발생했다 하여도 어떻게 황폐된 토지의 소유권을 박탈할 수도 있는 조항을 설치할 수 있었을까. 토지가 주는 이익을 전부 누려야 한다는 진지리盡地利의 원칙, 그리고 농업생산량 증대라는 당시의 절실성도 작용했을 것이다. 그러나 좀 더 결정적인 이유는 다른 데 있었을 것 같다. 즉 기사양전 때 이미 시행했던 조치를 그대로 계승한 것이라는 것이다. 즉 광점된 토지를 단호히 몰수했던 전제개혁의 연장선에 있는 규정이었다는 것이다. 광점 토지의 몰수라는 정책 기조는 조선에 들어와서도 이어졌기 때문이다.

2) 조선 초기의 토지이용·소유권의 강화

(1) 소유권 확보를 위한 여건 조성

명목상의 소유권이 아니라 실질적인 소유권을 확보하기 위해서는 법에 의한 소유권 보호 못지않게 소유권을 유지할 수 있는 사회적 여건의 조성이 필요하다. 다시 말하면 침해나 분쟁이 발생했을 때 법에 따라 사후에 구제해 주어야 하는 것은 물론, 소유권 침해 가능성을 사전에 차단할 수 있는 여건이 조성되어 있어야 한다는 것이다. 소유권 확보의 사회적 여건 조성은 다음과 같은 네 가지 방면에서 이루어졌다. 첫째, 소유권 침해의 소지를 미리 제거하는 것이다. 전제개혁에서 과거 소유권 침탈의 주체였던 권세가가 제거되고 침탈의 빌미가 된 사전이 혁파됨으로써, 사전이 사라진 외방에서는 대토지소유자이자 부재지주인 권세가로부터 침탈될 가능성이 크게 낮아지게 되었다.

둘째, 부당한 소유를 억제하여 정당한 소유를 유도하는 것이었다. '부당한 소유' 즉 당장 이용하지 않을 토지를 선점하여 타인의 개간 기회를 빼앗는 행위를 강력히 단속했던 것이다. 기사양전 과정에서 사패지 내의 '광점' 토지를 몰수하였고 과전법에서 "(이용하지 않고) 남겨지는 토지를 많이 점거하여 고의로 황무하게 한 경우에는 그 전지는 전주가 임의대로 처리하게 허락한다."라고 (앞의 과전법 조항 중 ②·③) 규정한 것이 그것이다. 부당한 소유의 억제를 통해 토지에 대한 자유로운 접근을 가능하게 하고 개간을 통해 소유권을 확보할 수 있게 하는 데 도움을 주고자 하는 것이었다.

셋째, 입안제의 시행이다. 『대명률』 규정에 따라 매매문기와 함께 수수료를 내고 관의 확인을 받는 것이다. 공증제를 통하여 소유권의 안정을 기도한 것이었다. 다만 입안제는 실시 초기부터 잘 준행되지 않았던 것으로 보인다. 세조 14년에는 이미 인민이 토지를 양여하거나 매매할 때 관의 서명을 받지 않은 '백문白文'이 허용되어 있었던 상태였음을 확인할 수 있다.[128] 농민이 입안을 받는 데 소극적이었던 데는 여러 가지 이유가 있었다. 입안을 받으러 가는 것, 발급 비용을 내야 하는 것이 부담이 된다는 것이 그 이유의 하나였다. 그러나 그보다는 입안을 받지 않아도 사회적으로 자신의 정당한 소유가 존중될 것이라는 기대, 설사 분쟁이 나거나 침해를 당해도 합당한 판결로 바로 잡힐 것이라는 기대가 깔려 있었던 때문이었다. 좀 더 구체적으로 말하면 곧 살펴보게 될 '종백근' 정책이 강력히 시행된 덕분이었다. 토지매매에 관한 입안을 열심히 받았던 자들은 종백근책의 혜택을 받지 못하는 지주층이었을 것으로 짐작된다.

넷째, 부강자의 횡포를 억제하고 약자의 처지를 북돋운다는 '억강부약'의 정책이다.[129] 억강부약 정책은 침해를 당했을 때 구제책이 되지만 이러한 원칙이 잘 지켜지면 사전에 횡포의 발생을 예방 효과도 거둘 수 있게 된다. 조선시대의 수령은 무작정 힘 있는 자에 유리한 판결을 내리지 않았다. 정부의 억강부약 정책을 따르지 않는다는 혐의를 받지 않기 위해서였다.

(2) 토지이용·소유권의 강화

조선 초기 정부는 적극적인 권농책을 시행했다. 개간을 장려했고 농업기술의 보급에도 나서서 상당한 성과를 거두었음은 잘 알려진 바 있다. 뿐만 아니라 조선 초기 정부는 '정당한 소유'를 지원하기 위한 정책까지 시행했다. 토지 실이용자에 대해서 토지의 이용권과 소유권을 부여한 '종백근' 정책이 그것이다.

---

128) "成均進士宋希獻上書曰: … 今我盛朝 凡民之相與許與買賣之際 許用白文 俾無往來官府之弊 法非不美 制非不良 然臣妄意以爲 自世道日降 人心漸薄 姦詐小民 德不能化 法不能威 錐刀之末 爭訟不休 則凡今日作言造僞 以累聖明之治者 必階此法而興起"(『세조실록』 권 46, 세조 14년 6월 14일)

129) 억강부약 정책에 대해서는 유승원, 앞의 책, 2020, 292~294쪽 참조.

① 개간과 권농

농경사회에서 개간은 시기나 지역을 가리지 않고 이루어진다. 경제적 수입을 늘리고 인구증가에 대응하기 위해서다. 그러나 개간의 절실성, 개간의 주체, 개간이 지니는 경제사적 의미는 시기나 지역에 따라 달라진다. 고려 후기는 위기이자 기회가 되는 시기였다. 수많은 유이민이 발생하고 진황지는 크게 늘어났지만, 동시에 그만큼 생산량과 생산력을 높이기 위해 진력했고, 그 결과 많은 개간과 농업기술의 발달이 이루어질 수 있었던 것이다.

문제는 고려 후기 농업생산력 발달의 과실이 주로 권세가에게 돌아갔다는 점이다. 이러한 상황을 반전시킨 것이 전제개혁이었다. 전제개혁을 통해 문벌계급의 경제적 이익 독점이 무너지자 조선 초기에는 중소지주와 평민이 개간의 과실을 누릴 수 있게 된 것이다.

조선 초기에 왜구의 침략이 잦아들게 되면서 본격적인 개간활동이 전개되고 그에 따른 생산량 증대의 성과가 크게 나타났다. 조선 초기에는 연해지역 그리고 내륙의 저지와 습지의 개간이 집중적으로 이루어졌는데, 벌써 태종 6년에 기사양전 당시보다 30만 결의 농지가 증가했다.(『태종실록』 6년 5월 3일)

조선 초기 농업발달에는 정부의 적극적인 권농책이 일조를 했다. 전위집단은 여말의 경제적 난국을 타개하는 중요한 방법의 하나로 개간을 꼽았다. 조준은 시무책에서 우리나라가 압록강 이남이 모두 산이어서 기름진 땅은 바닷가에 있는데 왜구에 의해 유린되었다면서 황지를 개간하는 자에게는 20년 동안 부세를 부과하지 않고, 전란이 없을 때는 오로지 농사짓고 어염에 종사하게 할 것을 주장하였다.(『고려사절요』 신우 14년 8월) 정도전 역시 오늘날의 계책으로는 한황지를 개간하는 것밖에는 없다면서 공상·무격·재인·화척의 무리들을 모두 농사짓게 할 것을 촉구하였다.(『조선경국전』 상, 부전 군자)

조선에 들어와서도 정부는 적극적으로 여러 가지 개간지원책을 강구하였다. 태조 즉위 직후부터 개간을 수령의 으뜸가는 임무로 꼽았고(태조 1년 9월 24일) 수령으로 하여금 농사를 독려하게 하였다. 그리고 농서의 편찬에도 노력을 기울였다. 태조 대의 『농서집요』, 세종 대 『농사직설』의 편찬이 그것이다. 그리고 정부에서 적극적으로 수리시설의 축조에 나서서 미개발지 개발을 촉진하였다.[130]

② 토지이용자의 보호 —'종백근' 정책

황무지를 개간했을 때 개간한 자의 토지로 인정해 주거나, 입안만 받고 방치한 토지의 소유자와 그 토지를 개간한 자 사이에 분쟁이 일어났을 때 개간한 자의 토지로 인정해 주는 것이 '종백근' 정책이다. 용례로 보아 '백근'이란 개간자를 가리키는 것이었고 소유권을 증명할 문서(根)를 가지지 못했다(白)는 뜻에서 나온 용어로 보인다.[131] 따라서 '종백근'이란 '(토지소유권의 귀속에 대한 판정은) 백근을 따른다'는 뜻이다.

'종백근'이란 용어는 사료상으로는 태종 15년에 처음 출현하지만 내용적으로는 전제개혁기에 성립되었다고 할 수 있다. 실제의 개간자에게 소유권을 인정해 주는 것은 고려 후기에도 보이지만 임시적이고 소극적인 조치로 그치는 것이었다.[132] 이것이 전제개혁의 양전 과정에서 본격적으로 시행되고, 그 후

---

130) 신동훈, 「조선 초기 堤堰司와 水利 시설 확대 – 국가의 농업 진흥책과 식문화 변화에 대한 시론」, 『사림』 83, 2023; 신동훈, 「조선 전기 농업 정책과 사회 변화 – 국가의 川防 설치를 중심으로」, 『東國史學』 76, 2023.
131) 백근에는 다른 뜻도 있어서 수확한 후 남은 벼의 흰 뿌리를 가리키기도 했다. 『중종실록』 8권, 중종 4년 7월 20일 庚戌; 『선조실록』 141권, 선조 34년 9월 24일 戊午.
132) 충렬왕이 동왕 11년 3월, 교지를 내려 사패지 내에 토지대장에 등록된 토지라면 起田·陳田를 막론하고 본주에게 돌려주고, 본래 한전이었던 토지라도 백성이 이미 개간했다면 탈점하지 못하게 한 조치를 찾아볼 수 있다.(『고려사』 권 78, 식화지1 전제 경리) 이 조치는 내용적으로 후대의 '종백근'과 비슷한 면을 가지고 있다고 할 수 있다. 그러나 소유권을 부여하는 것 같은 적극적인

하나의 정책과 법령으로 확정된 것이라 할 수 있다. 종백근의 초견사료를 보면 다음과 같다.

> 해주 목사 김정준·판관 김공·연안 부사 전사리 등을 파직하였다. 처음에 전사리가 연안부 사람 전소감前小監 정사현의 전지를 빼앗아 박희종에게 주었는데, 정사현은 전사리가 '전지田地종백근' 교지를 따르지 않았다고 하여, 도관찰사 이발에게 고소하였다. 이발이 그 송사를 해주에 이송하였는데, 김정준과 김공이 또한 전사리의 판결과 같게 하였다. 이발은 보고한 바에 따라 시행하였다. 이때에 이르러 헌부에서 핵실하여 죄를 청하니, 김정준 등은 파직하고, 이발과 경력 김습은 김정준·전사리에 비하면 죄가 가볍기 때문에 논하지 말라고 명하였다. 그러나 이발이 당시 대사헌에 제수되었는데, 이것으로 본부의 탄핵을 당하여 관직에 나갈 수 없었다.(『태종실록』 15년 12월 14일)

여기서 토지를 빼앗긴 정사현이 '종백근'의 교를 위배했다는 이유로 고소한 것을 보면 태종 15년 이전에 종백근의 교가 이미 내려져 있었음을 확인할 수 있다. 종백근 정책은 조선 후기까지 일관되게 유지되었다. 이 자료에는 눈여겨보아야 할 점이 남아 있다. 흔히 조선시대의 소유가 이용과 결부되어 있었다고 말할 때의 '이용'이란 반드시 직접 경작한다는 것을 의미하는 것은 아니라는 점이다. 다시 말하면 남의 노동력을 이용하더라도 소유주가 직영한다면 '이용하는 소유' 즉 '정당한 소유'의 범주에 속한다는 것이다. 따라서 정당한 소유의 지원 대상자인 백근은 자작농에 국한되는 것이 아니라 중소지주에게

조치가 아니라 빼앗지 못하게 하는 소극적인 조치로 그쳤을 뿐이며 이러한 조치가 지속된 자취도 찾기 어렵다. 이후에도 사패를 이용한 소유지 점탈은 확대되어 갔다.

도 해당된다는 점이다. 여기서는 백근에 해당하는 자가 구체적으로는 '소감'을 역임한 품관으로 나타나고 있다.

'백근'으로 인정되면 그 소유권은 정부에 의해 강력한 보호를 받았으며 백근의 전지를 탈취하는 행위는 무거운 범죄로 취급되었다. 백근의 전지를 탈취하는 행위는 중대한 범죄라 하여 춘분에서 추분 사이 바쁜 농사철에 재판을 중지하는 '무정務停'에서 제외하도록 한 조치는 그 좋은 예이다.(『세종실록』 19년 1월 14일).

3) 조선 초기 토지소유권 제한의 실상

(1) '광점'에 대한 제재

조선시대 농지에 대한 소유권 정책은 한 마디로 "정당한 소유라면 적극적으로 보호한다."라고 할 수 있다. 정당한 소유가 되기 위해서는 적법하게 취득된 소유여야 할 뿐 아니라 이용을 위한 소유여야 한다는 것이다. 따라서 부당한 소유는 불법적으로 취득한 소유는 말할 것도 없고, 이용을 목적으로 하지 않은 소유, 즉 소유 자체를 목적으로 한 소유이자 사회 공공성에 위배되는 소유가 해당되었다.

개간할 만한 토지를 먼저 넓게 선점하고서 개간하지 않고 방치하여 땅을 황폐화시키는 광점은 부당한 소유를 대표하는 것이었고 중점적인 단속 대상이 되었다. 광점은 농지가 이용되지 못해 농업생산량을 늘일 수 없게 하는 것이었고, 타인의 영농활동을 방해하는 것이었으며, 힘없고 가난한 농민을 침해하는 토지겸병을 초래하는 것이었기 때문이다. 전제개혁의 사전경기 원칙은 바로 부당한 소유를 가로막기 위한 것이었다.

부당한 소유를 제재하려는 전제개혁 때의 정신은 조선에 들어와서도 계승되었다.¹³³⁾ 태조 3년의 도당의 계는 조선 초기 광점에 대한 제재의 구체적인 첫 사례이다. "전지를 많이 차지하여 서로 묵히면서 타인이 경작하는 것을 금하는 자는 10부에 태 10, 10부마다 1등을 가하여 죄가 장 80대에 그치게 하되, 전지가 없는 사람 및 전지가 적은 사람에게 주어 경작하게 하십시오"라 한 것이 그것이다.(『태조실록』 3년 4월 11일) 주목할 점은 광점에 대한 규제가 사전이 설치된 경기도의 토지에만 적용되는 것이 아니라 전국에 적용된다는 점, 그리고 기사양전의 경우처럼 특정한 시기에 이루어지는 조치가 아니라 상시적으로 이루어지는 규제라는 점이다. 전제개혁의 광점 규제의 정신이 그대로 반영된 것이다.

광점의 주체는 중앙의 권세가가 아니면 지역의 호강자가 될 수밖에 없다. 전제개혁으로 사전이 혁파되고 권세가의 토지겸병이 사라지게 되자, 지역의 호강자가 대표적인 광점의 주체가 되었던 것이다. 품관과 향리와 같은 호강자에 의한 광점 행위는 여러 차례 지적되고 있었는데,¹³⁴⁾ "품관과 향리들이 전토를 광점하고, 유망인을 불러들여 병작반수竝作半收하니, 그 폐단이 사전보다도 심합니다."라고 한 하륜의 계는(『태종실록』 6년 11월 23일) 그 대표적인 사례이다. 하륜의 요청으로 개시되어 조선 초기 잠시 시행되었던 병작금지령은 개간을 빙자해 토지를 광점하고 유이민·피역민을 끌어들여 불법이 자행되는 소굴로 만드는 고려 후기의 폐해가 재연되는 것을 막으려는 것이었지 '병작' 자체를 막으려는 것이 아니었다.¹³⁵⁾

---

133) 사전경기 원칙은 조선 초기에도 뚜렷하게 의식하고 있었다. 태조 4년, 호조급전사에서 원종공신전을 경기가 아닌, 본향에 지급하려 했을 때, 여말의 사전의 폐가 재연될 것이 우려된다면서 대사헌이 강력히 반대하여 계획을 중단시켰던 사례에서(『태조실록』 7권, 태조 4년 4월 4일 丁卯) 그것을 확인할 수 있다.
134) 『정종실록』 권 5, 정종 2년 7월 2일; 『태종실록』 권 26, 태종 13년 12월 21일; 『세종실록』 권 83, 세종 20년 11월 23일.
135) 이 책의 2부 3장 「조선 초기 '병작竝作' 용어의 성립 경위」 참조.

이 이후에도 광점에 대한 고발은 계속되었고 처벌로 이어지기도 했다.[136] 그러나 광점에 대한 제재 사례는 점차 사라져갔다. 큰 사회적 물의를 빚을 만한 광점 행위가 줄어들었기 때문이다. 정부가 강력히 단속한 결과라기보다는 종백근책과 병작이 동반하여 확산되어 가고 있었기 때문이었다. 특히 종백근책이 잘 정착된 때문이다. 호강자가 입안을 받아 놓았다고 해도 오래 방치해 두면 소유권을 잃어버리게 되므로(『세종실록』 2년 11월 5일) 광점 행위는 축소될 수밖에 없었던 것이다. 조선 초기의 중소지주층이나 자작농은 종백근책을 발판으로 여력이 닿는 대로 개간에 나설 수 있었고, 사회 전반의 인력 수요가 늘어나자 병작과 같은 소작제도 동시에 확산될 수 있었다.

이리하여 광점은 단순한 대토지소유를 가리키는 용어로 의미가 바뀌어 갔다. 광점의 의미가 바뀌어도 사회의 부정적인 시선은 남아 있었다. 한 인물이 대간의 탄핵을 받을 때 다른 죄상과 함께 광점 행위가 지적되는 일이 많았고,[137] 졸기에서도 인물의 됨됨이를 보일 때 광점 여부는 중요한 평가기준이 되었다.[138] 대토지소유라는 행위가 법에 저촉되지 않는다 할지라도 여전히 도덕적 비난의 대상이 되고 있었음을 말해주고 있다.

(2) 진전에 대한 제재

타인의 개간을 가로막는 광점 행위는 사라져 갔다 하여도, 오래 이용하지 않는 농지에 대한 분쟁은 남아 있었다. 오래 농지를 묵히면 이용권이나 소유권의 제한을 받기 때문이다. 종래 소유권 확보에 필요한 이용조건은 조선시대 소유권이 지

---

136) 『태종실록』 26권, 태종 13년 7월 12일; 『세종실록』 권 10, 세종 2년 11월 5일; 『세종실록』 23권, 세종 6년 3월 11일.
137) 『세종실록』 권 4, 세종 1년 6월 18일; 『세조실록』 권 26, 세조 7년 10월 19일.
138) 『세종실록』 권 125, 세종 31년 8월 20일.

닌 미성숙을 드러내는 대표적 지표로 간주되어 왔다. 그러나 조선사회의 소유권은 다른 어떤 지역에 못지않게 소유의 절대성이 강했으며, 정당한 소유는 철저한 보호를 받았다. 그리고 이용하지 않는다고 소유권을 쉽게 박탈하지도 않았다. 이용하지 않는 토지의 소유권에 대한 제약을 최소화했던 것이다.[139]

이용하지 않는 농지에 대한 소유권의 제한은 주로 진황지를 둘러싸고 발생했다. 이미 경작하고 있던 토지이지만 오래 놀려 황폐화시키는 경우 그 농지를 다른 사람이용할 수 있게 한 것이다. 그러나 이러한 경우에도 토지 소유권을 제재하게 되기까지에는 여러 유보조건이 붙어 있었다. 먼저 토지경작을 중단할 만한 사유가 있었는지 여부를 따졌고, 제재를 성립시키기 위한 일정한 기준을 설치하였으며, 소유권 박탈에 앞서 이용권을 제한을 함으로써 소유권 제한을 최소화하려고 한 것이다.

오랜 동안 농지를 이용하지 않아 진전이 되었더라도 농지를 묵힐 만한 타당한 사유가 있어서 진전이 된 경우에는 소유권에 제한을 가하지 않았다. 자연재해로 농지가 경작할 수 없는 상태로 황폐화된 경우, 늙고 병들거나 사망하는 등 노동력이 부족해진 탓으로 부득이 경작하지 못했던 경우, 상이나 재난을 당한 경우 등이 이에 해당한다. 과전법에서 불가항력적인 사정에 의해 농사를 짓지 못하는 것을 기화로 타인의 토지를 빼앗는 행위를 엄격히 처벌하도록 규정했음은 앞에서 이미 본 바 있다.

타인의 진황된 토지를 2년 이상 경작하였다 하여, '종백근'하기를 청하는 아래 경기관찰사의 계문에 대한 세종의 처리는 조선 초기 토지소유권의 절대성을 극명하게 보여준다.

---

139) 유승원, 「조선시대 소유권의 특성: 비교사적 위치와 평가」, 앞의 책, 2020 참조.

경기 관찰사가 전지 소송을 판결하는(決絶) 조관條款을 아뢰기를 "1. 인민이 간혹 농사철을 맞아 상이나 역질 등의 큰 변고를 만나 경작하지 못하게 되면, 간사하고 교활한 무리들이 전지가 진황된 것을 기화로 경작하고 도리어 백근이라고 칭하고 끝내 돌려주지 않는 자가 있습니다. 금후에는 강제로 본 주인에게 돌려주게 하는 것으로 정법으로 삼되, 2년 이상 경작한 것은 시비를 논하지 말고 모두 '종백근' 하십시오 … 국왕이 '유고有故'로 인하여 다른 사람의 토지를 대신 경작하던 것은 5년을 한하여 모두 그 본 주인에게 돌려주게 하였다.(『세종실록』 3년 1월 19일)

전지의 소송에서 경기관찰사가 제안한 진전 처리 방안은 다음과 같은 두 가지라 할 수 있다. 하나는 교활한 무리가 유고진전을 경작한 후에 환급하지 않고 '백근'으로 자처하는 경우는 단호히 본주에게 반환시킨다는 것, 다른 하나는 진황전을 2년 이상 경작한 경우에는 시비를 가리지 말고 '종백근'법을 적용하여 경작자에게 소유권을 넘겨주겠다는 것이었다.140) 첫 번째 방안은 논란의 여지가 없는 당연한 방안이다. 두 번째 방안은 나름대로 일리가 있지만 소유권에 대한 침해 소지가 없지 않다. 즉 타인이 2년 이상 경작하도록 방치하고

---

140) 종래에 이 기사를 근거로 2년 이상의 무고진전은 소유권을 잃게 된 것으로 이해하여, 무고진전의 경우 2년 이상이면 소유권을 빼앗기던 것이 『경국대전』 단계에서 와서는 3년으로 조정된 것으로 본 견해가 있었다. 그러나 재고의 여지가 있는 것이라 보인다. 1) 우선 이 자료 어디에도 관찰사의 제안이 수용되었다고 볼 대목은 나타나지 않는다는 점이다. 2) 관찰사가 제시한 2년이라는 시한은 정확히 말하면 무고진전의 판정에 필요한 시한이라기보다 '백근'의 인정에 필요한 시한이라 해야 할 것이라는 점이다. 3) 곧 살펴볼 바와 같이 당시 위정자는 전지를 진황시켰다 하여 소유권을 박탈한다는 생각을 가지고 있지 않았다는 점이다.

있다면 무고진전으로 간주할 여지가 충분히 있지만, 진전의 경작자에게 소유권을 넘기는 것은 지나치게 가혹할 뿐 아니라 이 규정을 기화로 하여 진전 경작자가 농간을 부릴 여지가 있기 때문이다.

윗 기사에서 보이는 세종의 회답은 주문主文만 기재되어 문의를 정확히 파악하기 쉽지 않지만, 2년 진전에 대한 관찰사의 제안은 받아들이지 않았다고 보인다. 주문을 낸 세종의 속마음은 대략 다음과 같은 것으로 추정된다. 토지소유자가 자신의 생계수단인 농지를 타인이 2년 이상 경작하도록 방치하고 있었다면 여러 가지 특수한 상황이 있을 수 있을 터인데 불문곡직하고 백근에게 소유권을 주는 규정을 만드는 것은 필시 폐단이 초래될 수 있을 것이라는 것이다. 특수한 상황이란 재난으로 인한 손상이 커서 농지의 복구가 쉽지 않거나 특별한 개인 사정으로 경작할 형편이 안 되어 부득이 타인의 경작을 수용하는 경우가 일반적일 것이다. 혹 당장 경작할 형편이 못되는 자에게 힘 있는 자가 교묘한 구실을 붙여 억지로 허락을 받아내거나 감언이설로 꼬여 경작을 시작하고서는 돌려주지 않는 등의 사정이 있을지도 모를 일이다. 세종은 타인의 농지를 2년 이상 경작한 자에게 불문곡직하고 소유권을 주는 규정을 만드는 것은 필시 폐단이 초래되리라 우려했다고 볼 수 있다. 그리하여 관찰사의 제안을 받아들이지 않고 대신 유고진전의 경우에 5년을 기한으로 본주가 찾아가도록 조처한 것으로 생각된다.

그러나 다른 한편 진황지를 경작하던 선의의 농민이 억울하게 될 상황도 있을 수 있다. 이를테면 천재지변으로 황폐해진 땅을 개간하여 지력을 겨우 회복해 놓았는데 본주가 바로 농지를 회수하여 경작자의 그동안의 노고가 수포로 돌아가는 상황이다. 이러한 여러 가지 상황을 고려해서 내놓은 결론이, 사정이 있어 오래 묵힌 땅을 타인이 갈아 왔다면 농지를 일군 공로를 감안하여 5년까지는 그대로 이용하도록 허락하게 하되 5년을 기한으로 본주가 도로 찾아가게 하라는 것이었다고 생각된다.

조선 초기에 농지를 묵힌 기간만 보고 기계적으로 소유권을 박탈하는 규정은 제정된 일이 없었다. 세종 대의 진전에 대한 제재규정에서 도리어 진전 소유권이 정부로부터 인정되고 있음을 확인할 수 있다. 세종 대의 공법의 논의 과정에서 제시된 방안 가운데에는 "무고로 2년 동안 농지를 전부 진황시킨(全陳) 경우"에 "타인이 진고陳告하면 (그에게) 주는(折給) 것을 허락한다"는 방안이 들어 있었다.(『세종실록』 18년 10월 5일; 『세종실록』 19년 7월 9일). 이 방안에서 타인에게 진전을 준다는 것은 진전의 소유권을 준다는 것이 아니라 이용권을 넘겨준다는 것, 다시 말하면 타인이 진황된 토지를 신고하여 소유자 대신 경작하게 하고 정부는 경작자로부터 수세한다는 취지로 보인다. 이 방안은 공법의 시행과 관련된 여러 수세 문제를 논의하는 과정에서 나온 것이었기 때문이다.

공법에서 무고진전의 수세 문제는 아무런 수확을 얻지 못했다 하더라도 진전의 소유자로부터 진전의 조세를 수취하는 것으로 낙착되었다.(『세종실록』 26년 11월 13일) 진전의 이용권을 넘겨 경작자로부터 수세하는 대신 소유자로부터 수세하는 것으로 결정한 것은 안정된 세수의 확보라는 소기의 목적을 달성하면서도 무고로 진황시킨 데 대한 징계·예방을 동시에 달성할 수 있다는 일석이조의 효과를 노린 것이라 하겠다. 이 조치에서 무고진전이라 할지라도 그 소유권은 침해하지 않으려는 정부의 태도를 확인할 수 있다.

그러나 무고진전에 대한 제재는 단순히 진전 수세로 그치지는 않았다. 농지를 이용하지 않고 장기간 방치하는 데 대한 제재의 방침은 살아남았다. 『경국대전』의 "3년이 넘는 진전은 타인이 경작을 신고할 수 있게 한다(許人告耕)"이 바로 그것이다. 이 규정 역시 소유권이 아닌, 이용권에 관한 규정으로서 수령에게 자신이 경작할 수 있도록 허가를 요청할 수 있게 하는 것이었다.[141] 요청한다고 무조건 진전의 이용권이 타인에게 넘어가게 되는 것도 아니었다. 수령이 그 타당성을 심사하여 처리하게 한 것이었다. 명종 대에는 "비록 (농지를) 묵히더라도 (국가) 세를 거두고 있거나, 힘이 부쳐 전부 경작하지는 못했어도 경작한 곳이 있다면 모두 고경함을 허락하지 않는다"고 타인에게 진전의 이용권을 넘기는 조건을 강화했으며 "3년을 넘는 진전은 타인이 고경할 수 있게 한다는 것은 영원히 지급한다는 것이 아니라 본주가 돌려달라 할 때까지 잠정적으로 경작하여 먹고 살도록 허락하는 것이다"라 하여 타인의 진전 이용이 본주의 허락 하에 이루어져야 하는 것임을 못박아 두었다. 조선초기 진전에 대한 제재는 어디까지나 이용권의 일시적 제한에 그치고 있었던 것이다.

진전의 소유권을 타인에게 넘기는 것은 사망한 경우와 이사한 경우로 국한되었다. 진전이라도 그 소유권을 가급적 보호하려는 정부의 입장은 『경국대전』 호전 전택조의 아래의 규정들에서 확인된다.

> 주인이 없는 전지는 다른 사람에게 옮겨 준다.(군역이 있는 자가 사망하거나 이사하였다면 체립遞立하는 자에게 주고 무역인이라면 토지가 적은 자에게 준다. 이사한 자가 5년 이내에 돌아오면 도로 돌려주되, 현재 경작하고 있는 자가 원래 전지가 없으면 3분의 2를 돌려준다: 원주)

'주인이 없는 전지'는 과거에 경작되던 농지였으나 본주의 호가 '끊어진 호(絶戶)'가 된 경우 당연히 본주의 소유권이 상실될 수밖에 없다. 주인 없이 남겨진 농지를 경작한 자가 있으면 '백근'으로 인정하여 그에게 소유권을 주었을

---

141) 이하 무고진전의 이용권에 대한 설명은 유승원, 앞의 책, 2020, 401~403쪽 참조.

것이고, 아직 경작하는 자가 없다면 토지가 적은 자에게 우선적으로 분급하도록 하였다. 무주이므로 소유권 다툼이 발생할 여지가 없다. 다만 사라졌던 본주가 다시 돌아올 수 있다. 이 경우 5년 이내에만 돌아오면 상실되었던 소유권을 다시 찾을 수 있었다. 단 무전자에게 지급되어 이미 경작되고 있는 상태라면 본주는 2/3만 돌려받고 1/3은 무전자의 몫으로 남기게 하였다. 이사한 지 5년 이내라면 소유권을 보장하였으니,[142] 이때 진전에 대한 타인의 이용권은 본주의 소유권에 밀린 셈이다.

(3) 소유권 정책의 악용에 대한 대처

조선 초기에 공증을 받지 않고도 토지소유권이 보호될 수 있었던 가장 중요한 이유는 정부의 종백근책 때문이었다. 아무런 토지 문서가 없어도 실경작자의 소유권이 보호되니 굳이 공증에 나서지 않아도 되었던 것이다.

토지의 실이용자에게 토지의 이용권이나 소유권을 주려는 종백근책 시행에 대한 정부의 의지는 확고하였고 조선 후기까지 일관되게 유지되었다.[143] 종백

---

142) 문종 원년, 유망하다 돌아온 평안도 沿邊 각 고을의 인민을 대상으로 "경작하던 전지는 5년의 기한에 얽매이지 말고 모두 다 도로 주어 생업을 안정"하게 하라는 교지를 내렸던 사실이 보인다.(『문종실록』 권 8, 문종 1년 7월 6일) 비록 방어의 중요성이 강조되는 연변고을의 인민을 대상으로 한 조처이기는 하지만, '5년의 기한에 얽매이지 말라'는 표현으로 미루어 보면 5년 이내의 소유권을 보장한 『경국대전』, '무주전'의 규정은 일찍부터 마련되었던 것으로 보인다,

143) 이는 속대전 전택조의 "○ 凡閑曠處 以起耕者爲主(其或預出立案不自起耕而憑藉據奪者及以其立案私相買賣者 依侵占田宅律論: 원주)"의 규정에서 바로 확인할 수 있다. 이 규정은 한마디로 종백근책의 법제적 명문화였다. 왜 이 중요한 정책이 『경국대전』에는 수록되지 않았을까. 우선 명문화할 필요가 없는 만인공지의 당연한 원칙에 뿌리를 둔 것이라는 점이다. 즉 '산림천택 여민공지'라는 이념 하에 새로운 농지를 개간하는 자에게 농지의 이용권과 소유권을 준다는 원칙이다. 이보다 좀더 직접적인 이유로는 『경국대전』에 토지공증제(입안제) 시행을 명시해 놓고 이를 무력화하는 종백근책을 나란히 실을 수는 없었다는 점을 들 수 있다. 정부는 비록 종백근책을 시행하고 있었지만 정부는 토지공증제에 따라 모든 개간자가 정식 입안을 받도록 종용하는 입장이었던 것이다. 종백근책은 법전에 명문화되지는 못하였으나 현실에서는 하나의 관행으로 정착되

근 정책이 현실에서도 강력한 효력을 발휘하고 있었던 것은 종백근책을 악용하려는 사례들이 나타나고 있었던 데서도 반증된다. 예컨대 부모로부터 상속받은 농지를 혼자 차지하는 '합집合執'을 하면서 백근을 빙자한 것이 그것이다.

> 경기 관찰사가 전지 소송을 판결하는 조관을 아뢰기를 " … 부모가 일찍 죽어, 그 자식으로 나이 장성한 자와 유약한 자가 동거하며 그 전지를 경작하여 함께 먹다가, 혼인하게 되어 비록 각기 문호門戶를 세웠어도, 자기가 경작한 지 오래라고 하여, 백근이라 망칭妄稱하고 분급해 주기를 즐겨하지 않는 자가 있습니다. 지금 이후로는 유약자가 장성하기를 기다려 모두 균분하게 하십시오." 하였다.(『세종실록』 3년 1월 19일)

이에 대한 세종의 회답은 나타나 있지 않지만 타당한 요청이었으므로 당연히 수용되었을 것으로 생각된다. 『경국대전』에서는 병경하다가 영구히 차지한 경우와 함께 합집의 경우는 기한에 구애되지 않고 언제든 소송할 수 있게 규정되어 있다.(호전 전택)

종백근책 악용의 또 하나의 사례로는 호강자가 약자의 토지를 점탈한 다음 고의로 소송을 지연시키고 백근임을 내세워 판결이 날 때까지 분쟁 토지의 소

어 있었고 농민들은 그에 의지하여 대체로 입안을 발급받지 않았던 것이다. 그렇다면 왜 조선후기에 와서 새삼스레 법전에 수록하게 되었는가. 조선후기에 종백근책의 오랜 관행을 무시하는 행태가 벌어지게 되었기 때문이다. 즉 엄연히 기경자가 있는 토지를 궁가와 양반가가 양안에 등재되어 있지 않음을 빌미로 하여 한광처로 등록하고 입안을 받아 가로채는 사태가 만연하게 되었던 것이다. 조선후기 궁가·양반가의 기경지 소유권 탈취 행태와 정부가 기경자의 소유권 보호 규정을 속대전에 수록하기까지의 경위에 대해서는 이세영, 「조선시대의 진전 개간과 토지소유권」, 『한국문화』 52, 2010 참조.

출을 차지하는 행태를 들 수 있다. 즉 호강자가 약자의 전지를 점거하고는 이를 해결하기 위한 재판에 고의로 나오지 않고, 춘분이 지나 무정이 되기까지 시간을 끌면서 그대로 차지하고 있다가, 가을이 되면 백근으로서 그해의 수확을 차지하는 행위였다. 정부는 '가속둔전법假屬屯田法'으로 이에 대처하였다. 쟁송 중인 토지를 임시로 둔전에 소속시켜, 그동안의 농지수확을 가져가지 못하게 한 것이다.[144] 군신 모두 이 법은 '억강부약'의 아름다운 법이라 자부하였으나 실제로는 큰 성과를 보지 못했다. 더구나 이 법을 악용하는 사례까지 나타났다. 평소 좋지 않은 감정을 품고 있던 상대방을 골탕먹이기 위해 일부러 분쟁을 야기하여 대상 토지를 둔전에 편입되게 함으로써 상대방이 수확을 얻지 못하게 한다든가, 둔전으로 소속되면 군현의 수입이 됨으로써 이득을 볼 수 있는 수령이 일부러 춘분 전에 판결을 내리지 않는 등의 부당한 행위가 일어났던 것이다.

이에 성종 10년에는 일찍이 정승을 역임한 자·의정부·6조·대간들이 며칠간 논의를 한 결과 "춘분 후에 판결이 나지 않아서 둔전에 임시로 소속시킨 것은 사연을 갖추어 관찰사에게 보고하고 (관찰사는) 호조에 관문關文을 보내어, (둔전에) 임시로 소속시킨 것의 당부를 검사하되, 만약 그것이 적당하지 못하다면 죄를 다스리게 하고, 둔전에 임시로 소속시킨 것은 모두 빈민에게 병작하게 하여 지대로 받는 곡식(一邊所出)은 모두 군자에 소속시키는 것"으로 낙착을 보았다.(『성종실록』 10년 11월 11일·12일·16일) 이 이후에 고의로 상대방을

---

[144] '가속둔전법'은 분쟁 중인 농지를 판결이 날 때까지 잠정적으로 둔전에 편입시켜 재판 지연에 따른 이득을 노리지 못하게 함으로써 호강자로부터 약자도 보호한다는 취지에서 입법된 것이다. '가속둔전법'에 적용시키는 소송의 종류로는 앞에서 본 바와 같이 고의로 송사를 지연시켰다가 백근을 자처하여 무정 후에 수확을 차지하는 경우 외에도 ①조상 대대로 물려받은 농지를 혼자 독차지(合執)한 경우, ②훔친 농지라는 사실을 알면서도 산 경우, ③병작하다가 빼앗은 경우, ④간척지(海澤·堰畓)를 서로 점거하여 송사를 일으킨 경우 등이 있다.(『성종실록』 권 11, 성종 10년 11월 12일)

골탕 먹이거나 수령이 일부러 판결을 내리지 않는 행위가 나타나지 않는 것을 보면 위의 방법이 어느 정도 효과를 본 것으로 생각된다. 이상에서 종백근책을 강력히 추진하면서도, 강자가 이를 악용하여 약자의 토지소유권을 침해하는 사태를 막으려 한 정부의 대책과 고심을 볼 수 있었다.

이제까지 살펴 본 바와 같이 전제개혁 이래 조선 초기의 토지정책은 부당한 소유의 억제를 통한 정당한 소유의 보호, 그리고 농지의 실이용자에 대한 토지이용·소유권의 강화였다. 그리고 정부 정책의 수혜자는 중소지주층과 자작농층이라 하겠다.

2. 국가재정과 부세제의 개혁

1) 국가재정

조선왕조의 국가재정은 정부재정과 왕실재정으로 구성되어 있었다. 이점에서는 고려·조선 두 왕조의 국가재정이 다를 바 없다. 이 밖에도 두 왕조 국가재정의 공통점은 많다. 왕실재정이 국가재정의 큰 몫을 차지한 것이나, 정부재정과 왕실재정이 뚜렷이 구분되지 않고 중첩되었던 것이 그것이다. 왕실 지원을 위한 '상공上供'과 정부의 세출을 의미하는 '국용國用'이 때때로 겹치는 것이 단적인 예이다. 국왕은 '왕실사재정'뿐 아니라 '왕실공재정'에 대해서도 많은 권한을 가졌다.[145] 즉 정부의 '상공' 운영에 대해서 국왕은 상당한 권능을 발휘할 수 있었다. '공안'에 왕실에 납입하는 물종이나 물량이 미리 정해

---

145) 송수환은 왕실재정을 "국왕과 그 가족의 일상생활과 권위유지를 위한 제반 물품의 수입과 지출"인 왕실공재정과 "사사로운 생산수단 및 여타 경제행위를 통한 수입과 지출"인 왕실사재정으로 구분한 바 있다."『조선전기 왕실재정 연구』, 집문당, 2000, 18쪽.

져 있었지만, 국왕은 공안의 범위를 넘어 상공 물자의 수취와 납입을 지시할 수 있었던 것이다.

고려와 조선왕조가 체제를 달리하는 사회였음에도 불구하고 국가재정에 여러 가지 공통점을 가지고 있었던 이유는 무엇인가. 두 왕조의 정체政體가 동일했기 때문이다. 관념상·형식상으로 두 왕조가 모두 전제군주제 국가였던 것이다. 군주는 국가의 유일한 주권자로서 한편에서는 국가와 군주는 구분되면서 다른 한편에서는 동일체의 성격을 가졌다. 따라서 국용이라는 것이 상당 부분 군주의 업무와 연관되었다. 이를테면 국가의 제사라든가 행사, 타국과의 외교관계가 그러하다. 전제 군주제 국가인 이상 왕실재정과 정부재정의 중첩성은 피할 길이 없다.

그러나 고려·조선 두 왕조의 왕실재정이 지닌, 정부재정과의 중첩성에만 주목하는 것은 피상적인 관점이다. 군주제라는 근대 이전의 보편적인 국가 정체에 파묻혀 시대적·공간적 차이가 매몰되어 버리기 때문이다. 고려의 왕실재정과 조선의 왕실재정은 공통점도 많았지만 차이점도 적지 않았다. 왕실재정의 공공성은 조선시대에 훨씬 강화되었던 것이다. 조선시대 관원들이 구분 짓고자 노력했던 것은 왕실재정과 정부재정 사이의 구분이 아니라 왕실사재정과 왕실공재정 사이의 구분이었다. 그리고 관원들은 국가재정을 왕실재정과 거리를 두려 하기보다는 도리어 왕실재정의 운영에 깊이 관여하려 하였다. 이른바 궁중宮中과 부중府中(=정부)은 하나의 몸체라는 '궁부일체宮府一體'의 논리가 그것이다.

(1) 정부재정

정부재정은 상공을 제외하면 국용·녹봉·군자 및 의창·의료(혜민전약국)를 들 수 있다. 조선 초기 국가재정은 재정기반의 면에서 비교적 안정성을 유지할 수 있었다. 전제개혁에서의 사전혁파로 국가수조지가 크게 늘어난 덕분이었다. 녹봉의 지급이 정상화되었고 비상시에 대처하기 위한 예비비로서의 군자곡을 확보할 수 있게 되었다. 전제개혁을 통해 침탈된 토지를 회복시켜 주고, 합리적인 부세제를 운영하여 공부나 요역의 수취도 비교적 원활히 이루어질 수 있었다. 조선시대에 들어와서 개간이 활발히 진행되고 여러 차례의 양전을 통해 수조지가 크게 확대되었다. 재정기반의 안정성을 확보할 수 있었던 것이다.

그러나 조선 초기의 정부재정이 풍족하게 운용되었다고 말할 수는 없다. 특히 전세 수입의 부족에 직면하여 군자곡을 자주 전용해 사용하였던 것이다. 전제개혁에서 절검을 목표로 하여 국가재정을 빠듯하게 편성하였는데 당초의 설계보다 지출은 늘어난 반면 수입은 줄었기 때문이다. 관원의 증가와 수많은 공신의 책봉 등으로 지출이 크게 늘어난 반면 답험손실제의 시행이나 부세의 감축 등으로 수입은 상당히 감소했던 것이다.

답험손실제는 흉년으로 수확이 감소하면 그 감소분에 맞추어 조세부담을 덜어준다는, 민생을 위한 정책에서 시작된 것이지만, 시행 과정에서 여러 가지 어려움을 겪게 되었다. 고려시대에도 작황이 나쁠 경우 부세를 감면하는 규정은 있었다. 그러나 재해가 심한 지역에 한하여 한시적으로 실시되는 것이었다. 반면 조선에서는 매년 작황에 따라 전국에 걸쳐 답험이 이루어졌고 지역마다 다른 수세율이 적용되었다. 공력도 무척 많이 들고 손실 판정에 대한 불만도 많이 터져 나왔지만, 전제개혁 이래 민생을 강조한 정부로서는 답험손실제의 명분을 파기하기 어려웠다. 수입의 불안정 때문에 조세액을 고정화하기 위한 방안으로 공법이 도입되었지만 큰 효과를 거두었다고 말하기는 어렵다. 연분9등법을 채택함으로써 공법 속에 답험손실제는 약화된 채로 그 내용이 살아남아 있었기 때문이다.

민생의 명분으로 인한 전세 감면 때문에 전세 수취액은 낮아지기 쉬웠다. 조세 감면의 요구는 각지에서 끊임없이 제기되었고 이를 수용하는 경우는 자주 있었지만 조세를 올리자는 경우는 거의 없었기 때문이다. 수조율이 점차 낮아져 전제개혁 시 1결당 30두였던 것이 성종 무렵에는 10두에서 4두 사이로 고정되는 경향을 보였다.

전제개혁에서는 상공의 정부관리를 통해 상공 운영의 합리화와 재정 절약을 기도했다. 조선에 들어와서도 그러한 기조는 유지되었다. 절검은 늘 강조되었고 군주들은 수취 감축과 소비 절검의 모범을 보이려 하였다.

세조 대에 이르러 횡간이 도입된 것은 재정사에 획기적인 일이라 할 수 있다. 세입예산표라 할 기존의 공안과 함께 세출예산표라 할 횡간이 도입됨으로써 국가예산제도가 마련된 셈이다. 횡간의 도입은 국가재정의 절검과 항상성 확보에 크게 기여하였다.

(2) 왕실재정

고려·조선 두 왕조의 왕실재정에는 공통점이 많지만 적지 않은 차이도 존재했다. 사대부사회체제에 맞는 왕실재정으로 전환하는 계기를 마련한 것은 전제개혁이었다. 이때 시작된 개혁은 건국 후에도 지속되어 세조 대에 이르면 일단 조선왕조 왕실재정의 틀이 마련될 수 있었다.

왕실재정이 국가재정의 큰 부분을 차지하였기 때문에 왕실재정의 개혁은 조선 초기 재정 개혁의 중요한 몫을 차지했다. 인군人君은 사장私藏을 가지지 않는다는 '인군무사장'의 이념 아래 전위집단은 왕실재정의 공공성 구현을 추구하였다. 국왕은 국가재정에서 할애된 상공 즉 왕실재정 중의 공재정을 명분에 맞게, 그리고 최대한 절약하여 사용하여야 한다는 것이었다. 국왕으로서 위엄을 세우고 자애를 베푸는 데 필요한 만큼의 왕실공재정을 국가재정에서 보장해 주되 국가재정의 건전성과 안정성을 해치지 않도록 왕실공재정을 운영해야 하며, 왕실의 가장으로서 궐내에서 생활하는 왕족을 위해 상공 물품을 사용할 수 있도록 하되 규정과 관례 안에서만 사용해야 한다는 것이다.

왕실재정 운영의 공공성 강화란 결국 정부가 상공 운영권을 장악한다는 것으로 귀착된다. 상공 운영권을 정부가 장악하기 위해 추진해야 할 목표는 다음과 같은 세 가지였다. 첫째, 왕실공재정 운영 주체의 일원화이니 군주 1인으로 하여금 자신과 왕실을 위한 왕실공재정을 담당하게 한다는 것이다. 이는 정부기구와 별도의 왕실 자체의 여러 재정기구를 혁파한다는 것을 의미한다. 둘째, 상공의 대상을 최소화하여 왕실공재정의 규모를 줄이는 한편, 왕실공재정의 항상성을 확보한다는 것이다. 왕실부[146]를 축소하는 대신, 정부가 왕족에 대해 안정적이고 체계적인 경제적 지원을 한다는 것이 그 중요한 방안이었다. 셋째, 일체의 상공기구는 정부가 장악한다는 것이다. 궐내에서 생활하는 왕족에게 의식을 제공하는 궐내상공기구까지도 정부가 관할하려 하였다. 조선건국 후 전제개혁 당시의 왕실재정 개혁의 방향을 계승하면서 전제개혁에서 이루지 못한 개혁과제를 완수해 나갔던 것이다.

① 국왕재정기구의 개혁

가. 창고궁사의 혁파

전제개혁 당초의 왕실공재정 일원화 방안은 요물고 소속의 장·처전을 복원하여 왕실수조지는 모두 요물고에 귀속시키고,[147] 기존의 창고궁사倉庫宮司

---

146) 왕실부란 后妃府·諸王府·駙馬府·妃父府 그리고 上王府·世子府 등 왕실인사를 위해 세워진 모든 府를 통칭한 용어로 이정란,「고려·조선전기 王室府의 재정기구적 면모와 운영방식의 변화」,『한국사학보』 40, 2010에서 차용한 것이다.
147)『고려사』권 78, 식화지1 전제 녹과전 신우 14년 6월.

는 모두 혁파하는 것이었다고 생각된다.[148] 5고7궁으로 대표되는 창고궁사는 일종의 국왕재정기구라 할 수 있다. 5고는 바로 국왕이 운영하는 기구였으며, 궁사의 재정활동은 그러한 창고의 지원을 받거나 국왕의 직접적인 비호에서 비롯한 것이기 때문이다.[149] 고려 후기에 5고와 같은 재정기구를 둔 것은 왕실재정이 크게 궁핍하게 된 때문이었다. 왕실재정의 궁핍을 타개하는 방안으로 내놓은 것이 바로 국왕 전속의 재정기구를 신설하는 것이었다. 국왕재정기구의 설치로 얻는 이점은 정부기구에 의존하여 상공을 제공받는 것이 아니라 스스로 수취에 나섬으로써 왕실재정 수입을 확대한다는 것이 그 하나이고, 이 기구를 통해 재정원이 크게 위축된 궁원을 손쉽고 빠르게 지원할 수 있게 한다는 것이 다른 하나이다.

창고궁사를 혁파한다는 전제개혁에서의 목표는 태종 대에 와서 달성될 수 있었다. 태종 3년에 창고궁사를 대대적으로 혁파하여 상공 각사에 귀속시킨 것이다.[150] 창고궁사의 혁파가 비교적 용이하게 이루어질 수 있었던 것은 전제개혁을 통해 토지겸병에 의해 잠식되었던 왕실의 토지가 크게 회복되어 왕

---

148) 조준의 3차 전제개혁상소문에 나타나는 '四庫'는 창고궁사를 통폐합하여 설립하려 한 정부 창고가 아닌가 한다.

149) 일찍이 周藤吉之가 창고와 궁사 모두 국고의 회계에서 제외된 사장고의 성격을 지닌다는 이유로 창고궁사를 사장고로 명명한 이래(「高麗朝より朝鮮初期に至る王室財政 −特に私藏庫の硏究−」, 『東方學報』10−1, 1939.) 오늘날까지 답습되고 있으나 적절한 명명이었다고 말하기 어렵다. 창고궁사 외에도 사장을 보관하는 창고는 많이 있었고, 창고궁사의 기능이 사장의 보관에만 있는 것이 아니었기 때문이다.

150) "汰冗官改官制 … 罷德泉庫爲內贍寺 義成庫爲內資寺 司水監合司宰監 內藏庫合承寧府 保和庫合恭安府 義順庫合禮賓寺 興信宮合長興庫 延慶宮合軍資監 延福宮合義盈庫 … "(『태종실록』 권5, 태종 3년 6월 29일) 이 조치로 인해 '各司位田'이 탄생되었다고 보인다. 이후 '위전'의 용례가 확대되면서 풍저창이나 광흥창에 소속된 토지까지도 각사위전의 범주에 포함되었지만, '각사위전'의 기원은 어디까지나 태종이 각사에 귀속시킨 창고궁사전에 기원을 두고 있는 것이 아닌가 한다. 창고궁사전이 분급되기 이전까지 각사에 분급된 토지는 각사의 일상 경비에 사용되는 공해전 외에는 없었다고 생각되기 때문이다.

실의 재정적 기반이 탄탄해졌을 뿐만 아니라, 국가재정도 안정되어 왕실에 대한 상공이 원활하게 이루어질 수 있었기 때문이다.

나. 왕실부의 개혁과 후궁의 대우

전위집단은 창고궁사의 설치 목적의 하나였던, 후궁에 대한 상공을 없애고자 하였다. 즉 상공의 대상을 국왕, 왕비(대비), 세자로 한정하려는 것이었다. 후비에 대한 상공은 일반 신민의 일부일처 법도를 국왕에게도 적용, 정비 1인만 상공의 대상으로 한정함으로써 이루어질 수 있었다. 정비 외의 후비에게는 상공을 파하는 대신 세록歲祿을 지급하도록 하였다.[151] 후궁에 대한 상공의 폐지는 이미 전제개혁기에 달성되었고 조선 초기의 국왕들도 별다른 이의 없이 이를 준수함으로써, 어렵지 않게 확고한 제도로서 뿌리를 내릴 수 있었다. 후궁 외의 왕실인사에 대한 상공의 폐지도 어렵지 않게 달성될 수 있었다. 왕자와 부마에게 녹봉과 과전을 지급하여 이들에 대한 체계적이고 안정적 인 경제적 급부가 제공되었고, 여타의 종친이나 외척에게도 종친부·돈령부를 통해서 경제적 대우가 이루어질 수 있었기 때문이었다.

전제개혁기에 후궁들의 부가 모두 혁파됨으로써, 조선 초기 왕실부는 오로지 왕비와 세자에게만 개부開府하게 되었다. 다만 상왕上王이 두어졌을 때 상왕부가 추가될 뿐이었다. 한 가지 주목할 것은 부주府主가 사망한 후에도 그의 왕실부를 폐지하지 않고 오랫동안 유지되고 있었다는 점이다. 부주가 가졌던 재산을 당분간 보관해 두는 어고御庫 노릇을 한 것이 유지의 한 이유이다. 그러나 그보다는 왕실부에 설치된 직과職窠를 관원 임용상의 변통수단으로 이용한 것이 더 큰 이유였다.

---

151) "十二月 憲司以惠·愼·定·賢四妃 俱非正嫡 請依忠惠王慶妃故事 罷供上 給歲祿"(『고려사』권 137, 昌王 卽位年)

활용성이 높은 왕실부의 직과는 판사나 부윤 같은 고위직이다. 그 대표적인 사례는 명사明使로 파견되는 고관의 경우이다.[152] 오랜 기간의 사행으로 인하여 기존의 관직을 그만 두게 되면 관력상 공백이 발생하므로 한직인 왕실부의 판사나 부윤에 차임하였다가 돌아온 뒤에도 적절한 자리가 날 때까지 자리를 지키게 하는 것이다. 이러한 직과의 활용은 반드시 고관에게만 해당하는 것은 아니었다. 당하관의 경우에도 한산관閑散官이 현직에 복귀하는 방편으로, 현관現官이 자리에서 물러나 새로운 자리에 보임되기까지 대기하는 관직으로 이용된다. 승진 대상자에게 좋은 자리가 날 때까지 또는 품계가 올라가기까지 머무는 자리로 이용되기도 하였다.

왕실부는 세조 대에 이르러 마침내 혁파되고 말았다. 재정기구로서의 의미를 잃어가고 오직 부주府主의 위상을 과시하거나 관원임용상의 변통 수단으로서만 남아 있었기 때문이다. 세조의 '용관의 혁파'와 '관료제의 합리화 조치'의 일환이었다. 경창부(『세조실록』 6년 5월 22일), 인수부(『세조실록』 10년 2월 30일), 인순부(세조 11년 11월에서 세조 14년 5월 사이)의 차례로 폐지되었다. 혁파 뒤에도 인수부의 이름이 남아 있는 것은 왕실부의 수조지나 잡물을 군사감과 각사에 넘겨준 다음에도 물품의 일부를 옛 건물에 보관하여 창고의 기능을 담당하게 한 때문이다.(『세조실록』 11년 2월 22일) 인순부의 경우에도 마찬가지여서 인수·인순부의 건물과 건물을 지키는 노의 존재는 중종 대까지 발견된다.

다음으로 후궁에 대한 대우를 보기로 한다. 후궁에게 상공하지 않는 대신 세록을 지급한다는 전제개혁기의 방안은 건국 후에 시행되었다. 후궁을 두지 않았던 태조가 계비繼妃의 사망 후 후궁을 들이자 곧바로 조준과 정도전은 후궁에서 궁녀에 이르는 內官의 호칭과 품계별 정원을 마련해 올렸다.(『태조실

---

152) 일례를 들면, 태종 3년에 이귀령을 恭安府判事에 임명함과 동시에 賀節使로 파견한 것이 그것이다.(『태종실록』 권 5, 태종 3년 1월 26일)

록』 6년 3월 15일) 태조 7년 1월에는 6개월 전에 받아들인 유준의 딸을 정경옹주로, 김해기金海妓인 칠점선을 화의옹주로 봉하였는데(『태조실록』 7년 1월 7일) 이때 양부에서는 용관 태거의 명분을 내세워 검교직과 함께 개국공신의 모·처 및 시녀 등에게 광범하게 지급한 녹봉의 축소를 요청했다.(『태조실록』 7년 윤5월 11일) 양부에서 후궁의 급록 문제를 직접 언급하지는 않았지만 재정 절감을 명분으로 하여 문제가 있는 후궁들을 맞아들인 데 대한 불만을 넌지시 표시한 것이었다. 이를 계기로 하여 태조는 조준과 정도전의 반대를 무릅쓰고 개국공신의 모·처에게는 그대로 급록하게 하되 후궁에 대한 급록은 정지시켜 버렸다.(『태조실록』 7년 6월 1일)

상황의 상세한 소개는 생략하고 태조가 후궁에 대한 급록을 갑자기 중단시킨 이유를 추정해 보면 대략 다음과 같다. 태조는 건국 전에 조준·정도전과 함께 국왕에게도 1부1처제를 적용하자는 데 동의하였고 그 자신 계비 생존 시에는 후궁을 들이지 않았다. 그런데 나름대로 모범적인 자세를 보인 자신에게 후궁 문제가 부각된 것에 민망함을 느낀 것이 그 하나요, 더욱이 자신이 들인 후궁들에 대한 물의가 있음을 알고 무안함을 느낀 것이 그 둘이며, 그렇지 않아도 계비가 죽은 지 얼마 되지 않아 후궁을 맞아 겸연쩍은 터에 급록이 방만하다는 지적을 받자 분노를 느낀 것이 그 셋이다. 정종 대에 잠시 후궁과 여관들에 대한 급록을 부활하였지만(『정종실록』 1년 5월 1일) 태종이 즉위한 후 다시 폐지되었다.[153] 이로써 후궁에 대한 녹봉 지급은 영영 사라지고 말았다.

이후 궁내에서의 생활을 위한 의식주는 제공되지만 후궁은 녹봉도 없고 독립적인 상공의 대상이 되지도 못했다. 자신의 친정으로부터의 상속과 국왕의

---

153) 태종은 즉위 직후 폐지하였는데(『태종실록』 권 1, 태종 1년 3월 9일) 잠시 다시 부활하기도 하였지만 최종적으로 태종 5년에 급록 폐지를 확정하였다.(『태종실록』 권 9, 태종 5년 3월 16일)

사적인 사여에 의존하였다.[154] 국왕의 사후 남겨진 후궁의 생활을 지원하기 위한 방안이 체계적으로 마련된 것은 세종 대였다. 임시 미봉책으로 이루어지던 지원을 제도화하여 선왕의 후궁들을 함께 생활하게 하고(수강궁) 집단적으로 상공의 대상이 되게 하였던 것이다.[155] 이후 이것이 하나의 관행이 되었다. 후궁들은 체발한 채 궁에 거주하기도 하였지만 출가하여 정업원에서 생활하기도 하였다.[156]

다. 궐내상공기구의 정부기구화

상공기구 일체를 정부가 장악한다는 목표는 다른 목표에 비한다면 상대적으로 오랜 기간이 소요되었다. 상의원·사옹원 같은 궐내상공기구를 정부기구로 바꾸는 작업은 궐내 왕실인사의 생활과 관련되는 미묘하고 복잡한 것이었기 때문이다. 그러나 조선 초기의 군주들이 '인군무사장'의 이념에 공감하고 있었기 때문에 점진적인 개혁을 통해 이루어질 수 있었다. 태종·세종의 경우 군주 스스로 궐내기구의 정부기구화에 앞장서서, 궐내기구에서의 환시宦寺들의 비중을 줄이고 그들에 대한 조관의 통제를 강화해 나갔던 것이다.[157] 마침내 세조 대에 이르러 궐내기구의 정부기구화에 마침표를 찍었다. 정식의 정

---

154) 후궁의 급록 정지와 함께 없어졌던 시녀에 대한 봉록은 재개되었지만 녹봉이 아닌 월봉으로 지급되었다. 월봉은 녹봉과는 뚜렷이 구분되는 것이었다. 일반 관원들의 녹봉처럼 광흥창에서 지급하는 것이 아니라 월봉은 국용예산을 담당하는 풍저창에서 지급하도록 함으로써, 일반 관원들과 구분한 것이다.(『태종실록』 권 23, 태종 12년 1월 7일)
155) 『세종실록』 권 7권, 세종 2년 1월 9일;『세종실록』 권 25, 세종 6년 7월 15일.
156) 탁효정, 「조선 전기 정업원(淨業院)의 성격과 역대 주지 - 조선시대 정업원의 운영실태(1)」, 『여성과 역사』, 22, 2015.
157) 상의원에 조관을 임명하는 조치가 태종 12년에 취해지고 있으며(『태종실록』 권 24, 태종 12년 12월 17일), 세종은 조관으로 임명하는 제조 - 별좌체제를 활성화하여 상의원 소속인의 일탈 행위를 방지하였다. 사옹원이 정부기구화된 것도 태종 5년의 일로 이조의 속아문으로 배속되었다.(『태종실록』 권 9, 태종 5년 3월 1일) 그리고 세종 대에는 사옹방 별좌에 조관을 임명하였다.(『세종실록』 권 56, 세종 14년 4월 15일;『세종실록』 63권, 세종 16년 3월 5일).

부기관이 되어 다른 정부기관과 마찬가지의 호칭을 가진 정연한 관원 구성을 보이게 되었다.[158] 세조는 왕실부까지 폐지했을 뿐 아니라 횡간을 도입하여 왕실공재정의 항상성과 효율성을 도모하는 한편 절약을 유도하였다. 적극적인 제도개혁을 통해 왕위찬탈로 빚어진 정통성의 취약성을 메우려한 세조의 열의에 의해 조선 초기의 왕실재정 개혁이 마무리 될 수 있었던 것이다.

② 상공의 정부관리

국왕은 전제군주로서 국가 전반의 재정운영권을 가진 존재였다. 더구나 자신을 포함한 왕실을 위해 바쳐지는 상공이라면 더 큰 권능을 갖게 될 것이다. 그러나 상공은 인민의 부담에서 나오는 것이므로 상공을 자의적으로 운영해서는 안 된다는 명분을 저버릴 수 없었다. 인민으로부터 수취하여 왕실에 봉진奉進하는 정부 역시 상공의 운영권을 군주와 나누어 가지지 않을 수 없다. 정부가 군주의 상공 운영권을 견제하는 방식은 크게 두 가지였다. 위에서 본 바와 같이 일체의 상공기구를 정부기구화하여 상공을 항시 관리하는 것, 그리고 왕실이 상공 물품을 이용할 때 일정한 행정절차를 거치도록 하는 것이었다.

전제개혁기에 상공 물품의 대내 반입을 위한 행정절차인 승전承傳의 시행 원칙을 수립하였다.[159] 그러나 태조 1년에 대사헌 남재는 환시가 직접 왕패를 내리고 승지는 그러한 사실을 알지 못했던 여말의 폐단을 시정하기 위해 "무릇 내용內用은 승지가 친히 계를 올려 도평의사사에 내리"도록 촉구하는 것을 보면 전제개혁기의 행정 개혁은 아직 정착되지 못했음을 알 수 있다.[160]

---

158) 상의원은 세조 12년에 녹관이 배치되었고(『세조실록』 권 38, 세조 12년 1월 15일) 사옹원에는 세조 13년에 녹관이 배치되었다.(『세조실록』 권 42, 세조 13년 4월 4일)
159) "(趙)浚又率同列 條陳時務 … 舊制 下王牌於諸倉庫宮司 必印以行信寶 今內豎獨署其名 亦非所以防奸也 願凡所內用 令都評議使供之 毋下王牌 以塞內豎盜竊之源"(『고려사』 권 118, 조준전)
160) 상공에서의 승전이 확고히 정착한 시기는 특정하기 어렵다. 늦어도 세조 3년 이전의 일이었음은

창고궁사의 대대적인 혁파가 단행되었던 태종 대에 오면 사정이 달라졌다. 태종은 즉위 초부터 '창고'의 별좌에 조관을 임명하더니 별좌의 보임규정까지 마련하였다.(『태종실록』 1년 8월 21일) 이 조치는 실제로 시행되었다. 태종 2년에는 삼사의 후신인 사평부가 회계 출납을 관장하게 되었다.(『태종실록』 2년 1월 16일)

세종 대에는 사헌부 감찰의 청대請臺를 위한 좀 더 세밀한 규정이 입안되었다. 반드시 물자의 출납에 도장을 사용하게 한 것이다. 각사가 매일의 청대를 꺼려 급한 일에 대비한다는 구실로 전곡을 외고外庫에서 빼오는 편법을 사용하자, 이를 봉쇄하기 위해서였다.(『세종실록』 1년 3월 6일) 청대의 절차는 궁궐에 상공을 직납하는 기구는 물론,(『세조실록』 11년 6월 29일) 궐내기구까지 확장되었다.(『성종실록』 3년 2월 15일)

③ 왕실재정 개혁의 의미와 한계

전제개혁기에서 세조 대까지 꾸준히 추진해 온 왕실재정의 개혁으로 고려의 왕실재정과 조선의 왕실재정에는 적지 않은 차이를 보이게 되었다. 공재정 운영 면에서 살펴본다면 우선 상공을 담당하는 재정기구의 차이를 들 수 있다. 고려 전기에는 왕실의 재정기구가 많았고 독립성을 유지했지만 조선 초기에는 일체 혁파되었다는 점이다. 조선 초기에는 유일한 재정기구로 내수사가 설립되었을 뿐이다. 내수사는 본래 왕실사재정을 담당하는 기구였지만 곧 상공에도 간여하는 준정부기구로 변모하였다는 특색을 보인다.

다음으로 왕실공재정 운영상 국왕 권한의 차이를 들 수 있다. 고려시대에

분명하다. 이때 세조는 내수소의 경우에도 환관의 말만 듣지 말고 "앞으로는 제사諸司와 똑같이 전지를 내린 후에야 시행하고, 계품할 것이 있으면 승정원이나 승전환관에게 단자를 올리라."고 명하고 있었기 때문이다.(『세조실록』 권9, 세조 3년 10월 2일) 정부가 상공을 관리하는 것을 세조가 적극적으로 수용하였음을 볼 수 있다. 조선 초기 승전의 구체적 절차에 대해서는 유승원, 앞의 책, 2020, 424, 429~430쪽 참조.

국왕의 왕실공재정 운영권은 강했으나 조선 초기에는 훨씬 약화되었다고 할 수 있다. 고려시대에는 상공 물품의 궐내 반입에 정부로부터 별다른 통제를 받지 않았으나, 조선 초기에 와서는 공안이나 횡간의 범위 내에서 소비할 수 있었고 이를 벗어난 소비는 정부가 통제하였다. 여말선초의 왕실재정 개혁으로 왕실재정의 공공성은 훨씬 강화되었다. 다른 말로 하면 국왕의 공재정 운영의 자의성은 크게 억제되었다고 할 수 있다.

왕실재정 개혁의 한계도 있었다. 왕실재정에 대한 과도한 제약이 후일 왕실재정을 비합리적으로 확대하는 반동을 불러왔기 때문이다. 조선 초기의 왕실재정 개혁은 왕실공재정에 대한 정부의 통제를 강화하고 왕실재정의 규모를 전체적으로 축소하는 방향으로 진전되었다. 그러나 그러한 체제의 지속은 어디까지나 왕실에 대한 국가의 경제적 지원이 지속적으로 뒷받침될 때 가능한 것이었다. 왕실의 수조지 역시 관원들의 수조지처럼 점차 그 면적이나 수조량이 감축되어 가다 16세기에는 마침내 분급이 중단되었다. 왕실수조지가 소멸되어 가고 장리長利를 통해 왕실사재정의 규모를 확대하려는 시도마저 억제되었을 때, 궁방전宮房田의 절수 및 확대는 불가피했다고 말할 수 있다. 진상의 경우에도 시간이 흐를수록 종류나 횟수, 규모가 커지게 되었다. 이는 늘이기는 쉬워도 줄이기는 어려운 예헌禮獻이라는 진상의 특수성 때문이기도 하지만, 크게 보면 왕실 수입이 줄어간 데 따른 왕실재정 보충의 의미도 없지 않았다.

여말 이래 조선 초기에 이르는 왕실재정 개혁에도 불구하고 조선왕조의 왕실재정은 그 운영상의 한계를 완전히 극복하지 못했다. 그러나 그러한 한계는 위정자들의 잘못이라기보다 왕조라는 근본적 한계에서 빚어진 것이라 할 수 있다. 조선왕조가 전제군주제 국가였고, 사대부계급은 그러한 군주와 국가에 의존하지 않을 수 없었기 때문이다. 왕실공재정의 공공성 실현이 안고 있는 태생적 문제라 하겠다. 조선 초기의 왕실재정에 대한 신료의 통제는 아마도 전제군주제 국가에서 도달할 수 있는 최대한의 범위와 강도로까지 나아간 것이 아닌가 한다.

2) 부세제의 개혁 —부과의 대상과 기준의 혁신

고려시대와 조선 초기의 부세제는 부세·공부·요역이라는 부세 종목상에서는 별다른 차이를 보이지 않았다. 그러나 부과의 대상과 기준에 뚜렷한 차이를 가졌다. 고려시대의 부세제는 신분이나 계급에 따라 부세체계를 달리하는 것이었던 반면, 조선 초기의 부세제는 신분·계급을 막론하고 소유 전결의 다소에 비례하여 부세를 부담하는 것이었다. '개세제에 기초한 비례세제'가 확립된 것이다.

(1) 태조 대

태조 대에는 전제개혁기의 부세제 개혁 방향을 계승하여 개혁을 시도하였다. 조건이 건국되자마자 곧바로 공부와 요역의 개혁에 착수한 것이다. 공부에서는 호포부터 폐지한 뒤 전제개혁에서 새로 수취하게 된 전세공물을 반영하고 기존의 상요·잡공 명목의 물품을 전면적으로 재조정하여 새로운 공안을 작성하였다.

요역에서는 차역을 위한 인정 기준의 호등제가 시행되었다. 보유 노동력의 크기에 따라 요역의 부담량을 결정하였고 사환호와 신역호를 가리지 않고 모든 공식호를 그 대상으로 한 것이어서 비례세제와 개세제의 정신을 함께 담은 것이었다. 인정기준에 의해 3등호로 구분한다는 이때의 규정은 『경제육전』에 재록되었으며 군현에서는 공식호를 대상으로 한 호등적을 보유하게 되었다. 이후 호등제가 적용되는 영역이나 호등을 나누는 기준은 시기에 따라 달라졌지만 호등제와 호등적 자체는 그대로 유지되었다.

요역에서의 호등제 실시는 군현이 지닌 부세 부과상의 재량권에 대해 정부가 통제를 시작했다는 점에서도 의미가 있다. 분등의 기준이 명확히 제시됨으로써 군현에서 민호에 분정할 때 그 취지와 방식을 일정하게 반영하지 않을 수 없었기 때문이다.

(2) 태종 대

태종 대에는 전결기준의 비례세제가 도입되었다. 요역과 공부를 막론하고 전결의 다소에 따라 부과량을 책정하는 방식을 채택한 것이다. 전결기준에 의한 부과는 동일 호등에 속하는 호는 같은 액수를 부담하게 되는 호등제보다 훨씬 더 비례세의 정신을 철저히 반영할 수 있다. 태종 대에도 전결기준과 나란히 호등제가 시행되었다. 그러나 태종 대의 호등제는 일상적인 과세 방식이 아니라 연호미나 저화유통과 같이 전국적으로 특별한 정책적 사업을 시행할 때에 국한하여 활용되었다.

비례세의 취지는 인정기준보다 전결기준에서 더 잘 반영될 수 있다. 부유한 가호는 빈한한 가호에 비해 대개 전결과 인정 모두 많다고 할 수 있으나 대체로 인정보다는 전결을 상대적으로 많이 소유하기 때문이다. 또 전결기준이 인정기준보다 훨씬 정확한 비례로 담세량을 산출할 수 있다는 점에서도 의미가 있다. 인정은 정수 단위로만 계산할 수 있지만 전결은 부負와 같이 작은 단위로도 계산할 수 있기 때문이다.

전결기준은 비례세제를 실현할 수 있는 수단일 뿐 아니라 개세제를 실현할 수 있는 수단이기도 하다는 점에서도 의미가 크다. 전결기준은 인정기준보다 개세제의 실현 가능성이 더 높다. 인정기준의 경우 신분이나 지위, 직책이나 거주지 등 여러 가지 사유로 인하여 특정 인정이 부과대상에서 제외될 가능성이 있지만, 전결기준의 경우 전지가 재해로 진황되는 경우 외에는 특정 전결이 부과대상에서 제외될 가능성이 상대적으로 적기 때문이다.

태종 대의 정부는 분정의 1단계에서는 물론 군현에서 민호에 부과하는 2단계에서도 인정기준보다 전결기준을 채택하도록 강력히 유도하였다. 태종 대에도 군현의 재량권은 상당히 용인되었다. 그러나 정부는 기회가 있을 때마다 전결기준을 관철하려는 의지를 표명했다. 이를테면 호등제를 실시할 때 호등을 나누는 기준에도 전결기준을 적용했다. 부세를 넘어 신역에까지 전결기준을 도입했다. 신역인에게 지급하는 조호의 수를 전결 다소로 결정하게 한 것이 그것이다. 전결기준과 인정기준을 함께 참작하라 하였지만 방점은 전결기준에 찍혀 있었던 것이다.

2단계에서도 전결기준은 빠르게 확산되었다. 공역工役과 같은 요역에서는 말할 것도 없고 공물 마련을 위한 공역貢役의 경우에도 전결기준을 채택하는 경우가 많았다. 2단계에서까지 전결기준 채택이 비교적 활발히 이루어진 데에는 몇 가지 이유가 있었다. 첫째, 중앙정부, 좀 더 구체적으로는 태종과 재상 하륜의 실행 의지가 강력했다는 점이다. 조세형평성을 강화하려는 의도뿐 만 아니라 왕자란으로 인한 정통성의 취약점을 민생 정책으로 만회하려는 의도도 깔려 있었다. 군현에서는 중앙의 강력한 추진 의지를 거스르기 어려웠다.

둘째, 군현의 입장에서도 전결기준의 채택으로 인한 이점을 누릴 수 있다는 점이다. 우선 조세형평성을 강화하여 민심을 얻고 분정의 공정성 시비도 크게 줄일 수 있다. 그리고 '부역균賦役均'이라는 수령 7사의 기준도 만족시킬 수 있다. 관찰사로부터 좋은 평가를 얻어 낼 수 있게 되는 것이다.

셋째, 전결기준에 의하면 납부량 산출도 용이해진다는 점이다. 전체 동원될 총 인부 수에 맞추어 1부를 내는 전결의 단위는 그때그때 얼마든지 탄력적으로 조정할 수 있다.

공물을 현물로 수취하는 부렴의 경우에도 전결기준에 의한 분정이 이루어졌다. 공물은 물종마다 특성을 달리하는 데도 불구하고 전결 다소에 따라 부과량을 쉽게 책정할 수 있었던 데는 여말 이래의 대납 관행이 일조를 했다. 여러 가지 포화잡물에 대납 가격이 형성되어 있었고 가호당 대납액을 보유 전결 수로 산출하는 데 익숙했던 것이다. 조선 초기에 때때로 대납금지령이 발령되었지만 대납은 중단되지 않았다. 제3자에 의한 대납인 방납만 단속 대상이 되었을 뿐 군현민과 관아 양측의 자발적인 의사로 이루어지는 대납은 문제되지 않았기 때문이다.

(3) 세종 대

세종 대에는 전결기준을 확립하고 부세 부과에 항상적 표준을 세우기 위해 노력했다. 전결기준이 날로 확산되고 있었지만 태종 대까지는 분정의 2단계에서 전결기준이 전면적으로 채택되지는 못하였다. 노동력을 수취하는 요역은 마땅히 인정이 많은 호가 더 많은 인부를 내야 한다는 원론적 차원의 반발이 있었고, 인정 수에 따라 차역해 온 종래의 관행을 바꾸는 데 대한 저항도 없지 않았다. 또 소소하고 잡다한 군현차원의 잡역에는 인정기준의 차정이 더 적합한 경우도 있었다. 그리하여 태종 대까지는 군현에 따라 인정 기준을 적용하는 사례가 산견된다.

세종 대에는 태종 대의 방향을 계승하여 전결기준의 시행을 계속해서 추진했고 마침내 전결기준이 확고히 정착했다. 그리하여 요역을 지칭할 때는 '소경所耕'이라는 수식어를 다는 것이 관용화될 수 있었다. 지방 자체의 일부 역을 제외하고는 대부분의 요역은 전결을 기준으로 하는 역, 즉 '소경요역'이 되었다. 여기에는 공부를 마련하기 위한 소경공부의 역과 부세를 수송하기 위한 소경전세의 역이 포함되고 축성과 같은 공역도 포함되었다. 이제 요역은 전결을 기준으로 해야 하는 소경의 역과 전결을 기준으로 하지 않아도 무방한 나머지 '잡역'으로 대비되는 양상을 보였다. 잡역은 군현차원의 잡다하고 소소한 역을 가리키는 경우가 많아졌고 그 분정은 군현의 재량에 맡겨졌다. 그러나 그러한 잡역까지 수령에 의해 전결을 기준으로 차정될 수 있었다.

전결기준 비례세제의 도입은 개세제 실현의 발판을 만들어 주었다. 재지사족은 모두 공부와 요역을 부담하게 되었다. 재경 관원이 관직에서 물러난 뒤 낙향하여 외방에 거주하는 경우에도 마찬가지였다. 오직 70세 이상의 치사致仕 당상관—후에는 실직 2품 이상—이상으로 전리田里에 퇴거한 자만 복호의 혜택을 받았다.

전결기준이 채택된다고 전결을 소유한 자 모두가 부세를 부담하는 개세제가 자동적으로 이루어지는 것은 아니었다. 전결 소유자 가운데 부세가 부과되지 않는 자가 있었기 때문이다. 부재지주였다. 전결기준에 의한 과세 방안이 제출된 당초에는 권세가들이 격렬히 반대하였다. 전결기준의 채택으로 말미암아 외방에 있는 자신들의 소유지에 조세 외에 공부와 요역까지 부과될까 우려한 때문이었다. 그러나 이 문제는 부재지주의 전결에는 공부와 요역을 부과하지 않는 방향으로 바로 정리되었던 것으로 보인다. 저항이 거셀 뿐 아니라 부재지주의 전결에 부세를 부과하는 데에는 법제적인 문제가 없지 않기 때문이다. 즉 현지의 가호나 인정을 대상으로 부과되어야 하는 공부와 요역을, 전결을 소유한다는 이유로 현지에 거주하지 않는 자에게 부과하는 데에는 불합리한 면이 있기 때문이었다. 부재지주는 자신의 소재지 전결에 대한 공부와 요역을 부담하면 그만이다. 따라서 부재지주 가운데 가장 유리한 것은 말할 것도 없이 서울 거주자였다. 재경관원 같으면 서울의 요역만 부담하면 되고 공부는 부담할 필요가 없었다. 서울에는 공부가 부과되지 않기 때문이다. 고려시대나 조선시대를 막론하고 서울에 거주하는 인구가 많았던 중요한 이유 가운데 하나이다.

개세제의 실현에서 문제가 된 것은 부재지주의 노비, 특히 서울에 사는 종친이나 고관의 노비로서 외방에 거주하는 노비였다. 전결기준하에서는 노비일지라도 자신의 전지를 소유했다면 공부·요역의 부과대상이 되어야 하는 것이었다. 외방에 거주하는 공노비들은 일찍부터 부과대상이었다. 그러나 사노비로서 외방에 거주하는 노비는 그렇지 않았다. 전조 이래 외거노비에게 부과하지 않는 오랜 관행이 형성되어 있었기 때문이다. 사노비는 국가의 공민이 아니라 개인의 사민이라는 이유였다. 더구나 외거노비들은 중앙에서 군현에 분정하는 1단계에서는 할당액 책정에 산입되지 않는 비공식 호구였다. 전결기준이 채택되었다 하여 군현에서 권세가의 압력이나 청탁을 거스르고 그동안 부과되지 않던 공부나 요역을 부과하기 어려운 일이다.

그러나 전결기준이 채택된 이상 개세제의 시행은 영원히 피해갈 수 없는 일이었다. 요역에서 전결기준이 확고히 정착된 세종 대에 마침내 권세가의 외거노비도 차역의 대상이 되었다. 세종이 나서서 종친이나 세가의 외거노비에게 요역을 부과할 것을 명령한 것이다. 분정의 재량권을 가졌기 때문에 도리어 외거노비의 차역을 부담스러워하던 수령도 왕명 덕분에 권세가의 눈치를 보지 않고 그들의 전결에 요역을 부과하기 한결 쉬워지게 되었다. 그동안 철저하지 부과하지 못했던 재지사족의 각거노비에 대한 차역 역시 수월하게 이루어지게 되었다.

태종 대에 성격이 바뀐 호등제는 세종 중년에 이르러 또다시 성격이 바뀌었다. 특별한 국사사업을 위한 과세 수단이 아니라 일반적인 공부와 공역의 부과를 위한 수단으로 바뀐 것이다. 또한 이제까지의 전결기준과 인정기준을 병용이 아니라 전결기준만 채택하였다. 세종은 공부와 공역에 항상적이고 통일적인 표준을 세우려 한 것이다. 그러나 뚜렷한 한계를 가진 것이었다. 호등의 대상이 공식호에 국한되어 있었기 때문에 분정의 2단계에서는 세종의 바람과 같이 그대로 적용할 수 없었다. 호등제는 본질적으로 불철저한 비례세제였다. 더구나 새삼스런 호등제의 적용은 그동안의 전결기준 확산 추세에 역행하는 것이기도 했다. 모처럼 마련된 5등호제는 군현이 민호에 공물이나 공역을 분정할 때 거의 활용되지 못하게 되고 말았다.

(4) 세조 대 이후

세조 대에는 요역과 마찬가지로 공부에서도 비례세제와 개세제가 확고히 정착되었다. 조선왕조의 부세제는 마침내 보편적 부세 부과체계의 확립을 보게 된 것이다. 세조 대 이후에도 조선시대에 간혹 호등제는 시행되었지만 호등제의 성격은 태종 대의 경우와 비슷했다. 특별한 국가사업을 위해 민호에 새로운 의무를 부과할 때 3등호제를 사용한 것이다.

세조 대 대납의 전면적 허용은 공부에 비례세제가 정착되는 데 결정적인 역할을 했다. 지방의 관민에게 대납은 광범하게 수용되었고 대부분의 물품에 상용되는 대납가가 형성될 수 있었으며 전결에 비례하여 대납가 산출도 자연스럽게 이루어질 수 있었다.

세조 대에는 대대적인 호구개혁이 단행되어 공식호가 크게 증가하게 되었다. 이로써 공식호 외의 준공식호를 바탕으로 행사되던 군현의 재량권이 자의적으로 활용될 여지가 크게 축소될 수 있었다. 2단계에서도 전결기준을 무차별적으로 적용할 가능성이 커진 것이다.

공부에서의 개세제 실현은 요역의 경우보다 다소 늦게 이루어졌다. 공부에서 개세제 실현의 걸림돌 역시 공식호에 속하지 않는 권세가의 외거노비호였다. 공부는 본래 '호가 있으면 조가 있다(有戶則有調)'의 원칙에 따라 인정이 아닌 호를 대상으로 하였다. 형식상으로는 공식호를 대상으로 부과되는 부세였던 것이다. 공부 부과를 위해 제정한 세종 17년의 5등호제에서도 호등의 대상은 여전히 공식호였던 것이 좋은 예이다. 물론 2단계에서는 중앙에서 할당된 공부액을 군현에서 비공식호인 노비호에게도 분정하는 것이 가능하다. 그러나 애당초 공식호를 대상으로 책정된 공물을 이제 요역까지 부담하게 된 권세가의 노비에게 분정한다는 것은 현실에서 실현되기는 어려운 일이었다. 요역에서와 같이 공부의 경우에도 개세제의 마지막 장애물의 제거는 군주의 몫이었다. 세조가 나서서 재상의 외거노비에게도 예외 없이 요역과 공부를 부과하라는 엄명을 내렸던 것이다. 그와 동시에 왕실노비인 내수사 노비에게도 과세하였다. 재상의 외거노비나 내수사 노비에 대한 과세는 재지사족의 각거노비에게 영향을 미치지 않을 수 없었다. 그동안 미온적으로 부과되기 쉬웠던 재지사족의 각거노비에 대한 과세까지 덩달아 강화되는 결과를 가져오게 되었다는 것이다.

사노비가 일반 평민과 똑같은 부과의 대상이 된 것은 큰 의미를 가진다. 사노비에 대한 과세는 노주관계나 지주제 경영에 적지 않은 영향을 끼치게 될 것이기 때문이다. 노비가 면세의 혜택을 받지 못하게 되면 노비의 주인에 대한 충성도가 낮아질 수밖에 없다. 또 노비주는 부세 납부로 인해 노비가 조락하는 것을 방지하기 위해 수탈을 줄이거나 추가 지원이 필요하게 된다. 이를테면 작개지의 공출량을 줄이거나 사경지의 지급 내지 가급과 같은 것이 그것이다. 비록 노비의 부세 부담으로 노비주가 직접 추가적인 공부나 요역을 부담하는 것은 아닐지라도 노비주의 경제적 손실이 발생하지 않을 수 없게 되는 것이다. 사노비가 져야 할 부세 부담이 결국 상전의 부담으로 전가되는 셈이다.

노비의 부세 부담으로 노비주가 사노비의 면세를 전제로 하여 경영하던 기존의 토지경영 방식들에도 변화가 일어나지 않을 수 없게 된다. 그동안 노비에 대한 면세 혜택을 발판으로 상전은 노비에 대한 수탈을 그만큼 많이 할 수 있었고, 노비의 면세를 미끼로 조락한 양인의 투탁을 유인하기도 용이하였다. 노비를 유지하기 위한 비용이 만만치 않게 되면 노비로 하여금 경작하게 하기보다는 병작반수와 같은 소작제로 눈을 돌릴 수 있다. 양인의 투탁이나 은점이 어려워지면 합법적인 노비 증대책 즉 양천교혼에 의한 증대방식을 선호하게 된다.

사노비에 대한 과세는 노비의 지위에도 영향을 미치게 된다. 노주관계의 변화를 넘어 납세의 의무를 통해 공적 지위도 달라지게 된다. 노비의 사민으로서의 성격이 약화되는 만큼 공민으로서의 성격은 강화되는 것이다. 즉 사노비도 국민의 일원이라는 위상이 정립되는 것을 의미한다.

개세제에 입각한 비례세제가 확립되자 공부와 요역을 가릴 것 없이 분정 기준은 전결 하나로 통일될 수 있었다. 세조의 호구개혁으로 공식 호구가 크게 늘어나게 되자 군현의 재량권의 크기도 그만큼 감소하게 되었다. 1단계의 전결 위주 분정기준이 2단계에서도 뿌리를 내릴 가능성이 크게 높아진 것이다. 세조 말년 공부와 요역의 부과기준이 통일되었고 이를 토대로 성종 2년에는 '역민식'이 반포되어 공부와 요역을 구분함이 없이 '전8결 출1부'의 기준이 적용될 수 있게 되었다. 이 기준은 2단계에서도 지켜야 할 객관적 기준이 되었던 만큼 개세제에 기초한 비례세제는 더욱 현실에서 구현될 가능성이 커졌다. 공부의 경우 납공하는 물종마다 특성이 다양하여 모든 물종에 일률적으로 '전8결'을 단위로 하는 부과가 이루어지기는 어렵다. 그러나 전결에 비례해서 분정한다는 원칙은 다를 수 없었다.

개세에 기초한 비례라는 부세 부과원칙은 현실에서도 비교적 잘 준수되고 있었던 것으로 짐작된다. 퇴거 후에 낙향한 대신에게 요역이 부과된 사례가 나타난다. 전결을 기준으로 한 부과가 확립된 직후인 예종 대에 '칭념'의 첫 사례가 나타난 것도 결코 우연이 아니다. 종친이나 고관이 외거노비를 비호하기 위해 수령에게 청탁하는 칭념의 존재는 한편으로 압력이나 청탁에 의해 부세 부과원칙이 훼손될 여지가 있음을 보여주는 것임에 틀림없다. 그러나 다른 한편으로는 외거노비에 대한 부세 부과가 실제로 이루어지고 있었음을 오히려 반증해 주는 것이라 하겠다. 부과가 실제로 이루어지지 않고 있었다면 칭념을 할 필요가 없었을 것이기 때문이다. 칭념의 목표가 주로 수령이 재량권을 행사하기 쉬운 '잡역'이었다는 것도 일반 공부나 요역에서는 부세의 부과 원칙이 현실에서도 어느 정도 작동되고 있었음을 시사하는 것이라고 할 수 있다.

4장 요약과 조망

1절 요약

1. 고려 문벌사회의 구조와 그 모순

고려사회는 문지를 기준으로 개인을 평가하고 대우하는 문벌사회였다. 계급을 가리지 않고 문지의 구분이 이루어졌으며, 문벌주의 정책이 국가의 인사 행정에도 공식적으로 반영되었다. 고려사회의 지배계급인 문벌계급은 관직의 취득을 통해 형성되었다는 점에서 고려사회는 문벌사회 가운데서도 관직 문벌사회라 할 수 있다. 고려의 문벌계급을 이룬 재경관원층은 문벌체제의 지지자이자 수혜자였고, 문벌계급의 핵심에는 한 집안에 2~3 대에 걸쳐 재상을 배출한 문벌이 있었다.

문벌체제는 성종 이후 본격적인 중앙집권적 관료체제를 구축하는 과정에서 성립되었다. 고려왕조는 통일의 과업을 달성하기 위해 왕건에 귀부한 지방세력들의 기득권을 인정하지 않을 수 없었다. 이에 따라 지방별로 형성되어 있던 자위공동체 내의 기존 계층체계도 그대로 온존되었다. 향촌의 지배층인 지방세력이 상류층이 되고, 전업적 전사가 중류층을 이루었다. 향촌민의 다수를 차지하는 자작 농민층 아래에는 상류층의 토지를 경작하는 용전인이 있었고 가장 밑바닥에는 노비가 있었다.

고려왕조는 전국에 산재해 있는 지방세력을 통제하기 위해 중앙 관료집단의 구축이 필요했다. 광종 대에 과거제를 도입하고 성종 대에 이르러 당·송의 관제를 원용하여 기본 틀을 마련함으로써 고려 나름의 중앙집권적 관료체제가 구축되기 시작했고 지방에 대한 통제가 이루어지게 되었다. 이 과정에서 그때까지 미분화 상태에 있던 상류층은 문벌계급과 중간계급으로 분화되었다. 고려왕조는 관원에 대한 많은 우대책을 마련했으며, 관료집단을 안정적으로 확보하기 위해서 음서제를 도입했다. 이후 주로 기존의 관원가에서 관원의 재생산이 이루어지면서 문벌체제는 확고히 자리 잡게 되었다.

고려사회는 신라 귀족사회를 극복하면서 탄생한 사회였다. 신분제에 근본적인 변화가 일어나지 않을 수 없었다. 고려왕조는 귀족체제와 귀족신분을 폐기하고 양천제를 수용했다. 양천제의 수용은 천인과 같은 결격자가 아니라면 원칙적으로 누구나 관직에 나아갈 자격이 있다는 의식을 위정자들이 갖게 된 것을 의미한다.

그러나 고려 문벌사회에서 완전한 양천제가 정착될 수는 없었다. 문지가 다른 사람들을 양인이라는 하나의 신분범주로 묶는다는 것은 문벌사회에서는 생소한 개념이었기 때문이다. 노비는 천인으로 간주했지만 모든 비노비자를 양인으로 간주하지도 않았고, 천인이 아닌 자에게는 보편적인 권리·의무가 부여되어야 한다는 의식을 가지지도 않았다. 인민 중에는 일반 평민과 구분해야 할 자들이 있었다. 향리와 경군과 같은 직역인과 향·소·부곡·진·역 등의 특수 행정구역에 거주하는 잡척이었다. 위정자들은 직역인과 잡척에 대해서 각각 독자적인 권리·의무체계를 설정함으로써 특수 신분집단을 창출하게 되었다. 이리하여 고려사회는 양·천이라는 포괄형 신분과 중간신분·잡척이라는 선별형 신분을 동시에 설정하는 다원형의 신분제를 운영하게 되었던 것이다.

문벌사회로 전환되면서 계급구성도 판이하게 달라졌다. 문벌체제 성립 이후의 고려시대 계급은 문벌계급·중간계급·평민계급·노비계급이라는 4개의 계급으로 구성되었다. 지배계급을 이루는 관원에게는 많은 특혜가 주어졌다. 관원의 재생산에 결정적으로 유리하게 작용하는 문음의 혜택이 가장 대표적이다. 형벌에서도 귀향이나 수속을 비롯한 많은 예우가 베풀어졌다. 그 밖에도 조용조 3세가 사실상 모두 면제되고 그들의 외방 토지를 경작하는 용전인에 대한 지배권이 인정되었다.

향리와 경군이 중간계급의 주류를 형성했다. 중앙정부가 향촌사회에서 각기 상류층과 중류층을 이루던 부류들을 중간신분으로 설정한 데서 중간계급으로서의 위치가 확정되었다. '직역'을 세전하게 되면서 다른 계급과의 사회적 구분이 선명해지고 집단의 고정성도 확고해졌다. 또한 '직역'을 매개로 하여 지배계급의 통치 역할을 보조하는 사회적 역할—즉 각기 국가 행정 수행과 국가공동체 수호라는 역할—이 부여되었다. 사회적 구분·사회적 역할·집단의 고정성이라는 계급의 세 조건이 모두 구비될 수 있었던 것이다. 중간계급에는 세습적 직역인 향리·경군 외에 남반과 서리의 일부가 포함된다. 남반이나 서리직을 가업으로 삼아 대를 이어 남반과 서리에 진출했던 부류이다.

고려의 호적에는 대체로 중간계급 이상의 호만이 등재되었다. 평민층과 구분하여 지방의 중류층 이상만 등재한다는 문지 의식이 작용한 탓도 없지 않았으나, 기본적으로는 평민 이하 계급에 대한 통치는 지방세력인 관반官班에게 일임한 데서 성립된 것이라 볼 수 있다. 문벌체제 성립 이전의 중앙정부는 통치를 보조하는 중간계급의 명단을 확보하고, 군현에 할당한 부세를 차질 없이 수취하는 것으로 만족한 것이다. 일단 한번 성립되고 나면 호구제는 뒤에 다시 바꾸기가 어렵다. 연계된 부세제를 함께 바꾸어야 할 뿐 아니라 이해 당사자의 거센 저항에 직면하지 않을 수 없기 때문이다. 평민계급은 말할 것도 없고 군현의 수령·향리도 결코 바라는 바가 아니었다. 호적에 등재되는 호구가 증가된다면, 중앙에 대한 부담을 그만큼 더 떠안게 될 뿐 별다른 이익을 기대할 수 없기 때문이다. 고려 후기 경군이 붕괴된 뒤에 평민계급의 일부를 호적에 등재하기 시작했지만 기존의 호수를 채우기 위한 것에 불과하였다.

자작농층의 농민과 공·상의 생업에 종사하는 일반민이 상층 평민이 되었고 잡척과 용전인이 하층 평민을 이루었다. 농·공·상 사이의 수평적 사회이동은 별다른 제약이 없었다. 고려왕조가 문지에 의한 기회의 차등을 광범하게 설치하기는 했지만, 상층 평민의 경우 입사는 물론 과거 응시를 법제적으로 차단하지는 않았다. 반면 잡척과 같은 하층 평민의 상승이동은 법제적으로도 일정한 제한을 받았다. 용전인은 비록 그들에 대한 신분적 규제는 설치되지 않았지만 정부로부터 도외시된 때문에 예속인의 처지를 벗어나기 어려웠다. 문벌계급의 반인신적 지배를 받는 예속인으로서 유이하는 것이 거의 유일한 저항수단이자 사회이동의 기회라 할 수 있다. 다만 기존 용전인의 유이로 말미암아 발생한 진전의 생산량 증대를 꽤했던 정부는 개간을 자원한 새로운 용전인에 대해서는 1/2 지대를 책정하여 보호에 나서기도 하였다. 그러나 고려 후기까지 용전인의 처지는 별로 향상되지 못했다.

노비는 신분이자 계급이었다. 노비는 그 법제적 지위가 명확히 규정되어 있었고 그 지위를 자자손손 계승해야 했으므로 노비와 비노비자의 사회적 구분은 더할 나위 없이 명료했고 계급으로서의 고정성도 확고했다. 큰 공을 세워 면천되는 것, 유망하여 신분을 위장하여 사는 것만이 유일한 신분 탈출로가 된다. 노비의 사회적 역할은 소유주인 관官·주主에게 필요한 노동력을 제공하는 데 있었다. 공노비는 평민에 다음가는 국가의 부차적 토대였지만, 사노비는 소유주의 주된 토대라 할 수 있다. 노비는 소유주 토지의 경작·관리뿐만 아니라 소유주 가족에 대한 가사와 수발을 거의 전담했기 때문이다. 같은 노비라도 공노비인가 사노비인가, 생산노비인가 가내 사환노비인가, 솔거노비인가 외거노비인가 등에 따라 생활 양태는 다양하였다. 노비 사이의 실제적 지위의 편차는 상당히 컸던 것으로 짐작된다.

고려사회 신분제의 모순은 양천제를 표방하면서도 양천제가 제 기능을 하지 못한 데 있다. 고려 후기에는 중간신분과 잡척신분이 해체되어가는 양상을 보였지만 이러한 흐름은 양천제로 수렴되지 못하였다. 양천 2분법적 구분도 성립되지 못하였고, 계급 간의 격차가 커서 비노비자 사이의 신분적 제일성도 이루어지기 어려운 상황이었다.

고려 계급구조의 모순은 문벌계급이 사회적 특권을 독점함에 따라 여타 계급의 존립 기반이 불안정해진 데에 있었다. 문벌계급은 자신들의 보조계급이었던 중간계급의 경제기반까지 침해했던 것이다. 특히 경군의 경우가 그러했다. 문벌계급 내에서도 갈등이 빚어졌다. 문벌계급의 확대를 가져오는 새로운 관원의 편입이나 새로운 문벌의 대두는 피할 수 없었기 때문이다. 문벌체제는 문벌계급 내부의 다툼으로 크게 동요되었다. 무신정권이 들어선 것이 그것이다.

고려시대에 정교한 지배 이데올로기는 마련하지 못했지만 지배 정당화 논리는 구비하고 있었다. 고려 문벌체제를 정당화하는 논리의 하나는 과거제의 실시로 대표되는 능력주의에 있었다. 능력에 의해 관원이라는 성취적 지위를 취득했다는 논리는 지배계급에게 자긍심과 계급적 정체성을 부여할 수 있었다. 피지배계급을 향해서는 통치라는 자신들의 사회적 역할을 정당화하는 논리로도 사용될 수 있었다.

광범한 음서제의 시행을 가져온 문벌주의도 고려 문벌체제에 대한 정당화 논리의 구실을 했다. 가문이 이룬 성취는 존중되어야 한다는 것이었다. 문벌주의가 능력주의와 공존할 수 있었던 데에는 여러 가지 이유가 있었다. 문지에 의한 차별은 기회 부여의 차등에만 그치고 지위 상승의 기회 자체를 막지는 않았다는 점, 양자가 모두 '성취'라는 같은 뿌리에서 분지되어 나온 것이라는 점, 신라 왕조와 귀족에 대한 선망이나 모방의 의식을 청산하지 못한 데서 나온 문벌의식이 만연하여 문벌주의에 대한 반감이나 저항이 적었다는 점, 능력주의와 문벌주의 모두 고려왕조의 정치적·사회적 안정을 가져오는 데 상호보완적인 기능을 발휘할 수 있었다는 점, 개인을 집안의 일원으로 간주함으로써 능력주의와 문벌주의 사이의 원리상의 모순을 크게 의식하지 못하였던 점 등이다. 결국 고려 문벌계급의 지배정당화 논리가 천명하는 사회적 전언은 "우리(문벌계급)는 능력으로 현재의 지위를 누리게 된 자들이며 현 사회체제는 능력 있는 자들을 발탁하여 적절하게 대우하는 체제이다", "능력과 노력을 통해 이루어 낸 성취는 충분한 보상을 받을 자격이 있다"는 것이다.

그러나 양자의 원리는 궁극적으로 배치되는 것이어서, 양자의 공존이 언제까지고 유지될 수는 없었다. 문벌주의는 기회와 보상의 불공정을 야기하여 능력주의를 저해했고, 지배계급의 특권의식을 조장했다.

고려사회는 전 시대에 비해 중앙집권적 관료체제의 발달을 뚜렷이 보여주었으며 군신 간 권력분립의 토대 위에서 신라시대보다 안정적인 권력구조를 구축할 수 있었다. 그러나 기존의 지방세력을 그대로 온존시킨 상태로 왕조가 출범한 탓으로 고려의 군주권은 강하지 못했다. 군주의 권능을 강화하기 위해 지방세력을 통제할 중앙 관원층을 키웠으나 이번에는 중앙관원을 통제하는 데 애를 먹게 되었다. 군주의 축과 재상의 축이라는 권력의 양축 사이에서 권력균형을 잡기 어려워진 것이다. 권력균형을 위해 채택한 것이 광범한 겸직제의 시행이었다. 겸직의 확대는 일시적으로 양축 사이의 국가권력 안배에 도움이 될 수는 있었다. 그러나 장기적으로는 군주의 축이 작동하는 범위를 축소시키기 쉬웠다. 재상의 인원수, 겸직 범위 그리고 재상합좌체제의 확대 등이 이루어지면 군주가 재상을 제어하기는 그만큼 더 어려워지게 되기 때문이다. 광범한 겸직제는 중앙집권적 관료체제에도 나쁜 영향을 끼쳤다. 군주가 중앙기관을 일원적으로 통할하는 데 어려움을 겪지 않을 수 없었고, 정부조직의 중첩성과 이중성을 가져왔던 것이다.

고려 토지분급제의 뼈대는 수급자가 소유한 토지에 조세 납부를 면제시켜 주는 면조권을 부여하는 것이었다. 분급자인 정부나 수급자인 관원 모두에게 편의한 방식이었다. 문제는 전시과의 토지 가운데 가장 중요한 양반전의 경우 후손들에게 전수될 것으로 예상—혹은 기대—하고 분급토지의 환수에 정부가 소극적이었다는 데 있다. 관원은 끊임없이 충원되는데 분급토지가 제대로 환수되지 않았으니 토지부족으로 인해 토지분급제가 마비되는 것은 불가피한 일이었던 것이다.

고려사회의 부세제는 계급별로 부세 부과체계를 달리했을 뿐 아니라 조세 역진성을 가지고 있었다. 문벌계급은 면세의 특권을 누렸고 자신의 노비들까지 과세 대상에서 제외되는 혜택을 누렸다. 중간계급 역시 직역의 대가로 조세가 면제되었다. 공부와 요역은 부담했으나 조포調布와 국가차원의 요역만을 부담하였다. 반면, 경제적인 약자라 할 수 있는 평민계급은 조용조 3세의 무거운 부담을 떠안았다.

2. 사대부계급의 형성과 계급투쟁

고려 후기에는 각 부문의 문제들이 부분적으로 개선된 것도 있었으나, 전체적으로는 전기 이래의 구조적 모순들이 심화되고 있었다. 그러나 다른 한편에서는 극한 상황에 몰리고 있는 민생과 국가재정에 활로를 열어줄 수 있는 가능성이 만들어지고 있었다. 바로 농업생산력의 발달이었다. 단위 면적당 생산량을 증대시키는 농업기술이 발달하고 있었으며, 전란으로 황폐된 토지를 복구하고 경작 면적을 확대시키는 개간에도 상당한 노력이 기울여지고 있었다. 이처럼 고려 후기에 새로운 경제적 발전의 기회와 토대는 마련되었으나 인민 살림살이의 개선은 이루어지지 못했다. 중앙의 권세가들이 토지겸병으로 지방민을 침해하고 개간의 이득을 독점한 때문이었다.

고려 후기에는 심각한 대내외적 모순에 직면하여 위기의식이 고조되고 있었다. 몽고와의 오랜 전쟁, 원에 의한 내정간섭, 두 차례의 홍건적 난과 반세기에 걸친 왜구의 침략과 같은 극심한 대외적 위기를 겪어야 했다. 대내적으로도 국왕의 측근세력에 의한 정치적 파행과 토지겸병을 자행하는 권세가들의 발호로 어려움을 겪고 있었다. 군주권과 국정은 측근세력에게 좌우되었으며, 권력형 농장의 만연으로 국가재정과 민생의 파탄이 초래되었다. 사회의 위기의식이 고조됨에 따라 직면한 대내외적 어려운 상황을 타개하려는 개혁적 성향의 관원-지식층이 형성되기에 이르렀다.

개혁적 성향의 관원들은 꾸준히 배출되었고 성리학을 매개로 세력 결집이 이루어졌다. 사회개혁을 추진할 때마다 결정적 걸림돌이 되었던 원의 압력을 배제하기 위해 공민왕의 반원개혁이 추진되기도 했다. 그러나 우왕 대까지 '신흥유신'들은 개량주의적 개혁책의 제시와 시도 이상은 추진하지 못하였다. 그러한 와중에 신흥유신 사이에 분화가 일어나게 되었다. 근본적 체제 개혁을 도모하려는 인사들이 나타난 것이다. 사대부계급의 전위집단 역할을 담당하게 된 정도전과 조준이 그 핵심이었다. 그들은 정계와 일정한 거리를 두고 은인자중하면서 전면적이고 근본적인 사회혁신의 방향과 방안을 모색했다. 마침내 위화도 회군이라는 뜻밖의 기회를 만나 이성계의 지원을 받음으로써 수면 위로 부상할 수 있게 되었다.

전위집단은 여타의 신흥유신과는 질적으로 달랐다. 기존의 사회를 근본적으로 바꾸어야 한다는 소명의식과 실행의지, 그리고 시대적 과제를 해결할 수 있는 방안과 새로운 사회체제의 구축 방안에 대한 선구적인 혜안을 가지고 있었던 것이다. 그들이 제시하고 실행한 방안은 현실에서 겪고 있던 부조리 현상의 시정을 넘어서 고려 문벌사회가 안고 있는 근본적인 구조적 모순을 극복할 수 있는 것이었다.

전위집단은 양천제를 지향했다. 중간신분·잡척 등의 선별적 신분이 와해된 고려 후기의 현실을 바탕으로 노비만을 천인으로 하여 일체의 비노비자는 양인으로 간주하려 했다. 지배계급에도 군역을 부과함으로써, 군역제는 공민왕대 이래의 병농일치제에서 양인개병제의 방향으로 한 걸음 더 진전될 수 있었다. 그들이 단행한 전제개혁은 조선 초기 계급구조의 변화를 가져오는 중요한 계기가 되었다. 중소지주·자작농의 사회경제적 지위가 향상되고 예속농의 처지에 있던 용전인이 자유농이 될 수 있었던 것이다. 노비의 매매에 대한 제한을 두어 그들을 보호하고 인권을 강화하려 하였다.

고려 후기에는 국왕의 측근이나 권세가에 의해 변칙적인 인사가 자행됨으로써 문벌사회를 떠받치고 있던 지배 정당화 논리가 크게 퇴색하였다. 권력자들의 특권의식은 도리어 강화되었다. 전위집단은 문벌주의를 폐기하고 능력주의를 한층 신장하려 하였다. 문벌주의를 폐기할 수 있는 방안으로 인사제도의 혁신을 주장했고 능력주의 제고를 위한 시험제의 전면적인 확대 방안을 제시했다.

관원층의 특권의식도 폐기하려 하였다. 관원의 위상을 특전을 향유하는 자에서 왕도정치를 구현할 사명을 지닌 자로 바꾸려 한 것이다. 관원에 대한 특혜의 축소는 여러 방면에서 행해졌다. 과전에서의 수조收租는 당사자 일대에 한하고 사후 반드시 반납하는 것으로 못을 박았다. 퇴직 후에도 토지를 보유할 수 있도록 했지만, 그 대신 '서울에 거주하면서 왕실을 시위하는' 역을 부담하도록 했다. 전위집단이 시도한 여러 시책들은 민본주의적 민생주의 왕도정치이념을 실천하는 의미를 지닌 것으로 사회적 평등을 확대하여 관원층의 우월적 지위를 그만큼 낮추는 것이었다. 전제개혁과 호구제·부세제 개혁 등이 그 대표적인 것이었다.

고려 전기 정치구조의 모순 역시 고려 후기에 더욱 심화되었다. 이미 설치되어 있는 국가기관의 기능을 저해하거나 무력화시키는 새로운 기관들이 많이 설치되었고, 재상합좌기구가 확대되고 상설화되었다. 국왕의 측근정치가 행해지고 실적제는 크게 훼손되었다. 당면한 정치적 모순을 해결하기 위한 전위집단의 방안은 강력한 중앙집권체제의 확립이었다. 6부를 행정의 중심에 두고 총재 아래에 6부를 직속시키려 하였다. 전위집단이 이상화한 총재중심제는 중앙기관에 대한 일원적인 통할체제를 지향하는 것이었다. 각도에는 관찰사를 파견하고 군현에 수령을 파견하여 국왕-관찰사-수령에 이르는 지방 통치체계를 강화했다. 다른 한편 대간을 강화할 것을 주창하여 군주·총재·언관 3축 사이 권력분립의 구상을 선보였다.

경제면의 개혁에서 무엇보다 백미가 되는 것은 전제개혁이었다. 권세가들에 의한 토지겸병과 개간권 독점을 근절하고 국가재정을 회복하기 위한 파격적인 방안이었던 것이다. 전제개혁의 목표는 사전을 혁파하여 '사전의 폐'를 제거하고, 확보된 전지를 바탕으로 균전책을 시행하여 민생이나 국가재정의 활로를 여는 것이었다. 그들이 추구한 '균전'은 국가가 토지를 분급해 주어야 할 모든 봉공자奉公者에게 '고르게 분급한다'는 의미의 균전이었다. 균전제를 원활히 운용할 수 있는 방법으로 제시한 것은 국가를 위해 복무할 때 지급하였다가 복무를 마치면 환수하는 '수전수전지법'이었다.

전제개혁에서 제시된 방향과 방안은 오랫동안 큰 영향을 미쳐 조선 초기 토지정책의 초석이 되었지만 개혁 당시에 거둔 즉각적인 성과도 자못 컸다. 사전혁파와 함께 진행된 양전 과정에서 토지변정 작업이 수행되어, 부당하게 납조가 강요되었던 토지의 수조권이 무효가 되었을 뿐 아니라, 부당하게 소유권을 빼앗긴 토지가 본래의 소유자에게 환급될 수 있었다. 양전 과정에서 사실상의 개간자로 판명된 자는 토지문서의 소지와 관계없이 그 토지의 소유권을 갖게 되었다. 반면 사패의 유무와 관계없이 황무지를 선점한 후 타인의 경작을 금지하고 개간하지 않은 토지는 몰수되었다. 기사양전己巳量田에서의 급전 대상은 침탈된 토지의 원 소유자, 과전수급 대상인 시산관, 외관원을 비롯하여 향리·역리·진척·원주 등 국역담당자였다.

전제개혁의 결과 그동안 파행적으로 운영되던 국가의 재정이 정상화되었다. 국왕을 비롯한 창고궁사 및 각사의 분급토지가 확보되었으며, 왕족과 시산관에 대한 과전분급과 국역부담자에 대한 위전·구분전 분급이 이루어질 수 있었다. 녹봉도 정상적으로 지급되었다. 각각 10만 결을 상회하는 규모의 군자전과 전세공물전이 설정되었다.

개세제에 기초한 비례세제의 초석을 놓으려 한 것도 주목할 만하다. 양천을 모두 호적에 올려 보유한 전결 수에 따라 호등을 나누고, 신역·요역을 막론하고 호등을 참작하여 부과하고자 한 것이다. 새로운 부세제의 기조는 조선초기에 그대로 계승되어 현실에 구현될 수 있었다.

여말의 계급투쟁은 신구 지배계급 사이의 투쟁이었다. 이제까지의 지배계급이었던 문벌계급과 새로이 형성되는 사대부계급을 대표하는 전위집단 사이에 벌어진 투쟁이었다. 신흥유신이 두 진영으로 갈라져서 개량주의적 신흥유신들은 세력이 크게 위축된 수구세력을 대신하여 구진영의 대표가 되었다. 그들은 체제 내에서의 점진적인 개혁을 바랐을 뿐 체제 자체의 변혁은 바라지 않았으며, 신진영 측을 개혁을 빙자하여 왕위를 찬탈하기 위한 공작을 서슴지 않는 음모론자로 간주하였다.

전제개혁을 매개로 한 계급투쟁의 결과 구계급의 경제적 기반은 송두리째 박탈되었다. 첫째, 사전혁파로 구계급은 그들의 경제적 기반이었던 외방 사전의 수조권을 완전히 상실하였다. 둘째, 개간을 빙자한 사패지 역시 모두 상실하였다. 셋째, 대다수의 문벌계급은 새로 지급된 과전을 받지 못했다. 문벌계급 가운데 당대에 실직을 갖지 못한 자가 많았고 숙청된 자도 많았기 때문이다. 넷째, 실직을 역임하여 과전을 수급할 자격이 있는 문벌계급이라 하더라도 이전에 비해 아주 제한된 권리밖에 누리지 못했다. 소유지 용전인에 대한 배타적 지배, 탈법적 수조권 상속에 대한 정부의 묵인을 더 이상 기대할 수 없게 된 것이다. 오직 1/10조를 받을 수 있을 뿐이었다. 더구나 퇴직 후에도 과전을 보유하려면 군역을 부담해야 했다. 문벌계급은 회복할 수 없는 경제적 타격을 받게 된 것이다. 반면 그동안 토지를 거의 분급받지 못했던 대다수의 관원에게 전제개혁은 즉각적인 혜택이 되었다. 자신이 가진 관직이나 관품에 따라 과전을 받을 수 있게 되었으며, 녹봉을 규정대로 제때에 받게 된 것이다.

3. 조선 초기 사대부체제의 구축

조선 초기에는 사대부사회체제가 확립되었다. 체제구축 작업은 위화도 회군 직후부터 기초가 마련되기 시작하였다. 사대부계급의 전위집단이 시대적 과제를 해결하기 위해 내놓은 사회혁신의 방향과 방안이 조선 건국 이후 대부분 계승되고 실행되었던 것이다. 체제구축 사업은 대체로 태종 대의 대대적인 제도적 개혁, 세종 대의 개혁 재정비, 세조 대의 또 한 차례의 대대적인 제도 경장更張을 거쳐 이루어졌다. 성종 대에는 이전에 이루어진 제도적 개혁을 집약하고 수정하여 『경국대전』을 반포함으로써 초기의 체제 구축작업은 일단락되었다.

조선 초기에는 양천 2분법적 신분체계와 양인의 신분적 제일성이 확립되었다. 양천 2분법적 체계는 고려 후기 이래의 비노비자 사이의 등질화를 바탕으로 하여, 전제개혁에서 권력형 농장에 은점되어 있던 많은 농민들을 해방시키고 노비 여부를 가릴 수 없는 자들을 종량시키면서 이루어질 수 있었다. 태종 대에는 노비가 아니면서도 양인으로 취급받지 못하고 있던 부류—칭간칭척자와 같은 자—들을 일체 양인으로 공인하였다.

양인의 신분적 제일성 구축 작업도 꾸준히 추진되었다. 양인의 보편적 권리로서 사환·부거·공교육수혜권이 공인되고, 양인의 보편적 의무로서 신역의 의무와 납세의 의무가 부과된 것이다. 학교가 증설되어 1읍1교의 원칙이 실현되었고, 적지 않은 평민이 향교에 입학하였다. 평민은 자신의 보편적 권리를 뚜렷이 인식하였고 당당히 주장하였다. 정부는 그러한 요구를 수용하여 권리를 보장하였다.

조선 초기에 이르러 모든 양인은 계급에 관계없이 납세와 병역의 의무를 갖게 되었다. 개세제에 입각한 비례세제가 정착되었고 지배계급도 군역을 부담하였다. 양인개병제는 세조 대에 이르러 거의 완성의 단계에 도달하게 되었다. 지배계급도 평민과 똑같이 '정병'에 소속되어 복무하게 된 것이다.

다만 세조 사후 지배계급의 군역 부담은 급반전되었다. 전함관들을 '정병'에서 빼내 특수 병종인 충순위에 충속시키는 것을 시발점으로 하고, 세조가 확장한 정병의 군액을 감축하는 것을 계기로 하여 정병에 충속된 사대부계급을 모두 정병에서 제외시켰다. 이후 정액제의 허점을 이용하여 평민계급으로 군액을 채우고 지배계급들은 군적에 오르지 않게 되었던 것이다. 이로써 지배계급은 군역에 빠지는 것이 일상화 되어 갔다. 그러나 세조 대에 확립된 양인개병의 원칙만은 조선 후기까지 하나의 전범으로 살아남아 양천제를 지키는 버팀목이 되었다.

조선 초기에는 고려사회와 다른, 사대부계급 - 평민계급 - 노비계급의 3계급 체계가 형성되었다. 지배계급은 문벌계급에서 사대부계급으로 교체되었으며, 고려의 중간계급은 평민계급에 흡수된 것이다. 조선 초기는 사대부계급 형성의 마지막 단계에 해당한다. 건국 이전에 중앙 관원층에 한정되었던 사대부계급이 건국 이후 지방의 재지사족에게까지 확대된 것이다. 재지사족이 사대부사회체제에 동화되어 가면서 재지사족의 사대부계급화가 이루어졌다.

조선 초기에 전국에 걸쳐 많은 재지사족이 존재할 수 있었던 것은 전제개혁으로 재지 중소지주층이 두텁게 형성될 수 있는 경제적 기반이 마련되었기 때문이다. 전제개혁으로 권세가에 의한 소유권 침해나 개간 독점 문제가 해결되고 토지소유권이 강화된 데에 힘입어, 조선 초기에는 중소지주층이 경제적 안정을 확보할 수 있게 된 것이다. 조선 초기에는 토지를 직접 관리하거나 수양·한거閑居를 위해 은퇴한 관원층이 낙향하는 경우가 크게 늘어났다. 2품 이상의 고위관료들도 기꺼이 지방으로 내려오는 등 재지사족의 구성이나 존재 양상이 크게 달라졌다.

재지사족이 사대부사회체제를 수용하게 되었던 것은 그들의 지위 유지 조건과 사대부의 계급적 속성이 부합하는 것이기 때문이다. 다시 말하면 재지사족의 처지가 그들로 하여금 자연스럽게 사대부의 지배방식을 채택하지 않을 수 없게 하였다. 피지배계급에 대한 직접지배 대신 국가권력을 매개로 한 간접지배, 물리적 지배 대신 학식·덕망을 통한 비물리적 지배, 개별적 지배 대신 연대를 통한 집단적 지배, 그리고 피지배계급을 평민과 노비로 분할하여 지배하는 분할 지배 방식을 추구하는 것이 그것이다.

고려 후기 낙향하는 사족이 많아지기 시작했을 때부터 그들은 이미 문벌계급에서 소외되는 존재가 되었다. 문벌체제에 더 이상 미련을 가질 이유가 없었다. 더욱이 전제개혁에 의해 대토지겸병이 해체되어 자신들의 경제적 활로가 마련되었으니 새 왕조를 거부할 이유도 없었다.

재지사족의 성분은 다양했다. 그들 중에는 새 왕조로부터 아무런 혜택을 못받은 자도 적지 않았고 왕조 교체에 반발하는 자도 있었다. 그러나 그들 역시 자신들의 후예들이 성리학을 공부하고 과거에 급제하여 가문을 빛내주기를 바랐다. 그것이 지배계급으로서 살아남을 수 있는 유일한 길이었기 때문이다. 경명행수經明行修는 조야를 가리지 않고 지식층이 추구해야 할 목표가 되었다. 학식이나 덕망이 뛰어난 자가 재지사족의 중심인물이 되는 것도 사세의 자연스러운 흐름이었다. 재지사족의 사대부계급으로의 변신은 사족 남성이 불교와 일정한 거리를 둔 데서도 드러난다.

조선 초기에는 평민계급의 구성이나 존재양태에도 상당한 변화가 나타났다. 고려시대에 중간계급이었던 향리층이 평민화한 것, 예농적 처지에 놓여 있었던 용전인이 자유농으로 변모한 것이 그것이다. 조선 초기에는 고려 후기 이래 하락되고 있던 향리층의 지위가 더욱 하락되어 마침내 평민계급에 합류했다. 향리층에 대한 중앙 정부의 지속적인 통제와 외역전의 혁파는 지위 하락의 결정적인 요인이 되었다. 전조에서 지배계급에 준한 대우를 받기까지 했던 향리는 잠재적 작폐자로서 중앙의 감시 대상이 되었고, 향촌에서 통치라는 사회적 역할을 지배계급과 공유하던 향역은 군역과 마찬가지로 한낱 평민이 부담하는 신역의 하나로 격하된 것이다.

전제개혁에서 권력형 농장이 대대적으로 혁파됨을 계기로 농장에 은점되었던 농민들은 물론 기존의 용전인들도 농장주와의 인격적 지배-예속관계를 끊을 수 있게 되었다. 이들의 노동력을 흡수한 것이 재지품관과 향리층이었다. 광점에 대한 정부의 엄중한 단속으로 인하여 예속노동을 이용한 대토지경영은 어려워졌다. 여기서 등장한 것이 지주가 경작자와 함께 농사를 짓는 외형을 취하는 '병작'이었다. '병작'이라는 소작제가 확산을 보게 되자 용전인은 지주와 경제적 관계를 맺는 소작농이 될 수 있었던 것이다.

전위집단과 조선 초기 위정자들은 노비의 보호에 적극적으로 나섰다. 이는 노비도 하늘이 내린 백성으로서 이념적으로 위민의 대상이 된 때문이지만 궁극적으로는 노비의 안정적 확보는 사대부계급의 이익에 부합될 수 있는 것이기 때문이다. 노비의 매매는 친족 사이에만 허락하고 매매가를 높게 책정하여 매매를 억제하려 하였다. 노비에 대한 소유주의 잔혹 행위에 대해서도 정부가 적극적인 제재에 나섰다.

용전인을 예속농으로 부리기가 어렵게 된 대지주들은 노비들을 경작의 주담당자로 부리게 되었다. 노비의 경제적 비중이 커지게 되자 지주들은 조선 초기 정부의 양천교혼금지 정책에도 불구하고 노비의 증식에 노력하였다. 종부위량법의 폐지를 이끌어내었고 양천교혼을 통해 노비를 증가시켜 나갔다. 정부의 노비의 보호 노력은 양천교혼을 촉진하는 이율배반적인 결과를 가져왔다고도 할 수 있다. 노비의 처지가 개선됨에 따라 몰락 양인이 천인과 교혼하는 데 대한 거부감이 그만큼 줄어들 수 있게 된 탓이었다.

조선 초기에는 계급투쟁기의 의식개혁 방향을 충실히 계승하였다. 문벌주의를 폐기하고 능력주의를 신장하는 한편 관원들의 특권의식을 불식하려 한 것이다. 조선에 들어와서 중앙의 서리를 선발하는 이과를 설행하여 누구든 응시할 수 있게 했으며, 무과를 실시하여 문무의 균형을 찾았다. 문음에 의한 서용 역시 '취재取才'라는 시험을 치르게 되었다. 유일천거遺逸薦擧까지 시재試才를 거치게 하였다. 조선 초기에는 어떤 형태로든 시험을 치르지 않고서는 입사할 수 없게 된 것이다.

관원층의 특권의식을 불식할 수 있는 조치들도 차질 없이 진행되었다. 과전은 당대에 한하였고, 과전 수급 전함관의 군역도 실행되었다. 보편적 부세 부과체계를 확립함으로써 사대부계급들도 평민계급과 마찬가지로 납세의 의무를 졌다.

전제개혁에서 민본주의적 민생주의 이념을 실천했던 사대부계급은 조선건국 이후에 지배 이데올로기 확립에 큰 노력을 기울였다. 역성혁명의 대의를 강조하고 성리학적 가치관을 확산하려는 노력에 힘입어 조선의 사대부계급은 지배 이데올로기와 계급적 정체성을 훨씬 더 확고하고도 일사분란하게 공유하게 되었던 것이다. 계급 전체가 혼연일체가 되어, '위민'정치를 구현하는 '왕도정치'의 사회가 가장 이상적인 사회라는 이데올로기를 창도했으며, 자신들은 그러한 왕도정치사회를 구현할 사명을 가진 자라는 정체성을 공유했다.

조선 초기에 창도되었던 왕도정치론은 조선시대 내내 그 명목이 유지되었다. 다만 실제 내용에 있어서는 조선 초기부터 적지 않은 변화를 보였다. 조선 건국기의 민본주의적 왕도정치론은 태종 대 이후 국가주의적 민생주의 왕도정치론으로 바뀌었고, 민생주의적 왕도정치론은 다시 성종 이후 수기주의적 왕도정치론으로 그 내용이 바뀌어 갔다. 계급투쟁기 사대부계급의 진보적 역할이 보수화되어 가는 역사적 추세를 반영한 것이다.

조선 초기 국가체제의 개혁도 여말 전위집단이 구상했던 정치체제 혁신안을 계승하여 이루어졌다. 1차 왕자란으로 개국공신 세력이 크게 꺾인 뒤, 태종은 국왕을 정점으로 하는 일원적 통치체제를 구축할 수 있었다. 재상의 합좌기구를 도평의사사에서 의정부로 바꾸면서 도평의사사가 가졌던 군사적 기능을 떼어내고 인원을 감축했으며 6조-속아문체계를 확립하였다. 의정부서사제를 6조직계제로 바꿈으로써 의정부를 국정의 심의기구에서 자문기구의 위치로 격하시키고 국왕-6조-각사에 이르는 일원적인 통치체계를 완성하였다. 태종 대에 추진된 대대적인 군현제 개편을 통해 지방에 대한 일원적인 통할체제도 크게 강화되었다.

조선 초기에 관료제 역시 큰 발전을 이루었다. 법치주의와 실적제의 강화라는 관료제의 몰주관성, 그리고 업무분할과 문서행정·전문성과 같은 관료제의 효율성이 크게 진전되었던 것이다. 태조 대의 『조선경국전』·『경제육전』을 시작으로 『속육전』, 『육전등록』 등이 편찬되었고 마침내 세조 대에서 성종 대에 걸쳐 『경국대전』이 완성되었다. 실적제가 강화되어 관원의 선발은 천거에 이르기까지 모두 시험제에 의거하게 되었으며, 관원의 승진에도 훨씬 분명한 절차와 규정이 마련되었다. 문지에 따른 임용상의 기회 차등이라는 문벌체제의 기본 축을 와해시킨 것이다.

조선 초기에는 고려시대 정부조직에서 나타났던 조직의 중첩성이나 이중성과 같은 비효율성이 크게 개선되었다. 겸직제도 대폭 축소되어 국정 핵심기관의 관원은 모두 녹관으로만 구성되었으며 다른 기관의 관원이 일체 겸직하지 못하게 되었다. 국가기관 사이의 기본적인 업무 분할을 저해하는 일이 없도록 한 것이다.

조선 초기에는 위로부터의 개혁을 추진할 군주의 권능이 크게 강화되었다. 조선 초기의 군주들은 역성혁명에 의해 새로운 왕조가 개창되었다는 것을 강하게 의식했다. 그리하여 군주들이 개혁을 주도해 나갔다. 4품 이상의 관원에 대해서는 서경을 거치지 않고 관교로 임명할 수 있게 하였으며, 재판상의 심급제를 체계화하여 군주의 재판권을 크게 강화할 수 있었다.

조선 초기에는 수직적 권력분립이 이루어질 수 있었다. 국왕·고위관원·중소관원이라는 권력의 3축 사이에 견제와 균형이 이루어지게 된 것이다. 고려 이래 군주권을 크게 제약하고 있던 재상이라는 권력의 축이 태종 대에 와서 크게 약화된 데 힘입은 것이었다. 중소관원의 권능이 강화될 소지는 이미 전제개혁기부터 마련되고 있었다. 대간의 중시나 사관史官의 전임제專任制·자천제自薦制의 성립이 그것이다. 세종 대에는 낭청郎廳이 대신들과 함께 전주銓注에도 참여하였고, 5품 이하 관원에 대한 전주의 경우에는 낭청들이 상당한 권능을 확보하고 있었다. 세조 사후에는 중소관원의 권능이 일층 강화됨으로써 고려시대 군주와 재상이라는 권력의 2축은 조선 초기에 군주·고위관원·중소장관원이라는 3축으로 변모하게 된 것이다.

사대부사회의 경제체제는 문벌사회의 경제체제와는 사뭇 달랐다. 토지이용권과 토지소유권이 크게 강화되어 권력층의 침탈에서 벗어난 자유로운 영농활동이 이루어질 수 있게 되고 자유농이 대폭 확대되었던 것이다. 생산량을 증대하는 개간이 활발히 전개되고, 문벌사회에서 예속농의 처지에 있었던 용전인이 경제적 관계의 소작인으로서 자유농이 되었다. 양인농민의 지위 향상은 점차 노비계급에게도 영향을 미쳤다. 생산노비는 작개제를 통해 자신이 수확을 전부 차지하는 사경지를 분급받을 수 있게 되었다.

전위집단의 경제체제 개편의 방향은 조선 건국 후에 그대로 계승되었다. 전제개혁에서 토지이용권과 토지소유권의 성장을 가로막던 장애물이 제거됨으로써 중소지주층과 자작농층이 성장할 계기가 마련되었던 것이다. 타인의 자유로운 영농활동—예컨대 개간—을 저해하는 토지의 '광점廣占' 행위를 강력히 단속하였고, 그 과정에서 '병작'이라는 지주-소작관계의 확산이 이루어지면서 자유농이 크게 확대될 수 있었다. 전제개혁의 마무리 작업의 일환으로 마련된 과전법에는 조선 초기 토지정책의 방향이 담겨있다. 토지의 자유로운 이용, 개간의 활성화가 그것이다. 토지공증제의 기원이 되는 규정도 마련되어 있었다.

조선 초기 정부는 적극적인 권농책을 시행했다. 개간을 장려했고 농업기술의 보급에도 나서서 상당한 성과를 거두었다. '정당한 소유'를 지원하기 위한 정책도 시행했다. 토지 실이용자에 대해서 토지의 이용권과 소유권을 부여한 '종백근從白根'정책이 그것이다. 개간권의 취득 여부와 관계없이 실제로 개간하여 경작하고 있는 자에게 토지소유권을 부여하는 정책이었다. 종백근책은 중소지주층이나 자작농층의 토지이용권·소유권의 확보에 크게 기여했다.

조선 초기 정부는 이용하는 소유 즉 '정당한 소유'는 철저히 보호하되 이용하지 않는 소유 즉 '부당한 소유'에 대해서는 소유권의 제한을 두려하였다. 그러나 소유권의 제한은 주로 개간할 만한 토지를 먼저 넓게 선점한 후 개간하지 않고 방치하여 땅을 황폐화시키는 '광점'에 국한되었다. '광점'으로 인해 황무지로 남아 있는 토지를 개간한 자에 소유권을 준 것이 바로 '종백근'책이었던 것이다. 종백근책을 악용하려는 사례들이 곧잘 나타났던 것은 종백근책이 강력히 시행되었음을 반증하는 것이다. 종백근책은 조선 후기까지 변함없이 유지되었다.

정부는 진전을 기경시키는 데 큰 관심을 가졌으나 진전의 소유권을 제한하지 않도록 애썼다. 토지경작을 중단할 만한 사유가 있지 않았는지 따졌고, 제재를 성립시키기까지 일정한 조건을 설치하였으며, 제재는 소유권이 아닌 이용권에 그치게 하려 하였다. 조선 초기에 농지를 묵힌 기간만 보고 기계적으로 소유권을 박탈하는 규정은 제정된 일이 없었다. 진전의 소유권을 타인에게 넘기는 것은 사망하거나 유이하여 절호絶戶된 경우로 국한되었다.

조선 초기에는 주목할 만한 몇 가지 왕실재정 개혁이 이루어졌다. 전제개혁 과정에서 제시된 왕실재정의 공공성 강화라는 방향을 계승한 것이었다. 조선 초기 국가재정의 얼개는 고려시대와 유사한 점이 많다. 두 왕조가 모두 군주제 국가였기 때문이다. 그러나 두 왕조의 국가재정 사이에 성격상의 차이가 있었다. 한마디로 하면 왕실재정의 공공성이 조선 초기에 와서 훨씬 강화된 것이다. 관원들이 '궁부일체宮府一體'의 논리를 앞세워 왕실재정을 개혁하고 왕실재정의 운영에 깊이 관여한 결과였다.

왕실재정 개혁의 주요 내용으로는 첫째, 왕실공재정의 운영 주체를 국왕 1인으로 일원화한 것이다. 창고궁사는 대대적으로 혁파하여 상공 각사에 귀속시켰고 후궁들의 왕실부를 모두 혁파하였다. 개부가 허락된 왕실비부·세자부마저 세조 대에 이르러 혁파되었다. 이로써 조선 초기 왕실재정기구로서는 내수사만이 존재하게 된 것이다.

둘째, 상공의 대상을 국왕·대비·왕비·세자로 축소시킨 것이다. 정비 아닌 후궁들에게 궁내에서의 생활을 위한 의식주는 제공되지만 개별적인 상공은 인정되지 않았다. 오직 집단적인 상공만 가능하였다.

셋째, 일체의 상공기구를 정부가 장악하게 된 것이다. 상의원·사옹원과 같은 궐내상공기구는 초기의 군주들이 환시宦寺의 비중을 줄이고 조관朝官의 통제를 강화해 나가던 끝에 세조 대에 이르러 정식 정부기구가 되었다.

넷째, 상공 물품을 정부가 관리하게 된 것이다. 사헌부 감찰의 청대請臺 활동을 강화하여 급무를 핑계로 저지르는 편법 행위를 막았다. 물품의 대내 반입을 위한 공식적 행정절차인 승전承傳을 시행하여 상공의 용도를 투명하게 공개하게 하였다. 세조는 국가재정의 세출 내역을 기재한 횡간 제도를 도입하였다.

조선 초기 부세제 개혁의 연원은 전세개혁 당시로 소급된다. '개세제에 기초한 비례세제'라는 부세제의 개혁 방향이 제시되었기 때문이다. 조선왕조가 개창되자마자 부세제의 개혁에 착수하였다. 태조 즉위 직후 공부에서는 호포를 폐지하고 상요·잡공을 전면적으로 재조정하여 새로운 공안을 작성하였다. 요역에서는 모든 호를 대상으로 한 인정기준의 호등제를 시행하였다. 대중소 3등호제는 『경제육전』에 재록되었으며 군현에서는 호등별로 편성된 호등적을 보유하게 되었다.

태종 대에는 전결기준의 비례세제를 도입함으로써 보편적 부세 부과체계의 시행을 위한 결정적인 계기를 마련했다. 태종 대에도 전결기준의 비례세제와 함께 호등제가 시행되었으나, 이때의 호등제는 일상적인 공부나 요역을 위한 것이 아니라 연호미나 저화유통과 같이 전국에 걸쳐 특별한 정책적 사업을 시행할 때에 국한하여 활용되었다.

명목상으로는 인정기준과 전결기준을 병행하게 되어 있었지만 실제로는 정부가 전결기준을 관철시키려는 강력한 의지를 가지고 있었다. 전결기준은 공부와 요역을 가리지 않고 민호에 분정하는 마지막 단계에서까지 빠르게 확산될 수 있었다. 군현에서 전결기준을 채택하면 공정성의 시비도 줄일 수 있고 감사로부터 좋은 평가도 얻어낼 수 있기 때문이다. 다만 태종 대까지는 요역에서 전결기준이 전면적으로 채택되지 못하였다. 요역에는 인정기준이 더 적합하다는 반론도 있었고 종래의 관행을 바꾸는 데 대한 저항도 없지 않았던 것이다.

　세종 대에 이르러 요역에서부터 전결기준이 확고히 정착했다. 이제 요역은 전결을 기준으로 해야 하는 '소경의 역'과 전결을 기준으로 하지 않아도 무방한 지방 차원의 소소한 '잡역'으로 대비되는 양상을 보였다.

　전결기준의 비례세제 도입은 개세제 실현의 발판을 만들어 주었다. 재지사족은 평민과 똑같이 공부와 요역을 부담하게 되었던 것이다. 관원의 후예는 말할 것도 없고 군직이라는 현직을 가지고 당번 때마다 상경하는 부병府兵이나 퇴직 후 관품을 지닌 채 외방에 거주하는 전함관의 경우에도 마찬가지였다. 자신의 거주지에서 부세를 부담하는 부재지주―예컨대 재경관원―의 전결에는 공부나 요역이 부과되지 않았지만 부재지주의 외거노비가 소유한 전결에는 세종 때부터 요역이 부과되었다.

　세종 중년에 일반적인 공부와 공역貢役의 부과를 위한 새로운 호등제가 제정되었다. 오로지 전결기준만으로 호등을 구분하는 5등호제였다. 세종이 항상적이고 통일적인 표준을 세우려 한 것이다. 그러나 5등호제는 군현에서 민호에 공물이나 공역을 분정할 때 거의 활용되지 못하고 말았다. 호등의 대상이 공식호에 한정되는 것이 결정적인 한계였던 것이다. 또한 호등제는 그동안 전결기준이라는 보다 철저한 비례세제가 확산되어 온 추세에 역행하는 것이기도 했다.

　세조 대에는 대납의 전면적 허용 조치에 힘입어 군현의 분정에서도 전결기준의 적용이 거스를 수 없는 대세로 자리 잡았다. 호에 부과한다는 원칙 때문에 요역보다 실행이 늦어졌던 공부에서도 개세제의 실현을 보게 되었다. 노비에 대한 과세는 내수사 노비에게까지 파급되었다. 마침내 개세제에 기초한 비례세제가 확립된 것이다.

사노비에 대한 과세는 지주제 경영과 노비의 지위에도 일정한 영향을 미치게 되었다. 상전의 보호막 속에서 사노비가 지녔던 면세의 이점이 사라지자 노비노동을 위주로 한 농장경영은 타격을 받게 되고 노주관계나 사민으로서의 노비의 위상도 변화하지 않을 수 없었다. 외거노비는 점차 상전과 소작관계를 맺던가, 신공만 납부하는 것으로 바뀌어가게 되었다. 노비의 사민으로서의 성격이 약화되는 만큼 노비도 국민의 일원이라는 인식이 강화되어 갔다.

개세제에 입각한 비례세제가 확립되자 공부와 요역을 가릴 것 없이 분정 기준은 전결 하나로 통일될 수 있었다. 세조 대의 호구개혁으로 공식 호구가 크게 늘어나게 되자 군현의 재량권의 크기도 그만큼 감소하게 되었다.

세조의 사후 대납 전면화조치는 바로 폐기되었다. 그러나 이로써 대납이 사라진 것은 아니었다. 태종 대 이후 대납의 금지 조치로 인한 방납의 단속이 간혹 이루어지기는 했지만 모든 대납이 금지되는 것은 아니었다. 민호와 지방관아 사이의 자발적인 대납은 문제되지 않았던 것이다. 예종 즉위 초의 대납 금지 조치의 경우도 마찬가지였다.

성종 2년에는 '역민식'이 반포되어 공부와 요역을 구분함이 없이 '전8결 출1부'의 기준이 적용될 수 있게 되었다. 이 기준은 군현민에게 분정되는 2단계에서도 지켜야 할 객관적 기준이 되었던 만큼 개세제에 기초한 비례세제는 더욱 현실에서 구현될 수 있게 되었다.

2절 조망 — 한국사의 내재적 발전

한국의 역사에서 내재적 발전의 자취는 자못 뚜렷하다. 계급사회에 접어든 이후 두 차례의 사회전환을 한국사 내부의 동력으로 성취한 것이다. 나말여초에는 귀족사회에서 문벌사회로, 여말선초에는 다시 문벌사회에서 사대부사회로 전환되었다. 두 차례 모두 기존 사회의 구조를 탈바꿈하는 전면적이고 근본적인 변동이었고, 외세의 영향 없이 사회전환이라는 획기적인 역사 발전을 이루어낼 수 있었던 것이다.

나말여초의 격변기에 중국은 '5대 10국' 시대라는 극심한 혼란기에 빠져 있었다. 고려 태조 왕건은 별다른 외부의 위협 없이 왕조를 개창하고 후삼국 통일에 전념할 수 있었다. 이와 달리 여말에는 대외적으로 심각한 상황을 맞이하고 있었다. 원·명 교체에 따른 파동, 명과의 갈등, 14세기 중엽 이래 끊임없는 왜구 침입 등의 어려움을 겪고 있었던 것이다. 그러나 위화도 회군 이후 대외적 위기는 어느 정도 소강상태에 들어감으로써 계급투쟁과 사회전환에 결정적인 장애가 되지는 않았다.

나말여초의 구조변동은 사회 각 부문에서 일어났다. 신라의 골품체제와 귀족 신분을 대체하여 고려의 문벌체제와 문벌계급이 들어서게 되었다. 양 사회 통치계급의 지배정당화의 논리도 판이했다. 출생을 원리로 하는 혈통주의에서, 가문의 성취를 중시하는 문벌주의로 정당화 논리가 바뀐 것이다.

국가체제나 권력분립의 양상도 상이했다. 신라왕조에서는 정부 관청과는 별도로 궁궐 관청이 다수 설치되는 등 국가조직의 체계화가 미숙했던 반면, 고려왕조에서는 국가조직 사이에 체계적인 업무분담이 이루어졌다. 신라가 혈통적 배경에 따라 관원을 뽑고 승진시켰던 데 반해 고려는 능력에 기반한 실적제로 임용하였다. 신라에서는 정부 밖에서 귀족과 국왕 사이의 권력분립이 이루어졌으나 고려에서는 정부 안에서 국왕과 재상 사이의 권력분립이 성립했다.

신라와 고려 양 사회의 지배계급이 누리는 경제적 특권도 서로 달랐다. 신라에서는 귀족이 식읍이나 녹읍을 받아 지방에서의 수취권을 국왕과 분점했던 반면, 고려에서는 대개 지방에서 본래 확보하고 있던 인적·물적 기반을 정부로부터 추인받는 선에서 그쳤던 것이다.

여말선초의 구조변동 역시 위화도 회군 이후의 계급투쟁을 계기로 사회 전 부문에 걸쳐 이루어졌다. 신분제는 다원적 신분제에서 일원적인 양천신분제로, 문벌·중간·평민·노비의 4계급 체계는 사대부·평민·노비의 3계급 체계로 바뀌었다. 고려의 문벌주의와 특권의식은 청산되고 능력주의와 왕도정치 이념이 신봉되었다. 조선 초기에 이르러 중앙집권적 관료제는 근대 관료제를 방불할 정도로 발전되었으며, 군주-재상의 두 축 사이의 권력분립은 군주-고위관원-중소관원이라는 3축에 의한 권력분립으로 바뀌었다. 사전혁파를 통해 권세에 의한 지배계급의 소유권 침해 소지가 대폭 축소되었고, 신분·계급을 불문하고 토지 이용을 바탕으로 한 정당한 소유가 적극적으로 보호되었다. 왕실재정의 공공성은 크게 높아졌으며 개세제에 기초한 비례세제에 의해 조세형평성이 괄목할 만큼 신장되었다.

나말여초와 여말선초의 사회전환을 비교한다면 나말여초의 경우가 여말선초의 경우보다 변화의 양상이 좀 더 선명하고 격렬하게 나타났다고 할 수 있다. 여말선초에서는 지배계급을 구성하고 있던 관원층 내에서 사대부계급이 새로운 지배계급으로 분화되어 나오면서 이루어진 변화였던 데 반해 나말여초의 경우에는 중앙의 골품 귀족에 대항하여 대두한 변방의 지방세력에 의해 이루어진 변화였기 때문이다. 사회교체의 기간도 나말여초의 경우가 훨씬 길었다. 왕조 교체 기간만 계산해도 후삼국 정립으로부터 고려왕조의 통일되기까지 근 40년에 달하는데 여말선초의 계급투쟁기는 4년 정도에 그친다.

비록 여말선초의 사회전환은 나말여초에 비해 외견상 덜 두드러지지만 사회 전반에 미치는 파급력이나 역사적 의의는 나말여초의 그것에 못지않다 할 수 있다. 문벌사회에서 사대부사회로의 전환은 세계사적으로 주목할 만한 위업이었던 것이다. 사회전환이 계급투쟁으로 이루어진 것, 그리고 위로부터의 개혁에 의해 진행된 것은 근대 이전의 세계사에 전무후무한 일이었다.

한국사의 내재적 발전에서 일정한 역사의 흐름과 사회 진보의 자취를 찾아볼 수 있다. 이미 주목된 바와 같이 새로운 왕조로 접어들 때마다 지배계급 구성원의 수가 크게 증대되었고 지배계급의 편입이 상대적으로 용이해지게 되었다는 것이 그 하나이다. 귀족계급보다 문벌계급이, 그리고 문벌계급보다 사대부계급이 그 층이 크게 확대된 것이다. 이는 지배계급과 피지배계급을 구분하는 신분적 장벽이 철폐되어 감에 따라 사회적 이동의 폭이 확대된 결과였다.

서울과 지방의 차이가 약화되어 간 것도 중요한 발전의 흐름이었다. 신라의 경우에는 삼국통일 이후에도 신라왕조의 모태가 된 6부민을 주 구성원으로 한 왕경민과 신라의 팽창 과정에서 병합 대상이 된 지방민은 뚜렷이 구분되고 차별되었다. 지방민은 왕경민을 대상으로 한 골품체제에서 소외되고 중앙진출이 거의 원천적으로 차단되었던 것이다. 고려에 와서는 지방세력의 중앙진출을 적극 독려함으로써 서울과 지방의 장벽은 많이 허물어졌다. 그러나 지배계급인 문벌계급은 개경에 거주하였고 지방에는 중류계급 이하의 자들이 주로 거주하였다. 조선에 이르러서는 지배계급의 주류가 여전히 서울에 거주하기는 했지만 서울만이 아니라 지방 곳곳에도 사대부계급이 포진하게 되었다.

세 왕조 모두 군주제 국가였지만 초월적 존재로서 군주의 위상은 단계적으로 높아졌다. 신라왕조의 경우에 군주는 귀족의 대표자 지위에서 크게 벗어나지 못했다. 이에 반해 고려왕조에는 군신 상하 관계가 한층 뚜렷해졌다. 그러나 고려왕조는 지방세력의 기득권을 보호하고 문벌계급의 특권적 지위를 부여하는 데 발목이 잡혀 군주권의 신장에는 한계가 있었다. 조선시대에 오면 왕도정치 이념이 강화되고 군주는 사대부계급만이 아니라 전 인민의 군주로서의 초월적 위상을 좀 더 분명히 할 수 있게 되었다. 개인으로서 군주의 권능이 강화된 때문이 아니라 군주의 공공성이 크게 강화된 데 따른 것이다.

무엇보다 주목할 만한 사회 진보의 추세는 평민계급의 지위 향상이다. 신라시대에 토지 없는 농민은 말할 것도 없고, 토지를 보유한 농민이라도 특히 식읍이나 녹읍에 소속된 평민의 지위는 열악하였다. 『신당서』의 신라전의 유명한 기사 "재상가에는 녹이 끊어지지 않고, 노동奴僮이 3천인이다. 갑병甲兵과 소·말·돼지도 그와 (수가) 맞먹었다."에서 '노동'으로 표시될 만큼 귀족에게 심하게 예속되고 부려지고 있었다.

고려시대 용전인傭佃人의 지위는 신라시대에 비해 어느 정도 향상될 수 있었다. 용전인의 유이로 말미암아 진전이 대량으로 발생하자 고려 초기부터 정부가 진전 개간을 자원한 새 용전인에 대해 지대율의 공정公定에 나선 것은 그 상징적인 예가 된다. 그러나 고려시대의 정부는 전주의 용전인 지배에 대해 대체로 소극적인 자세를 유지함으로써 용전인의 예농적 지위는 크게 상승할 수 없었다. 고려 후기에 권력형 농장이 만연하게 된 것도 단순히 정치적 파행의 결과가 아니었다. 지배계급에 대한 특혜와 지배계급의 특권의식의 발로에서 기인한 것이었다.

용전인의 지위가 획기적으로 향상된 것은 조선 초기에 이르러서의 일이었다. '병작'이라는 소작관계가 일반화되어 갔던 것이다. 활발한 개간사업으로 인한 노동력 수요의 증대와 개간자의 토지이용·소유권에 대한 정부의 적극적인 보호가 경제적 관계의 확산 배경이 되었다. 마침내 조선 초기에는 용전인까지 자유농으로서의 지위를 확보할 수 있게 되었다.

한국사에서 내재적 발전이 일직선적으로 진행되었다고만은 할 수는 없다.

소유주에게 인격적으로 예속되어 있을 뿐 아니라 매매까지 가능한 노비가 전체 인구 가운데 적지 않은 비율을 차지했기 때문이다. 한국사의 발전에서 가장 합리적 설명이 어려운 현상의 하나에 해당한다. 시대가 내려가면서 노비의 수는 오히려 확대되는 경향을 보였다. 신라장적에서 전체 주민의 5% 남짓밖에 차지하지 않던 노비의 비율은 극성기인 조선 중기에는 인구의 30%로 추산될 정도로 증대되었던 것이다.

 그러나 조선시대 노비의 숫적 증대를 가지고 조선사회가 유래 없이 엄격하고 폐쇄적인 신분제 사회였던 뚜렷한 증거가 된다거나, 조선사회에 일어난 사회적 퇴보를 반영하는 것이라는 식으로 받아들이는 것은 속단이다. 앞으로 노비 증대의 문제를 풀어가는 데 고려해야 할 두 가지 사항을 지적해 두고 싶다. 하나는 사대부시대에서의 노비 인권의 보호나 경제적 지위의 향상이 노비 수의 증대에 일정한 영향을 주었을 것이라는 점이다. 노비의 사회경제적 처지의 향상이 노비가 되는 데 대한 몰락 양인의 거부감을 그만큼 감소시킴으로써 결과적으로 노비 수의 증대에 일조할 수 있었다는 것이다. 개세제에 따라 사노비에 부세를 부과한 것도 변화 요인으로 지적할 수 있을 듯하다. 이전에 노비주의 면세 울타리 안에 들어있던 사노비에 대한 과세 조치는 기존의 노주관계를 이완시키고 납세를 통한 노비의 공적 지위 향상을 초래하는 상황을 야기할 수 있기 때문이다. 조선 초기 이래 노비에게 작개지에 짝지어 사경지를 지급하는 작개제가 확산되어 간 것도 우연한 일이라 볼 수 없다. 새로운 부세 부담을 지게 된 노비에 대한 경제적 보전의 의미를 가진 것으로 추정할 수 있기 때문이다. 조선시대에 상당수의 외거노비가 상전에 대한 신공 납부의 의무를 제외한다면 사실상 자유소작농과 다름없는 지위를 확보해가고 있었다는 사실은 일찍부터 지적된 바 있다.

 다른 하나는 노비 수의 확대는 지배계급이 인구에 점하는 비율 및 평민에 대한 지배계급의 지배력 크기와 일정한 상관관계가 있다는 것도 고려해야 한다는 점이다. 지배계급 구성원의 숫자가 적고 지배계급이 평민을 부리고 수탈하기 쉬웠을 때는 노비의 가치가 낮고 그 수도 적었지만, 지배계급의 수가 많아지고 평민에 대한 지배력이 상대적으로 약화되면 노비에 대한 의존도는 그만큼 더 커지고 노비의 수를 늘리는 데 진력하지 않을 수 없게 된다는 것이다. 따라서 노비 수의 확대는 어떤 면에서 평민의 지위 향상이라는 사회 진보의 음영이라 볼 수 있지 않을까 한다.

이 책에는 당초에 계획했던, 1부의 속편이 되는 「사대부사회의 전개」를 싣지 못했다. 조선 중기 이후의 구조적 변화를 살펴보지 못하게 된 것은 아쉽지만 구조적 변화를 야기한 중요한 요인 가운데 한 가지, 즉 사대부계급의 양산에 대한 관견을 피력하면서 글을 마무리하고자 한다.

조선사회의 지배계급은 근대 이전의 어떤 사회에서도 찾기 어려운, 특수한 구조적 난점 하나를 안고 있었다. 바로 지배계급 수의 조절 문제이다. 지배계급 수의 조절은 지배계급이 장기적으로 존립하기 위해서는 절대적으로 필요한 조건이다. 그러나 조선의 사대부계급은 여타 사회의 경우와 달리 지배계급 수의 증대를 일정하게 통제할 수 있는 아무런 기제도 갖고 있지 않았다.

서구 귀족사회의 경우 귀족이 될 수 있는 혈통을 제한함으로써 혈통의 단절—출생의 실패나 전쟁·재난 등으로 인한—을 통해 자연스럽게 지배계급의 수적 증가가 억제될 수 있었다. 작위를 지닌 본인과 1인의 상속자를 제외하고는 처나 자식이라도 모두 평민으로 간주된 중세 영국의 작위귀족(peerage)의 경우가 대표적이다. 귀족에 대한 혈통적 제한이 영국보다 느슨하였던 중세 프랑스에서는 귀족들이 자신의 자녀를 수도원에 출가시키는 것과 같은 인위적인 방법을 동원함으로써 귀족의 수를 어느 정도 조절할 수 있었다. 한국의 경우에도 신라 골품제 귀족사회에서의 혈통 통제 양상은 서구의 귀족사회에 준했다. 고려 문벌사회의 경우에도 지배계급은 재경관원층으로 한정되어 있어 어느 정도 수의 조절이 가능했다. 오랫동안 관직 취득에 실패한 집안이 더 이상 서울에서 버티지 못하고 낙향하게 되면 소속 계급에서 저절로 도태될 수밖에 없었다. 또한 지배계급의 인구 팽창 압력을 줄이기 위해서 고려의 문벌계급은 그들의 자제들을 출가시켜 독신의 승려로 만드는 수단도 갖고 있었다.

그러나 조선 사대부사회의 경우만은 사대부계급의 팽창을 막을 거의 아무런 방법이 없었다. 같은 사대부사회라도 중국의 명·청 사회는 조선과 달랐다. '신사紳士'층이 되기 위해서는 동시童試에 합격하여 부府·주州·현縣학의 학생이 되는 '생원生員'의 자격을 갖추어야 했다. 조선에서도 한때 중국처럼 과거제와 학교제를 결합하여 학교에 적을 둔 생도만 과거 응시 자격을 주려는 시도가 없지는 않았다. 그러나 결국 제대로 시행되지 못하고 말았다. 법적 결격 사유가 없는 양인은 누구든 여전히 부거의 자격을 누릴 수 있었다. 벼슬도 급제도 입학도 하지 않았어도 관원의 후예라면 양반을 자처할 수 있었다. 집안이 아무리 조락해도 사대부계급에서 밀려나지 않으려고 한사코 사대부 생활양식을 고수하는 것을 사회적으로 격려하고 권장하기까지 했다. 그나마 사족의 양적 팽창을 막는 데 상당한 기능을 발휘한 서얼차대까지 점차 완화하지 않을 수 없는 방향으로 진전되었다.

사대부계급의 양산은 붕당의 대립과 같은 지배계급 내의 극심한 반목·갈등을 초래하지 않을 수 없었다. 사대부 사회의 존립을 위태롭게 하는 것은 누구보다 사대부 자신들이었던 것이다. 왜 조선사회는 지배계급의 수를 조절하는 아무런 기제도 마련하지 않았는가, 혹은 마련할 수 없었는가. 이에 대한 대답은 조선 사대부사회가 가진 특성을 파악하는 중요한 관건의 하나가 될 것으로 생각된다.

2부
고려·조선 두 사회의 구조 비교를 위한 기초 작업

1장 조선 초기 '호'·'구'의 실체와
고려시대 및 조선 초기의 호구제

1. 문제의 소재

이 글에서 '호구제'는 정부가 국정 운영을 위해 현실에 존재하는 가호와 그 가구원을 파악하고 호적에 등재하는 방식을 가리킨다. 호구제는 국정 운영의 실상을 엿볼 수 있게 한다는 점에서 일찍부터 연구자들의 큰 관심을 받아왔다.

그러나 아직까지 조선 초기 호구제의 실체는 제대로 파악되지 못하고 있다. 당시 정부가 파악하고 있는 호·구의 수―정부의 호구통계상에 나타나는 호·구의 수―가 실제 호·구의 수에 크게 미치지 못하는 원인을 분명히 파악하지 못하고 있는 것이 대표적인 예이다. 호구제의 실체에 좀처럼 접근하지 못하고 있는 것은 무엇보다 호적의 등재 대상에 대한 오해 때문이라 할 수 있다. 당시의 호구제가 오늘날의 주민등록제처럼 모든 국민을 무차별적으로 주민등록부에 등재하는 것을 원칙으로 삼았을 것으로 예단한 데서 오해가 빚어진 것이었다. 실제로는 조선 초기 호적의 등재 대상에서 천인이 애당초 배제되어 있었고, 양인호 가운데서도 사환호와 신역호의 호구만이 선별적으로 등재되고 있었다.

천인호가 호적 등재의 대상인가 여부는 이제까지 거의 거론조차 되지 않았다. 천인도 사회구성원으로서 당연히 호적의 등재 대상으로 되었을 것으로 여긴 것이다. 조선 후기의 호구장적이나 국보 131호로 지정된 '고려 말 화령부 호적 관련 고문서'(이하 '국보호적'으로 표기)에 천인호가 등재되어 있는 것도 연구자들의 그와 같은 예단을 뒷받침할 수 있었다. 그러나 '국보호적'은 조선 초기 실제의 호적과는 내용을 달리하는 것이었다.

조선 초기에는 호구장적이 남아 있지 않을 뿐 아니라 호적 관계 자료도 영성한 편이다. 그러나 다행히 조선 초기의 실록이나 지리지에는 몇 건의 중요한 전국적인 호구통계가 전해지고 있고, 일찍이 이에 대한 예리한 분석이 이루어진 바 있다. 1941년에 발표된 김석형의 「이조초기 국역편성의 기저」(『진단학보』 14)는 개척적인 연구임에도 불구하고 '호'와 '구'의[1] 실체에 상당히 가까이 접근할 수 있었던 기념비적 연구였다.

김석형은 『경상도지리지』에 나타난 호구통계를 분석의 시발점으로 삼고, 『세종실록지리지』 및 태조~세종 대에 이르는 시기의 실록에 나타나는 호구통계를 대조·분석하여, 다음과 같은 사실을 규명했다. 이 시기 통계상의 '호'와 '구'는 모두 동질적인 성격의 것으로서 '호'의 총수는 수십 년에 걸쳐 거의 변하지 않았다는 것, 그리고 '호'는 소수의 사환호를 제외하고는 '국역'을 부담하는 호이며 '구' 또는 '정'은 남정만을 나타내는 것으로서 구체적으로는 군역을 지는 호수戶首와 봉족奉足을 가리킨다는 것이다. 세부적인 면에서 부정확한 사실이 섞여 있기는 하지만, '호'와 '구'의 실체에 상당히 접근한 것이었다.

---

[1] 당시 사료에서의 '戶'는 실제의 자연호를 비롯하여 법제적으로 규정된 호, 행정적으로 편제된 호 등 여러 가지 의미로 쓰였다. 이하에서는 호구통계상에 나타나는 戶와 口(또는 丁)를 각각 '호', '구'로 표시하도록 한다. 그리고 실제의 호적에 등재된 호와 구는 서술의 편의상 각각 '공식호'·'공식구'라 표시하여 '호', '구'와 구별하여 사용하기로 한다. 공식호의 대표자는 조선시대에 '戶首'·'戶主'·'主戶' 등 여러 가지로 지칭되었는데 이하에서는 '호주'로 통일하여 표기하기로 한다.

이후의 조선 초기 호구제 연구에서 이견의 중심에 놓여 있던 사항은 두 가지였다. 하나는 '호'·'구'가 거의 모두 국역을 부담하는 호·구였다면 '호'·'구'와 당시의 공식호·구는 구체적으로 어떤 관계에 있는가 하는 것이고, 다른 하나는 공식호·구의 총수가 실제의 호·구 수보다 턱없이 적은 이유는 무엇인가 하는 것이다.

 첫 번째 사항에 대한 김석형의 답은 조선 초기의 '호'·'구'가 공식호·구 가운데 호수와 봉족이 될 만한 자를 추려 3정1호로 편성한 법제호였기 때문이라는 것이다. 그렇다면 여기서 법제호로서의 군호·군정이 왜 마치 공식호·구처럼 표현되었는가 하는 의문이 다시 제기될 수밖에 없다. 이 의문에 대한 그의 답은 모든 남정이 군호·군정이 되었기 때문이라는 것이다. 즉 조선 초기에는 모든 국민이 군역을 부담하는 '국민개병제'를 지향하여 모든 국민은 저마다 자신의 신분에 어울리는 병종에 편입되었다는 것이었다.

 이에 대해서는 크게 두 가지 반론이 제기되었다. '호'는 공식호에서 추출한 법제호가 아니라 자연호를 대상으로 한 것이었으며, 군역이 면제되는 자들도 있고 군역 이외의 신역을 부담하는 자도 많아 당시의 군역제를 '국민개병제'로 말할 수 없다는 지적이 나왔다.[2] '호'·'구'의 내용이 주로 군호와 군정이었던 것은 단지 조선 최초의 호적이 군적을 토대로 이루어진 때문에 빚어진 것이라는 추정도 나왔다.[3]

 두 번째 사항에 대한 김석형의 답은 '호'·'구'가 군호·군정만을 추린 것이니 실제의 호구보다 적을 수밖에 없다는 것이다. "우리 왕조의 인구법은 밝지 못

---

[2] 민현구, 「사회구조와 군역제도」, 『한국군제사: 근세조선전기편』, 육군본부, 1968.(민현구, 『조선초기의 군사제도와 정치』, 한국연구원, 1983에 재수록)

[3] 이수건, 「조선초기 호구연구」, 『영남대 논문집』 5, 1971; 이영훈, 「조선초기 호의 구조와 성격」, 『역사의 재조명』, 한림과학원, 소화, 1995.

하여 호적에 등록된 것은 겨우 열의 한둘이다."라는 당시의 개탄 역시 "실제 전인구에 대한 것이 아니고 병사인 인정에 대한 의견이다."[4]라면서 '구'의 숫자에 여자나 노약의 숫자를 빼버린 사실을 추정의 근거로 들었다. 호구 수가 적은 데 대한 위정자들의 개탄이 인구가 아닌 병사에 대한 의견이라는 그의 주장도 별다른 근거를 가지지 못한 일방적인 주장으로서 수용되지 않았다.

이리하여 '호'·'구'의 숫자가 적었던 이유에 대한 연구자들의 다양한 견해가 나오게 되었다. '호'·'구'는 공식호·구를 반영하는 것이었지만 유이자·은루자가 많았기 때문이라는 견해가 있었고,[5] '호'는 공부나 역역의 안정된 수취를 위해 중앙에서 실제의 호구 수를 토대로 '관법寬法'을 적용한 적절한 수를 지방에 배정하여 내려보낸 '호총'을 나타내는 것이었고, '구'는 각종의 역을 지는 남정이었다는 견해가 있었다.[6] 또한 '호'는 곧 군호인데, 세조 이전 역호의 편성원리는 3정1호제를 표방했지만 그 실제 내용은 1인의 정군을 내는 데 통상 9정이 동원되는 9정1호제여서 호·구 수가 적을 수밖에 없다는 견해가 있었다.[7] 당시의 호적을 일종의 주민등록부처럼 간주하는 통념을 버린 것으로는 한영국의 연구가 유일하다. '호'·'구'는 군역과 공부를 담당할 수 있는 호·구로서 전토를 소유하고 있는 비교적 안정된 가호와 그에 거주하는 인구(특히 남정)를 파악·등록한 것이라는 주장이었다.[8] 당시의 호구제가 보편적 호구제가 아니라 선별적 호구제라는 데 착안한 것은 큰 의미를 가진다. 그러나 호적 등재의 선별 기준을 신역 부담 여부가 아닌, 전토 소유 여부에 둔 것이 문제라 할 수 있다.

이 글에서는 이미 밝혀진 사실에 대한 중복되는 논증은 지양하되, 호구제의

---

4) 김석형, 앞의 글, 40쪽.
5) 아리이 토모노리有井智德, 「李朝初期の戶籍法について」, 『조선학보』 39·40, 1965.
6) 이수건, 앞의 글.
7) 이영훈, 앞의 글.
8) 한영국, 「조선 초기 호구통계에서의 호와 구」, 『동양학』 19, 1989.

기초적인 여러 사항들을 원점에서부터 다시 파악했다. 먼저 조선 초기 '호'·'구'의 실체를 규명하였으며, 다음으로는 조선 초기 선별적 호구제의 연원이 고려 전기까지 소급될 수 있는 것임을 밝혔다. 마지막으로 조선 초기 정부가 선별적 호구제를 어떻게 운영했으며 세조의 호구제 개혁에서 그것이 어떻게 바뀌었는지를 살펴보았다.

2. 조선 초기 '호'·'구'와 호구제

1) 호구통계상의 '호'·'구'의 성분

논의의 순서는 일찍이 김석형이 시도했던 방식대로 『경상도지리지』 '도내시거道內時居'조의 호구통계 분석에서 시작하여 태종~세종 대, 태조 대의 순서로 시기를 거슬러 진행하는 방식을 취한다. 『경상도지리지』에는 당시 '호'·'구'의 실체를 규명하는 데 결정적인 실마리가 되는 내용이 담겨 있으며, 여기서 얻은 지견을 가지고 소급하여 실체에 접근하면 조선 초기 '호'·'구'의 실체 파악이 가능해지기 때문이다.

(1) 『경상도지리지』의 '호'·'구'

① '호'의 구성

『경상도지리지』 머리 부분에 있는 '도내시거'조는 "도 내에 지금 거주하고 있는 41,320호 인정人丁 191,719 내에"로 시작하면서 신역의 종류별로 인정수를 기재하고 있는데 그 내역을 보이면 다음의 〈표〉와 같다.

『경상도지리지』'도내시거'조 인정 내역 표

(역종·사환 여부) *	(정정正丁) **	봉족	(계)	비고
별패別牌	816	3,947	(4,763)	
시위侍衛	2,120	7,895	(10,015)	
영진속營鎭屬	2,261	6,107	(8,368)	
수성군守城軍	1,223	2,362	(3,585)	
기선騎舡	15,941	36,071	(52,012)	
(소계)	(22,361)	(56,382)	(78,743)	
잡색雜色	16,574	47,462	(64,036)	
(중계)	(38,935)	(103,844)	(142,779)	
상경종사각품원인노약 上京從仕各品員人老弱			51,940	
(총계)			(194,719) ***	
	41,320호		191,719	'도내시거'조

* ( ) 안은 본문에 없는 것을 필자가 채워 넣은 것이다.
** 본래 공란으로 되어 있는 '정정正丁'부분은 종래 연구자들이 '정군正軍'으로 빈칸을 채워넣기도 했지만, '군軍'으로 지칭할 수 없는 '잡색雜色'이 포함되어 있어 정군 대신 '정정'으로 표기하였다.
*** '도내시거'조 서두에서는 인정이 191,719명으로 되어있으나, 필자가 계산한 총계는 194,719명이다.

여기서 '호'는 별패에서 '잡색'에 이르는 신역호와 '상경종사각품원인 및 노약上京從仕各品員人及老弱'으로 표현된 사환호의 크게 두 가지로 구성되어 있음을 알 수 있다. 신역호는 다시 별패에서 기선騎舡(=기선군騎船軍: 水軍)에 이르는 군사와 '잡색'으로 나뉘어져 있다. 신역호에 속한 인정 가운데 봉족 앞에 아무 설명 없이 기재된 숫자는 직접 입역하는 정정을 가리키는 것임은 말할 나위 없다. 정정은 일찍부터 지적된 바와 같이 각호의 호주를 가리킬 것이며, 정정의 수는 곧 호주호의 숫자를 가리킬 것이다. 추론의 근거는 정정의 총수 38,935가 '도내시거' 41,320의 호수에 거의 육박하는 데 있다.

'잡색'으로 표시된 신역호의 정체는 무엇인가. 김석형은 별다른 설명 없이 '잡색'을 잡색군으로 간주했으며 뒤의 연구자도 그대로 따랐다. 의심할 바 없는 자명한 사실이라 여겼기 때문이다. 그러나 '잡색'은 잡색군이 아니라 군역 이외의 신역 즉 잡색역[9]이었다. '잡색'이 잡색군을 가리키는 것인지, 잡색역을 가리키는 것인지를 가리는 것은 중대한 문제이다. 호적의 등재 대상을 판별하는 데 결정적인 차이를 만들어 내기 때문이다.

종래 '잡색'을 잡색군으로 판단한 근거는 대략 다음과 같은 네 가지 정도로 보인다. 첫째, '잡색' 앞에 '시위'·'영진속'·'기선'의 경우처럼 병종 이름 뒤에 '군'을 생략한 병종이 있으니 '잡색' 역시 '잡색군'의 약칭으로 추정해 볼 수 있다는 점, 둘째, 앞의 정규군과 뒤의 비정규군의 잡색군을 구분한 것은 그 대비가 체계적이고 자연스럽다는 점, 셋째, 태조 2년에 조선 최초의 군적을 작성하여 올리면서 마보병馬步兵·기선군騎船軍과 함께 '향·역리 여러 유역자(鄕驛吏諸有役者)'를 파악하여 올렸으니 정규 군사 이외의 자들이 군적에 오른다면 잡색군일 수밖에 없다고 추정할 수 있다는 점, 넷째, '잡색'의 경우에도 다른 정규 군사처럼 봉족이라 지칭하고 있어 정정 역시 다른 병종처럼 잡색군의 정군으로 간주하는 것이 당연해 보인다는 점 등이다.

그러나 그러한 추정들은 바르지 않다. '잡색' 앞에 열거된 병종들이 '군'이라는 칭오가 생략되었다 하여 '잡색'을 잡색'군'의 약칭으로 단정하는 것은 위험한 일이다. 또한 '봉족'은 군역만이 아니라 잡색역에게도 배정되는 것이어서[10]

---

9) '잡색역'은 군역 이외의 잡다한 명색의 양인의 신역을 통칭하여 표현한 것이다.
10) 예컨대 향리나 역리에게도 '봉족'이 지급되었다.(『태종실록』 권 7, 태종 4년 5월 23일)

'봉족'의 존재만 가지고 '잡색'을 잡색군에 해당한다고 속단할 수 없다. 여러 병종들과 '잡색'의 대비는 정규군과 비정규군의 대비가 아니라 군역과 잡색역의 대비였다. 그 이유는 다음과 같다.

첫째, 잠시 뒤에 살펴볼 바와 같이 『경상도지리지』 작성 당시에 잡색군은 아직은 유명무실한 존재였다는 것이다. 둘째, 당시의 잡색군에는 잡색역 중 일부만 편제되었기 때문에, 군역호 이외의 호를 망라하여 기재하는 명목으로 '잡색군'을 내세우는 것은 적절치 못하다는 것이다. 셋째, '봉족' 앞에 '정정' 난을 '정군'이라 표시하지 않았다는 점이다. '잡색'이 '잡색군'을 가리키는 것이라면 〈표〉의 (정정正丁) 부분에 '봉족'과 대비되는 '정정正軍'이라 항목을 표시하였을 것이다. '잡색'이 잡색군이 아닌 잡색역을 가리키는 것이어서 '정군'이라는 용어를 사용할 수 없어 빈칸으로 남겨둔 것이 아닌가 한다. 넷째, '도내시거'조는 호적상의 인구를 보이기 위해 설정된 것이지 군정을 보여주기 위해 설정된 것은 아니라는 것이다. 1) '도내시거'조 앞에 별도로 각 군현의 군정에 관한 통계를 상세히 보이는 조항이 마련되어 있다는 점, 2) '도내시거'조에 군사호만이 아니라 사환호도 포함되고 있다는 점 때문이다. 호구통계에 잡색역호를 포함시키는 것은 당연한 일이다. 군역호가 전체 호의 상당 부분을 차지하고 있지만 잡색역호도 무시하지 못할 비율을 차지하고 있었다.[11] 결국 '도내시거'조에서는 현재 호적에 등재된 전체 호구를 보여주기 위해 군역호와 사환호와 함께 '잡색'역호를 열거했다고 보아야 할 것이다.

이제 앞에서 잠시 미루어 두었던 세종 7년~세종 14년의 『경상도지리지』 작성 당시의 잡색군 상황을 살펴보기로 한다. 잡색군이 정확히 언제 설치된 것

---

11) 태조 2년 통계에서 군사의 수와 잡색역인 수는 약 2:1의 비율을 보였다.(『태조실록』 권 3, 태조 2년 5월 26일)

인지 알 수 없으나[12] 태종 10년 무렵에는 설치된 것이 확인된다.[13] 그러나 잡색군이 체계적으로 정비된 것은 세종 중반 이후의 일이었다. 세종 17년에는 잡색군의 대오를 편성하고 무기와 갑옷을 점차적으로 구비하게 하고 수령이

---

[12] 기존의 잡색군 연구에서는 잡색군이 태조 대에 이미 일정한 조직화가 이루어졌다고 보았다. 여말에 외침을 겪으면서 정규 군역을 지지 않는 부류들을 대상으로 편성했던 비상군사체제 '연호군'을 계승하여 조직한 것이 잡색군이라는 것이다. 태조 대에 일정한 조직화가 이루어졌다는 주장의 근거는 "詳定所啓: '洪武三十一年(태조 7년)二月日受判內: 父母之喪至重 不可起復 自今將相之臣·宿衛武士 不得已特旨奪情及除官外 京中侍衛軍士八品以上 皆令終制 ①**外方雜色軍內侍衛軍**自願終制者聽之' 然②**其餘水陸軍丁及凡有役者與公私賤口** 孝心純至自願守墳者 亦許終制者聽之 從之"(『세종실록』 52권, 세종 13년 5월 5일 무진)에서 보는 바와 같이 태조 7년에 '잡색군'이 '내시위군'과 병기되고 있었다는 데 있다.(한희숙, 「朝鮮初期의 雜色軍」, 『한국학연구』 1, 1991) 그러나 이는 자료의 오독으로 보인다. ①의 "外方雜色軍內侍衛軍"은 '외방잡색군과 내시위군'이 아니라 "외방 잡색군 내의 시위군"으로 보아야 할 것으로 생각되기 때문이다. 즉 여기서의 잡색군은 군사조직으로서의 '잡색군'을 가리키는 것이 아니라 외방의 '여러 명색의 군'을 범칭한 표현이 아닌가 한다.(여러 명색의 군을 잡색군으로 범칭하는 사례는 간혹 나타난다. 이를테면 '軍器監屬雜色軍丁'(『태종실록』 권 28, 태종 14년 윤9월 3일)'이라 한 것이 그것이다. 군기감에 잡색군이 속할 까닭이 없으므로 여기서의 잡색군정이란 軍器監에 소속된 火㷁軍·別軍 등을 지칭하는 것이 틀림없다.) 첫째, 외방에서 번상하는 '시위군'은 있었지만 '내시위군'이란 이름의 병종은 존재한 일 없기 때문이다. 둘째, ②의 "그 나머지 수륙군정(其餘水陸軍丁)"은 "외방의 여러 명색의 군 가운데 시위군을 제외한 나머지 수륙군정"이라 읽어야 전체 문장이 무리 없이 해독되기 때문이다. 이때 상정소는 서울에서 시위하는 군사 가운데 8품 이상의 군직을 가진 자들은 모두 (복무를 중단하고) 부모의 상기를 마칠 수 있게 하는데 외방에는 오직 '시위군'의 경우에만 상기를 마칠 수 있도록 허락하고 있으므로 시위군만 아니라 지방의 다른 수군·육군의 군사 및 잡색역자 그리고 공사천구 역시 효심이 순수하고 지극하여 스스로 부모의 분묘를 지키고자 한다면 그들 역시 상기를 마칠 수 있게 하자는 것이었다. 3년상을 모든 인민에게 권장하자는 의견을 제시한 것이다. 그리고 바로 윤허를 받았다. 셋째, 잡색군을 여말 '연호군'을 계승한 조직으로 보는 것도 위험하다. 조선 초기에도 '연호군'은 존재했지만 잡색군과는 성격이 달랐기 때문이다. 태종 7년 都巡問使가 보인 서북면의 '煙戶軍丁'의 내역에는 갑사·선군·시위패와 같이 잡색군이 될 수 없는 직업군사와 군역호가 들어있었던 것이다.(『태종실록』 권 14, 태종 7년 9월 2일)

[13] 태종 10년에는 시위·진속군과 구분되는 잡색군이 나타나며, 官門에서 점검을 시도한 것으로 보아 이 이전에 잡색군이 설치되었음을 알 수 있다. "命停罷外方詞訟 議政府啓曰: '今年節候 比他年爲早 外方侍衛鎭屬之軍 已有備矣 今以雜色軍丁點檢擾民 有妨農務 願罷之 …' 上曰: '雜色軍容 除官門點檢 使自修備 …'"(『태종실록』 권 19, 태종 10년 2월 3일)

점고하게 하였다. 세종 21년에서 23년에 이르는 시기에 잡색군의 조직과 정비가 본격화되었다.[14]

주목할 것은 이 무렵 단순히 잡색군 조직이 강화된 것이 아니라 구성원 자체의 확장이 있었던 것으로 보인다는 점이다.

1) 처음에 병조에서 비변備邊의 계책을 올리기를 " … 1. 만일 적선賊船이 육지에 상륙하였는데 도절제사와 각 진의 군마가 도착하기 전에 제어할 군사가 없으면, 적들이 깊이 들어와서 (인민을) 사로잡고 죽일 것이 우려됩니다. 각 관의 수령이 모두 인민을 보유하고, 직책이 단련團練을 띠고 있으나, 잡색군은 통속統屬이 없어서 유명무실하오니, 비옵건대, ① 지금으로부터 ② 향리·관노·무역백성에서 공사 천구·각 역호驛戶 내의 장실인정壯實人丁 1명에 이르기까지 ③ 종전대로 잡색군이라 칭하고, 25명으로 한 대隊를 만들되, 자원에 의하여 마병이나 보병이 되게 하고, 대마다 패두牌頭·색장色掌을 뽑아 정하여 이름을 기록하여 장부를 만들어 두고, 농한기마다 자원에 따라 활이나 창, 혹은 몽둥이나 칼, 혹은 돌던지기를 시시때때로 익히게 하고, 만일 뜻밖의 사변이 있으면 수령이 시기에 맞춰 거느려 제어하고, 잡색군 중에 재주가 숙달되어 실효가 있는 자는 혹은 요역을 면제하고, 받은 환자還上를 감하여 주어서 권장하는 것이 어떠합니까 … " 하였다. 의정부에 내

---

14) 이 점은 민현구, 앞의 글; 한희숙, 앞의 글에서 지적된 바 있다. '잡색군'이 자기 존재를 확실히 하게 된 시기는 이 무렵이었던 것으로 보인다. 앞에서 본 바와 같이 세종 13년까지도 잡색군이 '잡다한 명색의 군'으로 사용되고 있었던 것도 그때까지 잡색군이 아직 하나의 고유한 병종으로 각인되지 않았음을 시사하는 것이라 할 수 있다.

려 의논하게 하니, 의정부에서 일찍이 수륙水陸의 장수를 지낸 사람들과 함께 의논하여 아뢰기를, "… 잡색군의 싸움 연습 … 의 일은 거행하기가 어려울 것 같습니다." … 하였다. (국왕이) 그에 따랐다.(『세종실록』 21년 7월 20일)

2) 의정부가 병조의 정문呈文에 의거하여 아뢰었다. "앞서 국가에서 각 도의 수륙 정군 이외에 향리·역자·공사노복 및 향교생도를 본역本役의 유무를 분간하지 아니하고 모두 다 판적에 이름을 올리고, 모두 패牌를 만들게 하여 잡색군이라 이름하고, 만일 사변이 있으면 다 징발하게 하도록 이미 입법하였으나, 뽑아 정하는 절목이 미비하고, 점열도 하지 아니하므로, 한낱 문구가 되었을 뿐입니다. 청하옵건대, 구례에 의하여 매 50인으로 1패를 만들고, 매 1패에 총패 1인, 매 10인에 소패 1인을 정하면 대소가 서로 받치고 각기 통속이 있게 될 것입니다. 패 내에서 양천을 물론하고 장용한 자를 택하여 정군으로 정하고, 정군호에 솔정率丁이 5정 이상이면 봉족을 주지 말고, 4정 이하이면 1명을 주며, 단호單戶이면 봉족이 되게 하고, 가내에 15정 이상이면 정군 2명을 정하되, 역시 봉족은 주지 말게 하소서. 경외의 대소인원들의 각거各居노자들도 역시 적에 올려 모두 군기를 갖추게 하였다가, 만일 위급함을 당하면 임시 조발하게 하되, 조발하는 해에는 공천이면 공부를 받지 말게 하고, 사천이면 12개월 동안은 잡역을 면제하게 합니다. 시위·영진·기선 등의 정군으로 1가 내에 솔정의 수가 적으면, 비

록 각거노자가 있더라도, 만약 그 상전이 종군하게 되었다면 따로 뽑아 정하지 말고, 그대로 주인의 호에 소속시켜 군호를 충실하게 합니다…" (국왕이) 그에 따랐다.(『세종실록』 23년 6월 8일)

　1)에서의 병조 요청은 의정부와 전·현직 수군·육군의 장수들의 논의 결과 전투훈련은 시행하기 어렵다는 의논에 따라 수용되지 않았지만, 이때에 와서 과거보다 잡색군의 대상을 넓혔음을 엿볼 수 있다. ① 지금으로부터 ② 공사천구·각 역호내 장실인정 1명에 이르기까지라는 표현이라든가 ③ 예전대로 '잡색군'으로 칭한다고 새삼스레 명칭 문제를 거론하는 것이 바로 그것이다. 즉 공사천구·각 역호내 장실인정 1명이 새로 편성 대상으로 선정된 것으로 생각된다는 것이다.[15]

　2)에서는 1)에서 제시된 방안이 입법되었음에도 대상자를 초정하는 상세한 절목을 마련하지도 않고 점열도 하지 않아 단지 문서로만 남아 있다면서 좀 더 구체적인 방안을 제시했다. 이때의 방안에서 유의할 점은 공사천의 동원에 따르는 반대급부가 처음으로 마련되고 있다는 점이다. 사천을 잡색군으로 동원하게 되면 소유주가 그를 부리거나 이용하는 데 제약을 받아 싫어했을 것이고, 입역하는 사천 역시 달가울 리 없으므로 반드시 일정한 반대급부를 제공

---

15) 鄕吏·官奴·無役百姓은 본래 초정 대상인 반면, 공사천구·각 역호내 장실인정 1명은 이때에 와서 비로소 초정 대상이 된 것으로 짐작된다. 관노도 공천에 속하는데 관노와 공사천구를 구분하여 열거한 때문이다. 향리처럼 현지에서 복역하고 있는 관노와 달리 뒤의 공천은 중앙각사 소속의 선상노자 또는 납공노자를 가리킬 것이다. 현지 군현의 통제 대상이 아닌 탓에 공천이 이전의 잡색군에 빠져 있었다가 이때 편입시키면서 관노와 구분하여 표시했을 것이다. 공천과 함께 열거된 사천과 역정 역시 곧 설명할 바와 같이 이때 편성 대상이 되었다. 2)에서 잡색군 편성 대상에 향교생도가 포함되어 있는 것도 유의할 사항으로, 이로써 공·사천이 잡색군의 편성대상으로 선정된 것이 이 무렵부터였다는 심증을 굳히게 된다.

하지 않으면 안 된다. 반대급부의 내용은 조발된 때로부터 12달 동안은 잡역에서 풀어 주는 것이었다. 공천의 경우에도 동원된 해의 납공은 면제해 주는 혜택을 부여했다. 이로 미루어 이때에 와서야 공사천의 잡색군 편성이 확정되었다고 짐작할 수 있다.

공사천이 이때에 와서 비로소 편성되었던 정황은 1)에서 "공사천구와 각 역내에 장실인 1명에 이르기까지"라 하여 공사천구와 함께 거론된 역호驛戶의 거취에서도 엿볼 수 있다. 잡색역 가운데서도 역역驛役은 행정적으로나 군사적으로나 그 기능이 상당히 커서 중시되는 신역이다. 따라서 역호는 잡색군을 편성할 때 공사천과 함께 가장 늦게 그 대상이 되었을 뿐 아니라, 다른 대상자의 경우와 달리 호내 장실인 1명만 편성 대상이 되었으며, 가장 먼저 잡색군에서 빠져 나갔다.[16] 즉 당초 역리는 잡색군의 편성 대상에서 제외되어 있다가 세종 21년에 편성 대상을 확대할 때 공사천구와 함께 한 호에 1명만 들어가게 되었다는 것이다.

잡색군 관련 실록의 기사에서 잡색군 편성 대상임을 구체적으로 확인할 수 있는 역종은 많지 않은데 『경국대전』에는 다음과 같이 그 대상자가 열거되어 있다.

> 잡색군은 정해진 수가 없다. 녹사·서리·제원·화원·도류·서제·복례·각읍인리·일수·서원·의생·율생·수릉군·수묘군·간수군·단직·당직·약부·진부·수부·빙부·원주·목자·장인·공사천으로 정속한다.(『경국대전』 병전 잡류)

---

16) 역리는 성종 1년에 이르러서 다시 잡색군에서 빠지게 되었다.(『성종실록』 권 6, 성종 1년 7월 9일) 역리를 잡색군에서 제외한 것은 평상시만이 아니라 비상시에도 역리로서의 기능이 중요한 때문이었다.(『성종실록』 권 21, 성종 3년 8월 7일)

『경국대전』에는 앞서 잡색군 편성 대상에서 제외된 역리와 역일수 외에도 염간·어부와 같은 물납物納 잡색역자가 보이지 않는다. 노역勞役 잡색역자의 경우에도 일수·서원은 들어있는 반면 같은 서반 외아전인 나장·차비군은 제외되어 있다. 잡색군은 모든 잡색역인을 망라하는 것이 아님을 확인할 수 있다.

이상에서 살펴본 바와 같이 『경상도지리지』 편찬 당시에는 잡색군은 확실한 조직을 갖고 있지 못했고 제외된 역종이 다수 있었을 것이므로 도내 인구를 보여주는 방식으로 잡색군 편성 인원을 기재하는 것은 적절한 방식은 되지 못했을 것이 분명하다. 따라서 『경상도지리지』 '도내시거'조에 나타나는 '잡색'은 잡색군이 아니라 잡색역인이라 보는 것이 타당하리라 생각한다. 결국 『경상도지리지』의 '호'는 사환호와 군역 및 잡색역의 신역호로 구성되어 있었던 셈이다.

② '호'·'구'와 공식호·구

'호'·'구'는 바로 호적에 등재된 공식호·구였다. 이들이 호구장적에 등재된 공식호·구라고 보아야 할 이유는 다음과 같다. 첫째, '호'·'구' 통계 앞뒤의 표현으로 미루어 '호'·'구'가 가리키는 대상은 일반 민호와 그 소속구로 여겨진다는 점이다. 즉 『경상도지리지』 '도내시거'조에서 신역호의 경우 소속구는 정정과 봉족으로 구성되어 있었지만 이들 정정·봉족을 신역의 적에서 뽑아 제시한 것이 아니라 호적에 등재된 공식호·구에서 추출하여 집계한 것으로 보인다는 것이다. "도 내에 지금 거주하고 있는 41,320호의 人丁 191,719 내에 …"에서 '지금 거주하고 있는'이라는 표현으로 보면 여기서의 '호'나 '인정'은 호적에 등재되어 있는 호·구를 가리키는 것이지 신역의 적에서 뽑아 온 호와 구로 보기 어려울 것이다. 『경상도지리지』 각 군현조의 경우도 마찬가지다.

"인호 몇·인구 몇이라 베껴 적을 것(人戶幾人口幾是如開寫事)"이라는 중앙정부의 지시에 따라[17] "호 ○○○ 내에 남○○○구 여○○○구"라는 방식으로 군현별 통계에서 나타나는 '호'와 '구' 역시 호적에서 '베껴 적은' 것으로 보는 것이 온당할 것이다.

둘째, '호'는 자연호의 성격을 지닌 호라는 점이다. 1) 신역이 부과되지 않는 '상경종사각품원인'이 신역부담자와 함께 집계되고 있을 뿐만 아니라 2) 그들 호의 경우에는 신역부과대상 연령의 정장丁壯이 아닌 '노약'까지 합산되고 있다. 3) 신역호의 경우에도 그 처가 함께 집계되고 있는 것은 '호'·'구'가 지닌 자연호적 성격을 반영한다. 즉 '도내시거'조의 '호'·'구'와 군현별 '호'·'구'는 동질적인 것인데 군현별 통계의 남구와 여구는 부부로 추정된다는 것이다. '도내시거'조의 '호'와 군현별 '호'의 총계가 각각 41,320호와 42,121호로 거의 일치하며[18] '도내시거'조의 '인정'의 수 191,719와 군현별 남구의 수 172,193가 근사하여 양자는 같은 내용의 호구라 할 것이다.[19] 군현별 남구 총수는 162,554이고 여구 총수는 173,375로 그 차이가 크지 않으므로 남구와 여구는 부부로 보는 것이 타당할 것이어서 구체적으로는 '호'를 구성하는 정정·봉족과 그 처라 할 수 있다.

셋째, '호'는 이미 논증되어 있는 바와 호등제가 적용되는 호이기도 하다는 점이다. 즉 『경상도지리지』의 호수는 『세종실록지리지』 경상도의 호수와 같

---

17) 정부의 지시 내용은 군현 가운데 도내 4개 分道의 首官인 경주·안동·상주·진주에만 대표적으로 기재하고 이하의 군현에서는 지시 내용을 생략하고 해당 호구 숫자만 보였다.
18) 이 숫자는 『경상도지리지』의 군현별 호수에서 확인이 가능한 호의 총수 39,235에 결락된 진주도 소속 9현의 호수를 『세종실록지리지』의 해당 군현에서 찾은 호수 2,886을 합산한 숫자이다.
19) 주 18)과 마찬가지로 각 군현에서 확인된 남구수 39,535에 결락된 군현의 남구수 9,649를 『세종실록지리지』에서 찾아 합산한 숫자이다. 호수는 거의 일치하는데 구수에서 2만에 가까운 차이가 나타나는 것은 군현별 호구항목에서는 통일성을 기하기 위해 사환호의 남구 중 노약을 제외한 데서 초래된 것이 아닌가 한다.

고 『세종실록지리지』 강원도의 호수는 호등제 하의 강원도 호수와 같다는 것이다. 공물이나 요역과 같은 부세의 대상이 되는 호등제의 호는 중앙에서 파악하고 있는 공식호일 수밖에 없다.

'구'가 곧 공식구임은 앞에서 말한 대로이지만 신역호와 사환호의 '구'의 구성이 다르다는 점에 유의할 필요가 있다. 신역호의 경우에는 정정·봉족 및 그 처로 구성되어 있는 반면, 사환호의 경우에는 가구원 전부로 구성되어 있는 것이 그것이다. '도내시거'조의 정정의 총수 38,935는 호총 41,320호에 육박하므로 정정은 신역호의 호주임을 쉽사리 알 수 있다. 그리고 신역호의 총수 38,935와 호총 41,320의 차 2,375는 사환호의 숫자에 해당하는 것으로 보아야 할 것이다. 사환호 2,375호에 51,940이나 되는 '구'가 속한 것이 다소 의아하게 느껴지지만 전혀 이해하기 불가능한 일이라 할 수는 없다. 본래 사환호는 신역호보다 가구원을 충실히 등재하는 데다가[20] 남정만이 추출된 여타의 신역호와 달리 '노약'까지 집어넣어 집계되었기 때문이다.

이상에서 『경상도지리지』의 '호'·'구'가 바로 호적에 등재된 공식호·구였음을 살펴보았다. 그런데 『경상도지리지』의 호구자료에는 아직도 남아 있는 의문 사항이 있다. 첫째, 도내 공식호·구의 수를 밝히면서 왜 굳이 정정과 봉족의 수를 보이는 방식으로 호·구의 내역을 제시하였는가 하는 점이다. 이는 조선 초기에 공식호·구는 사환호의 호·구를 제외하면 모두 신역을 부담하는 호·구였으며 신역호의 경우에는 정정·봉족과 같은 신역부담자만을 등재했던

---

[20] 신역호의 경우 신역·부세의 과중한 부담을 초래할까 호주가 식구들의 호적 등재를 꺼리지만 사환호의 경우에는 신역부과 우려가 없을 뿐 아니라 도리어 호적에 등재되어 있지 않으면 입사·부거·입학 시에 지장을 받을 수 있고, 호적은 상속·증여 등 재산권 행사에 증빙자료로 쓰일 수 있으므로 가구원 모두를 등재하는 데에 적극적으로 응했을 가능성이 높다. 또한 함께 살고 있지 않아도 부근에 거주하는 '1가' 족친들의 가구원이 한 호에 같이 등재되는 경우도 많았다. 한 호를 이루는 '1가'에 대해서는 뒤에서 다시 설명한다.

데서 비롯된 것이다. 이 점에 대해서는 뒤에서 다시 부연하기로 한다.

둘째, 의무군의 경우에는 병종별로 하나씩 열거해 해당 정군·봉족수를 밝혔는데 잡색역의 경우에는 개별 역명을 생략하고 '잡색' 하나로 뭉뚱그려서 총수만 제시한 이유이다. 그 이유로는 우선, 잡색역의 종류가 다양하여 일일이 열거하기가 번거로웠을 것이라는 점이다. 다음으로는 잡색역 가운데는 그 가구원의 구체적인 내역을 밝히기가 껄끄러운 역종이 있다는 점이다. 가장 대표적인 것이 향역이다. 향역은 세습적인 잡색역이어서 향리에게는 애당초 정액제가 실시되기 어려운 것이었다.[21] 조선시대를 통틀어 한 번도 일률적인 향리의 정원이 책정되지 않은 것은 바로 그 때문이다. 군현별로 소속 향리 가운데 일부가 향리직을 담당했을 뿐이며 그나마 교체되는 것이었다. 향리에게 특정의 직임을 맡기는 권한은 수령에게 있었지만 향리 자제 가운데 향역을 직접 부담할 자를 추려내는 일은 지방별로 향리들의 자치에 맡겨져 있었을 것으로 추정된다. 선출되지 않은 향리의 나머지 자제는 사실상 무역의 상태였다. 아마도 향리 자제의 극히 일부만이 입역자의 봉족이나 잡색군에 편성되었을 것으로 생각된다. 문서의 실제 작성자인 향리들로서는 자신들의 입역 상황을 밖으로 드러내는 일은 달갑지 않은 일이었을 것이 틀림없다. 종류나 성격이 다양한 잡색역 부담자를 '잡색'이라는 하나의 명목으로 뭉뚱그려 나타낸 데에는 이상과 같은 사정도 작용하지 않았을까 한다.

이상에서 살펴본 바의 요점은 다음과 같다. 『경상도지리지』 '도내시거'조의 '호'는 호적에 실린 호 즉 공식호로서 사환호와 신역호로 구성되어 있다. 신역호는 다시 군역호와 잡색역호로 구성되어 있으며 정정을 호주로 하고 있다. '도내시거'조의 '인정'은 신역호의 경우 공식구 중 남정으로서 정정과 봉족을

---

21) 유승원, 「조선초기 양인의 잡색역」, 『조선초기 신분제연구』, 을유문화사, 1987, 434쪽.

합한 것이고, 사환호의 경우에는 노약을 포함한 남구이다. 『경상도지리지』 군현별 호구통계에서 '호'는 '도내시거'조의 '호'와 같으나 '구'는 '도내시거'조의 '인정'에서 사환호의 '노약'을 제외한 것이며 남구와 그 처인 여구로 구성되어 있다.

(2) 태조~세종 대의 '호'·'구'

태종 대에서 세종 대에 이르기까지 전국에 걸친 호구통계가 여러 차례 실록에 나타난다.[22] 이 시기 정부가 호구에 대해 많은 관심을 가지고 있었음을 보여주는 것이라 할 수 있다. 실제로 이 시기에는 호구를 상세히 파악하기 위한 인보법이나 호패법이 시행되기도 했다. 그러나 정작 호수는 태종 6년의 18만 여호에서 세종 14년 무렵 20만 7천 여호로 2만 7천호 정도 증가하는 데 그쳤다. 다만 구수는 37만 여구에서 70만 2천 여구로 거의 배증됨을 보였다. 후술하는 바와 같이 대체로 인보법과 호패법을 실시한 덕분이었다.

이 시기 '호'·'구'에 대해서 여러 차례 호구통계에 나타나는 보이는 '호'·'구'(또는 정)는 모두 같은 성격의 호구로서 '구'는 '호'에 소속된 '남정'이라는 데는 연구자들이 의견을 같이했다. 그러나 '호'의 실체에 대해서 연구자마다 견해를 달리했음은 앞에서 언급한 바대로다. '호'의 정확한 실체를 파악하기 위해서는 조선 최초의 호적과 거기에 등재된 호구의 내용을 알 필요가 있다.

조선 최초의 호적은 태조 2년 5월 무렵 작성된 것으로 생각된다.

각도에서 군적을 올렸다. 이보다 앞서 남은·박위·진을서 등 8명의
절제사를 보내어 왜구를 방비하게 하였는데, 왜구가 물러가자 남은

---

22) 호수와 구수가 함께 나타나는 자료만 추리면 잘 알려진 바와 같이 『태종실록』 권 7, 태종 4년 4월 25일; 『태종실록』 권 12, 태종 6년 10월 30일; 『세종실록지리지』가 있다.

은 경상도에서, 박위는 양광도에서, 진을서는 전라도에서 군사를 점
고하여 명부를 만들게 하고, 그 나머지 여러 도에는 안렴사로 하여금
군사를 점고하게 하였는데 이때에 이르러 군적을 만들어 올렸다. 경
기 좌우도·양광도·경상도·전라도·서해도·교주도·강릉도 무릇 8도
의 마병·보병 및 기선군이 총 20만 8백여 인이고, **자제 및 향리·역리
와 여러 유역자*有役者*** 가 10만 5백여 인이었다.(『태조실록』 2년 5월 26
일)

자료의 첫머리에는 "각도에서 군적을 올렸다."라는 구절만 보인다. 그러나 단순히 군적만 작성된 것이 아니라 이 무렵 군적을 토대로 호적이 작성된 것으로서 추정된다. 태조 2년 11월에 호적이 작성 중에 있거나 이미 완성되었음은 시사하는 발언이 나온 것, 태조 3년 8월에 여말의 호적 문란의 폐가 지금은 시정되어 있음을 시사하는 발언 등이 그 근거가 된다.[23] 이에 더하여 군사만이 아니라 '자제 및 향리·역리와 여러 유역자'의 수가 함께 집계된 것이나, 이때의 호구 수가 태종 대의 호구 수와 거의 같았던 것도 이 무렵에 호적이 작성되었다는 방증이 된다.

태조 2년 호적의 호수는 태종 대 호수 대 구수의 비율에서 추산할 수 있다. 태종 6년의 호수 대 구수의 비율 1: 2.02를[24] 태조 2년의 군정과 자제 및 유역인의 총수 301,300에 적용하면 149,028호가 된다. 태조 2년의 호수 149,028과 구수 301,300은 태종 6년의 호수 135,045와 구수 279,361을 약간씩 상회할 뿐

---

23) 이상의 두 근거는 일찍이 아리이 토모노리, 앞의 글에서 거론된 바 있다.
24) 이 비율은 전국적 호구통계에 잘 나타나지 않는 한성부·개성부와 군호 편성이 특수한 평안·함길도를 제외한 나머지 6도의 호수 대 구수의 비율이다.

큰 차이가 나지 않는다. 따라서 태종 대 이후의 '구'는 자제와 군사 및 잡색역인으로 구성되어 있음을 말해주고 있다.

결국 호구 통계상의 '호'는 태조 대 이래 세종 대까지 사환호와 신역호, 즉 호주호로 구성되어 있었으며 '구'는 호에 소속된 남정—신역호의 경우 정정과 봉족—이었다고 간추릴 수 있다. 또 호수는 큰 변화 없이 유지되었된 반면 구수는 태종 중반 이후 큰 폭으로 증가하였다고 할 수 있다.

2) 조선 초기 호구제의 성격 —선별적 호구제와 공식호·구의 존재양태

'호'·'구'는 이미 살펴본 바와 같이 공식호·구에 속하는 것이었지만 '호'·'구'와 공식호·구의 관계에서 아직 남아 있는 중요한 문제가 있다. '호'·'구'는 공식호·구를 총괄한 것인가, 아니면 공식호·구 중에서 특정호·구만을 추려낸 것인가 하는 문제이다. 결론부터 말한다면 조선 초기의 '호'는 공식호 거의 전부를 반영한 것이었고,[25] '구'는 공식구 중 남정을 반영한 것이었다. 결국 조선 초기 호구제는 자연호 가운데 사환호와 신역호에 속한 호·구를 중심으로 호적에 등재한 선별적 호구제의 성격을 지닌 것이었다.

---

25) 사환호나 신역호 외의 공식호가 없지 않았다. 이를테면 호주가 생도인 호가 있다. 중앙과 지방의 유학생도인 학생·교생이 있고 의·율학생도가 있다. 이 밖에도 특수한 호가 있었다. 예컨대 여성호나 귀화인호가 있다. 기존 호주의 유고시에 그의 처가 원호를 승계하는 경우와 子壻를 비롯한 '1가'의 남정이 원호를 승계하는 경우가 모두 있었을 것으로 생각된다. 실제로 고려시대에서 조선 초기에 이르는 몇 건의 여성호 자료가 현전하고 있는데 모두 사환호에 해당한다. 귀화인의 경우 고려 건국 초부터 호적에 등재하였던 것으로 보인다. "이름이 판적에 올라 편맹과 같다"고 하는 것으로 보아("靖宗四年五月 東界兵馬使報 '威難州住女眞仇屯·高刀化二人 與其都領·將軍開老 爭財 乘開老醉 毆殺之' 侍中徐訥等議曰 女眞 雖是異類 然旣歸化 '名載版籍, 與編氓同'"『고려사』권 84, 형법지1 殺傷) '版籍'이 호적을 가리킬 가능성이 크다. 특별관리되는 공식호라 할 수 있다.

(1) 호적에서 제외된 비공식 호·구

조선 초기 호구제가 선별적 호구제였음은 사환호와 신역호 이외의 호·구는 호적에 등재되지 않았음을 통해서도 반증될 수 있다. 호적 등재 대상에서 제외된 비공식 호·구에 해당하는 호·구를 순차적으로 살펴보기로 하자.

① 노비호

호적에 사환호와 신역호가 선별적으로 등재된다는 것은 일차적으로 천인호(노비호)가 배제되고 양인호만 등재됨을 의미한다. 천인호의 배제는 고려시대 이래 조선 초기까지 하나의 원칙처럼 관철된 관행이었던 것으로 보인다. 사환이나 직(신)역은 원칙적으로 양인에게만 허용되는 것이었다. 노비의 역도 해당자 개인이 부담한다는 의미에서 신역으로 지칭될 수는 있다.[26] 그러나 양역과 천역은 엄격히 구분되어 직(신)역이라 함은 통상 국가가 공민에게 부과되는 신역을 가리키는 것이었다. 고려시대에 직역은 중간신분이 담당하는 국역이었으며, 조선시대의 군역은 양인의 보통역이었고 잡색역은 양인의 특별역으로서 군역의 대치물이었다. 따라서 사환호와 신역호를 선별적으로 등재하는 한 노비호가 등재될 여지는 없다.

그러나 노비호가 호적에 등재되지 않았다고 주장한 연구자는 이제까지 없었다. 반대로 고려시대나 조선 초기의 노비호가 호적에 등재되었음은 주장한 연구자는 더러 있었다. 학계에서 노비의 호적 등재 여부가 본격적으로 논의된 적은 없었지만 노비호의 호적 등재 주장에 대해 아무도 이의를 제기하지 않았

---

[26] 노비의 역이 '신역'이라 지칭되는 사례를 두어 가지 소개하면 다음과 같다. "公處奴婢所生三口以上者 免父母身貢 五口以上者 免一子身役之法已立 而無侍丁歸養之令 實爲未便"(『세종실록』 권58, 세종 14년 11월 22일); "傳旨刑曹曰: 公賤女口內 昭憲王后應議之親 竝收貢免身役"(『세조실록』 권4, 세조 2년 6월 13일; "刑曹啓: 遠流賊人內 公賤則本有身役 不宜閑役"(『세조실록』 12권, 세조 4년 5월 10일).

다. 대부분의 연구자들이 암묵적으로 이에 동의한 것이다.

노비호가 호적에 등재된 증거로 여길 만한 자료는 세 가지 정도가 있다. 하나는 노비호가 등재되어 있는 조선 후기의 단성호적을 비롯한 호구장적들이고 또 하나는 국보로 지정된 고려 말 화령부 호적('국보호적')이다. 마지막으로는 실록 기사 가운데 '공사천구'의 호적을 언급한 기사이다. 우선 조선 후기의 호구장적은 조선 초기의 호적에도 노비가 등재되었음을 입증할 수 없으므로 논의에서 제외한다. 나머지 두 가지 자료도 노비호의 호적등재를 입증하는 자료로 받아들이기는 어렵다고 생각된다. 우선 실록 기사가 가진 문제점을 살펴본다.

아리이 토모노리는 조선 초기에 노비도 호적을 가지고 있었다는 주장을 적극적으로 개진한 유일한 연구자이다. 노비도 호를 구성해서 생계를 영위했기 때문에 호적은 당연히 있었을 것으로 추정한 다음, 그 추정을 뒷받침하는 근거로 다음의 사례를 들었다.

> 병조에서 아뢰기를, "외방은 여러 명색의 군사(諸色軍士) 외에 대소 한역인閑役人 및 여러 명색의 아전(諸色衙前)과 공사천구를 아울러 잡색군이라 일컫고, 3정을 1호로 삼아 징병할 때에 규례에 따라 징집하는데, 유독 경중에 사는 사람은 잡색군을 정하지 아니하여 경중과 외방이 각각 다릅니다. 청컨대 한성부로 하여금 당상관 및 환독鰥獨, 늙고 병든 사람을 제외하고 전함 3품 이하 대소 한량인과 여러 기관의 서리·복예·공장·공사천구를 호적을 빙고해서 모두 쇄출하여, 3정을 1호로 하여 잡색군을 뽑아 정하되, 8월을 기한으로 하여 적을 만들어서 본조 및 한성부에 간직하게 하소서." 하니, 그에 따랐다.(『세조실록』7년 7월 13일)

위 기사에서 "호적을 빙고하여" 잡색군에 뽑아 정할 대상에 서리·복예·공장과 함께 '공사천구'가 열거되어 있음을 볼 수 있다. 따라서 일단 이 자료가 '공사천구'도 호적을 가지고 있었다고 주장할 근거가 될 수 있는 것임은 틀림없다. 그러나 이 자료를 노비호도 공식호였음을 입증하는 결정적인 증거로 받아들이기에는 부족하다고 여겨진다.

우선, 이 기사가 서울에 거주하고 있는 노비호에만 해당하는 사항일 수 있다는 점이다. 서울의 경우 지방보다 상대적으로 호구를 철저히 파악하였기 때문이다.[27] 따라서 여기서 언급된 서울의 사례를 가지고 전국의 사례로 일반화할 수 없을 것이다.

---

[27] 세종 대에는 세종 10년·17년·20년의 세 차례에 걸쳐 한성부의 호구통계가 나타나고 있는데 '城底十里'를 제외하고 '城中'에만 각각 16,921호 103,3208구(『세종실록』 권 40, 세종 10년 4월 8일), 19,552호(『세종실록』 권 69, 세종 17년 7월 10일), 18,412호(『세종실록』 권 83, 세종 20년 12월 18일)로 나타난다. 각 도에 비해 구역이 훨씬 좁은 데도 호구 수는 상대적으로 대단히 많아서 호수는 『세종실록지리지』 소재 경기·충청·전라의 호수에 약간 못미치는 정도이고 '구'는 도리어 약간 상회하는 숫자를 보인다. 지방의 경우처럼 실제 호구의 10~20%만 수록되었다면 나오기 어려운 수치이다. 서울에는 호적에 충실히 등재되는 관원호가 많았던 것이 실제 호구 수에 근접할 수 있었던 하나의 이유가 될 것이지만, 상대적으로 호구조사가 철저한 때문이기도 하다. 남의 집에 세들어 사는 사람까지 거주하는 坊의 맨 끝에 '無家舍'로 따로 재록하게 한 것도(『세종실록』 권 24, 세종 6년 5월 12일) 한성부 호구 성적이 상세했음을 시사한다. 세조 13년에는 서울 안의 잡색군 편성 대상인 '諸司胥徒·僕隷 및 五部坊里人'을 모두 적어 올렸다고 하면서 그 수를 76,036명으로 밝히고 있다.(『세조실록』 41권, 세조 13년 3월 25일) 이 숫자에는 잡색군 편성 대상에서 제외되는 전·현직 관원(당시 전함관은 정병 입속 대상자였다)이 빠져 있는데 아무리 많이 잡아도 사환호의 구수는 3만을 넘지 않을 것이므로(조선 초기 경외를 막론한 실직 총수 5605顆(이성무, 「양반과 관직」, 『조선초기 양반 연구』, 일조각, 1980 참조)의 5배 정도로 계산한 수치이다) 이 숫자를 앞의 잡색군 수와 합하면 10만 정도이니 대대적인 호구개혁을 단행한 뒤인 세조 말년의 자료인데도 세종 대 구수와 별 차이를 보이지 않는다. 한성부 호구조사가 지방과 달리 상당히 철저했음을 보여주는 증거이다. 고려시대에도 개경의 호구는 철저히 파악되었고 거기에는 외거하는 사노비호까지 포함되어 있었다고 보인다. 예컨대 충렬왕 15년 2월에 군량을 위해 관원에서 사노비에 이르기까지 쌀을 내게 했고 상인들은 호를 3등으로 나누어 걷게 한 것이 그것이다.(『고려사』 권 79, 식화지 2 科斂)

다음으로, 설사 '공사천구'가 자신들 명의의 호적을 갖고 있지 않았더라도 이러한 표현은 사용될 수 있다는 점이다. 즉 "호적을 빙고하여"라고 한 것은 잡색군을 선정할 때 호적과 같은 문적을 철저히 조사하여 대상자를 선정하라는 일반 원칙을 천명한 데 불과한 것일 뿐, 실제로 호적을 빙고하는 것은 공사천구 앞에 열거된 다른 자에만 해당하고 호적 대신 천적을 갖고 있는 공사천구에는 직접 해당되지 않았을 가능성을 배제할 수 없다는 것이다.

마지막으로, 설사 '호적의 빙고'의 지시가 공사천구에게도 해당된다 하여도 공사천구의 경우에는 '호적'이 '호구장戶口帳'에 해당하는 통상적인 호적이 아니라, 단순한 '호구 관계 문적'의 뜻으로 호구에 관한 정보를 담은 여러 가지 다른 문서, 이를테면 호패적戶牌籍·인보적隣保籍이나 그에 준하는 군현 자체의 문서와 같은 것일 수 있다는 점이다.

국보호적의 경우에도 당시에 노비호가 공식호를 구성하고 있었다는 결정적인 근거가 되기 어렵기는 마찬가지이다. 공양왕 대에 실시된 시범적인 호구 성적 사업에서 나타난 예외적인 사례에 지나지 않을 뿐이라 말할 수 있기 때문이다. 이때의 호구개혁 목표는 종전과 달리 양천을 막론하고 모든 인민을 호적에 등재하려 한 것으로 보인다. 대대적인 제도 개혁을 추진할 때였을 뿐 아니라, 도당에서 "호적에 부적되지 않은 노비는 모두 속공하게 하소서"(『고려사』 권 33, 식화2, 호구, 공양왕 2년 7월)라 하여 이례적인 강경 조치를 촉구하고 있었기 때문이다. 사노비 중 솔거노비는 주인의 호적에 기재되지만 외거노비는 잘 기재되지 않는 것이 보통인데 호적에 부적되지 않은 노비를 모두 속공시키자고 했으니 모든 노비를 호적에 등재하자는 것으로 보인다는 것이다.[28]

---

28) 조준은 이에 앞선 우왕 14년 8월, 시무책을 올려 '호를 양·천으로 구분'하여 작성할 것과 아무런 적에도 오르지 않고 떠돌아다니는 자로서 지목되어 왔던 화척·재인까지 호적에 등재할 것을 주장한 바 있다. "戶分良賤 守令貢于按廉 按廉貢于版圖 … 禾尺·才人不事耕種 坐食民租 無恒産而無恒心 相

이 밖에도 '국보호적'의 작성이 시범적인 일회성의 사례였음을 시사하는 사항은 적지 않다. 무엇보다 본래 도당의 호구작성 제안은 자식의 경우 '동거자식'에 한정되어 있었는데, '국보호적'의 둘째 폭에는 도당의 제안과 달리 '출가자식'도 기록한다는 것으로 추가 규정하였을 뿐 아니라, "노비라도(奴婢乙良置)" 자세히 재록한다 하여 굳이 '라도'라는 표현을 집어넣은 것은 이제까지 통상적으로 호적에 노비는 호주로 재록되지 않아 왔음을 시사하는 것이라 볼 수 있다.

다음으로 이때의 호구성적은 '경미능행竟未能行'이라 하여 제대로 시행되지 못했음을 전하고 있다. 또 실제로 이때의 호구성적은 얼마 가지 못해 중단된 것으로 보인다. 호구성적 중단 요청은 새로운 지침에 의해 성적이 개시된 지 1년 정도밖에 지나지 않은 공양왕 4년에 나왔을 뿐만 아니라, 요청된 시기의 상황이나 요청한 자의 성분으로 보아서도 중단 요청은 관철되었을 것으로 보이기 때문이다. 즉 숙청 위기에 몰렸던 역성혁명 추진자들이 정몽주 일파의 제거로 인하여 재기할 수 있게 된 상황에서 후일 개국공신이 되는 문하시중 심덕부와 수시중 배극렴에 의해 호구성적 중단이 요청된 것이다. 이때 적지 않은 개혁 방안의 폐기가 함께 거론된 것을 보면[29] 이들 원로 대신은 반혁명파의 공격과 혁명파의 반격이라는 한바탕의 정치적 회오리가 휩쓸고 지나간 뒤 민심 수습 차원에서 조야의 반발이 큰 혁신적인 호구개혁을 중단하도록 요청하게 된 것이 아닌가 한다.[30]

聚山谷 詐稱倭賊 其勢可畏 不可不早圖之 願自今 所居州郡 課其生口 以成其籍 使不得流移 授以曠地 俾勤耕種 與平民同 其有違者 所在官司 繩之以法"(『고려사』 권118, 조준전)

29) "門下侍中沈德符守侍中裵克廉請罷諸道觀察使 復按廉使 罷節制使經歷都事 復掌務錄事 且罷新定監務‧諸驛丞‧諸道儒學敎授官‧資贍楮貨庫‧人物推刷都監‧東西遞運所‧水站及戶口成籍‧牛馬烙印‧州郡鄕社里長等法 又令各司 凡受稟事 皆令直報都堂 勿隸六曹"(『고려사절요』 권35, 공양왕 4년 4월)

30) 당시 호구제 개혁에 대한 반발이 크게 일어났음은 정도전이 공양왕에게 자신이 하지 않은 일인데

국보호적에서의 노비호의 기재가 이색적인 모습을 보인다는 점도 이 시범적인 사업에서 비로소 노비호가 등재된 것이었음을 방증한다. 이를테면 단지 소유자가 같을 뿐 서로 아무런 혈연관계가 없고 같이 살고 있지도 않은 것으로 추정되는 여러 쌍의 노비 부부들이 하나의 호에 등재되고 있는 것이다. 노비호만 이례적인 모습을 보이는 것이 아니다. 양인호의 경우에도 가구원이 지나치게 광범위하게 기재되는 이례적인 모습을 연출하고 있다.[31]

이제까지 노비호가 호적에 등재되었음을 추정하는 데 근거가 될 만한 자료의 신빙성을 검토한 결과 노비호의 호적등재를 입증하기에는 불충분한 것임을 확인했다. 이하에서는 호적에는 양인호만 등재되었다는 좀 더 적극적인 증거들을 찾아보기로 한다. 대략 세 가지 정도의 근거를 들 수 있다. 첫째, 호구식戶口式의 내용이다. 다음은 『경국대전』 예전 호구식에서 규정된 내용이다.

호戶 아무某 부部 아무 방坊 제 몇 리(외방은 아무 면 아무 리라 한다)
사는 아무 직 성명·연갑·본관·4조, 처 아무 씨·연갑·본관·4조(종친은 자기 직함·처의 4조를 기록하고, 의빈은 자기 직함·4조와 아무 공주

도 불구하고 비난의 대상이 되고 있는 억울함을 호소하는 대목에서도 볼 수 있다. 호구성적은 도당의 신료들이 건의하여 공양왕이 재가한 것인데도 불구하고 호적에 등재되지 않고 거짓 이름을 쓰던 무리들이 호적이 자기에게 불편함을 원망하여 '도전이 한 일이라' 비난한다는 것이다. "舊家世族, 無其役而食其田久矣 一日名屬軍籍 役加於身 臣恐大小歸怨於臣也 … 舊家世族 自此皆服賤役矣 萬口一談 牢不可破 戶口成籍 堂臣言之 殿下可之 其事出於臣在中原之時也 刷盲人巫師之子 充樂工典儀寺 奉殿下之命而行之者也 無籍冒名之徒 怨戶籍之不便於己者曰 道傳之所爲也 盲人巫師 以此議爲出於臣而詛之 革私田之議 臣初以爲皆屬公家 厚國用而足兵食 祿士夫而廩軍役 俾上下無匱乏之憂 臣之志也 而志竟不行 尋請殿下 免提調官 久矣 而分田不均之怨 皆歸於臣"(『고려사』, 권 119, 정도전전)
31) 노비호와 양인호의 기재양상에 대한 상세한 내용은 이종서, 「高麗末 和寧府戶籍의 作成原則과 記載 內容 — 同居狀況과의 關聯性을 중심으로」, 『震檀學報』 95, 2003 참조.

에게 장가들었다고 기록한다. 서인은 자기 및 처의 4조를 기록하되 서인으로 4조를 알지 못하는 자는 반드시 모두 기록하지 않는다) 데리고 있는 자녀 아무아무·연갑(딸 사위는 본관을 함께 기록한다) 노비·고공 아무아무·연갑

여기에는 공식호가 관원·종친·의빈·서인호의 넷으로 구분되어 있을 뿐, 호구식에 노비호에 대한 규정은 없는 것으로 판단된다. 우선, 노비호가 등재된다면 서인호에 해당할 수밖에 없을 텐데 노비호가 서인호에 포함된다고 볼 수 없기 때문이다. 서인은 통상 사환권을 가진 양인 내에서 유직자와 무직자를 구분하는 법제적 용어였다. 예컨대 성균관 유생 선발 시험 대상을 대소인원·서인의 자제로 표현한 것이 한 예이다.[32] 서인과 공사천을 병기한 자료도 찾아볼 수 있다.[33] 다음으로는 노비호가 호적에 등재되려면 꼭 필요한 기재양식(예컨대 소유주 이름의 기재)이 언급되고 있지 않다는 점이다. '국보호적'에는 "전래된 근원(傳來根源)"을 기재하도록 하는 양식이 규정되어 있고, 실제로 노비호는 맨 앞에 소유주의 이름을 밝히고 있다.

둘째, '양적良籍'과 '천적賤籍'으로 지칭되는 문서를 통해서 노비호의 배제를 추정할 수 있다. 즉 통상 양적이라 할 때는 호적을 가리키는 것으로 간주될 수 있는 반면, 천적은 호적이 아닌 노비문서를 가리킨다는 점이다. 고려시대나 조선 초기에 있어서 천적이란 노비문서를 가리켰다. 사노비의 경우에는 본주가 가진 노비문권이 될 것이며 공노비의 경우 소속 기관이 가진 노비

---

32) 『태종실록』 권 25권, 태종 13년 6월 30일.
33) "刑曹更定各品奴婢之數以聞 議政府與六曹議得: 甲午年受敎 大小各品人員及有職兩班子孫與有無職僧人. <u>庶人·公私賤口</u> 公文成給 …"(『태종실록』 권 30, 태종 15년 11월 21일)

안을 가리키는 것이었다. 예컨대 사노비의 경우 고려 무신집권기 만적의 난 때 만적이 "각자가 자기 주인을 격살하고 천적을 불사르자"고 외친 것이나,[34] 호패를 받을 때 집에 있는 천적을 이용한 농간이 발생할 수 있다는 점이 지적된 것에서[35] 천적은 노비주의 집에 보관된 문서였음을 알 수 있다. 관아에서 사실 확인을 받지 않은 개인 노비문서를 '백문천적白文賤籍'이라 부르기도 했다.[36] 공노비의 경우에는 장예원에 정안正案·속안續案을 만들어 보관해 두었다.

호적이 양적임을 명시한 자료도 찾을 수 있다.

> 의정부에서 각품의 진언을 의논하여 보고하기를 … 1. 호구의 법은 귀천을 변별하는 수단인데, 지금 경중의 오부에서 주현에 이르기까지 모두 호적을 성급하였는데 이를 기화로 천예의 무리 가운데 함부로 양적을 받아 명기를 더럽히는 자가 간혹 있습니다.(『태종실록』 4년 9월 19일)

형조 지사 정역 등이 호적을 만들어 줄 때 천예의 무리(노비들)이 함부로 양적을 받아 명기(관직)에 누를 끼치려 하는 경우가 있다고 우려를 표명했을 때의 양적이 호적을 가리키는 것임은 의심할 바 없을 것이다.

호적이 곧 양적이 되므로 양적과 천적을 호구와 천적으로 대체하여 표시한 경우도 확인할 수 있다.

---

34) 『고려사』 권 129, 崔忠獻전.
35) 『세조실록』 권 33, 세조 10년 5월 8일.
36) 『세조실록』 권 37, 세조 11년 11월 9일.

임금이 우부승지 노사신에게 묻기를, "살펴본 호패 문적은 어떠한가?" 하니, 노사신이 대답하기를, "이제 문적을 살펴보니, 한성부는 호구戶口·천적賤籍을 살펴보지 않고 호패를 지급한 자가 자못 많았으며, 예조는 차오差誤가 별로 없었습니다. 다만 도첩은 참고할 문적이 없었습니다." 하였다. 임금이 말하기를, "호구·천적을 살펴보지 않고 만들어 지급한 것은 매우 불가하다."(『세조실록』 권 28, 세조 8년 7월 8일)

양인호만이 호적에 등재되기 때문에 호적을 가지고 있다는 자체로 양인임을 증명할 수 있었다. 다만 호적이 망실된 경우에도 신역을 부담하고 있으면 (또는 군적이나 잡색역적에 등재되어 있으면) 양인임을 증명할 수 있다. 군적이나 호적에 기재되어 있지 않은 양인은 천인이 되어도 이를 쇄출할 근거가 없다는 애로가 토로되고 있었던 것은 그 반증이다.[37] 따라서 양적은 군적·잡색역적 같은 양역의 적을 가리킬 수도 있다고 생각된다.

셋째, 호적에 등재되지 않은 인정을 모두 쇄출하려 한 세조의 호구개혁에서도 여전히 천인호는 호적에서 배제되었음을 들 수 있다. 이에 대해서는 뒤의 '세조 대 호구제의 개혁'에서 좀 더 상세히 살펴보기로 한다.

지금까지 고려시대에서 조선 초기에 이르기까지의 호적에 노비를 호주로 하는 노비호는 등재되지 않았음을 보아 왔다. 호적을 개수할 때 간혹 나타나는 "양천을 분간"하라는 지시는 호적의 내용에서 양천 신분이 구별되도록 기재하라는 지시가 아니라, 양인만 호적에 등재하고 천인을 호적에 올려 양인으

---

[37] "司憲府啓: … 一, 良人曾不付軍戶籍者 今雖爲賤 刷出無據 亦令本主自首 如不首告 許人陳告 以本主奴婢充賞 其良人屬公 有良籍良族者 及雖無良籍良族 多年爲良 衆所共知者屬良 若其良人首告 則充賞同 … 從之"(『예종실록』 권 5, 예종 1년 4월 21일)

로 만들지 말라는 지시였을 것으로 짐작된다.[38]

주지하는 바와 같이 조선 후기의 장적에는 노비호가 등재되어 있다. 그렇다면 호적에 노비호를 등재한 것은 언제부터일까. 임란 후에야 등재되기 시작했을 가능성이 높다. 다시 말하면 조선 전기까지는 노비호가 호적에 등재되지 않았다는 것이다. 추정의 근거는 다음과 같다.

첫째, 임란 이전에 노비호가 호적에 등재되었음을 보여주거나 시사하는 자료가 일체 보이지 않는다는 점이다. 호적을 개수할 때 이전의 원호를 그대로 유지하려는 관행은 워낙 뿌리 깊은 것이어서 노비호의 호적 등재가 시도된다면 조야에 커다란 논란을 불러일으키지 않을 수 없다. 따라서 관련 사실이 사료에 전혀 나타나지 않는 일은 상상하기 어려운 일이다. 둘째, 중종 대의 호구 통계에서 세조 대의 호수와 구수가 큰 변화 없이 유지되고 있다는 점이다. 노비호가 격증한 시기로 알려진 16세기에 만약 노비호를 등재하게 되었다면 호구에 상당한 증가를 보였을 것이다. 마지막으로 최근의 연구가 그러한 추정을 뒷받침해준다는 점이다. 17세기 초의 호적에 사천호가 들어 있지만 소수일 뿐 아니라 '국보호적'처럼 따로 사는 노비 부부를 주인이 같다고 하여 한 호에 묶어놓는 특이한 기재양식을 보이다가 17세기 말에 이르러서야 노비호가 정식으로 호적에 등재되게 되었음이 지적된 것이다.[39] 즉 17세기 무렵에 와서 사천호가 호적에 등재되기 시작했음을 시사하는 것이라 하겠다.

② 무역호

노비호만 호적의 등재 대상에서 배제된 것은 아니었다. 사환호가 아닌 일

---

38) 단지 양·천 모두 성적하기를 요청한 조준의 상소문의 경우만이(『고려사』 권79, 식화지2 호구 우왕 14년 8월) 그 예외가 된다.
39) 손병규, 「17세기 奴婢戶의 호적등재 – 조선왕조 재정의 관점에서」, 『大東文化硏究』 110, 2020.

반 민호 가운데 신역호가 선별적으로 등재되었다는 것은 양인호 가운데도 신역을 부담하지 않는 무역호는 호적에 등재되지 않았음을 의미한다. 조선 초기 공식호의 수가 적었던 이유는 바로 호적에서 배제된 무역호의 광범한 존재 때문이었다.

무역호의 종류는 크게 세 종류로 나눌 수 있다. 첫째, 협잡에 의해 일체의 문적이나 신역·부세에서 빠지는, 불법적 무역호로서의 누호·협호가 있다. 호강자들에게 은점된 것을 수령이나 향리가 묵인하거나 작당하는 가호였다.[40] 조선 초기 무역호에서 주목할 대상은 합법적 무역호라 할 수 있는 둘째·셋째의 무역호이다. 즉 사환호나 신역호의 '1가'에 속하는 가호로서 독립적으로 생활하는 가호와 애당초 신역과 무관한 자연호로서 순수한 무역호에 해당하는 호이다.

둘째 유형에 해당하는 무역호란 호주와 같은 군현에 거주하는 자·손·서·제·질의 가호를 가리킨다. '1가완취'의 관행에 따라 호주와 '동거'하는 가호는 물론, 살림을 달리하여 떨어져 사는 '각거'의 가호라도 호적상에는 독립호로 인정되지 않고 호주호와 1호로 간주되었다. 즉 각거하는 1가의 남정 중에는 봉족으로 지정되어 호주호의 '구'가 되는 자가 있고 아무런 신역을 부담하지 않는 자가 있었다. 이 유형에는 1가가 아니더라도 호주호에 협거俠居하는 고공·비부 등의 예속인호도 해당된다. 실제로 동거하는가 여부를 불문하고 '1가완취'를 적용하여 호주호에 속하는 것으로 간주하는 것이 당시의 관행이었

---

40) 긴 울타리를 치고 그 안의 수십여 가구를 한 호구라고 일컫는 豪富者가 있다는 전라도 관찰사의 보고가 가장 유명한 사례이지만(『세조실록』 2권, 세조 1년 10월 13일) 향리가 통상적으로 역이 부과되지 않는 군사의 1가 사람까지 은점한 사례도 보인다. "諸邑鄕吏及豪民等 隱占軍士同居子壻弟 姪役使 或稱奉足 公然奴使者 許人陳告 依上論賞 鄕吏全家徒邊"(『세조실록』 권 28, 세조 8년 5월 9일) 이밖에 향리마저 모르게 숨어 사는 호구가 있을 수 있으나 그 수는 그리 많지 않았을 것이다.

다.[41]

셋째 유형에 속하는 순수한 무역호도 광범하였다. 신역 정액제의 부산물이었다. 군현에서는 중앙에서 지정한 액수의 신역부담자를 확보하여 신역의 적과 호적에 등재하고 나면 나머지 무역호·구는 굳이 호적에 등재할 필요가 없었던 것이다. 『경상도지리지』 '도내시거'조에 '호'·'구'라는 명목하에 신역호에 정정·봉족만 기재한 것은 그 때문이다.

합법적 무역호가 호적에 등재되지 않았음은 무역자에게 신역을 부과할 때 반드시 문적에 올리는 관행에서 드러난다. 유이민이나 재인·화척 등을 정착시킬 때 문적에 등재한 것은 잘 알려져 있지만, 이들만이 아니라 새로운 신역부담자를 창출할 때에는 반드시 문적에 등재하도록 했다.[42] 새로운 신역부담자는 군적이나 잡색역적에 먼저 등재되고 후일 호적이 개수될 때 새로운 공식호로서 호구장적에 등재되었을 것이다.

순수한 무역호가 광범하게 존재했음은 새로운 신역부담자가 날이갈수록 큰 폭으로 증가한 데서 방증된다. 조선 초기에는 각 군현이 중앙의 허가를 받지 않고 임의로 새로운 명목의 외아전을 잇따라 설치함으로써 잡색역인은 대폭 증가하게 되었다. 일수日守·서원書員·나장羅將·차비군差備軍의 외아전이 그것이다.[43] 신역에서의 정액제로 인하여 중앙정부가 묵인하고 있던 수많은 무역호를 군현에서 남점하여 부린 것이었다. 정부는 군현의 외아전의 증설을 막지 못하고 추인하는 한편, 군액의 감소를 막기 위해 정원을 책정하여 더 이

---

41) 세조 대의 호구제 개혁에서도 이들은 의연히 독립호가 되지 않고 솔정으로만 기재되었다. "… 改正戶籍·軍籍 付以事目 … 一, 單寒人無所依托 或爲人雇工 或爲婢夫寄寓者 拘於良人 別立一戶 則必至逃散, 依率丁例"(『세조실록』 25권, 세조 7년 7월 24일)
42) 예컨대 '무역백성'을 차출하여 목장의 '牧馬軍'에 충정하면서 '名籍'을 작성하게 한 것이 그것이다.(『세종실록』 권 40, 세종 10년 4월 7일).
43) 이하 조선 초기 외아전에 대한 설명은 유승원, 「조선초기 양인의 잡색역」, 앞의 책, 1987 참조.

상 남점을 방지하는 데 급급했다. 정원을 책정한 뒤에도 군현에서는 계속 인원을 늘려갔다. 의·율학 생도와 같은 신역면제자의 경우도 외아전과 유사한 경과를 보였다. 이들이 기존의 호적에 등재되지 않은 자들이었음은 세조 호구제 개혁 당시 호적·군적의 개정 사목에서 명확히 드러난다.

> 1. 제읍의 의·율학은 정액이 없기 때문에 한역자가 파다하다. 유수부는 의·율학 모두 20, 대도호부·목관·도호부는 15, 지관知官 이하는 10으로 액수를 정한다. … 1. 제읍·제영진의 액외 나장·일수·서원·의율학의 제색인諸色人들과 額外 조정助丁 및 남점인구濫占人口는 모두 호적에 재록한다.(『세조실록』 7년 7월 24일)

이때 의·율학의 액수를 책정하는 한편 액외 외아전 및 의·율학과 그들의 봉족, 그리고 액내의 자들이 규정보다 많이 차지하고 있는 봉족을 모두 호적에 등재하게 한 것이다.

③ 신역호의 미성년자

신역호의 경우 미성년자는 호적에 등재되지 않았다. 이는 『경상도지리지』 군현별 인구통계에 남구와 여구가 정정·봉족의 부부로만 구성되었던 데서 알 수 있다. 사환호의 경우에는 가구원 모두가 등재될 수 있었지만 사환호라 하더라도 반드시 모든 가구원이 등재되는 것은 아니었다. 미성년자를 생략하는 경우가 종종 있었던 것으로 보인다. 예컨대 '옥구군부인 송씨 준호구沃溝郡夫人宋氏准戶口'에[44] 나이 17세의 4남을 기재하면서 "호내에 이번에 붙인다(戶內

---

[44] 노명호 외 6인 공편저, 『한국고대중세고문서연구』 상, 서울대학교출판문화원, 2000, 所收.

節付"라 부기하여 성년이 되어 처음으로 호적에 등재되었음을 시사하고 있는 것이 그것이다. 미성년의 자식을 호적에 등재하는가 여부는 호주의 재량에 맡기고 있었던 것이 아닌가 한다.[45]

신역호의 경우 미성년은 호적에 등재되지 않았음이 세조 대 호패법에서도 확인된다. 세조 대의 호구제 개혁은 양정을 모두 파악하는 것을 목표로 하여 호패법을 통하여 파악된 인정을 먼저 호적에 등재하고 이어서 군적에 올리는 것이었다. 그런데 호패의 대상은 16세 이상의 성년이었으니 미성년자는 신고 대상도 아니고 개적하는 호적의 등재 대상도 아니었던 것이다.[46]

(2) 공식호·구의 존재양태

① 공식호 ―편제호

조선 초기의 '호'는 품관이나 정정을 호주로 하는 자연호를 공식호로 삼고, 그중 신역호의 경우 호주의 1가 남정 가운데 3정1호제에 따라 봉족으로 지정된 자를 구성원으로 등재한 가호였다. 말하자면 공식호는 자연호적 요소와 법제호적 요소를 버무려 만든 행정적 편제호였다.

자연호는 혼인으로 이루어진 부부가 중심이 되어 형성되는 가족이 독립적인 가계를 이루어 함께 생활하는 거주공간이라 할 수 있다. 고려에서 조선 초기에 이르는 가족은 단혼소가족을 기본으로 하였지만,[47] 때때로 단혼소가족

---

45) 고려시대에 아이가 태어나면 즉시 이를 파악하여 호적에 기재하였을 것으로 보는 견해가 있지만 (박진훈, 「고려시대 출생자의 파악과 호적」, 『역사와현실』 69, 2008) 출생 후 바로 파악하여 등재하는 문서가 있었다면 그 문서는 호적이라기보다는 군현에서 작성하여 자체 보관하는 준공식 호구 관련 문서일 가능성이 높다고 생각된다.
46) "年十六以上 吿官受牌 卽續錄元籍"(『세조실록』 권 12, 세조 4년 4월 5일)
47) 고려시대의 가족에 대해서는 노명호, 「가족제도」, 『한국사』 15, 1995; 노명호, 「고려시대의 분가규정과 단정호」, 『역사학보』 172, 2001 참조. 조선 초기의 가족형태는 여러 가지가 있을 수 있겠으나 가장 일반적인 형태는 단혼소가족이라 생각된다. 다음의 자료에는 부모·자식, 형제·자매가 각

을 넘어 혼인한 자녀와 형제가 함께 생활하기도 하였다. 자녀의 가호나 형제의 가호가 호적상 하나의 호주호에 협거挾居하는 형태로 나타날 때 과연 자연호의 범위를 어디까지로 설정해야 하는가가 문제가 될 수 있다. 이하에서는 단혼소가족 이외의 가족이 같은 울타리 안에서 살거나 인접해서 살지라도 가계를 달리하여 생활하는 경우에는 각기 독립된 자연호로 간주하여 논의를 전개하기로 한다.

법제호는 자연호와 관계없이 법제에 의해 가상적으로 창출한 순수한 행정호라 할 수 있다. 예컨대 자연호 셋이나 다섯을 합쳐 하나의 신역호로 만드는 3가1호제·5가1호제[48]에서 호가 그것이다. 공식호 가운데 신역호는 법제호의 성격도 띠고 있었다. 조선 초기 세조 대 이전에는 3정1호의 원칙에 따라 가계를 달리하는 다른 자연호의 가족·친족을 봉족으로 지정하여 한 호의 '구'로 등재하는 것이 다반사였기 때문이다. 그러나 신역호가 곧 법제호가 아니었음은 말할 것도 없다. 남정만이 아니라 여정도 등재되었기 때문이다. 3정1호제가 철저히 적용되는 것도 아니었다. 1호 당 3정은 어디까지나 최소한도 달성해야 할 목표치였던 것이다.

결국 공식호는 자연호에 일정한 방침을 따라 행정적 조작을 가하여 만들어진 편제호였다. 공식호는 호주가 거주하는 집과 그 가족을 바탕으로 구성되지만 가족의 일부만 수록하는가 하면, 따로 독립하여 사는 가족도 구성원으로

기 독립된 가계를 꾸려나가고 있는 조선 초기의 상황이 나타나 있다. "大司憲河演陳言: 一. 飢饉男女或父母及兄姊饒富 子息弟妹則飢饉 或子息及弟妹饒富 父母兄弟則飢饉 骨肉恩, 網常義絶 關係匪輕 請中外行移 推考論罪 且子之於父母 不因公務 各在東西 或至三四年絶無往覲 不願其親 當論其罪 擧其孝親者 爵以賞之 … 皆從之"(『세종실록』 권 20, 세종 5년 5월 28일)

48) 3가1호제와 달리 5가1호제는 제안으로만 그치고 실현되지는 않았다고 보인다. ○豊海道都觀察使 張子忠, 陳水軍之弊 其言曰: "水軍之弊 不可勝言 國家不給料 或其父兄子弟 齎糧至船所 騎船人或因逐倭 遠離其所 則人多飢困 因此逃散太甚 願以五家爲一戶給料" 上曰: "如此之事 議政府不熟思而行移 守令又不用心而行之故也"(『태종실록』 권 3, 태종 2년 4월 9일)

포함할 수 있었다. 때로는 호주호에 더부살이를 하는 협호도 '호'의 구성원으로 편입될 수 있었다.

② **공식구 —3정1호제 하의 봉족**

가. 3정1호제의 시행경위

조선 초기 세조의 호구제 개혁 이전의 공식구는 신역호의 경우 3정1호제 하의 봉족이 표준이었다. 3정1호제의 성격은 과연 무엇인가. 언제 어떻게 시행되었고 정정과 봉족은 어떤 관계에 있었는가. 3정1호제는 조선 건국기 일부 수군의 경우를 제외하고 다른 의무군이나 잡색역에는 오랫동안 제대로 적용되지 못했다. 단지 유이민호, 신설군·진의 호, 노비호 등에 우선적으로 적용되고 있었다. 이하 공식호와 공식구의 관계를 이해하기 위해 조선 초기 3정1호제의 시행경위와 운영 방식을 살펴보기로 하자.

건국 이후 태종전반기에 이르기까지 '구' 수는 앞서 살펴본 바와 같이 호당 평균 2정이었다. 단정호·쌍정호가 대부분이었던 여말의 호구상황을 크게 바꾸지 못한 때문이었다. 태종 연간까지 통상적으로 '쌍정호'였던 셈이다. 초기의 정부는 호수를 늘리기보다는 호당 구수를 늘리는데 힘을 쏟았다. 신역부담자들이 안정되게 복무할 수 있는 여건을 갖춰 주기 위해서였다. 그 방안으로 추진된 것이 바로 3정1호제였던 것이다.

3정1호제의 효시가 된 것은 조선 건국 직전인 공양왕 3년의 수군재건사업에서 시행한 군호 편성 방식이었다.[49] 자원에 의해 모집된 자로 3정당 1군호를 편성한 것이다. 3정1호 방안은 편성 당시로서는 상당히 좋은 조건의 방안이었다. 육군의 경우 보통은 쌍정호, 심지어는 단정호에서 징집하는 경우가

---

[49] 수군 재건 이전에도 '3정1호'가 표방되기는 하였지만 그것은 군호 편성의 원칙이 아니라 군사 징발의 이상적 원칙이었다. 이에 대해서는 후술한다.

있었고, 1가에 두 가지 역을 부과하기도 했기 때문이다.[50] 이때에는 수군에게 조세면제의 혜택도 주었다.[51]

  수군에게 적용한 3정1호제에도 문제가 없지 않았다. 자원자를 대상으로 하여 기계적으로 3정1호로 편성되기도 하여 1가에 속하는 3정이 1군호로 묶여진 경우는 수군 조락의 원인이 되었다. 수군에 오랫동안 '1가1역'의 원칙(후술)이 적용되지 못하여 부자와 형제가 번을 나누어 교대 복무하기도 하고 3정을 넘는 가호에서는 타호에 배정하기도 하는 사태가 빚어진 것이 그것이다.[52]

  다만 유의할 것은 그러한 사태는 어디까지나 공식구을 기준으로 말할 때의 일이어서 실제로 1가에 속한 모든 남정이 수군역을 지는 것을 의미하는 것은 아니라는 점이다. 수군 1가에 실제로는 남정이 여럿 있어도 공식적으로는 단정호로 간주되는 경우도 있어 3정1호 편성은 실제로는 3가1호가 될 수도 있었고[53] 정수가 3정에 못 미치면 호별봉족이 주어지기도 하였다.[54] 따라서 수군

---

50) "前朝之季 戶籍不明 徵發爲軍者 勞逸不均 一家之內 或侍衛或船兵 隨口爲軍 役重難堪 稍稍亡匿"(『태조실록』권 6, 태조 3년 8월 2일)

51) "(공양왕) 三年 都堂啓曰 "召募海邊人民 三丁爲一戶 定爲水軍 諸道濱海之田 不收租稅 以養水軍妻子 從之"(『고려사』권 83, 병지3 선군)

52) "知中樞院事李至之言尤切 其略曰: … 外方水軍 初定軍額 父爲左領 子爲右領 兄爲左領 弟爲右領 又有一丁則給他人爲餘丁 故民甚苦之"(『태조실록』권 14, 태조 7년 윤5월 11일)

53) 구체적인 사례를 예시하면 "○領議政府事成石璘 上書陳時務二十條 命下議政府議得 書曰: … 一. 騎船之役 號爲最苦 故令三戶爲一 一戶之內 豈皆一人"(『태종실록』권 13, 태종 7년 1월 19일)이 있다. 3정1호를 '3호위1'로 바꾸어 표시한 것이어서 여기서의 3호는 3공식호가 아니라 3자연호를 가리키는 것으로 생각된다. 공식호 1호의 공식구가 1정으로 되어 있지만 어찌 그 호에 실제로 1정만 존재할 이가 있겠는가 반문한 것이다. 태종 2년 풍해도 관찰사가 고역에 시달리는 수군의 처우를 개선하기 위해 "五家爲一戶 給料"할 것을 주장했을 때의(『태종실록』권 3, 태종 2년 4월 9일) 5가 역시 5자연호를 가리킬 것이다.

54) 수군에 타호의 봉족이 주어졌던 구체적인 사례로는 "刑曹啓: 報恩船軍孫於火 敺殺其戶首金厚 律應斬 從之"(『세종실록』권 34, 세종 8년 10월 29일)이 있다. 호수를 때려죽인 봉족 손어화는 호수와 성이 다르며 양자의 친족관계에 대해 아무런 언급이 없는 것으로 보아 남남 사이인 것은 의심할 바 없다.

호에 한역자들이 상당히 많다는 지적을 받기도 했다.[55] 같은 수군이어도 수군 개개호의 실제 상황은 판이하였던 것이다. 수군에 대해서도 '1가완취' 배려를 적용하도록 하는 규정은 태종 17년 『속육전』에 실리고 세종 2년에 이를 봉행하게 되었다.[56] 이후 수군의 3정1호제는 세조 대까지 큰 변화 없이 유지된 것으로 보인다.[57]

태종 초년까지 봉족인 '구'가 1정 정도에 불과했던, 시위군과 같은 육군의 경우에도 1호에 2정 이상의 '구'를 배정할 수 있게 된 것은 태종 중년에 실시된 인보법·호패법 덕분이었다. 두 법으로 중앙정부에 노출된 '가현加現' 인구가 크게 증가하게 되었던 것이다. 이때 가현된 인구는 충청도의 경우 기존 구수의 1/3을 넘을 정도로 상당한 규모였다.[58] '가현' 남정에게 신역을 부과하지는 않았지만[59] 이들 중 남정 일부를 공식호의 '구'로 등재함으로써 구수의 배증을 가져오게 된 것이다. 한편, '1가'를 무시하고 3정이라는 인원수에만 맞춰 군사를 차출하던 수군에서도 두 법 덕분에 '1가완취'가 적용될 수 있게 되었다. 『경상도지리지』에 '기선군호'의 경우에도 1호에 3정이 넘는 '구'가 편성되어

---

55) "江華·喬桐左右邊所屬官軍 本是全羅勁卒 自庚申之歲 徙居于此 式至于今 不唯族類日繁 其雇工閑民之避役者 如萃淵藪 每正軍一名 奉足二丁之外 閑役者不啻十數"(『세종실록』 권 5, 세종 1년 8월 11일)

56) "禮曹啓: 元續六典內: 各年判旨 中外官吏或不奉行 其不奉行條件 謹錄以聞 請申明擧行 違者論罪 … 一 永樂十五年(태종 17년)全羅道 觀察使啓: '船軍寄命水上 不願家産 其苦倍他 一人之子 雖二三丁 分屬左右 領 更相遞立 或一子不付軍籍 則稱爲漏丁 移從他人奉足 有違優恤之義 今後三子已立軍役者 雖一子不付軍役 勿定役以養其親 已上三十條 皆從之"(『세종실록』 권 10, 세종 2년 11월 7일)

57) "船軍則分二番 備三丁爲一戶 輪次立番"(『세조실록』 권 7, 세조 3년 4월 6일)

58) "忠淸道都觀察使報: 今號牌成給時 加現人共一萬六千二百九十七名 請倂給號牌 從之"(『태종실록』 권 26, 태종 13년 12월 8일) 태종 6년 호구통계에서의 충청도 丁數는 44,476이었다.

59) 가현인구로부터 군사를 차출하면 처벌하게 되어 있었다. 태종 9년에 인보법으로 가현된 자를 선군으로 뽑은 도체찰사가 고발되었고(『태종실록』 권 17, 태종 9년 5월 17일) 태종 15년에는 호패법으로 가현된 인정을 군역에 차정하지 말라는 교지가 이행되고 있음이 확인된다.(『태종실록』 권 30, 태종 15년 11월 11일)

있는 것이 그것이다.60) 마침내 세종 초년까지는 수군·육군을 막론하고 정부가 목표로 한 3정1호제가 정착될 수 있게 된 것이다. 세종 11년, 병조에서 제주도에도 육지의 군정의 예에 따라 3정1호제를 시행할 것을 촉구한 것을 볼 수 있다.61)

세종년간 정착된 '3정1호'의 실체를 '9정1호'로 해석하는 견해가 있다. 이영훈이 세종년간에 보이는 3개의 기사를 근거로 조선시대에 적용된 '3정1호'의 내용이 실제로는 '9정1호'이라 추정한 것이 그것이다.62) 그러나 제시된 자료 내에서 9정1호임을 추정할 만한 근거는 찾기 어렵다.63)

---

60) '도내시거'조에는 15,941정의 정군에 대해 봉족은 2배가 넘는 36,071정으로 나타난다.
61) "兵曹啓: "濟州軍丁之法 與陸地不同 乞自今依陸地軍丁之例 父爲正軍 子壻爲奉足 三丁爲一正軍"(『세종실록』 권 45, 세종 11년 7월 28일)
62) 이영훈(1995), 「조선초기 호의 구조와 성격」, 『역사의 재조명』, 한림과학원, 소화, 315-319쪽.
63) 그는 3정1호제에는 두 가지 의미가 있으니 "하나는 정군 1명과 봉족 2명으로 이루어지는 군호의 편성원리이고, 다른 하나는 정군과 봉족 3명이 각각 배출되는 자연 家의 人丁 구성의 원리"라 주장하였다. 전자는 일반적으로 수용되는 사항이지만 후자는 자료를 오독하여 나온 주장이라 생각된다. 주장의 근거가 되는 자료는 다음과 같은 세 가지이다. 1) "兵曹啓: 外方散住新白丁 令各道敬差官同其道監司 夫妻子息 備悉推刷. 其元有農業 居計有實者 三丁爲一戶, 始爲農業 居計不實者 五丁爲一戶 一依曾降敎旨 隨其才品 於別牌侍衛·守城等軍充定 分其正役·奉足 錄名啓聞 其丁數 除老弱 沍用丁壯 從之"(『세종실록』 권 26, 세종 6년 10월 10일), 2) "兵曹據全羅道敬差官報啓: 曾奉敎旨 他道移來人 除推刷各於見住處已定役外 當時無役者 各分才品 三丁爲一戶 於侍衛別牌 騎船分定 其在前所居各道各官地名·役處 開寫啓聞 敬此 已令各官推刷 然更看詳 前移來之人 雖是壯實能射御有才者 乃緣流離弓馬不齊 衣服不完 觸寒取試爲難 請於名色人內 本無軍役 新白丁則須令點考定役 其餘人侍衛牌則侍衛別牌則別牌 船軍則船軍 各從前役 若各軍奉足及在前無役者 則定爲奉足 姓名年甲 原居州名里號 前役有無 與今新定軍役 開具啓聞 從之"(『세종실록』 권 27, 세종 7년 정월 15일), 3) "兵曹與議政府, 諸曹同議啓: 近因年歉 京畿·江原道人物流移于全羅·忠淸道者甚多 緣此 京畿船軍闕額之數 至於七百三十二名 海門防禦虛疎 誠爲可慮 去甲辰年 全羅道敬差官吳寧老推刷本道名官が接流移人物壯丁 摠七千一百三十八名 請其中抽農業有實者 以三丁爲一戶 定爲正軍奉足 中分其數, 其一半與上道元屬船軍和會 各於附近各浦推移定屬 其定餘數 與忠淸道各官到接流移人物壯丁四百八十名和會於忠淸道各浦 以附近定屬 又其定屬餘數 於京畿各浦 依上項推移充定 俾無闕額 其一半與下道元屬船軍和會 各於附近各浦 推移定屬 餘數於慶尙道附近各浦元屬船軍和會定屬 其餘數於巨濟縣船軍推移定屬 與其元屬船軍內遠處住人和會分三番赴防 以均其役 從之"(『세종실록』 권 29, 세종 7년 8월 18일). 위의 세 자료 중에서 논거의 핵

나. 3정1호제의 운영방식 —'1가완취'

조선 건국 이후 정부는 정정이 봉족 2인을 확보할 수 있도록 3정1호제를 추진했다. 그리고 정정과 봉족을 1가라는 가까운 혈족에서 충당하였다. 1호에 3인의 남정을 갖춘다는 것은 쉽지 않은 일이기 때문이다.[64] 군호를 3정1호로 편제하기 위해서는 모자란 봉족을 호주호의 자연호 밖에서 보충할 수밖에 없었다. 정정과 봉족이 화목하게 하나의 군호를 편성하기 위해서는 양자가 서로 가까운 혈족으로 구성되는 것이 최선이다. 그 문제를 해결하는 것이 바로 '일가一家'였던 것이다.

심이 된 자료가 2)이다. 2)기사는 이영훈에 의해 "유래인의 곤궁한 처지에서 활과 말을 갖출 수가 없기 때문에, 그들을 각 군의 봉족으로 정속시키자는 건의이다. … 당초 유래인을 3정1호로 편제하여 이들을 정군호와 봉족호로 구분코자 했지만, 정군호로 복무할 여건이 되지 않아서 그들을 일률적으로 봉족호로 배속"하였다고 해석되었다. 그러나 그 어디에도 이들을 시위군·별패·기선군의 봉족으로 정속시키자는 내용을 발견할 수 없다. 이 疏의 취지는 유래인의 열악한 형편으로 인하여 才品을 구분하는 시험을 치러 3정1호제를 적용하여 시위군·별패·기선군에 분속시킨다는 본래의 계획을 그대로 실행하기 어려우니, 신백정에게는 역을 정해 주되, 나머지는 유래하기 전에 복무했던 전역대로 시위패는 시위패로, 별패는 별패로, 선군은 선군으로 복무하게 하자는 것이며, 본래 각군의 봉족이었거나 역이 없었던 자는 모두 봉족으로 삼자는 것이었을 따름이다. 한마디로 유래인 모두를 일률적으로 봉족호로 배속하였다든가 3정을 단위로 봉족호를 편성했다고 볼 근거는 전혀 없다. 그런데 이러한 해석을 근거로 하여 1) 기사의 의미에 대해서도 "3정 또는 5정을 1호로 편제하고 … 편제된 호를 단위로 하여 正役戶와 奉足戶로 구분하라는" 의미로 볼 수 있다고 주장하였다. 그러나 이 역시 잘못이다. 아무런 선입견 없이 자료를 읽으면 1호로 편성되는 3정 또는 5정을 재품에 따라 정역 또는 봉족으로 나누어 녹명하라는 것으로 해석하게 된다. 3)의 자료에도 무리한 해석을 적용하여 내용을 풀이하였다. 밑줄 부분을 '3정을 1(군)호로 하여 정군과 봉족을 (나누어)정한다'가 아니라 '3정을 1(단위)호로 하여 정군(호)와 봉족(호)로 정한다'로 해독한 것이다. 즉 정군에게는 '군호의 편성원리'인 3정1호제를 적용하고 봉족에게는 '자연 家의 人丁 구성의 원리'를 적용했다고 해석한 것이다. '三丁爲一戶'가 동일한 문장에서 상이한 두 가지 의미로 사용된 점에서 무리한 해석이라 하지 않을 수 없다. 위의 가설에 따라 9정1호를 적용시켜 流移장정 7,138명 전원의 1/9에 해당하는 793 군호를 산출했는데, 이 정도의 인원을 가지고 11,793호에 달하는 전라도 수군(『세종실록지리지』에 나타난 선군 군액)을 비롯하여 인접한 여러 도의 결원을 차례차례 채워 나가기란 사실상 불가능하다.

64) 인구증가율이 아주 낮았을 당시 단혼소가족의 자연호에서 가족은 통상 부모와 자녀 총 4인 정도로 구성될 것이므로 父-子 또는 舅-壻로 구성되는 2정의 호가 보통이었을 것이다.

조선 초기 신역 부과에서 중요한 원칙의 하나가 '일가완취一家完聚'의 원칙이었다. '완취'란 '완호完護'라고도 표현되는데 '1가'가 잘 보존될 수 있도록 보호해 준다는 뜻이다. 고려시대부터 강조되던 원칙이었다. 유배에 의해 갈라지게 되었던 가족을 함께 모여 살게 하는 경우에도 사용될 수 있었다.[65] 1가완취의 원칙이 신역에 적용되면 '1가1역'이 된다. 한 사람의 정정을 1가의 모든 사람이 뒷바라지할 수 있게 하여, 1가에 속한 인정이 아무리 많아도 1가에 두 사람 몫이나 두 가지 이상의 신역을 부과하지 않는다는 원칙이 되는 것이다.[66] 1가완취의 원칙이 호주호 내의 비혈연 동거인까지 묵인하는 것으로 발전하기도 했다.[67] 1가1역의 원칙을 정면에서 깨뜨리는 보법이 시행된 이후에도 범위가 축소된 상태로나마 1가완취의 관행은 유지되었다.(후술)

1가완취의 원칙이 적용되는 1가의 범위는 사안에 따라, 그리고 시기에 따라 약간씩 달라지기는 했지만 대체로 자·손과 같은 호주의 직계 자손은 물론 통상 동거하는 서·제·질까지 포함했다. 별거하는 자·손·서·제·질 등의 족친에까지 미칠 수도 있었다.[68] 비록 '완취'라는 단어는 직접 사용되지 않았지만 1가완취의 정신을 뚜렷이 드러내는 대표적인 예로서는 조선 태조 6년의 다음과 같은 자료를 들 수 있다.

---

[65] "(5년 6월) 丙子詔曰: … 自宣旨前凡在獄囚 犯流以下並除免之 二罪以上除刑付處 曾坐罪流謫者並皆量移以至敍用 或有所犯父母妻子分居各處者完聚一處."(『고려사』 권 13, 예종 세가)
[66] "判中樞院事李順蒙上言: … 往者或謂: 號牌之法 丁役煩而民怨生 不可行也 … 今之役法 皆以田結之多寡 豈因號牌而役煩乎 軍丁之出 一家同居人丁雖多 而毋定兩役 則固無民怨矣 … 上覽之 下議政府"(『세종실록』 81권, 세종 20년 5월 27일)
[67] 후술하는 바와 같이 세조 대의 호구제 개혁에서도 비혈연 예속인은 솔정으로 인정되었다.
[68] 1가의 '동거'나 '각거'는 문자 그대로 한 거주공간에서 사느냐를 기준으로 구분하는 것은 아닌 것으로 여겨진다. 가까운 곳, 이를테면 거주공간을 달리하더라도 한 마을 또는 인접 마을에 산다면 동거로 간주하였을 것이라는 것이다. 떨어져 사는 각거의 경우 같은 군현에 거주하면 1가완취의 대상이 되었을 것으로 여겨진다.

(도평의)사사에서 상언하기를 "지금부터 각호는 동거와 각거를 막론하고 자·서·제·질·족친으로서 나이 60세 이하 16세 이상인 자를 품관 마병 1명에 봉족 4명, 무직 마병 1명에 봉족 3명, 보병 1명에 봉족 2명으로 정하게 하되, 호주의 이름 아래 시행합니다. 내외 족친이 없는 단정單丁에게는 일반 단정으로 봉족을 정해 주되, 평상시의 도역徒役에는 봉족인을 별도로 차발하게 하지 않으며, 군사에 관한 일이 있을 경우에는 그 긴급 여부를 분간하여 봉족인의 다소를 참작해 헤아려서 데리고 가게 합니다. 노자를 많이 데리고 사는 자는 별도로 봉족을 주지 않습니다. 각관 수령이 혹 긴급한 군사의 일이 생겨 데리고 가는 외의 봉족인을 따로 징발하는 경우에는 논죄하게 하십시오" 하였다. 상이 그에 따랐다.(『태조실록』 6년 2월 11일)

이때 도평의사사에서는 군사에게 최대 4명에서 최소 2명의 봉족을 지급하자고 건의하였다. '동거·각거'를 불문하고, 자서제질 외의 족친까지도 봉족으로 지급할 수 있게 하자는 것이었다. 여기서 '동거·각거', '호주의 이름 아래 시행', '노자를 많이 데리고 사는 자' 등의 사항을 언급하고 있는 것을 보면, 이 조치는 단지 군적에만 관련되는 것이 아니라 호적에도 관련되는 것임을 짐작할 수 있다.

1가완취의 원칙은 비단 군역만이 아니라 잡색역에도 적용되었다. 1가의 남정이 3정을 초과하여도 다른 역을 부과하지 않는다는 규정이 『육전등록六典謄錄』에 재록되어 있었던 것이 그것이다.[69]

---

[69] "兵曹啓 … 又按『六典謄錄』軍士及各色人完護條云: 司䆃·尙衣院·圖畫院·奉常寺齋郎·各司權知直長·吏典·司僕養理馬·速毛赤·別軍·補充軍·義禁府百戶·螺匠·都府外皂隷·守令·禁聲·所由·杖首·喝道·樂工·

신역호의 경우 '구'는 봉족이었고 통상 호주의 동거·각거의 '1가' 남정이었다. 그러나 1가만으로 3정이 구비되지 못하는 경우 방금 본 규정과 같이 타호의 남정을 봉족으로 지급받는 경우가 없지는 않았다. '호별戶別'봉족이라 불린 타호의 봉족은 일반 의무군의 경우에는 찾아보기 어렵다. 갑사와 같은 직업군사에게 지급되는 봉족이거나 거의 모든 주민을 망라하여 군적에 올리는 양계와 같은 지역의 경우에 주로 나타난다.70) 의무군 중에서는 앞에서 본 바와 같이 3정1호를 기계적으로 적용했던 일부의 수군, 그리고 호패법으로 추가 파악된 '가현' 인정에서 '호별'봉족이 지급되는 사례를 찾아볼 수 있을 뿐이다.71)

이제까지 살펴본 바를 정리하면 다음과 같다. 조선 초기의 공식호로는 사환호와 신역호가 선별적으로 등재되었다. 공식구로는 사환호의 경우 호의 구성원이 대부분 등재되었으나 신역호에서는 1가 남정으로 지정된 정정·봉족과 그의 처만 등재되었다.

武工·牧子干·院主·津尺等 本家三丁以上 其戶內 使喚人口 雖過三丁 毋定他役 然今因聲息 加發軍丁 請竝令抄定 從之"(『문종실록』 권 5, 문종 1년 1월 25일)

70) "平安道兵馬都節制使啓: 本道軍丁之數 馬兵戶首一萬一千八百一十五 步兵戶首一萬一千三百一十二 同居三萬一千四百七 戶別八千三百八十八 同居一千四百七十七 水軍戶首四千八十 同居四千五百四十 戶別三千七百二十一 同居八百四十五 摠計水陸軍丁七萬七千四百八十七"(『세종실록』 12권, 세종 3년 7월 5일 乙丑) 민현구, 앞의 글에서는 이 기사를 분석하여 평안도에 호별 봉족의 비중이 꽤 크다는 사실을 밝혔지만 이를 다른 도에까지 일반화하기는 어렵다는 점을 지적한 바 있다.

71) "定軍丁奉足之數 六曹擬議啓曰: 甲士奉足以所耕及人多丁少 參酌 所耕三四結·人丁二三名以下者 給奉足二戶 五六結·四五名以下者 給一戶 十餘結·七八名以上者 不給 三四十結·十名以上者 加定他役 已有敎旨 別牌·侍衛牌·騎船軍 亦依此例定給 其號牌加現人丁 依敎旨毋定軍役 戶別有雙丁者 別定軍役 何如 從之"(『태종실록』 권 30, 태종 15년 11월 11일)

3. 선별적 호구제의 연원

1) 고려 전기의 호구제와 선별적 호구제의 성립배경

(1) 공식호의 구성

고려시대의 공식호 역시 고려 전기부터 여말에 이르기까지 자연호 가운데 사환호와 신(직)역호를 바탕으로 이루어져 있었다고 보인다. 조선 최초의 호적은 여말의 호적을 계승한 것이 분명한데[72] 사환호와 신(직)역호를 선별적으로 호적에 등재하는 방식은 여말선초에 한정되는 것이 아니라 고려 전기까지 소급될 수 있는 것으로 추정되기 때문이다.

추정의 근거는 무엇보다 고려시대 전 시기에 걸쳐 호구제에 중대한 변화가 있었음을 시사하는 아무런 징후도 발견할 수 없다는 데 있다. 만약 고려 원래의 호구제가 모든 가호를 호적에 등재하는 보편적 호구제(국민개적제皆籍制)에 입각한 호구제였다가 어느 시기에 선별적인 호구제로 바뀌었다면, 고려시대의 자료 어딘가에 그 흔적이 남을 수밖에 없을 것이기 때문이다. 호적의 등재 대상을 바꾸는 것은 단순히 행정 사무의 변경에 그치는 것이 아니라 사회체제의 변개에 관련되는 것이므로 관련 자료가 아무런 자취도 없이 모두 사라진다는 것은 수긍하기 어려운 일이다. 고려 전기와 고려 후기의 호적 기재 양

---

72) 그것은 조선 최초의 호적인 태조 2년의 호적이 단기간에 작성되어 대대적인 개수가 어려웠다는 점과 공식호의 절대 다수를 차지하는 신역호의 구수가 여말과 차이 없는 2명 정도였던 데서 쉽게 짐작할 수 있다. 앞에서 살펴본 바와 같이 태조 2년 5월 무렵에는 군적과 아울러 호적이 작성되었는데 이때 군사를 점고하여 군적을 작성한 南誾·朴葳·陳乙瑞 등이 파견된 것은 군적 작성보다 불과 2개월 전인 태조 2년 3월이었으니(『태조실록』권 3, 태조 2년 3월 18일) 이렇게 급속히 군적과 호적이 작성되었다는 것은 2년 5월의 군적·호적이 여말의 군적·호적을 놓고 점검하는 수준에서 작성되었음을 짐작할 수 있게 한다.

식은 근본적인 차이가 없었고 토지를 기록하지 않은 순수 호구적戶口籍이었다는 점도,73) 여말선초의 호구제를 고려 전기까지 소급할 수 있는 가능성을 높여준다.

이 밖에도 고려 전기의 공식호가 사환호와 직역호를 중심으로 편성된 것, 즉 고려 전기의 호적에는 직역인 이상만 등재된 것으로 추정할 수 있는 정황들을 찾아볼 수 있다. 우선 '백정白丁'이 호적에 등재되지 않은 정황을 들 수 있다. 사환호나 직역호가 충실히 호적에 등재되었을 것임은 의심할 바 없다. 사환호는 물론 향리나 경군의 경우에도 직역과 직역전의 승계를 위해서, 그리고 입사를 위해, 호적에 부적되지 않을 수 없었을 것이기 때문이다. 결국 가장 관심의 대상이 되는 것은 평민의 주류를 형성하는 '백정'의 호적 등재 여부인데 그들이 호적에 등재되지 않았을 것으로 추정할 수 있는 정황적 근거는 다음과 같다. 첫째, 백정호로 표기되어야 할 대목에서 백정이라고만 표기된다는 점이다. 고려시대의 어떤 자료에서도 '백정호'를 찾을 수 없다. 직역호가 '정호丁戶'로 불리는 것과 대비된다.

> (顯宗) 19년 정월 판: "여러 도의 주현으로 하여금 매년 뽕나무 묘목을 심도록 하되, 정호는 20그루, 백정은 15그루를 밭머리에 심어서 양잠에 이바지하도록 하라."고 하였다.(『고려사』 권 79, 식화지2 농상)

여기서의 백정은 정호의 3/4에 달하는 양의 상묘를 심어야 했다. 여기서 부과단위로 나타난 백정은 백정 개개인이 아닌 백정호임이 분명하다. 정호와 달리 국가로부터 아무런 반대급부가 없는, 부세의 주 부담자인 백정 개개인에게

---

73) 노명호, 「高麗時代 戶籍 記載樣式의 성립과 그 사회적 의미」, 『震檀學報』 79, 1995.

정호의 부담량에 육박하는 양만큼 상모를 심게 하는 사정은 상정하기 어렵기 때문이다. 그런데도 백정호가 아닌 백정으로만 표기된 것이다. 백정호가 호적에 등재되지 않은 비공식호였던 데서 말미암은 것으로 보인다.

둘째, 고려 전기 주현의 등급을 나누는 기준이 되는 '정丁'의 수는 직역호의 수이자 공식호의 수로 생각된다는 점이다. 잘 알려진 대로 고려시대에 정수는 고을의 지위를 보이는 지표로서 사심관·향공진사·향리·기인 등을 배정할 때의 기준이 되었다. 공해전시公廨田柴 지급의 경우에도 마찬가지였다.

> 성종 2년(983) 6월 주·부·군·현·관(館)·역의 전지를 정하였다. 1,000정 이상의 주현은 공수전公須田 300결; 500정 이상은 공수전 150결, 지전紙田 15결, 장전長田 5결; 200정 이상(누락되어 있다). 100정 이상은 공수전 70결, 지전 10결; 100정 이하는 공수전 60결, 장전 4결; 60정 이상은 공수전 40결; 30정 이상은 공수전 20결; 20정 이하는 공수전 10결, 지전 7결, 장전 3결이다. 향과 부곡 1,000정 이상은 공수전 20결; 100정 이상은 공수전 15결; 50정 이하는 공수전 10결, 지전 3결, 장전 2결이다.(『고려사』 권 78, 식화지1 전제 공해전시)

고려시대의 '정'은 '전정田丁' 또는 '인정人丁'을 가리키는데 여기서의 '정'은 인정의 정이며 구체적으로는 직역부담자 내지 그가 대표하는 정호 즉 공식호를 가리키는 것이라 보아야 할 것이다. 여기서의 정을 전정으로 본다면 20정 이하의 주현은 그 면적이 360결(17결의 足丁 × 20 + 20〈공수전+지전+장전〉)에 불과하게 되어 그토록 면적이 작은 주현이 존재했다고 보기에는 무리가 있기 때문이다. 정이 인정이라면 정수는 정호의 수를 가리킨다고 해야 할 것이다. 백정호도 포함하여 20호 이하의 작은 주현이 존재한다는 것은 생각하기 어렵기 때문이다. 결국 여기서의 20정 이하의 주현이란 직역인 수가 20정 이하의 주현이라 보지 않을 수 없다. 그리고 그들 정이 공식호를 대표하는 호주였다고 보아야 비로소 순리적 해석이 가능해진다.

정호라야 비로소 호적에 등재되었음을 시사하는 것으로는 다음과 같은 자료도 보인다.

성종 9년 9월 교하기를 … 지금 구례현민 손순홍은 그의 모가 병사하자 모습을 그려 받들어 모시며, 3일에 한 번씩 무덤에 찾아가 살아계실 때와 같이 음식을 올렸다. 운제현 지불역민 차달 형제 3인은 노모를 함께 봉양하였는데, 차달은 그의 처가 시모를 정성껏 모시지 않는다고 하여 즉시 그 처를 쫓아내었고, 두 아우들 또한 장가를 들지 않고 마음을 모아 효성으로 봉양하였다. 서경인 박광렴은 모가 사망하자 모의 형상과 닮은 고목을 주워 와서 예를 다하여 봉양하였다. 남해 낭산도민 능선의 딸 함부는 그 부가 죽자 침실에 빈소를 차려놓고 5개월 동안 음식을 공양하기를 살아있을 때와 다름이 없게 하였다. 영일현민 정강준의 딸 자이와 경성인 최씨의 딸은 일찍이 과부가 되었으나 다시 시집가지 않고 효성으로 시부모를 섬겼다. 절충부 별장 조영은 어머니를 집안 뜰에 장사지내고, 아침저녁으로 제사를 지냈다. 함부 등 남녀 7명은 모두 마을 어귀에 정문을 세워 표창하고 그 요역을 면제하여 주며, 백정은 공전을 지급하여 정호로 삼도록 하고, 차달 3형제와 함부 등 4명은 역·도에서 나오도록 허락하여 자신이 원하는 바에 따라 주현의 적에 편입시켜 주고, 손순홍 등 5명은 의망擬望하여 관직과 품계를 내려줌으로써 그 효도를 선양하도록 하라.(『고려사절요』 권2)

이때 차달형제 3인과 함부 등 4인은 효자로 표창되어 일반 군현에 비해 차별을 받았던 역이나 섬에서 떠날 수 있게 되었다. 여기서 주목할 것은 단순히 역·섬에서 벗어난 것에 그치지 않고 당자들의 원에 따라 주현의 적에 편입시켰다는 것이다. 이들이 주현의 호적에 등재될 수 있었던 것은 공전을 지급하여 정호로 삼았기 때문일 것이다.

(2) 공식구의 구성

고려 전기에 9등호제가 실시된 것도 공식호가 사환호와 직역호를 중심으로 구성된 것을 방증한다. 9등호제의 시행은 1호당 공식구의 수가 많았음을 말해 주며 1호당 공식구의 수가 많은 호는 사환호와 직역호가 그에 해당될 것이기 때문이다.

   1) 편호編戶: 인정의 다과로써 9등으로 나누고 그 부역을 정한다.(『고려사』 권 84, 형법지1 戶婚)

   2) 가장이 구를 누락시키거나 나이와 기력을 증감하여(增減年壯) 부과된 역(課役)을 면제받은 경우, 1구에 도徒 1년, 2구에 도 1년 반, 5구에 도 2년, 7구에 도 2년 반, 9구에 도 3년에 처한다. 만약 나이와 기력을 증감하였으나 부과된 역을 면제받지 못하였다면, 4구는 1구로 하고, 죄는 도 1년 반에 그친다.(『고려사』 권 84, 형법지1 戶婚)

1)에서 보이는 9등호제의 제정 연대는 표시되어 있지 않지만 고려 전기의 규정일 가능성이 높다. 고려 후기나 조선 초기처럼 1호당 공식구가 적은 상황에서는 어울리지 않는 규정이기 때문이다. 조선 초기에도 사환호의 공식구는 많았다. 그러나 신역호의 경우에는 고려 후기에 직역제가 붕괴되면서 1호당

평균 공식구 수 역시 격감하였던 것이다.(후술) 1)에서와 같이 인정을 기준으로 9등급으로 나누려면 호당 최소한 9명 이상이어야 할 것이다. 2)는 과역을 면하기 위해 누락시키거나 나이·기력을 증감시킨 가장을 처벌하는 규정인데 여기에서도 규모는 9구까지 이르고 있다.

공식구가 많은 호는 일차적으로 사환호를 상정할 수 있다. 조선 초기 경상도의 사환호 2,375호에 51,940나 되는 '구'가 속했음을 본 바 있다. '노약'을 포함한 구수이므로 정장의 수를 구수의 반으로 잡는다면 25,970구이니, 1호당 평균 10.93정 정도가 되는 셈이다. 지방 호적에 등재된, 비교적 지위가 낮은 사환호가 많았을 것인데도[74] 11정에 가까운 인정을 확보하고 있었으니 고려시대 사환호의 인정수는 이보다 훨씬 많았을 가능성이 있다. 고려 전기에는 직역호의 경우도 공식구가 적지 않았을 것이다. 고려 전기의 호적이 지니는 기능이나 위상이 달랐기 때문이다.

(3) 호적의 기능과 위상

호적이 가지는 가장 1차적인 기능은 등재자의 신원파악이다. 이 점에 있어서는 고려시대와 조선시대가 다를 바 없다. 예컨대 관원의 경우 세계 추심은 부거·입사·승진을 위한 필수 요건이었고 세계추심의 기본 수단은 호적이었다. 비록 법제화에는 이르지 못했으나 고려시대에서 조선시대에 걸쳐 호적이 없으면 아예 임용하지 못하게 하자는 요청이 여러 차례 있었던 것도 그 때문이다.

고려 전기 호적이 갖는 또 하나의 중요한 기능은 영업전 내지 직역 세전의 매개 기능이다. 이를테면 고려 전기의 '군인'은 문종 30년의 경정전시과에서

---

[74] 김석형, 앞의 글에서는 이들의 성분을 갑사나 별시위 등의 병종에 속한 軍職者를 포함한 것으로 파악하였는데 수긍이 가는 주장이다.

25결 혹은 20결의 토지를 받게 되어 있는데, 25결 혹은 20결은 '군인'이 소유한 토지에 조세를 납부할 의무를 면제해 준, 이른바 '면조'의 상한선을 의미하는 것으로 생각된다. 지급 대상 토지는 반드시 군인 자신의 토지가 아니라도 무방하였을 것이다. 가족을 비롯하여 가까운 지역에 거주하는 친족의 토지까지 등록할 수 있었다고 보이므로[75] 군인전을 함께 공유하는 가족·친족은 호주의 공식구로 등록되었을 가능성이 높다. 그렇다면 '1가'에 속하는 가족·친족이 한 호적에 빠짐없이 기재되었을 것이다.

고려 전기의 호적은 고려 후기 이후의 호적과 다른 위상을 갖고 있었다. 많은 특혜와 높은 위신을 가진 자임을 과시하는, 상류층의 증명서와 같은 위상이다. 사환호는 말할 것도 없고 직역호도 평민과 구분되는 계급이었기 때문이다. 직역호에 속한 공식구의 숫자가 적지 않았을 것으로 추정되는 이유도 여기에 있다. 호적에 등재되는 것을 기피할 까닭이 없었다. 호적에 등재되는 것 자체로 명예로울 수 있었기 때문이다. 고려시대에 호적에 등재된 사람이 자랑스레 '백성'으로 자칭한 것도 이 때문일 것이다. 현종 22년에 제작된 『정도사오층석탑조성형지기淨兜寺五層石塔造成形止記』에는 동생인 광현이 발원한 사업을 부호장인 형이 이어서 추진한 내역을 전하고 있는데 여기에 광현은 자신을 군백성이라 칭하고 있다.[76]

---

[75] "(예종) 四年 判: 神步班屬諸白丁 願受內外族親田地者 田雖在他邑 名隷本邑者 許令充補"(『고려사』 권 81, 병지1 병제)

[76] 일찍이 이우성은 고려시대의 자료에서 '長吏百姓'에서의 백성처럼 기인·향리·인리와 함께 붙어서 나타나는 백성은 일반민이 아니라 촌락의 지배자인 촌장·촌정을 가리키는 것이라 주장한 바 있다.(『麗代 百姓考 – 高麗時代 村落構造의 一斷面』, 『歷史學報』 14, 1961) 후대의 연구자들은 주장의 근거로 제시한 사료들에 나타난 백성은 일반민을 가리키는 통상적 의미의 백성으로서 단순한 연칭에 불과한 것이라 하여 대체로 이 견해를 받아들이지 않았다. 그러나 재고의 여지가 있다고 생각된다. 백성을 촌장·촌정에 국한하여 비정한 것은 다소 논리적 비약이 있는 것으로 보이나, 백성이 일반민의 범칭으로 쓰이는 외에 때때로 군현민 가운데 특별한 사람을 가리켜 사용되었을

'백성'은 향리 가계의 사람들만 포함하는 것이 아니라 호적에 등재되는 경군에 속한 군인 가계의 사람들도 포괄할 수 있는 것으로 보인다.

명종 18년 3월 제를 내리기를 "각처의 부강한 양반이 빈약한 '백성'이 빚을 얻고 갚지 못한다는 이유로 옛날부터 내려오는 '정전丁田'을 겁탈하니 이 때문에 생업을 잃고 더욱 가난해진다. 부호로 하여금 겸병하고 침탈하여 빼앗지 못하게 하고 그 정전은 각기 본주에게 돌려주게 하라."고 하였다.

정전을 승계해 오던 자이니 여기서의 백성에 군인이 포함될 것은 의심할 바 없다. 다만 명종이 이때 반드시 일반민 중에 호적에 등재되는 자만 지목하여 백성으로 표현한 것은 아닌 듯하다. 그러나 군주가 설사 주관적으로는 백성을 말할 때 일반민을 염두에 두었더라도 실제 해당되는 자는 위의 경우처럼 특수층이 되는 경우가 없지 않을 것이다. '편맹編氓'이나 '편호編戶'의 경우도 백성의 경우와 마찬가지이다. 군주는 모든 인민이 호적에 등재되는 것을 전제로 편맹·편호라는 용어를 사용한다 하더라도 실제의 조치는 공식호에만 적용될 수 있다는 뜻이다.

호적은 기존 호적에 실린 원호元戶를 특별한 사정이 있지 않는 한 좀처럼 바꾸지 않기 때문에 향리직에 취임하지 않은 지 오래된 집안이라 해도 호적에 등재되고 이들이 백성으로 지칭될 수 있었을 것이다. 말하자면 '향리백성'이라 할 때 이직吏職의 담당 여부와 관계없이 해당 군현의 지배층에 속하는 사람을 통칭할 수 있다는 것이다.[77]

가능성이 충분히 있다고 여겨진다.
77) 군인호의 가족·친족들도 이러한 백성에 끼일 수 있을 텐데도 '백성' 자료에 '향리백성', '기인백성'

(4) 선별적 호구제의 성립 배경

고려왕조의 호구제는 많은 연구자들의 추정처럼 성종 5년 경에 성립한 것으로 보인다. 『경주부윤선생안慶州府尹先生案』에서 성종 5년의 기사에 "내외의 호구가 시행되었다(內外戶口施行)"고 전하고 있기 때문이다. 구체적인 호구제 시행 경위는 알 수 없지만 이 기사의 내용은 이때에 와서 전국적인 호적 편성이 일단락되었음을 말하는 것으로 보인다. 즉 서울에서는 서울대로, 지방에서는 지방대로 호적을 작성하라는 정부의 명령에 따라 작성 작업을 완료하고 중앙의 호부로 호적을 보낸 것으로 추측된다. 지방에서 향리호·군인호 등 직역호를 대상으로 등재한 호적을 중앙 정부가 수용한 것은 호구제와 관련해서 두 가지 의미가 있을 것이다. 하나는 호적을 주로 사환할 자와 직역을 계승할 자의 신원 확인의 수단 정도로 사용하겠다는 것이고, 다른 하나는 직역인들이 향촌에서 누리고 있던 지위를 인정하고 백정 이하의 사람들의 관리는 군현의 지방관이나 향리에게 위임하겠다는 것이다.

근대 이전 사회에서 호적은 보통 군사의 차출이나 부세 수취를 위해 작성되었다. 공화정기 로마의 '센서스'가 대표적이다. 신라의 촌락문서 역시 호적은 아니어도 그와 유사한 기능을 가지고 있었음이 널리 알려져 있다. 그런데 고려시대에 와서 호적은 비교적 단순한 내용을 가지게 되었다. 남아 있는 호구 자료를 보면 호적의 내용은 호주 부부의 세계나 가족과 같은 인적 사항이 거의 전부이다.

고려시대 호적의 내용이 단순해진 것은 정부가 호적을 신원의 자료로만 이용하여도 정부가 필요로 하는 인적 자원의 동원이나 부세 수취는 큰 차질 없이 이루어질 수 있었기 때문이다. 외관이 설치되기 이전부터 금유·조장이나

처럼 항상 향리나 기인과 연칭해서만 나타나는 것은 중간계급 중에서도 이들이 향촌에서 가장 위상이 높은, 鄕里의 여론 주도층이기 때문일 것이다.

전운사 등의 사자를 파견하고 있었던 것이 그것이다. 중앙 정부는 군현에 할당된 조세·공물·요역이 잘 납부되는 한, 지방의 수취에 직접 관여하지 않았던 것이다. 백정과 같은 군현민은 부세의 주된 부담층으로서 군현에서 자체적으로 관리하여 중앙으로부터 할당된 부세를 수취·납부하였던 것으로 보인다.

일반 군현민은 비록 호적에 등재되어 있지 않았지만 군현에서는 이들에 대한 자체의 문서들을 가지고 관리하고 있었다. 이를테면 양안을 비롯하여 수세를 위한 여러 가지 대장을 갖고 있었다. 군현민을 조직하여 작성한 문서도 있었다. 정종 대에 30만에 달하는 광군이 편성되었다고 전하고 있고, 지방에는 경군으로 번상하는 보승·정용 외에도 1·2·3품군이 조직되어 있었으니 이들이 광군에 포함되고 관련 문서가 있었을 것은 의심할 바 없다. 제문制文에 이웃에 대해 '인보隣保'라는 표현을 사용한 것을 보면[78] 인보적 같은 것이 작성되어 있었을 가능성이 있다. 따라서 중앙 정부에 그 명단이 보고되지 않아도 지방 군현에 의해서 관리되고 있는 호구는 많았다. 이들 호구는 지방 정부에서 관리되고 있었으니 중앙에 송부된 공식호구에 준하는 '준공식 호구'라 할 수 있다. 이러한 사정은 조선 초기에도 기본적으로 마찬가지였다.

2) 고려 후기 호구제의 변화

고려 후기에 나타나는 호구상의 변화는 주로 직(신)역호와 관련되어 있다. 고려시대나 조선시대나 지배계급의 호적은 상대적으로 충실했다. 3년마다 이루어지는 호적의 개수도 양반의 경우에는 더 철저히 시행되었다.[79] 그리하

---

78) 『고려사』 권 78, 식화지1 전제 조세 예종 3년 2월.
79) "恭讓王二年七月都堂啓: 舊制兩班戶口必於三年一成籍 一件納於官 一件藏於家"(『고려사』 권 79, 식화지2 호구).

여 변화는 '양반호구'보다는 직(신)역호구에 크게 나타나게 되었다.

12세기 이후 시기가 내려가면서 호구제에 나타나게 된 변화는 크게 세 가지였다. 첫째는 공식호의 성격이 변한 것이다. 직역제가 무너지면서 종래의 직역호를 신역호가 대체해 갔다. 둘째는 공호貢戶라는 이름의 새로운 잡색역호가 호적에 편입하게 된 것이다. 셋째는 후기의 신역호는 전기의 직역호의 경우에 비해 소속 구가 격감된 것이다.

(1) 직역호에서 신역호로
① **공민왕 대 이전의 과도기 —모병제의 등장**
12세기부터 이미 경군에 대한 군인전 지급이 부실하게 되어 고려 후기에는 전기와 같은 경군을 유지하지 못하게 되었음은 널리 알려진 사실이다. 결원이 많아진 경군을 보충하기 위해서 모병이 시행되었고 모병이 여의치 않으면 강제 동원도 병행하게 되었다. 다시 말하면 직역제에서 중간의 모병제를 거쳐 점진적으로 신역제로 전환되어 간 것이다. 모병제에 의해 군사를 뽑고 이들에게 그 반대급부로 토지를 지급하다가 여말에는 마침내 아무런 반대급부 없이 평민을 징발하게 되었다. 모병에 의해 충원한 대표적인 군사가 바로 별초別抄였다. 별초는 처음에는 선봉대나 별동대와 같은, 기존의 군사 안에서 특별히 차출한 임시 편성의 부대였지만 부족한 군사를 메우기 위해 따로 모집하여 보수를 지불하는 부대로 그 성격이 달라졌던 것이다.[80]

② **공민왕 대 이후 군역호로 전환 —3가1호 징병제의 등장**
고려 후기에도 전기처럼 군인전을 지급하고 군호로 삼으려는 노력이 없지

---

[80] 이상은 이미 밝혀진 사실들로서 자세한 것은 권영국, 「고려후기 군사제도 연구」, 서울대학교 박사학위논문, 1994 참조.

않았다. 충선왕 대에서 공민왕 초까지 그런 노력이 나타난다. 그러나 그러한 정부의 시도는 정착되지 못했다. 공민왕 대에 이르러 마침내 징병제를 시행하게 되었다. 공민왕도 당초에는 전기 이래의 직역제를 유지하는 한편 모병에 응한 자에게 토지를 지급하려는 방안을 포기하지 않으려 하였다. 그러나 14세기 중엽부터 끊이지 않았던 왜구의 침략으로 인해 징병제로의 전환이 불가피하였다.

> 1) (공민왕) 5년 6월에 교하기를, "1. 행성3소·제군만호부에 예속된 정구丁口를 추쇄하여 융병戎兵으로 갖추어 써라. 1. 변방을 지키는 군졸들은 쌍정雙丁에 1정을 뽑는 것도 또한 부득이한데, 단정單丁은 불쌍히 여길 만하니 종군시키지 말라. 1. 바야흐로 지금 전쟁이 일어났으니 승려 가운데 계율을 어긴 자는 강제로 환속시켜 항오行伍에 충당하라. 1. 국가에서 전 17결을 1족정으로 삼아 군인 1정에게 지급하는 것은 옛날 田賦의 유법遺法이다. 무릇 군호는 본래 연립하는 것인데 다른 사람에게 빼앗긴 것은 진고를 허락하여 되돌려 주도록 하라. 또 간사한 무리들이 비록 자식이 없으면서 거짓으로 한인閑人이라 칭하며 토전을 연립하는 것이 끝이 없으니, 선군별감으로 하여금 뿌리까지 추쇄하여 이로써 수졸戍卒을 모집하라. 역적의 토지는 결을 계산하여 정丁을 만들어서 또한 모집한 군졸들에게 지급하라. 1. 각 처에 있는 역적의 노비들이 스스로 다루가치(達魯花赤)라고 하면서 다른 사람의 토전을 빼앗고 양민을 역사하여 재산을 축적하고 있으니, 소재지의 관리로 하여금 적몰하게 하여 수졸戍卒을 모집하라."고 하였다.(『고려사』 권

81, 병지1 병제)

2) 공민왕 5년 6월 교하기를, "각처에 별초를 추가로 정하면서 노약자나 단정을 막론하고 강제로 멀리 가서 수자리를 서게 하니, 오가는 데 지쳐서 서로 피하고 도망간다. 연해의 군민은 모두 방수防戍에 충당하여 그대로 요역을 면제해주고, 먼 지역의 민은 그 역을 대신 부담하여 부방하지 않게 하면 양쪽이 모두 편안해질 것이다. 또 사람이 고향을 그리워하는 것은 습속이 그러한 것이니 마땅히 동계와 교주의 군사는 쌍성을 지키게 하고, 북계와 서해도는 압록강을 지키게 하며, 양광·전라·경상도는 왜를 방어하는 것을 맡기되 재주와 용맹함이 있는 자는 가리지 말고 뽑아 써라."고 하였다.(『고려사』 권 82, 병지2 진수鎭戍)

3) (우왕 9년 8월) 우리 태조가 변방을 안정시키는 방책을 올리기를 "… 1. 군민에 통속이 없으면 위급할 때 서로를 보호하기가 어렵습니다. 이 때문에 선왕께서는 병신년(공민왕 5년)의 교서에서 3가를 1호로, 100호를 통統으로 만들어 통주를 원수의 군영에 예속시켜 일이 없을 때에는 3가가 차례로 번상하게 하고, 일이 발생하면 함께 출동하고 사태가 위급해지면 가정家丁을 모두 징발하게 하였으니, 정말 훌륭한 법입니다. 근래에는 법이 폐기되어 (군민이) 소속된 곳이 없어져 매번 징발할 때에는 흩어져 사는 백성들이 산골로 도피하여 불러 모으기가 어렵습니다."고 하였다.(『고려사』 권 81, 병지1 병제)

위의 세 자료는 같은 시기에 이루어진 공민왕의 군사적 조치를 언급하고 있다. 1)에서 공민왕이 다양한 방법으로 군사를 확충하려 한 것을 볼 수 있다. 군호제와 모병제 외에 징병제를 시도한 것이 그것이다. 2)에서 보면 추가로 충정한 별초는 강제로 동원된 자들이며 급전이나 다른 경제적 반대급부가 없다. 오직 요역을 견감해 주는 혜택만 명시되어 있었을 뿐이다. 그러나 일거에 징병제를 실시하여 전 인민을 아무런 급부 없이 동원하는 것은 불가능했다. 더욱이 기존에 신역을 지고 있지 않았던 호에 부과할 때는 더욱 그러할 것이다. 군사로 차출되는 자의 부담을 덜어주려는 방안이 바로 3)의 3가1호제였다. 3가가 1군호로 편성되어 교대로 번상하게 한 것이다. 모병 대신 징병하고, 급전 대신 3교대에 의하여 부담을 경감시킨 것이다.

종래에는 공민왕의 3가1호제를 3정1호제의 기원으로 간주하는 경향이 있었다. 당시에 1호에는 1정밖에 없는 단정호가 많아 3가1호의 실제 내용은 3정1호와 진배없다는 것이 그 주된 논거이다. 그러나 그러한 해석은 잘못된 것이다. 정군이 차지하는 봉족의 수가 양자 모두 같아지게 된다는 결과론에 불과할 뿐 양자는 원리부터가 다른 것이었기 때문이다. 즉 3가1호제는 군호로 초정된 3가 사이에 적용되는 분번제 규정인 반면, 3정1호제는 한 군호 안에서 정군과 봉족의 비율을 나타내는 봉족제 규정이었던 것이다.

더구나 봉족제로서의 3정1호제에도 전혀 다른 두 가지 의미가 있어서 3정1호제를 3가1호제와 쉽사리 동일시할 수 없다. 하나는 '신역은 1가호에 남정이 1인밖에 없는 단정호나 2인뿐인 쌍정호를 피해 3정 이상의 가호에 군역을 부과해야 한다는 초정 원칙상의 의미'이고,[81] 다른 하나는 '하나의 군호에는 적어도 2정 이상의 봉족을 배정해야 주어야 한다는 군호편성상의 의미'이다.[82]

---

81) 위 1) 자료에서 공민왕이 강조하고 있는 사항이 그것이다.
82) 이는 앞에서 소개한 바와 같이 공양왕 대 이후 수군에서부터 적용되기 시작하여 모든 의무군사와 기타 신역부담자에게까지 확산된 봉족제이다.

공민왕이 징병제를 시행하면서 채택한 3가1호제의 이상적인 편제는 3정 이상의 남정을 가진 가호에서 군호를 초정하고 그러한 3가에서 평상시에는 1가만 출역하게 하다가 비상시에는 3가가 모두 출병하게 하는 것이었다. 공민왕은 최소한 쌍정호에서 군정을 징발하고 단정호에서는 뽑지 말라고 거듭 지시한 바 있었다.[83] 이는 당시에 실제로는 단정호를 가리지 않고 초출하였던 상황을 반증한다. 3정을 갖춘 호에서 입역하게 한다는 3정1호제는 실제로는 시행되지 못하였던 것이다.

3가1호의 3교대제는 제대로 이루어지지 못했지만 징병제는 이후 하나의 대세로 자리 잡아 병농일치제가 정착되었다. 공민왕 대의 징병제는 외침을 계기로 도입되기는 했지만 임시적이고 즉흥적인 조치가 아니었다. 이 무렵 특정한 부류에게만 토지를 지급하여 부담시키는 '직역'이 아니라 공민 일반에게 무차별적으로 부과하는 '신역'이라는 개념이 등장하고 있었기 때문이다.

(공민왕 20년) 12월에 교하기를 "… 1. 아직 도첩을 받지 못한 모든 사람은 출가를 허락하지 않는다는 것은 법령으로 밝혀져 있는데, 주관하는 관사가 봉행하는 것이 미진하여 정구丁口들이 **신역** 기피를 꾀하고, 계행戒行을 닦지 않아 교문을 퇴패함에 이르니, 지금부터는 승려가 되기를 바라는 자는 먼저 소재 관사로 가서 정전丁錢 50필의 포를 바쳐야 비로소 머리를 깎는 것을 허락할 것이다. 위반한 자는 사장과 부모를 죄줄 것이다. 향리 및 진척·역리로부터 공·사의 역이 있는 사람들은 모두 금지하고 단속할 것이다."고 하였다.(『고려사』 권 84, 형법지1 직제)

---

83) 자료 2) 및 공민왕 20년 12월 하교(『고려사』 권 79, 식화지2 호구).

여기서 '정구'는 신역 의무를 진 일반민을 가리킨 것이었다.[84] 승려가 되기 위해 지불하는 돈을 '정전'이라 부른 것은 정으로서 국가에 대해 져야 하는 신역의 의무를 대신하는 돈이라는 의미였다.

(2) 새로운 공식호 공호貢戶의 등장

고려 후기 호적에 새로 등재되는 호는 신역을 부담하게 된 군사호만은 아니었다. 공호도 있었다. 공호의 성분은 무엇이었나. 공호가 처음 나타나는 명종 18년의 자료에는 다음과 같은 공호에 대한 설명이 보인다.

> 명종 18년(1188) 3월 제서를 내리기를, "여러 주·부·군·현의 백성들은 각기 공역貢役이 있는데, 근래에 지방관들이 부당하게 사령을 시켜 역가役價를 징수하고 그 공부貢賦는 그해가 지나면 면제해 준다. 향리(椽吏)의 무리도 모두 이 방식을 따르니 역이 불균등하게 되고, 공호의 민이 이것 때문에 도망하여 유망한다. 각 도에 파견된 관원(使者)들은 여러 곳으로 돌아다니면서 조사하고 심문하여 만약 이러한 관리가 있으면 그 죄를 보고하고, 그 나머지 향리들은 형에 따라 파직시켜 공역을 균등하게 하라."고 하였다.(『고려사』 권 78, 식화지1 전제 공부)

공호가 '여러 주·부·군·현의 백성'으로서 각기 '공역'을 가진 자로 설명되고 있는 것으로 보아 일단 백정에 해당하는 자로 간주할 수 있다. 공물을 생산하기 위한 역역力役인 공역을 담당하던 자는 백정이었기 때문이다. 그러나 모

---

84) 오일순, 『고려시대 역제와 신분제 변동』, 혜안, 2000, 25쪽.

든 백정이 공호가 된 것도 아니고, 공호가 모두 백정도 아니었다고 생각된다. 종래 공호에 대해서 군현민 중에서 염호와 같은 잡색역호였다, 타지에 정착한 유이민 중에 현지의 호적에 부적된 자였다, 과거 '所'에 소속되었던 소민이었다 등의 추측이 있었는데 어느 하나에 해당한다기보다는 이들 모두가 공호를 구성했을 가능성이 큰 것으로 생각된다. 다수의 유민이 발생하고 부곡제가 해체되는 과정에서 공역으로 생산되던 물자나 종래 소가 납부하던 공물의 생산이 급감하게 되자 공물의 수요를 메우기 위해 군현민 중 특수한 물품을 생산하던 자나[85] 과거에 소민이었던 자 등을 공호로 선정했을 가능성이 충분히 있다.

공호의 기원에 대해 또 다른 억측 하나를 보탠다면 절호가 된 군호를 대체한 것이 공호의 시작일 수 있다는 것이다. 예컨대 직역전—군인전—이 제대로 지급되지 않아 유망하거나, 늙거나 병들어 사망한 군인에게 그를 대신할 1가 남정이 없을 경우, 군현에서는 그 현의 원호 숫자를 채우기 위해 유고가 된 군인의 1가보다 좀 더 먼 일족이나 그의 이웃에게 그가 남기고 떠난 전택이나 유류품 등의 재산을 주는 대신 그가 부담하던 부세를 부담시키면서 공호라는 이름으로 호적에 등재하게 된 것이 아닌가 하는 것이다.

공호는 전기의 정호처럼 '호'라는 호칭이 붙어 있는 것으로 보아 호적에 등재된 가호로 추정되지만, 다음은 실제로 이들이 호적에 등재되고 있었음을 엿볼 수 있는 자료라 생각된다.

> 근대에 내승內乘을 따로 세우니 내수內竪의 무리들이 그 직을 멋대로 하고 있습니다 … 또한 그 공호를 몰아다가 구종驅從이라 부르

---

85) 공호의 하나였던 염호를 예로 들 수 있다. 염호는 종래 염업에 종사하던 자를 선정했다고 보아야 할 것이다. 煮鹽을 위한 일정한 기술과 장비가 필요하기 때문이다.

는데 1,100인에 이릅니다. 공적公籍에 붙이지 않고 사사로이 농장을 설치하고 (그들을) 노예처럼 부려, 민을 해롭게 하고 나라를 병들게 함이 매우 애통합니다.(『고려사』 권 84, 형법지1 직제 辛禑 14년 8월 헌사 상소)

위 기사에서 국왕의 수레를 돌보는 내승에 소속된 내수의 무리가 자신들의 농장에서 공호를 노예처럼 사역했음을 볼 수 있다. 여기서 공호를 빼내어 공적에 부치지 않았음을 비난하는 것은 공호들이 본래 호적에 등재되어 있었던 자임을 시사하는 것이 아닌가 한다.

(3) 신역제에 따른 백성·백정 개념의 변화와 공식구의 감소
① 백성·백정 개념의 변화

직역체계의 붕괴는 백성·백정 개념의 변화를 불러오게 되었다. 경군이라는 세습적인 집단이 와해되어 백정의 모병·징병이 시행되자 직역인의 대칭으로서의 백정의 의미는 없어지게 되었다. 백정은 용례 자체가 드물어지게 되었고[86] 평민계급으로서의 의미를 잃고 신역을 지지 않는 자 이상의 의미는 지니지 못하게 되었다.[87] 백정과 같은 평민이 군사호나 공호가 되어 호적에 등재

---

[86] 징병제가 본격적으로 시행된 공민왕 대 이후에는 충군 대상에서 더 이상 백정의 존재는 나타나지 않는다. 권영국은 이에 대해 "농민층 내 정호층과 백정층의 구분이 없어지면서 모든 농민층이 군역부담층이 된 결과 나타난 것"이라 지적한 바 있다.「고려후기 軍役制의 변화」, 『史學硏究』 52, 1996, 79쪽.

[87] 이는 향리 가계에 속하는 자가 '백정'으로 기재되는 데서 확인할 수 있다. "戶學生 金德原 年肆拾玖 本三陟 父白丁小明 祖丁白(白丁의 잘못된 기재로 보임) 夫莊 曾祖戶長富三 母召史 本德原 外祖學生金洪光"(국보호적 여덟째 쪽) 호장 김부삼의 자·손이 이직에 나가지 않아 '백정'으로 표기되다가 증손인 김덕원 대에 와서 '학생'으로 바뀌었다. 당시에 시범적인 호적 개수가 갑자기 실시되자 이

되자, '백성' 역시 지방의 유력층으로서의 의미를 잃고 호적에 등재된 자라는 단순한 의미만 남게 되었다.

여말선초에 백성·백정 개념은 다시 그 의미가 변하게 되었다. 평민에게 군역이나 잡색역을 대거 부과하는 과정에서 기존의 호적에 등재되지 않은 백정이 신역을 부담하고 호적에 등재되어 '백성'이 되는 반면, 신분적 하자로 인하여 신역 부과가 보류되면 그대로 '백정'으로 남아 있게 되었다. 이에 따라 백정은 단순한 무신역자를 가리키는 데서 점차 신분적 하자가 있는 사람을 가리키는 용어로 변화하는 과정을 밟게 된 것으로 보인다.

신분적 하자란 일차적으로 양천을 가릴 수 없는 처지를 가리킨다. 양천을 가릴 수 없게 된 주요 원인은 전란으로 인한 호적의 망실과 농장의 투탁·은점에 있었다. 호적이 없어졌으니 양인 여부를 판별하기 어려워졌고, 호부가에 투탁하거나 호부가에 의해 은점되었으니 사노비와의 구별이 흐리지게 된 것이다. 조준의 제1차 전제개혁상소문 가운데 '백정대전'의 수급자로 지목된 '백정'은 바로 이러한 신분적 하자를 지닌 자였다고 보인다.

白丁代田: ① **百姓付籍** 當差役者 戶給田一結 不許納租 ② **其在公私賤人**
當差役者 亦許給之 明白書籍(『고려사』 권 78, 식화지1 전제 녹과전)

위의 기사는 난독의 자료여서 번역에 유의할 점이 많다. ① 부분은 대체로 '백성으로 부적'되는 자로 해석되어 왔으며 ② 부분 역시 '공사천인으로'라고 번역되어 왔다. 그러나 ① 부분에서 백성으로 부적된다는 것이 구체적으로 무슨 의미인지, 또 '적'이란 구체적으로 어떤 문적을 지칭하는 것인지 불분명하

적을 갖고 있지 않던 김덕원은 군사 차출과 같은 불이익을 우려하여 '학생'을 표방한 것이 아닌가 한다.

며, ②부분에서는 왜 공사천인이 백정대전을 받게 되는 것인지 또 공사천인 앞의 '재在'는 정확히 무슨 의미인지 등이 제대로 파악되지 못하고 있다. 이 기사의 해석에 어려움을 겪었던 것은 위의 방안이 제시된 당시의 상황이 제대로 해명되지 못했기 때문이다.

여기서 '백정대전'의 수급자로 거론된 백정은 일차적으로 당시의 전민변정도감에서 종량 판정을 받은 양천미변자에 해당되었지만, 조준이 이 조항을 설치한 목적은 앞으로의 양전 과정에서 양천미변자가 많이 나타나게 될 상황을 염두에 두고[88] 그들의 생계를 보호할 대책을 마련하고자 한 데 있었다. 전제개혁 추진자들은 양천미변자는 본래 천인이었던 사실이 명백히 입증되지 않는 이상 종량시킬 작정이었다. 종량 판정을 받게 되면 양적 즉 호적에 오르게 되고, 호적에 오르게 되면 '입호충역'의 원칙에 의해 신역을 부담하게 된다.[89] 양전 과정에서 불법적 농장이 해체됨으로 인해 양천미변자의 다수를 차지하는 투탁·은점자는 갑자기 생계를 잃게 되는 상황에 직면하게 될 것이다. 그들의 생계 보호 수단으로 설치하려 한 것이 바로 백정대전이었다. 이러한 내용이 담긴 것이 기사의 앞부분으로 "백성(양인)으로 (호)적에 부쳐서 차역해야 할 자는 호마다 토지 1결을 주며 납조하지 않게 한다."라고 해석할 수 있다.

기사의 뒷부분 ② '其在公私賤人'을 '공사천인으로'라고 해석하는 것에는 두 가지 문제점이 있다. 첫째는 '其在公私賤人' 중의 '재'자의 존재를 무시하고 해

---

[88] 유승원, 『조선초기 신분제 연구』, 서울대학교 박사학위논문, 1986, 143~146쪽 참조.
[89] '立戶充役'이라는 용어 자체는 고려 후기에 처음 나타나지만(『고려사』 권 78, 식화지1 전제 경리3) 그 원칙은 고려 전기부터 있었다. 고려 전기에 직역전 즉 영업전을 지급하여 丁戶로 삼아 호적에 등재하고 직역을 수행하게 하던 방식은 고려 후기에 직역제의 붕괴로 말미암아 토지 지급 없이 도 신역을 부과하고 호적 개수시에 등재하는 방식으로 바뀌었다. 행정의 처리 순서가 立戶充役에서 立役充戶로 바뀐 셈이다.

석한 것이라는 점이다.[90] 둘째는 정부가 마음대로 차역시킬 수 없는 '私賤人'이 '當差役者' 즉 '마땅히 차역해야 할 자'가 되어 버린다는 점이다. 사천인이라면 정부가 토지를 지급할 이유가 없다. 이상과 같은 두 가지 불합리한 상황이 발생하지 않는 경우로서는 양천미변자 중 아직 변정이 완료되지 못하여 장기간 공사천인의 지위를 벗지 못한 경우가 상정된다. 변정이 종료되고 소속처가 결정될 때까지 기약 없이 놀릴 수도 없고 그들의 생계 역시 막막할 것이므로 백정의 경우에 준해서 대전 1결을 지급하고 차역시키려 한 것이 아닐까 한다. 이러한 추정에 따라 '其在公私賤人'을 해석한다면 "공사천인으로 (남아) 있어"라고 할 수 있지 않을까 싶다.[91] 이상의 추정이 옳다면 조준의 윗 기사는 다음과 같이 번역될 수 있다.

백정 대전: ① **백성(양인)으로 (호)적에 붙여서** 차역해야 할 자는 호마다 토지 1결을 주며 납조하지 않게 한다. ② **공사천인으로 (남아) 있어** 차역해야 할 자에게도 지급하게 한다. 문적에 명백하게 써놓는다.

이후 백성은 조선 초기에 호적 등재와는 관계없이 단순히 일반 양인을 가리키는 용어로 굳어지게 되었고 백정은 '무신역자'에서 '양인이지만 신분적으

---

90) 필자 역시 구고에서는 '在'字의 의미를 정확히 설명하지 못하였다.
91) 이때 변정이 완료되지 못하고 계류 상태에 있는 공사천을 차역시키는 방안은 당시 전민변정도감으로 하여금 각종 공사천을 문서에 올리고 차역시키는 방안으로 내놓은 방안과 같은 내용의 것이었을 것으로 생각된다. "都官所屬奴婢·宮司倉庫奴婢及近日誅流員將 祖業奴婢·新得奴婢 令辨正都監亦計口成籍 毋使遺漏 每有土木營繕之役·賓客佛神之供 皆以役之 其於坊里雜役 一皆除去 以安其生 以衛王室"(『고려사』 권 85, 형법지2 노비) 위의 기사는 『고려사절요』 권 33, 신우 14년 8월 조에 백정대전 방안을 마련한 대사헌 조준의 시무상소로 전하고 있다.

로 하자 있는 자'를 지칭하는 개념으로 변하게 된 듯하다. 즉 양천미변자에 대한 변정사업은 조선 초기까지 이어졌고 고려 말 변정사업으로 백성(양인)으로 인정된 자를 가리키는 '고려(전조)판정백성高麗(前朝)判定百姓'과 같은 부류로 인식된 것이다.[92] 양천미변자는 태조 6년에 '신량역천'이라는 판정을 받게 되고 양인이지만 사환권이 유보되는 자가 되었다.[93]

② 공식구 감소의 배경과 공식구의 수

고려 후기의 공식호 1호당 남정 수는 1~2명으로 나타난다. 자주 거론된 '단정'호와 '쌍정'호의 존재가 그것이다. 원종 3년 몽고의 일본원정을 위한 역도役徒를 징발했을 때 단정호가 많았던 것은 그 좋은 예이다.[94] 특히 징병제가 시행된 공민왕 이후의 시기가 그러했다. 공민왕 대의 사례는 이미 소개한 대로이고 우왕 대에도 사정은 마찬가지였다. 익군을 설치하면서 단정만 데리고 있는 과부호의 협거 자손을 징발한 사례가 보인다.[95]

고려 후기에 공식구가 격감한 것은 직(신)역을 부담하지 않던 가호에 광범하게 군역·잡색역을 부과한 때문이었다. 고려 후기에 새로운 신역호가 등장했지만 소속호의 남정으로 호적에 등재되는 공식구의 숫자는 많지 않았다. 무엇보다 단혼소가족의 직(신)역호에 각거하는 1가의 가족·친족을 공식구로 등록하는 경우가 없어졌기 때문일 것이다. 전기와 달리 호적의 등재가 부담스런 의무를 떠맡는 이상의 의미가 없었으므로 각거의 가족이나 친족이 신역인의 호적에 편입할 아무런 이유가 없게 되었다. 지방 군현 역시 호적에 새로운 신

---

92) 주 88)과 같음.
93) 유승원, 「朝鮮初期의 '身良役賤'階層 - 稱干·稱尺者를 중심으로」, 앞의 책, 1987.
94) 『고려사』 권 27, 원종 세가 15년 삼월 병술.
95) 『고려사』 권 81, 병지1 병제.

역호를 등재하면서 등재대상이 된 인민의 저항을 줄이고 호수 증대에 따른 부세 수취의 부담을 줄이기 위해서는 공식구의 숫자를 최대한 줄이는 것이 바람직했다. 이러한 사정들이 복합적으로 작용하면서 고려 후기 외방의 공식호에 단정호나 쌍정호가 많아지게 된 결과를 빚게 된 것으로 보인다. 여말의 공식구 총수는 선초의 구수와 비슷하였다고 보인다. 이는 양 시기 군사의 총수에서도 엿볼 수 있다. 공민왕 22년의 시위군수 93,500은[96] 조선 태조 2년의 정군수 10만에 아주 가깝다.

4. 조선 초기 호구제의 운영과 그 변화

1) 세조 대 이전 선별적 호구제의 운영

(1) 선별적 호구제의 유지 배경

선별적 호구제는 고려 건국 초기의 중앙정부가 지방세력과의 기득권을 인정하여 평민 이하의 사람들의 관리는 군현의 지방관이나 향리에게 위임하는 데서 성립했다. 정부는 직역인층 이상 사람의 신원 자료를 확보하는 것으로 만족한 것이다. 12세기 이래 선별적 호구제를 지탱한 직역제가 무너지고 신역제로 대체되어감에 따라 위정자들은 보편적 호구제의 시행할 필요성을 느끼게 되었다. 그럼에도 불구하고 그 엄두를 내지 못하고 선별적 호구제를 유지하게 된 데에는 크게 두 가지 이유가 있었다. 하나는 보편적 호구제로의 개

---

[96] "(우왕 2년)八月遣使諸道點兵 楊廣道騎兵五千步卒二萬 慶尙道騎兵三千步卒二萬二千 全羅道騎兵二千步卒八千 交州道騎兵四百步卒四千六百 江陵道騎兵二百步卒四千七百 朔方道騎兵三千步卒七千 平壤道騎兵六百步卒九千 西海道騎兵五百步卒四千五百"(『高麗史』 81권 志35 兵1 兵制) 이 군수는 우왕 2년에 보이지만 민현구는 이 군호를 확보한 시기는 공민왕 22년으로 추정하고 있다. 「고려후기의 군제」, 『고려군제사』, 육군본부, 1983.

혁이 지난한 일이기 때문이고, 다른 하나는 보편적 호구제가 아니라도 준공식 호구를 활용하여 이럭저럭 국정 운영이 가능하기 때문이다.

보편적 호구제 개혁을 시도하지 못한 것은 일단 성립된 호구제를 개혁하는 데 대한 저항이 무척 강한 탓이다. 자연경제에 가까운 경제체제를 가진 대부분의 근대 이전의 사회에서 피지배계급은 정부에 의해 파악되는 것을 기피하였다. 정부에 의해 파악된다는 것은 통상 수탈의 대상이 된다는 것을 의미하기 때문에 호적에 등재되는 것을 한사코 거부하게 된다. 고려나 조선 사회도 그 예외가 될 수 없다. '호'·'구'의 증가를 꺼리는 것은 비단 군현민에게만 해당되는 것은 아니다. '호'·'구'의 증가는 그만큼 지방에 대한 중앙의 요구량도 덩달아 많아지게 되는 것이어서 수령이나 향리에게도 역시 달갑지 않은 일이 되었다. 더구나 '호'·'구'를 증가시키면 군현민의 원망을 사게 된다. 관찰사에 의한 포폄이 강화된 조선 초기에는 수령이 더욱 민원 발생을 두려워 하게 되었다. '호구증戶口增'을 '수령 7사'로 지정하여도 호구 증가의 큰 효과를 거두지 못했던 이유이다. 여기에다 관행을 벗어나는 새로운 개혁이나 일거리가 많아지는 새로운 사업을 꺼리는 관료제의 타성도 한 몫을 했을 것이다. 공식호·구를 증가시키기 위한 호적 개수를 기피하는 것은 지방의 수령·향리에만 해당하는 것이 아니라 중앙의 관원에게도 해당되는 사항이다. 관료주의 타성은 중앙과 지방을 가리지 않는다. 이상과 같은 여러 요인이 함께 작용하여 선별적 호구제는 고려 초기에서 조선 초기 세조 대까지 수백 년 동안 근본적인 개혁을 보지 못하였던 것이다.

(2) 선별적 호구제 하의 호구 운영

① **호총의 유지**

12세기 이후 직역호가 붕괴되어 가자 고려 정부는 기존 공식호 수의 총액

(이하 호총)의 원액을 지키는 데 급급했다. 최소한 호총의 원액이라도 확보하는 것은 국정 운영상의 필수적인 일이었다. 국역담당자를 확보하는 일일 뿐 아니라 세수의 확보와도 관련되기 때문이다. 공물이나 요역과 같은 부세의 수취에 있어서 공식호보다는 준공식호와 같은 비공식호의 비중이 훨씬 컸다. 그러나 공식호도 일정한 공부의 부담이 있었다. 공식호를 대상으로 부과되는 중앙차원의 공물·요역이 있었던 것이다.[97] 직역호의 빈자리는 공호貢戶와 모병호가 채워갔고 여말에는 다시 왜구를 막기 위해 공호의 상당수는 징병되어 군역호가 되었다.

전제개혁기에는 근본적인 호구제 개혁이 시도되었다. 국민개적제 방안이 입안된 것이다. 전면적이고 근본적인 사회쇄신을 단행하기 위해서 호구제 개혁은 절실한 과업이 되는 것이기 때문이다. 호구란 대민 행정의 기초 자료일 뿐 아니라 신역이나 부세 부과의 합리성과 형평성을 진작시키기 위해서도 필수적인 국가사업이 아닐 수 없다. 그러나 야심차게 시작했던 사업이 '국보호적'이라는 시범적인 성과만 남긴 채 중단되었던 것은 앞에서 본대로다. 이로써 호구제 개혁은 그 역사적 호기를 놓친 셈이었다.

건국 후에도 민본적 민생주의라는 국가이념을 설정한 조선왕조가 개국 벽두부터 호구제 개혁에 대한 반발을 억누르고 대대적인 개혁을 추진하기는 쉽지 않은 일이었다. 더구나 대내·외적으로 안정된 통치체제의 확립에 진력하지 않을 수 없는 긴박한 정치 상황이 전개되었다. 이리하여 조선 초기 위정자들은 보편적 호구제를 포기한 채 공식호의 증대보다는 공식구 증대에 역점을 두게 되었던 것이다. 다시 말하면 신역의 정액제를 채택하여 신역호의 수를 동결하는 대신 호마다 자립이 가능한 만큼의 봉족을 확보할 수 있게 하여 신

---

97) 이 책의 2부 2장 「고려시대에서 조선 초기 부세 부과체계의 변화 – 부과의 대상과 기준」 참조.

역호를 튼실하게 유지하는 데 힘을 쏟게 되었다. 바로 '1가완취'의 기조 위에서 호마다 3정 이상을 구비한다는 3정1호제를 추진하는 것이었다.

② 비공식호·구의 용인

호총을 유지한다는 것은 정부가 많은 비공식호·구를 용인한다는 것을 의미한다. 비공식 호·구에는 상당수의 불법적인 '누호'·'협호'가 포함되어 있었다. 선별적 호구제라는 소극적인 호구제하에서는 불법적인 '누호'·'협호'가 많이 발생하는 것은 사세의 필연적인 결과였다. 그러나 비공식 호·구의 다수는 어디까지나 중앙에는 보고하지 않지만 군현의 관아에 보관하는 호구문서에는 등재되는 준공식호·구였다. 중앙에서는 수많은 준공식 호구의 존재 자체는 당연히 알고 있었다. 평소 군현에 그 관리를 위임하고 간섭하지 않고 있었을 뿐이다.[98]

---

98) 조선 초기 준공식호·구의 규모는 상당했다. 준공식호·구의 규모는 세종 29년에 일부 노출된 바 있다. 이 무렵 2년 사이에 3명의 황해도 감사가 還上를 요청하면서 올린 호·구수가 서로 엄청난 차이를 보여 세종이 그 사유를 조사하라 명령한 데서 드러나게 되었다.(『세종실록』 권 118, 세종 29년 11월 22일) 호·구수는 각기 조혜가 25,023·392,153, 조수량이 60,464·462,637, 이사원이 62,637·457,350이었다. 『세종실록지리지』의 호·구수 23,511·71,897과 비교하면 조혜의 경우 호수는 비슷하지만 구수는 『세종실록지리지』의 구수보다 5배가 넘는다. 환자를 요청하기 위한 구수여서 남정만이 아니라 남녀노소를 모두 집계하였다는 것을 감안하면 환자를 타기 위해 다소 부풀려지기는 했더라도 조혜가 보고한 수는 어느 정도 이해가 가능하다. 그런데 조수량·이사원이 보고한 수는 호수가 조혜의 2배가 훨씬 넘으며 구수 역시 6-7만 가량 많다. 호·구의 숫자가 이처럼 보고자마다 널뛰기하는 모습을 보이는 것은 도 전체의 호수에서 조혜는 공식호의 호수를 보고한 반면, 조수량·이사원·박이창은 지방관아에서 파악하고 있는 준공식호의 숫자를 토대로 보고한 것으로 볼 수 있을 것이다. 각 고을의 수령이 감사에게 보고할 때 준공식 호·구의 숫자를 적당히 가감할 수 있었을 것이지만 터무니없이 보고할 수는 없는 노릇이기 때문이다. 3자가 구수에서는 그런대로 근접한 숫자를 보고한 것도 그러한 추정을 뒷받침한다. 그 뒤 세종의 엄명에도 불구하고 이에 대한 후속 기사가 보이지 않는 것은 이 사안이 흐지부지되고 말았음을 시사한다. 그리고 이 사안이 흐지부지된 것은 당시에 이제까지 전국에서 행해지고 있는 호구제의 관행을 파기하고 대대적인 호구제 개혁을 단행할 의사가 없었기 때문일 것이다. 세종은 호구제에 대한 큰

그러나 때때로 중앙에서는—특히 군주 측에서는— 신역호나 부세 수취량을 당장 늘리지 않더라도 전국의 정확한 호구를 파악하고 싶어 하였다. 인보법이나 호패법의 시행이 그 증거이다. 태종처럼 군주가 강력한 추진 의지를 가지고 시행에 나서면 군현에서는 일정한 실적을 올려 보고하지 않을 수 없다. 준공식호의 일부를 '가현'호구로 보고하는 것이다. 중앙에서는 새로운 호구조사 결과를 토대로 결코 신역이나 부세를 새로 부과하지 않겠다는 다짐을 하는 것이 보통이다. 그러나 중앙 정부는 일단 가현호구의 명세를 확보할 수 있게 된다. 다음은 태종 8년의 인보법 실시 당시의 사례이다.

> 의정부에서 거듭 호구법을 요청하였다 … (임금이) 그것에 따랐다. 정부에서 이것에 의하여 각도 도관찰사에게 이첩하였다. "도내의 호수와 인구를 자세히 조사하여 누락됨이 없이 일일이 적을 작성할 것. 각관의 대소 인민들이 가산을 늘어놓고 의식을 따로 갖춘 사람을 많이 거느리고 살면서 1호라고 칭하는 자라도 (호에서) 떼어 나오게 하지 말고 예전대로 모여 살게 하되 '의식을 따로 하는 사람들의 호구와 자식들이다'고 써서 분간하여 시행하도록 하고 문적을 작성하여 상송하라 … "(『태종실록』 8년 11월 23일)

1가에 속하지 않는 타인의 독립된 가호이면서 '1가완취'를 빙자한 불법적 누호·협호라도 그대로 두되, 가현호구는 문서에 기록하여 중앙에 보내라는 것이다. 이 가현호구가 3정1호제 구현에 밑바탕이 된 것임은 앞에서 이미 말

관심에도 불구하고 호패법의 시행은 극도로 기피하였다. 세종은 호패법의 시행을 촉구한 김돈에게 "予必不行 爾其知之"(『세종실록』 권88, 세종 22년 3월 18일)라 하여 단호한 거부 의사를 표현한 바 있다.

한 대로이다.

　불법적 누호·협호는 호강자와 향리·이임里任의 협잡에 의해 발생한 것이다. 반면 합법적 누호·협호는 중앙 정부의 용인에 의해 존치된 것이다. 합법적 누호·협호가 용인된 것은 기존의 호구제나 신역제가 지닌 미비점을 나름대로 보완하는 역할을 했기 때문이다. 공식호에 일정한 협호를 인정해 주지 않고서는 장기간의 입역으로 인한 고통과 비용을 감당하기 어렵다는 것이다. 좀 더 근본적으로는 모든 양인호에게 신역을 부과한다면 사회적 생산이 원활히 이루어질 수 없다는 것이다. 군현의 입장에서는 합법적 누호·협호가 중앙으로부터의 과도한 수취로 인한 군현의 조락을 막는 하나의 안전판이 될 수 있었다.

　합법적 누호·협호가 호적제 운영상의 미비점을 부분적으로 보완할 수 있었다 하더라도 이는 호구제의 잘못된 관행을 고착시키고 여러 가지 부작용을 낳지 않을 수 없다. 첫째, 불법적 누호·협호를 만들 빌미가 된다는 점이다. 둘째, 인정과 재력을 많이 구비한 가호일수록 합법적 누호·협호의 규모가 커질 수 있다는 점이다. 다시 말하면 신역이나 부세상의 불평등이 커지는 결과를 가져온다는 것이다. 셋째는 군현에서 합법적 누호·협호라는 유휴자원을 자체적으로 이용하려는 유혹이 생긴다는 점이다. 앞에서 본 외아전의 임의적 설치나 신역면제자의 확대가 바로 그러한 예이다.

　합법적인 것이든 불법적인 것이든 누호·협호의 존재는 근본적으로 정부의 합리적이고 체계적인 호구정책 수립을 불가능하게 하는 것이 아닐 수 없다. 민심을 거스를 수 없다는 명분 때문에 근본적인 호구개혁을 미루어 왔던 조선 초기 정부는 세조 대에 와서야 비로소 대대적인 호구개혁에 나서게 되었다.

2) 세조 대 호구제의 개혁 —선별적 호구제의 지양

(1) 개혁의 내용과 성과

세조 대에는 호패법과 보법의 시행, 호적과 군적의 개적 등 호구와 관련된 많은 사업이 이루어졌다.[99] 세조가 지향한 호구제 개혁의 궁극적 목표는 두 가지였다. 하나는 호패법을 시행하여 양·천을 불문한 전국의 모든 남정을 중앙에서 파악한다는 것이고, 다른 하나는 호패로 파악된 남정 가운데 양인에 속하는 남정을 군적을 비롯한 신역의 적에 등재하여 양인개역제를 실현한다는 것이다. 호패법은 세조 4년 7월에 호패 사목이 확정되고 다음 해인 세조 5년 2월 시행에 들어갔다. 호패안을 기초로 하여 호적을 작성하도록 하는 방침이 결정된 것은 세조 4년 7월이었으나 실제로 작성에 착수한 것은 세조 7년 7월이었다. 호적 작성은 세조 8년 1월과 5월 사이에 완료되었다.[100]

호패법의 시행이 미진하다고 여긴 세조는 동왕 8년 10월부터 호패 재발급에 착수했다. 1차 호패법의 시행착오 경험을 바탕으로 하여 2차 호패법은 서두르지 않고 3년을 예정하여 세조 11년 12월 말 완료를 목표로 삼았다. 그러나 2차 호패 발급을 끝내 완료하지 못하고 세조는 사망했고, 호패법은 성종 즉위년 12월 폐지되고 말았다. 2차 호패 발급에 따른 호적개수사업도 자연히 중단되었다. 그러나 1차 호패법 시행에 따른 호적과 군적 개수는 미진한 대로 적지 않은 성과를 거두었다.

① 개혁의 내용
가. 불법적 협호·누정의 등재

---

[99] 세조 대의 호구정책 전반에 관해서는 이수건, 앞의 글 참조.
[100] 『세조실록』 권 27, 세조 8년 1월 27일; 『세조실록』 권 28, 세조 8년 5월 9일.

세조는 새로운 호적 작성의 일차 목표를 자립 가능한 모든 양인의 가호를 호적에 등재시킨다는 데 두었다. 그에 따라 사환호와 신역호를 선별적으로 호적에 등재했던 그동안의 관행을 깨뜨리고 기존 호적에 누락되었던 많은 자연호의 호구를 등재 대상으로 삼았다. 우선적인 등재 대상은 불법적 협호·누정이었다. 그들 호구를 쇄출하는 것은 세조가 지향한 '억강부약抑强扶弱'이라는 정책 기조에 부합하는 것이기도 하였다. 세조 7년, 호패를 토대로 한 호적 개정을 위해 각도에 파견하는 경차관에게 준 사목의 첫 항목이 호강자의 누호·협호를 분호하여 호적에 등재하게 하는 것이었던 것은 그 때문이었다.

이때 불법적 협호·누정를 거느린 호강자와 그들에 의해 은점된 협호·누정에게 자수의 기회를 주고 자수하지 않은 자는 전가사변의 무거운 처벌을 내리게 하였다. 자수하지 않는 자에 대해서 타인으로 하여금 고발하게 하고 고발자에 대한 포상책을 마련하는 한편, 추쇄시에 누락시켜 신고하지 않는 자나 등재할 때 빠뜨리고 기록하지 않는 향리·권농관·이정·통주 등과 수령을 엄하게 처벌하는 것이었다. 그러나 호주의 가호에 붙어사는 고공이나 비부 등 자립이 어려운 예속인으로 이루어진 협호의 호구들은 솔정으로 취급하고 따로 입호하지 않게 하였다.[101]

나. 준공식 호구의 등재
㈀ 신역호 1가의 호구
비공식 호구의 다수가 실제로는 불법적 협호·누정이 아니라 합법적으로 신역을 부담하지 않는 무역 호구였다는 것, 그리고 이들 호구가 군현 차원에서 관리하는 준공식 호구였다는 것은 앞에서 말한 대로이다. 세조의 호구제 개혁

---

[101] 『세조실록』 권 25, 세조 7년 7월 24일.

으로 이들 준공식 호구의 상당수가 호적에 등재되어 새로운 공식호구가 되었다. 신역호 1가의 호구는 그동안 봉족의 수만 채워지면 동거·각거를 막론하고 더 이상 호적에 등재되지 않고 합법적 협호·누정으로 남아 있을 수 있었지만 세조의 호구제 개혁 이후에는 동거호구로 제한하게 되었다.[102]

(ㄴ) 순수한 무역 호구

순수한 무역 호구에는 장애인이나 환과고독·극빈호처럼 신역을 부과하기 어려운 가호도 있었으나, 대부분은 특별한 사유 없는 한역閑役의 호구였다. 한역 호구는 그 수가 국초에는 상당히 많았을 터이지만 시간이 흘러감에 따라 그 수가 빠르게 감소하게 되었다. 일부는 호강자에게 탈점되어 불법적인 협호·누정이 되거나 호구 증대 정책이 시행되면 추쇄되어 공식호구가 되었다. 그러나 그 상당수는 공식적 또는 비공식적으로 신역면제호가 되거나 신역호가 됨으로써 무역호의 범주에서 이탈하게 되었던 것이다. 세조 대의 호구제 개혁으로 잔존해 있던 무역 호구는 대거 새로운 공식호구가 되었다. 이로써 무역 호구의 숫자는 크게 감소했다. 다만 세조 이후에도 정부가 용인하는 한역의 호구가 남아 있었음은 말할 것도 없다.[103]

(ㄷ) 비공식 신역 면제호

조선시대의 관학官學의 생도에게 군역이 부과되지 않았던 것은 잘 알려진 사실이다. 향교 생도의 정액이 정해진 것은 태종 무렵이었지만 액외 교생 문제가 처음 대두된 것은 세조 대였다. 세조가 학적에 등록되지 않은 유생을 충

---

102) 『세조실록』 권 28, 세조 8년 5월 9일.
103) 예컨대 "書吏 … 無校生 則以無役平民補之"(『경국대전』 이전 취재)라 하여 서리 취재 대상으로 지목된 '무역'평민은 정부에서 용인하고 있는 합법적 무역자이다.

군시키려 하자 학적에 이름을 올리는 자들이 증가한 데서 빚어진 것이었다. 세조 대에는 액외의 교생은 충군하고 액내의 자라도 나이가 40이 넘거나 40세 미만이라도 재능이 부족한 '연장재소자年壯才疎者'는 충군하는 조치를 단행했다.[104]

조선 초기 각 군현에는 의·율학(생도)을 두어 의·율학을 습득하게 하는 한편, 소재 군현의 의료·사법 업무에 도움을 줄 수 있게 했다. 그동안 의·율학의 수가 많다는 지적이 나오기는 했으나(『세종실록』 16년 8월 26일) 세조 이전에는 정원이 책정되지 않았다. 의·율학생도의 정액을 확정한 것은 세조 7년이었다. 액외의 의·율학을 호적에 등재하기 위한 것임은 말할 것도 없다.(『세조실록』 7년 7월 24일)

(ㄹ) 비공식 외아전호

비공식 신역호구의 절대적인 비중을 차지하는 것은 군현에서 임의로 설정한 외아전호와 그 액외 인원이었다. 외아전에 대한 정액 책정이 완료된 세조 대에는 그들의 조정助丁을 제외한 정원만 해도 수만에 달하게 되었다. 세조 7년에는 각 군현의 액외 의생·율생·일수·서원·나장과 액내 인원이 차지한 규정을 넘는 조정이나 액외 인원의 남점인구까지 모두 호적에 등재할 것을 엄명하였다.(『세조실록』 7년 7월 24일) 이로써 그들은 세조 대 호구 증대의 큰 몫을 차지하게 되었다.

② 개혁의 성과 —공식호구의 증가와 그 성격 변화
가. 선별적 호구에서 보편적 호구로의 변화와 공식 호구의 증가

---

104) 세조 대 액외 교생의 군적 입적 문제에 대해서는 신동훈, 「조선 초기 향교 연구」, 가톨릭대학교 박사학위논문, 2021, 122-131쪽 참조.

(ㄱ) 선별적 호구제의 지양

세조의 호구제 개혁으로 인한 호구제의 변화는 한 마디로 선별적 호구제에서 보편적 호구제로 큰 폭의 발걸음을 뗀 것으로 평가할 수 있다. 준공식 호구와 불법적 협호·누정의 상당수가 공식 호구가 되었던 것이다. 호패법의 시행으로 파악된 양정과 그가 소속한 호를 가급적 모두 호적에 등재하는 것을 지향하여 호적을 작성한 결과였다. 이에 따라 공식 호구의 수자는 크게 증가하게 되었다.

(ㄴ) 공식호구의 증가

양성지에 의하면 호구 개혁으로 인하여 확보된 호구 수는 70만 호, 400만 구였다.[105] 『세종실록지리지』 당시의 호구와 비교하면 공식호는 20만 7000여 호에서 70만 호로 약 3.4배, 공식구는 70만 2000여 구에서 400만 구로 약 5.7배 늘어났다. 여기서의 구는 신역호의 경우 호구 개혁 이전의 통계의 '구' 즉 호주와 봉족으로 구성된 남정만을 나타내는 것이 아니라 남녀정을 모두 아우르는 공식구 전체를 가리키는 것으로 추정된다. 공식호가 크게 증가했음에도 불구하고 공식구의 증가율이 공식호의 증가율을 훨씬 상회하기 때문이다.[106] 남구를 400만 구의 반인 200만구로 잡아 계산해 보면, 세조 이후 보인保人에서 제외되는 솔정을 호적에 등재하여 공식구로 만들었음에도 불구하고 남구의 증가율 2.9배가 호의 증가율 3.4배보다 낮은 것은 그만큼 기존 공식호의 분호가 많이 이루어졌음을 반영하는 것이라 보인다.

---

105) 『눌재집』 권4, 奏議 兵事六條, 을미(성종6) 6월 24일.
106) 세조의 이후 '구'에는 여정도 포함될 뿐 아니라 남정에도 혈연·비혈연의 솔정까지 집계되었다. 중종 대의 전국 호구 통계는 세조 대의 호구 통계 방식을 답습한 것이다. 따라서 남녀 구수를 함께 집계하는 조선 후기 호구장적의 방식은 이때로부터 비롯된 것이라 할 수 있다.

나. 공식호구의 성격 변화

(ㄱ) 법제호적 성격의 약화와 자연호적 성격의 강화

세조의 호구제 개혁으로 기존 선별적 호구제의 틀에서 탈피하자 공식호는 입역 단위의 호라는 성격에서 벗어나 가게 단위라는 자연호의 성격에 많이 가까워지게 되었다. 세조 이전의 공식호는 호주의 자연호를 중심으로 가게를 달리하여 각거하는 자·서·제·질 등의 1가 여러 가호를 아우르는 것이었다. 즉 같은 군현 내에 거주한다면 1가의 호는 모두 호주의 '동거호'로 간주되어 한 신역부담호에 속하는 가호로서 호주의 합법적 협호가 되거나 별개의 합법적 무역호로 존재하고 있었다. 이에 반해, 세조 대에는 자연호가 그대로 신역의 부담단위가 되거나 '동거'의 지역범위가 호주호와 동일 마을이나 인접 마을로 좁혀지게 된 것이다.[107]

자연호가 신역부담 단위로서의 기능을 발휘하게 된 것은 보법에서 2정을 1보로 묶은 데서도 엿볼 수 있다. 보법은 자연호를 그대로 신역부담 단위로 삼으려는 세조의 이상을 담은 것이었다. 단혼소가족의 자연호 1호에는 소속 남정이 2정 정도가 된다면, 2정1보는 신역 부담 단위인 동시에 실제의 가게 단위가 될 수 있는 것이다. 의무 군사의 대종을 이루는 보정병이나 기선군(수군)의 경우 군호는 입역하는 정군 1보를 지원하는 봉족 1보로 편성되었다. 정군 1호에 3인의 봉족이 지급된 셈이다. 그런데 종전처럼 4정1호라는 형식으로 표현하지 않고 굳이 '일보봉일보─保奉─保'라는 형식으로 표시한 것은 보가 가호의 단위가 될 수 있었기 때문일 것이다. 양성지가 "지금은 2정을 1보라 하니

---

107) 세조 당시 많은 가호를 분호하여 호적에 등재했음에도 불구하고 동거자가 호주가 실제로 한 집에 데리고 있는 남정에 한정되지 않음은 다음의 사례에서 분명하게 드러난다. "兵曹啓: 忠淸·全羅·慶尙道徙民抄定事目 一. 徙邊人 同居子·孫·女壻·同生兄弟并計 三丁以上有財産者 抄定 其子·孫·女壻 勿論同·異居 準丁抄定 若不準丁 則奴婢·雇工幷計抄定 一. 戶首雖不應徙邊者 其有同戶籍而各居富實 丁多者 則竝抄定 …"(『성종실록』 권 162, 성종 15년 1월 7일)

보는 호이다. 그 호로써 부역도 바치게 하고 그 호로써 군정도 내게 하니 보는 장차 단약單弱해질 수밖에 없다."(『세조실록』 11년 11월 15일)라고 지적한 데서도 분명히 드러난다. 보=자연호임을 시사한 것이다.

 (ㄴ) 확대가족적 호구에서 직계가족적 호구로
 세조는 호구를 낱낱이 파악하여 호적과 군적에 올리면 이전보다 정군에게 봉족을 넉넉히 주더라도 군액은 크게 확장될 수 있을 것으로 예상하고 보법을 시행했다. 예컨대 보정병이나 수군의 경우 보법에서 4정1호로 설정하여 과거의 3정1호에 비해 1정을 늘린 것이 그것이다. 그러나 실제에 있어서는 한 호의 신역부담은 훨씬 커졌다. 1가를 자연호 단위로 분해하면 1가완취 원칙을 유지한다 하더라도 실제로는 완취의 혜택을 누리게 되는 남정은 적어질 수밖에 없기 때문이다. 세조의 호구제 개혁에서도 '동거'하는 자·서·제·질을 의연히 완취하도록 하였으나(『세조실록』 8년 5월 9일) '동거'의 지역 범위가 축소됨으로써 기존의 공식호를 분호하는 과정에서 완취 대상의 혈연 범위 역시 자연스레 축소되었던 것이다.[108] 호구제 개혁 이후 실제로는 적지 않은 자·서·제가 호주와 다른 신역을 지게 되고 질은 제외되는 사태가 벌어지게 된 것도, 같은 생활권에 속하는 1가의 호만으로 '동거'의 지역적 범위를 축소한 때문이었다.[109] 기존의 공식호를 분호하는 과정에서 1가호의 '동거'는 지역 범위나 혈

---

[108] 『경국대전』 병전 급보조에는 "軍士及漕卒同居子·壻·弟 雖過保數 二丁毋定他役 水軍若三人同居者 則一人不入保數 別給一丁"이라 하여 항상 1가로 거론되던 자·서·제·질이 자·서·제로 축소되어 있음을 볼 수 있다. 동거 1가에서 질이 제외된 것은 중요한 의미를 내포한다. 질을 제외하고 제만 포함한 것은 호주의 미혼 동생만 포함하는 것임을 시사한다. 즉 아주 단순화시켜 말한다면 세조 이전의 공식호가 호주의 기혼 방계가족을 포괄할 수 있었던 것에서 세조 이후의 공식호는 방계가족을 제외한 직계가족 형태의 가호만을 포괄하는 것으로 축소된 것을 의미하는 것이라 할 수 있다.
[109] 세조가 상정한 '동거'란 같은 자연호에 거주하거나 적어도 인접 마을에 거주하는 것을 말하는 것

연 범위 모두 축소된 것이다.

다. 공식구 구성의 변화

호구제 개혁으로 인하여 공식구 구성에도 중요한 변화가 나타나게 되었다. 개혁 이전에는 호주와 함께 봉족으로 지정된 1가 남정과 그 처가 호주호의 공식구를 구성하던 것에서 개혁 이후에는 봉족 여부와 관계없이 호주와 '동거'하는 1가의 남정 및 비혈연 협호가 솔정으로서 한 호를 구성하게 된 것이다.110)

(2) 개혁의 한계

① 노비호의 배제

세조의 호구제 개혁은 고려 전기 이래 조선 초기까지 내려온 오랜 관행들에 대대적인 수술을 가한 것이었다. 그러나 한계도 분명했다. 무엇보다 국민개적제라는 호구제의 기본 원칙과 배치되는 관행을 철저히 바로잡지 못한 것이다. 뿐만 아니라 실제 호적·군적의 개적 과정에서 호패법 시행으로 파악된 호구마저 모두 등재되지 못했고, 그나마 세조의 재위 기간에 개혁 사업이 완료되지 못했을 뿐 아니라, 강압적으로 시행된 결과 세조의 사후 곧 개혁에 대한 반동이 빚어지게 되었다.

원칙상의 한계로서는 무엇보다 노비호가 여전히 공식호에서 배제된 것

이었다. 이리하여 같은 군현에 거주하더라도 서·제는 물론 자까지도 다른 신역을 부담하는 사태가 빚어진 것이다. 성종 즉위년에 양성지가 부자완취를 촉구한 것도 그 때문이었다.("大王大妃 傳于院相曰 … (梁)誠之意 … 父子隣里完聚作保 使不遠離 … 何如?"『성종실록』 권 1, 성종 즉위년 12월 4일.) 성종 대의 자·서·제 완취에 대해서는 잠시 뒤 좀 더 상세히 살펴볼 것이다.

110) "有軍役者同居子壻弟姪 及單寒無依 或爲雇工 或爲婢夫, 僑居寄生者 勿幷抄定 雖子壻弟姪已定他軍者 勿改 其中貧窮不能自立者 錄以率居"(『세조실록』 권 28권, 세조 8년 5월 9일)

을 들 수 있다. 노비호가 호적의 등재 대상에서 제외되었던 정황은 쉽게 확인된다.

1) 외롭고 가난한 사람으로 의탁할 곳이 없어서 혹은 남의 고공이 되고 혹은 비부가 되어 붙어사는 자가, 양인이라는 데 구애되어(拘於良人) 따로 1호로 세운다면 틀림없이 도망해 흩어질 것이니, 솔정의 예에 의한다.(『세조실록』7년 7월 24일)
2) 여러 도의 호적 경차관에게 유시하기를, "가지고 가는 사목 안에, '널리 긴 울타리를 만들고, 울타리 안에 따로 문호門戶를 세워서 1가라고 일컫는 경우는 쇄출하여 1호로 정하되, 외롭고 가난하여 의탁할 곳이 없어서 혹은 남의 머슴살이를 하고 혹은 비부가 되어 붙어사는 자를 양인이라는 데에 구애되어 따로 1호를 세운다면, 반드시 도망해 흩어지게 될 것이니 솔정으로 기록한다.'고 하였는데, 이제 듣건대, 비록 생계가 빈궁하여 울타리 안에 의지해 살아가는 자 및 외롭고 가난하여 의탁해 사는 자라도 모두 찾아내어 따로 한 호를 세운다고 하니, 위의 사목을 다시 더 자세히 살펴보라." 하였다.(『세조실록』7년 9월 22일)
3) 병조에서 경상도 경차관 조지하의 계본에 의거하여 아뢰기를, "제읍의 인구들의 추쇄를 끝내고 4조를 기록하였으나, 재인·화척은 내·외조의 이름자를 알지 못하는 자가 파다하고 족류族類가 양천 구별을 달리하므로 '모른다(不知)'라고 쓰더라도 대체에 방해될 것이 없습니다. 대소인원이 데리고 있는 고공은 혹은 어렸을 때 부모가 모두 죽어서 유기된 어린아이거나, 혹은 부모를 잃은 어린

아이가 남에게 양육되어 다른 집에 기식하여, 부모의 이름자와 양
천의 원 계통을 실로 모두 알지 못합니다. 비부인 양인, 노의 양처
등으로서 부모의 이름자를 모르는 자도 역시 많습니다. 청컨대
호패를 만들어 주는 예에 의하여 우선 '양천을 변별하지 못한다
(良賤未辨)'고 쓰게 하고, 다른 도에도 아울러 유시諭示하십시오."
하니, 그에 따랐다.(『세조실록』 8년 1월 27일)

1)은 호적·군적을 개정하기 위해 경차관을 파견할 때 주어 보낸 사목의 한 대목이다. 단한하고 의탁할 곳이 없어 고공이 되고 비부가 되어 남의 집에 붙어 생활하는 자를 "양인이라는 데 구애되어 따로 1호로 세운다"면 도산할 것이라 하여 솔정으로 등록하라는 지시이다. 담당자들에게 양인이면 무조건 입호해야 한다는 강박관념에 쫓기지 말 것을 당부한 데서, 호적에는 양인호만을 등재하는 관행이 세조의 호구개혁에서도 유지되고 있었던 정황을 엿볼 수 있다. 1)에서의 지시에도 불구하고 각박한 쇄출이 감행되고 있다는 보고를 듣고 한 울타리 안에서 더부살이하는 하는 자들을 독립호로 세우지 말도록 경차관들에게 재차 지시한 것이 2)의 기사이다.

3)은 병조에서 경차관이 호주의 세계를 기록하거나 대소인원의 솔정의 신분을 표시할 때의 준수할 사항을 건의한 것이다. 여기서 호주로서 4조의 이름을 모르는 자가 있는 것은 노비에게도 해당될 것인데 재인·화척 및 양인의 비부·노처만 언급하고 노비에 대해서는 일체 언급이 없는 것은 노비를 호주로 상정하고 있지 않았던 데서 빚어진 것일 것이다. 앞에서 본 바와 같이 『경국대전』의 호구식에서 노비에 대한 규정이 없는 것도 세조의 호구개혁에서 노비호의 등재가 이루어지지 않는 탓이다.

② 빈약호의 배제와 '1가완취'의 유지

세조가 고공이나 비부와 같은 '단한'한 협호를 공식호로 삼지 않은 것은 호패법이나 호구성적을 원활하게 시행하기 위한 고육책이었다. 세조는 호패법 실시를 결심했을 때부터 호패법으로 빈궁호의 생계를 위협하는 일은 없게 하겠다는 다짐을 하였다.[111] 그리고 실제로도 은루된 '단한인'을 적발하여 입호하지 말 것을 호적사목에 명시했고 이를 호적경차관에게 재차 당부했음은 앞에서 본 대로이다. 그러나 이와 같은 빈약호 배제는 국민개적제라는 호구제의 이상과 괴리되는 조치임은 분명하다. 그리고 이를 기화로 누호나 은정이 많이 발생하는 것도 피할 수 없는 일이었다.

세조가 '1가완취'의 범위를 동거자로 축소하면서도 1가완취의 관행 자체는 유지한 것 역시 빈궁호를 공식호에서 배제한 것처럼 신역호의 생계를 보호하기 위한 것이었다. 그러나 그러한 조치가 세조가 완강하게 추진하고자 한 양인개역제의 실현에 장애물이 되지 않을 수 없었다. 그리고 정군의 신역부담을 덜어주기 위한 방안으로 봉족의 수를 확대하는 방안 대신에, 1가완취 관행의 인정이라는 고식적 방안을 답습한 것은 미구에 이전의 관행이 부활할 가능성을 열어 둔 것이었다.

③ 호적에 등재할 호수戶數의 조정

고려 이래 조선에 이르기까지 특별한 사정이 없으면 군적은 직전 군적의 원호를 유지하는 것이 관행이었다.[112] 그것은 호적의 경우도 마찬가지였다. 호

---

111) "予觀中國 思度累年 今已定行號牌 自宗親·功臣·政府·六曹 無不佩之 只慮外方軍民不知是意 以爲 '摘發隱漏率丁 以充軍額也 制勒於此禁 勿他適也' 卿宜諭其不然 豈國家盡抄率丁 奪汝生計乎 又因營産行商等事及欲居樂土告官移徙者 自任前例矣"(『세조실록』 권 12, 세조 4년 4월 5일)

112) "前此每三年一改軍籍 但修改年老有故者而已"(『세종실록』 권 40, 세종 10년 윤4월 8일)

적이 3년마다 개수된다 하여도 원호에 결호가 생기면 채워넣는 선에서 그치는 것이다. 태조에서 세종 대에 이르기까지 호수가 거의 정체하였던 것은 그 때문이었다.

세조는 호구를 크게 늘리기는 했지만 조야의 반발을 감안하여 등재되는 호구의 수를 일정한 선에서 축소·조정하는 것을 용인했던 것으로 보인다. 즉 호패법 시행으로 새로이 파악된 호구를 모두 등재하게 하지 않고 일정한 목표치를 채우면 더 이상 등재를 다그치지 않게 했다는 것이다. 이는 충청도와 경상도의 사례에서 짐작할 수 있다. 대대적인 호구 추쇄로 인해 군호가 증가한 내역은 충청도에서는 2만호에서 11만 호, 경상도에서는 4만호에서 30만 호였는데[113] 파악된 호 모두에게 군역을 부과하지 않고 호수를 적당히 조정하여 등재했던 것으로 보인다는 것이다. 호구개혁으로 인한 총 호수의 증가율 3.5배를 크게 상회하는 것이기 때문이다.

만약 전국의 도가 두 도의 증가율만큼 증가했다면 최종적으로 등재된 70만 호의 배 가까운 130만호를 넘을 것이며 두 도 가운데 증가율이 낮은 충청도의 증가율을 적용하더라도 110만호에 달하게 된다. 충청도나 경상도의 증가율이 다른 도의 증가율보다 높을 수 있다는 것을 감안하더라도 가장 협호·누정이 많다고 지목되던 전라도가 빠진 것이어서,[114] 70만 호는 결코 증가한 호수

---

113) 『세조실록』 권 34, 세조 10년 8월 1일. 이 호수는 공식호 수가 아닌 군호 수이지만 공식호의 증가 추세를 살펴보는 데 큰 지장이 없다. 공식호의 수가 군호 수보다 적을 수는 없기 때문이다. 호적 작성이 끝나자 이 호적을 토대로 바로 군적 작성에 착수하였는데(세조 8년 5월) 군적 작성은 일단 9년 1월에 작성을 마쳤다.(『세조실록』 권 30, 세조 9년 1월 26일) 토지와 노비를 인정에 준하여 계산하는 보법에 의해 군호 수가 좀 더 증가했을 것으로 생각되는데 보법에 의해 하삼도의 군적을 개적하는 것은 위의 통계가 나온 두 달 뒤인 세조 10년 10월의 일이었다.

114) 대표적인 한두 사례를 보이면 다음과 같다. "全羅道觀察使李石亨啓 道內海邊·遠浦·幽谷 多有沃饒閑曠之地 鄕吏·驛子·公私賤口·徙邊軍民等 流移逃竄者繼踵來居 萃爲淵藪 其中豪富者自作魁首 更相誘致 圍匝長籬 籬內之戶 或至數十餘家 稱爲一戶 隱漏丁口 …"(『세조실록』 권 2, 세조 1년 10월 13

를 모두 집계한 수치로 보기 어렵다. 70만 호가 호패법을 통해서 파악된 호총이 아님은 충청·경상 두 도가 전국 호수에서 차지하는 비율로도 입증할 수 있다. 만약 두 도의 호수 41만호가 모두 호적에 등재되었다면 두 도의 호수는 전국의 호수 70만호의 59%를 차지하게 된다. 이는《세종실록지리지》의 두 도의 호수가 전체 호수에서 차지하는 비율 39%에 비해 지나치게 높은 비율이 된다. 결국 최종적으로 집계된 전국의 호수가 70만호에 그친 것은 반발을 의식해서 중앙에서 일정하게 조종한 호수임이 분명하다고 하겠다.[115]

세조 대의 호구제 개혁에서의 개적에서마저 등재 과정에서 호구 수의 조정이 이루어졌으니 세조 이후의 호적이나 군적의 개적에서 직전의 원호를 그대로 등재하는 옛 관행은 다시 살아나지 않을 수 없었다.[116] 그리하여 세조 대 조정된 호구 수는 이후 큰 변동 없이 유지되었다. 호구 추쇄에 비교적 열의를 보였던 중종 대에 나타나는 전국의 호구통계를 보면 중종 14년에는 75만 여호·374만 여구, 중종 26년에는 396만 여구, 그리고 중종 38년에는 83만 여호·416만 여구로 나타나,[117] 세조 대의 70만 호와 400만 구와 비교하면 호수에서는 약간의 증가를 보였지만 구수에서는 답보 상태를 보였다.

일); 判書雲觀事 梁誠之 上言 " … 今本朝戶口之法不明 江原黃海平安道多以一丁爲一戶 慶尙全羅道及咸吉道六鎭或有數十人爲一戶 而京畿忠淸道不至甚濫 … 慶尙全羅沿海之郡豪猾之家外爲一門 內置數家"(『세조실록』 권 7, 세조 3년 3월 15일).

115) 이영훈은 세조 호구제 개혁에서의 호구조정에 대해 "실호총의 일정 분을 감액한 호총을 지방별로 배정하고 그것을 충당케 하는 방식으로" 운용하는 진정한 의미의 '호총제'가 이때가 되어서 비로소 시행되었다는 견해를 피력한 바 있다. 앞의 글, 331쪽.

116) 예컨대 성종 대의 병오(성종 17)년 군적에서 "今之成籍, 只據乙未(성종 6년)之簿 充其故闕 而餘皆不動"(『성종실록』 210권, 성종 18년 12월 3일)이라 하고 있는 것이 그것이다.

117) 『중종실록』 권 37, 중종 14년 12월 29일; 『중종실록』 권 72, 중종 26년 12월 30일; 『중종실록』 권 101, 중종 38년 12월 29일.

④ 세조 사후 개혁의 후퇴 ―1가완취상의 종전 관행 부활

세조가 과도한 욕심을 가지고 호구제 개혁을 강압적으로 추진한 결과 곧바로 반동이 왔다. 호패법이 중단되고 보법의 개정이 이루어진 것이 그것이다. 다만 1가완취의 경우에는 '동거'라는 이름하에 각거하는 자·서·제를 한 호에 편성하는 과거의 관행이 복구되기까지 다소 시일이 걸렸다. 그뿐만 아니라 옛 관행으로 완전히 돌아간 것도 아니었다. 이미 호적·군적에는 기존의 가호가 분해되어 새로운 호로 등재되어 있어 개적하는 일이 쉽지 않았기 때문이다. 성종 말년에 이르러서야 방금 개수 작업을 마친 군적을 다시 고치는 진통 끝에 1가완취의 옛 관행을 많이 회복하게 되었던 것이다.

옛 관행의 복구 노력은 자식의 완취와 여정餘丁의 인정에서부터 시작되었고,[118] 수군부터 적용되었다. 수군 신역의 세전 조치는 이미 건국 초부터 이루어졌지만,[119] 세조의 호구제 개혁으로 수군 1가의 남정들이 타역을 부담하는 경우가 많아지게 되자 성종 대에는 수군의 세전 규제가 다시 강화되어 『경국대전』에 명문화되기에 이르렀다. 즉 성종 5년에 "선군은 부자가 서로 이어서 그 업을 세전하게 하라"(『성종실록』 24년 7월 6일)는 교지에 이어, 성종 16년의 『경국대전』(『을사대전』)에 수군은 "그 임무를 세전하고 타역에 차정하지 않는다"(병전 번차도목)이라 명시한 것이다.

수군역 세전 규제의 강화에 따라 수군 완취의 목소리가 한층 높아지게 되었다. 타역에 차정된 수군의 자식들을 완취시키라거나 동거하는 여정餘丁은 타

---

118) 앞에서 성종 즉위년에 양성지가 부자완취를 요청한 것을 본 바 있는데, 성종 3년에는 완취의 요구는 서·제까지로 확대되고 있었다. "兵曹啓 … 往者 諸色軍士率居人丁作保 額外則皆定他役 故一家內父·子·兄·弟 各有身役 不能相救 誠爲可矜 請自今軍士之同居子·壻·弟 雖過保數 限二丁 毋定他役"(『성종실록』 권 15, 성종 3년 2월 1일)

119) 수군역 세전에 대한 역대의 법규정 내역은 『성종실록』 권 280, 성종 24년 7월 6일 자에 상세히 소개되어 있다.

역에 차정하지 말라는 지시가 내려오게 된 것이다.(『성종실록』 5년 윤6월 17일; 『성종실록』 8년 윤2월 11일) 그러나 가내 여정의 인정 외에는 육군은 말할 것도 없고 세전 규정이 마련된 수군마저도 더 이상의 완취는 이루어지지 못했다. 서·제는 말할 것도 없고 부자마저 완취되지 못한 것이다. 중앙에서 완취의 지침이 내려와도 실제 군적을 작성할 때는 원호가 없어지는 경우 외에는 직전의 군적을 그대로 수용했기 때문이다. 타역을 지던 수군의 자식들이 고역인 수군에 편입되기를 원치 않았을 뿐 아니라 군적 작성자 역시 당사자들의 반발이나 개적의 복잡한 업무를 무릅쓰고자 하지 않았던 것이다. 군사의 동거 자·서·제는 완취한다는 원칙 자체는 세조 대에도 불변했을 뿐 아니라 『경국대전』에도 규정되어 있었기 때문에 수군은 말할 것도 없고 군사 전반에 대한 완취를 실현해야 한다는 요청이 계속되었다. 개적한 군적을 다시 수정해서라도 완취의 원칙을 관철해야 한다는 것이었다.(『성종실록』 18년 12월 3일) 그러나 법에서 규정된 완취가 실제의 개적 과정에서 반영되지 않았음이 지적되어도 어렵사리 작성한 군적을 다시 고칠 수 없다는 반론에 막혀 받아들여지지 못했다.(『성종실록』 19년 5월 27일)

 성종 말년에 이르러 마침내 1가완취에서의 이전 관행이 복원되었다. 1가완취의 복원 요구가 나올 때마다 성종이 이를 대신들의 논의에 부쳤고 마침내 성사되기에 이르렀다. 성종 17년에 시작된 개적에서는 이미 작성된 군적을 다시 고치기 어렵다는 이유로 완취의 촉구가 결국 무산되었지만(『성종실록』 19년 4월 23일; 19년 5월 25일; 19년 5월 27일) 24년에는 수군에 대한 부자 완취를 관철하였고, 이어서 성종 대 마지막 개적인 25년의 군적에서 마침내 수군을 비롯한 모든 군사에 대한 1가완취가 이루어지게 된 것이다.

 성종 24년, 서북면 도원수 이극균은 수군의 부자완취에 대해 세전규제가 『을사대전』에서야 재록된 까닭에 그 이전에는 수군 자손들이 으레 육군에 속하여 3·4품 직을 제수받았는데 지금 하루아침에 이들을 병오(성종 17)년의 군적에서 뽑아내어 수군에 강제로 배정하면 원망과 번민이 클 것이라는 의견을 피력했다. 병조에서는 이에 대해 단호하게 반대하고 나섰다. 수군에 대한 세전 규제는 행해진 지 오래라는 사실을 조목조목 제시하며 수군을 육군에 함부로 소속시키면 세전의 법이 폐기될 뿐 아니라 수군을 충정하기도 어렵게 된다는 것이다.(『성종실록』 24년 7월 6일) 병오년 군적 작성 당시 부자완취를 실현하려는 의지를 강하게 피력했던 성종이었지만(『성종실록』 19년 6월 24일) 이때에도 처음에는 병조의 의견을 따르지 않았다. 그러나 그대로 놔두면 수군이 잔열해지고 만다는 주장이 다시 제기되자 성종은 마침내 육군에 이미 이속되어 3·4품에 이른 자를 제외하고는 쇄환해서 수군에 충정하는 것을 허락하는 쪽으로 선회했다.(『성종실록』 24년 7월 8일) 그리고 마침내 병조의 주장대로 수군의 자식으로 타역에 투속된 자는 "4품 이상의 직을 받은 사람 외에는 모두 추쇄하여 본역에 환정換定하고 … 호수戶首가 빠지게 되면 그 아들 가운데 업(=수군역)을 이을 차례에 당한 사람은, 같이 살거나 따로 사는 것과 역이 있거나 없음을 물론하고 차례로 충정充定하여 그 업을 전하게 하자"는 병조의 의견을 좇았다.(『성종실록』 24년 7월 25일) 수군 세전규제를 빌어 동거·각거를 불문하고 수군의 부자완취를 이루게 된 것이다.

일단 군적을 고치고 동거 여부를 불문하면서까지 수군의 부자완취가 달성되자 이듬해에는 수군만이 아니라 다른 군사에게도 완취가 적용되고, 부자만이 아니라 서·제에게까지 확대하게 되었다. 성종 25년 8월에 병조는 군적이 이미 고쳐졌으나 미진한 부분을 손봐야 한다면서 군사의 동거 형제·여서는 완취할 것, 부자를 완취할 때 원래 수군이 아니었던 자식이 부와의 완취를 요청하면 허락할 것 등을 요청했다. 대신들의 논의를 거친 후 성종은 군적 작성을 마치고서 다시 이를 고치는 것은 안 된다며 일단 거부하였지만(『성종실록』

25년 8월 4일) 이틀 뒤에는 번복하고 군적을 수정하여 완취시키는 방안을 허락하였다.

> 동거자를 완취하는 것 역시 인민을 편하게 할 것 같으나 다만 지금 군적이 완료되었으니 이를 바꿀 것 같으면 소요하게 될 뿐 아니라 완취자는 기뻐하겠지만 (보인을) 빼앗기게 된 자가 원망할 것이다. 비록 병조가 요청하여 행한다 하나 인민의 저축詛祝은 인군 한 사람에게 모이게 될 것이다. 그러나 경들이 어찌 (이러한 문제점들을) 헤아리지 않고 와서 말하겠는가, 마땅히 아뢴 바에 따르겠다.(『성종실록』 25년 8월 6일)

이로써 질을 제외한 자·서·제의 1가완취가 관철된 것이다. 이 조치는 실행에 옮겨져 작성이 완료된 군적을 다시 고치게 하는 명령이 내렸음이 확인된다.(『성종실록』 25년 9월 17일) 비록 이때 '동거'라는 단서는 달려 있었지만 기존 군적의 보편성을 변경하면서까지 완취를 강행한 것으로 미루어 이후부터 '동거'의 조건이란 세조 이전과 같이 동일 가호나 이웃 마을에 거주하는 자는 말할 것도 없고 같은 군현에 거주하는 자까지 포괄할 수 있게 된 것으로 짐작된다. 이후 1가완취 문제는 더 이상 거론되지 않았다. 다만 위의 조치에서 질이 제외됨으로써 1가완취의 혈연 범위는 세조 대의 호구제 개혁을 계기로 방계 가족을 제외한 직계가족의 완취로 한정된 것을 유의할 필요가 있다.

5. 고려시대에서 조선 초기에 이르는 호구제의 변화

고려왕조의 호구제가 성립된 것은 성종 초년이었다. 이때 중앙정부가 지방으로부터 송부받은 호적은 향리·경군과 같은 직역을 담당하는 호와 그 가구원을 등재한 호적이었다. 지방의 호적에 등재된 자가 사환하게 되면 서울의 호적에 이적되었다. 백정호와 같은 직역호 외의 호에 대한 관리는 지방 군현에 위임되었다. 사환호와 직역호를 공식호로 삼는 선별적 호구제는 이후 하나의 관행이 되어 직역제의 붕괴에도 불구하고 조선 초기까지 계승되었다.

사환호의 경우 정부는 관원 임용을 위한 세계 추심이나 관직 취득에 따른 특전의 부여를 위해 그 가구원을 충실히 기재하도록 했다. 사환호 역시 이에 적극 호응했다. 자·손·서·제·질을 구성원으로 하는 1가의 사람들은 대부분 공식구로 등재되었던 것이다.

직역호의 경우에도 호구의 등재 상황은 사환호와 별반 다르지 않았다. 직역 수행에 따라 전정에 대한 면조의 혜택이 주어졌고 평민과 다른 특별한 입사의 기회도 제공받았기 때문이다. 직역호의 가구원으로는 동거자만이 아니라 같은 지역에 거주하는 1가의 사람이 한 호의 호적에 등재되는 경우가 적지 않았다. 직역 수행의 전제가 되는 전정 보유 조건을 만족시키기 위해 직역 당사자의 토지만이 아니라 같은 지역에 거주하는 가족·친족의 토지도 함께 등록할 수 있었기 때문이다.

고려 전기 호적의 높은 위상도 직역인층으로 하여금 호적에 공식구를 많이 등재할 수 있게 하였다. 고려 전기의 호적은 일종의 향촌 상류층의 명부가 되었던 것이다. 편호된 자임을 나타내는 '백성'이라는 호칭이 자랑스럽게 사용되기도 했던 것은 그 때문일 것이다.

고려 후기에는 고려 전기와는 사정이 많이 달라졌다. 변화는 주로 직역호에서 나타났다. 직역제의 와해로 직역이 신역으로 바뀌어 나갔기 때문이다. 고려 후기에 와서 전기의 직역호를 대체하여 공식호를 구성한 것은 군역호·잡색역호와 같은 새로운 신역호였다. 직역제가 중간계급의 사람에게 토지지급을 매개로 국역을 담당하게 한 것이라면 이를 대체한 신역제는 정부로부터의 아무런 경제적 반대급부 없이 평민계급에 속하는 자들을 무차별적으로 국역에 동원하는 것이었다.

신역제는 군역보다 잡색역에서 먼저 이루어졌다. 새로운 잡색역호로 가장 먼저 지정된 것이 공납역을 지게 된 공호貢戶였다. 공호의 성분은 다양했다. 타지에 정착한 유이민 중에서 초정된 자도 있고, 특수한 생업을 가진 군현민이 있는가 하면, 해체된 '소'의 원주민도 있었다. 절호된 군인의 먼 친척이나 이웃 중에서 선정되는 경우도 있었을 것으로 추정된다. 단순히 부세 수취를 위한 것이 아니라 원호의 숫자를 채우기 위한 것이기도 하였다.

직역제에서 신역제로의 전환은 곧바로 이루어지지 못하였다. 전시과 체제의 붕괴와 함께 직역제가 무너지면서 이미 12세기 무렵부터 군인호가 호적에서 빠져나가는 현상이 일어났다. 그러나 고려 후기의 정부는 직역제를 쉽게 포기하지 않으려 하였다. 정부는 경군의 조락으로 약화된 국방력을 모병제로 보충하려 하였다. 이를테면 별초를 모집하여 그들에게 토지를 지급한 것이 그것이다. 그러나 몽고와의 전쟁과 겸병에 의해 초래된 토지부족으로 모병제 역시 정부의 뜻대로 이루어질 수 없었다. 더구나 14세기 중엽 이후 왜구의 침략이 끊임없이 이어지자 공민왕은 마침내 미련을 버리지 못하던 직역제를 포기하고 병농일치의 군역제로 전환하였다. 향리가 부담하는 향역도 향리의 지위 저하에 동반하여 신역화되어 갔다.

직역호가 신역호로 대체된 이후 명목상의 호수는 어느 정도 유지되었지만 호당 공식구의 평균 숫자는 대폭 감소되었다. 새로이 신역호로 등재되게 된 가호의 반발이나 부담을 낮추기 위해서 공식구의 수를 최소한으로 정하는 것이 불가피했기 때문이다. 직역제에서와 같은 호적 등재의 이점이 없어졌으므로 각거의 가족·친족은 신역호의 공식구로 등재되는 것을 한사코 거부하였다. 군현의 수령이나 향리 역시 공식구의 수를 축소하는 것이 군현의 부담을 낮추는 데 도움이 되는 것이어서 최소한의 인원만 등재하는 것을 선호하였다. 그것은 비공식호를 관리하는 자신들의 운신의 폭을 넓게 하는 것이기도 했다.

새로운 신역호는 주로 단혼소가족으로 구성된 자연호에서 선택되고, 공식구는 그 가호의 남정만이 등재되었다. 고려 후기의 신역호가 대부분 단정호나 쌍정호로 구성된 것은 그 때문이었다. 정부 역시 그와 같은 현실을 바탕으로 3가가 교대로 복무하게 하는 3가1호제를 내놓았다. 군호에 단정호가 많았기 때문에 3가1호제는 3정1호제와 공식구의 수로만 본다면 크게 다르지 않았다. 그러나 3가1호제는 군호 간의 분번제 규정인 반면, 3정1호제는 한 군호 안에서 정군과 봉족의 비율을 나타내는 봉족제 규정이어서 성격을 전혀 달리하는 것이었다.

위화도 회군 이후 대대적인 사회혁신책이 추진되었을 때 호구제를 근본적으로 개혁하는 방안도 포함되었다. 신분의 양천이나 신역의 유무를 불문하고 모든 국민을 호적에 등재하는 국민개적제皆籍制가 추진된 것이다. '국보호적'은 바로 그와 같은 호구개혁의 산물이었다. 그러나 공양왕 4년에 민심 수습책의 일환으로 호구개혁은 중단되고 말았다. 건국 이후에도 국민개적제를 추진할 수 없었던 사정은 마찬가지였다. 민본주의적 민생주의를 표방한 역성혁명의 명분 때문에 인민의 광범한 저항을 불러올 수 있는 대대적인 개혁의 추진에 신중할 수밖에 없었던 것이다.

조선 초기 역대 국왕에 의해 호구제를 개혁하기 위한 노력이 꾸준히 기울여졌으나 세조의 대대적인 호구제 개혁이 단행될 때까지 늘 지엽적인 개혁에 그쳤다. 조선 초기 태조~세종 대에 나타나는 호구통계상의 '호'는 호적에 등재된 공식호를 포괄하는 것이었다. 공식호는 천인호를 제외하고, 양인호 중에서도 무역호를 배제한 것이었으므로 현실에 존재하는 가호의 적은 일부에 지나지 않았다.

호구통계상의 '구'는 공식호 중의 남정이었다. '호'의 절대다수를 차지하는 신역호의 경우 직접 신역에 복무하는 정정과 그를 돕는 봉족으로 구성되어 있었다. 봉족은 대개 자·서·제·질로 구성된 호주의 '1가' 남정이었다. 사환호의 경우에는 남녀노소의 가구원 대부분이 호적에 등재되어 공식구가 되었던 반면, 신역호의 경우에는 남정으로 이루어진 '구'와 그 처만이 공식구가 되었다.

조선 초기 세조 대 이전까지 '호' 수는 큰 변화가 없었던 반면 '구' 수는 크게 증가할 수 있었다. 당시의 호구 개혁의 주 목표는 신역호—공식호—의 수를 늘리는 것보다는 호주의 봉족—공식구—의 수를 늘리는 데 있었다. 신역호의 내실을 기하려는 정책의 소산이었다. 신역상의 정액제를 유지하되, 신역호의 안정적인 복무를 위해, 그리고 신역 사이의 형평성을 제고하기 위해 봉족지급 기준을 공정公定하고 단한單寒한 역호에게는 최소한의 봉족을 확보해 주고자 했다. 그것이 3정1호제였던 것이다. 조선 초기에 3정1호는 세조의 호구개혁 이전까지 표준적인 봉족지급의 기준이 되었다.

3정1호제의 기원은 여말의 수군 소복책蘇復策에 있었다. 수군의 자원입속을 유도하기 위해 단정호·쌍정호에서 정군을 차출하던 기존의 방식을 지양하고, 3정이 확보되어야 비로소 1인의 정군을 차정한다는 방안이었다. 3정 이상의 가호에서 군사를 차출해야 한다는 이상적인 기준 자체는 공민왕 이전까지도 소급이 가능하지만, 3정1호 원칙에 따라 실제로 정군 1에 봉족 2의 군호를 편성한 것은 공양왕 3년 이후의 일이었던 것이다. 조선 건국 후 정부는 수군에 적용된 3정1호 원칙을 육군에까지 확대·적용하고자 하였다. 그리고 이를 점차 군역자 이외의 잡색역자나 노비에게도 확대해 가고자 했다.

3정1호제를 기계적으로 적용한다면 3정에 미달하는 신역호에는 타호의 봉족을 가급해 주고, 3정을 초과하는 신역호에는 초과분의 남정에게 다른 역을 지워야 하는 것이었다. 그러나 조선 초기의 3정1호제는 그렇지 않았다. 3정이 미달하는 호에 봉족을 가급해 주는 것에 역점을 두었을 뿐, 초과하는 여정을 타호에 배정하는 데에는 소극적이었다. 이는 한편으로 그것이 위민 정신에 부합한다는 명분 때문이었고, 다른 한편으로 1가에는 1역만 부담시킨다는 전조 이래의 '1가완취'의 관행을 존중한 때문이었다. 이리하여 동거·각거를 막론하고 가족·친족에 해당하는 남정을 1가완취의 테두리 내에서 호주의 봉족으로 인정하였다. 봉족으로 지정되지 않은 1가의 호·구는 역이 없는 비공식의 호·구로 남게 되었다.

태종 중반에 이르러 중앙집권화 정책이 어느 정도 안착하게 되자 인보법과 호패법이 실시되었다. 시행한 지 얼마 되지 않아 폐기되어 이때의 인보법·호패법은 외견상 실패한 개혁처럼 보이지만, 실상은 호·구 특히 구수를 증가시키는 데에 상당한 효과를 거두었다. 중앙정부는 새로 나타난 '가현' 인구를 적지 않게 얻게 되었던 것이다.

정부는 양법을 시행할 당초의 약속대로 가현 인구에게 신역을 부과하지 않았다. 그러나 차츰 그 일부를 공식구로 등재해 나갔다. 사실 '가현'이라는 표현은 중앙정부 입장에서나 쓸 수 있는 표현이다. 가현 인구의 대부분은 사실상 기존 공식구에는 누락되어 있던 호주호의 동거·각거의 가족·친족호구나 순수 무역호구로서 지방관아에서 파악되고 자체의 문적에 등재되고 있던 준공식의 호·구였다. 이들이 인보법·호패법을 계기로 그 일부가 중앙정부에 보고된 것에 불과한 것이었다. 가현 인구의 일부는 점차 호주의 공식구로서 호적에 추가 등재하게 되었다. 가현 인구로 인하여 신역호의 남정수가 3정을 크게 넘는 경우는 새로 노출된 무역호의 남정들과 함께 혈연이 없는 타호의 봉족으로 배정되기도 하였다. 호별봉족戶別奉足이 확산하게 된 배경이다.

인보법·호패법은 군호에 비해 정부의 통제가 상대적으로 느슨하였던 잡색역호에 대한 정부의 통제를 강화하는 계기도 되었다. 새로 확보된 인정을 포함한 잡색역 호구를 잡색군이라는 비상동원체제 안으로 편성함으로써 국가 비상사태에 대비하는 한편 그들 호구를 중앙정부의 직접 통제하에 둘 수 있게 된 것이다. 이상과 같은 노력의 결과로 『세종실록지리지』에서 태종 대에 비해 호수는 약간 증가하는 데 그쳤던 반면 구수는 배 가까이 크게 증가할 수 있었던 것이다.

고려~조선 초기의 호적에 사환호와 신역호가 선별적으로 호적에 등재된다는 것은 다양한 의미를 내포한다. 천인호는 배제되고 양인호만 호적에 등재됨으로써 호적은 곧 양적이었음을 의미한다. 여말의 '국보호적'에는 천인호가 등장하지만 어디까지나 시범적으로 1회 실시되고만 호구제의 결과로서 고려 전기 이래 조선 초기까지 천인호가 등장하는 처음이자 마지막 호적이었다. 고려 전기에 호적에서 노비호가 배제된 것은 비단 호적이 갖는 사회적 위상 때문만은 아니었다. 고려왕조의 상류층은 호적을 통한 사노비에 대한 정부의 간섭을 미리 배제함으로써 자신의 사회적 특권을 지키는 하나의 방편으로 삼을 수 있었다. 조선에 들어와서도 사정은 달라지지 않았다. 사대부계급 역시 문벌계급과 마찬가지로 자신들의 노비에 대한 국가의 간섭을 달가워하지 않았기 때문에 고려 이래의 오랜 관행을 바꾸려 하지 않았다. 자신들의 외거노비가 호적에 등재되면 조만간 중앙정부로부터 지방 소유지에 대한 공납이나 요역의 부과가 이루어질 우려가 있는 것이었기 때문이다.

사환호와 신역호만이 공식호로 선정된다는 것은 양인호 가운데서도 신역을 지지 않는 무역호는 호적에 등재되지 않음을 의미한다. 무역호에는 피역이나 협잡에 의해 신역을 부담하지 않는 호만 있는 것이 아니었다. 신역이 정액제로 운영된 탓으로 정액 외 인정의 호는 합법적 무역호로서 호적의 등재에 제외되어 있었던 것이다.

　공식호의 대다수를 차지하는 신역호의 경우 정정과 봉족만 등재되고 1가의 미성년자는 제외되었다. 이는 신역호를 호적에 등재하는 목적이 신역자원을 확보하는 데 있는 것임을 보여 준다. 성년이 된다고 즉시 호적에 등재되는 것도 아니다. 기존의 신역부담자에 결원이 생길 경우 그 빈자리를 메우는 1가의 남정이 그 호의 새로운 공식구로 등재되는 것이다.

　사환호와 신역호가 공식호로 선정된다는 것은 공식호의 호주는 사환하는 본인이거나 신역에 복무하는 자임을 의미한다. 1가 내의 다른 남정은 호주의 봉족으로 간주될 뿐 독립호가 되지 않았던 것이다. '1가완취'·'1가1역'의 관행 때문이다. 이 관행은 위민·민생주의의 명분하에 강력히 유지되었다. 실제로도 신역의 부담이 커서 이러한 관행을 파기할 경우 다른 반대급부가 없는 한, 입역자는 도산의 위험에 직면할 가능성이 컸다. 다만 호주의 1가 인정이라 하여 그들 모두 독립된 공식호구를 이룰 수 없는 것은 아니었다. 예컨대 호주와 각거하고 타호의 봉족으로 배정된 인정이 속한 가호는 독립호로 호적에 등재될 수 있었다. 일찍부터 익군체제라는 독특한 편성을 가진 양계 지역에 특히 이러한 봉족호가 적지 않게 있었다. 갑사와 같은 직업군사에게도 다른 가호의 남정이 호별봉족으로 배정되기도 했다.

　고려시대에서 조선 초기에 이르는 시기에 있어서 호적의 기능은 아주 제한적이었다. 신원파악에 역점을 둔 것이었다. 즉 호주의 직품職品이나 신역, 호주 부부의 4조 및 그의 가구원을 파악하는 데 초점이 맞추어져 있었다. 호적은 양인만을 등재 대상으로 했기 때문에 호적의 유무로 양천을 구분하는 역할을 할 수 있었다. 사환호의 경우 호적은 입사·부거·입학 등을 위해, 그리고 사환호에 주어지는 여러 가지 혜택이나 예우의 향유를 위해 꼭 필요한 증빙자료였다. 신역호의 경우에는 신역자원의 확보와 신역의 승계를 위해 필요한 자료가 되었다. 반면 부세를 위한 자료로서의 기능은 부차적이고 제한적으로 이용되었다. 고려시대에서 조선 초기에 이르는 호적은 국가가 인민을 파악하고 부세를 수취하기 위한 각종 자료를 담은 통합적統合籍이 아니라, 국가 운영의 기본 자원이 되는 사환호·신역호의 신원확인에 필요한 정보를 담은 개별적個別籍에 해당하는 것이었다.

공식호는 사환하거나 신역을 부담하는 호주의 자연호를 공식호로 삼았다는 점에서 자연호적 요소를 가지고 있었다. 또한 3정1호의 원칙에 따라 가계를 달리하는 다른 자연호의 가족·친족을 봉족으로 지정하여 한 호의 '구'로 등재하였다는 점에서 법제호적 요소도 가지고 있었다. 따라서 공식호는 자연호적 요소와 법제호적 요소를 모두 가미하여 편성한 행정적 편제호라 할 수 있다.

사환호는 가구원의 대부분이 등재되고 호적의 개수 때마다 가구원의 변동 상황을 잘 반영하여 호적이 작성되었다. 반면, 공식호의 대다수를 차지하는 신역호의 경우에는 공식구의 사망이나 유이 같은 특별한 사정이 없는 한, 직전에 작성된 호구를 그대로 계승하였다.

공식호·구는 전체 호구의 적은 비율밖에 차지하지 못했다. 그런데도 장기간 큰 차질 없이 국정을 운영할 수 있었던 것은 군현별로 호적에서 누락된 대다수의 비공식 호구를 파악하고 있었고, 이를 토대로 중앙의 요구에 맞춰 부세나 진휼 등 지방행정을 적당히 운영할 수 있었기 때문이다. 형식적으로는 누·협호로 간주할 수 있는 호도 내용적으로는 누·협호라 말하기 어려운 가호가 많았다. 즉 많은 수의 비공식호는 지방관아의 문적에 파악되고 부세 수취에 활용되는 준공식호였던 것이다.

준공식적으로 용인되는 누·협호가 다수 존재한 요인은 다양했지만 무엇보다 근본적인 요인은 신역의 정액제에 있었다. 민력의 고갈을 막기 위해 그리고 국가 운영의 최소한의 목표를 지키기 위해 정액제가 시행되었다. 한편 정액제는 많은 누·협호가 발생하는 요인이 되었다. 신역의 정액을 채울 수 있는 한, 새로운 호구를 호적에 추가하지 않는 관행이 생긴 것이다. 중앙에서는 신역의 정액만 책정하고, 신역부과의 형평성을 실현하기 위해 정정을 초정하는 일반 지침만 하달했을 뿐, 봉족의 배정을 비롯한 신역부담을 위한 구체적인 작업은 지방관아에 일임한 것도 누·협호가 많았던 중요한 원인이었다. 그리하여 권세 있는 자와 교활한 수령·향리가 무역호를 가지고 농간을 부릴 여지가 생겨났던 것이다.

중앙집권화를 강화하려 하면 할수록, 국가 행정의 체계화·효율화를 추구하려 하면 할수록, 신역이나 부세 부과의 형평성을 제고하려 하면 할수록, 실제 호구의 일부분만 등재하는 호구제의 전면적 개혁은 불가피한 과업이 되었다. 그 과업을 실행한 것이 세조의 개혁이었다. 세조가 이전의 군주와 달리 개혁에 대한 저항을 무릅쓰고 호구개혁을 과감히 추진할 수 있었던 것은 그것이 궁극적으로 민생의 증진을 가져다 줄 것으로 확신했기 때문이며 취약한 정통성을 강화하는 수단이 될 수 있을 것으로 여겼기 때문이다. 토지와 노비를 인정에 준하여 보수保數로 계산하는 보법 규정은 지배계급의 반발을 불러왔지만 세조 나름의 위민주의적 복안이자 개혁의 정당화였다.

세조의 호구제 개혁은 선별적 호구제에서 보편적 호구제로 나아가는 이정표를 세운 중요한 개혁이라 할 수 있다. 사환호·신역호를 선별적으로 호적에 등재해 온 전통적 방식을 지양하고 자립 가능한 모든 양인호·구를 낱낱이 호적에 등재하는 양인개적제를 지향한 것이었기 때문이다. 많은 불법적 누호·협호가 공식호로 등재되었으며 그동안 호적에 등재되지 않았던 봉족호와 합법적 무역호가 호적에 등재되었다. 종래의 호적에서 제외되었던 호주의 가내 솔정들도 혈족과 비혈족을 불문하고 공식호·구로서 호적에 등재되었다. '동거' 자·서·제·질에 대한 '1가완취'는 여전히 유지되었으나 '동거'로 인정되는 지역적 범위가 동일 군현에서 인근 마을로 크게 축소됨으로써 적지 않은 각거의 자·서·제·질 가호가 독립호가 되어 호적에 등재되었다.

세조의 호구개혁은 호패법으로 추쇄한 남정을 호적에 수록하고, 다시 호적을 바탕으로 군적을 작성하는 방식으로 진행되었다. 호패법을 강력히 시행한 결과 '호 70만, 구 4백만'을 얻어 20만 여호와 70만 여구에 그치고 있었던 이전의 공식호와 공식구 모두가 획기적으로 증가할 수 있었다.

그러나 세조의 호구 개혁 역시 적지 않은 한계를 가지고 있었다. 고려 이래의 호구제 관행을 근본적으로 바꾸지는 못했던 것이다. 노비호는 의연히 호적에서 배제함으로써 호적에서 개적제의 이상은 실현되지 못했다. 사환호가 아닌 한 미성년자 역시 여전히 호적에 등재되지 못했다. 빈약호의 배제는 자립이 어려운 사정을 감안한 조치이기는 했지만 '개적'이라는 호구제 본연의 이상과는 배치되는 것이었다. 개혁이 강압적으로 추진된 탓에 세조 사후 호구개혁 이전 상태로 후퇴한 것도 많았다. 호패법은 중단되었고 보법의 토지·노비 준정 조항은 폐지 또는 약화되었으며 호적 개수 때마다 이전의 원호를 고수하는 관행도 남게 되었다.

'동거'의 지역적 범위도 개혁 이전처럼 다시 확대되어 이전의 1가완취 관행으로 거의 회귀하였다. 다만 각거 1가에 대한 분호 원칙이 폐기된 것은 아니었다. 같은 군현에 거주하는 1가의 가호라 해도 과거처럼 하나의 호주호에 귀속되는 것이 아니라 독립호가 되는 경우가 많아졌던 것이다. 특별한 규정을 제정하지 않고서도 자연스럽게 완취되는 1가의 범위에서 질이 제외되고 자·서·제만 남게 된 것은 그러한 사정을 반영한 것이라 할 것이다. 세조의 호구제 개혁을 기점으로 1가완취는 방계가족을 제외한 직계가족에 한정된 셈이다.

세조의 호구개혁이 올바른 방향으로 추진되었음에도 미완의 개혁으로 그치게 된 원인은 무엇인가. 무엇보다 기존의 이해관계를 크게 바꾸는 것이면서도 부국강병에 초점을 맞추었을 뿐, 이로 인하여 부담이 가중되는 민생에 대한 대책이 제대로 마련되어 있지 못한 데에 있다고 하겠다. 이와 함께 호구제 개혁과 같은 중차대한 개혁이 너무 늦은 시기에 추진된 탓도 컸다고 생각된다. 사대부사회가 출범한지 60년도 넘는 시기여서 사회개혁에 대한 열의나 동력이 떨어져 개혁에 대한 큰 저항을 면하기 어려웠던 것이다.

2장 고려시대에서 조선 초기에 이르는 부세 부과체계의 변화 −부과의 대상과 기준

1. 문제의 제기

고려 문벌사회에서 조선 사대부사회로 전환되어 가면서 부세제 역시 획기적인 변화를 겪었다. 조선 초기의 부세 종목은 고려시대와 다름없이 조세·공부·요역과 잡세로 구성되어 있었다. 그러나 조선 초기에 이르러 분정 대상과 분정 기준과 같은 부세의 부과체계가 근본적으로 바뀌었다. 고려 전기에 신분·계급별로 상이했던 부과체계가 조선 초기에는 신분·계급과는 관계없이 개세제皆稅制에 기초한 비례세제, 즉 누구나 부에 비례하여 부담하는 보편적인 부과체계로 바뀌었던 것이다. 이를테면 고려 전기에 광범한 면세의 혜택을 누리던 지배계급은 조선 초기에 오면 조세는 물론, 공부·요역까지 소유 전결에 비례하여 부담하지 않으면 안 되었다. 한마디로 지배계급과 피지배계급 사이에 부세 부과체계상의 차이가 없어진 것이다.

그와 같은 부세 부과체계의 획기적인 변화는 그동안 거의 알려지지 못했다. 그 결정적인 원인이 부세관련 자료가 극히 희소한 데 있는 것임은 말할 것도 없다. 부세의 분정과 수취가 구체적으로 어떻게 이루어지는지 들여다볼 수 있는 자료를 좀처럼 찾기 어려운 것이다. 그러나 이용할 수 있는 자료마저 충분히 활용되었다고 말하기 어렵다. 조선 초기의 자료 상황은 고려시대보다 훨씬 낫지만 조선 초기의 부세제 연구 역시 답보 상태에 있다고 할 수 있기 때문이다. 부분적으로는 많은 성과를 거두었지만 전체적으로 보아 아직도 60년 전 타카와 고조田川孝三의 연구[120] 수준을 크게 벗어나지 못하고 있는 것이다.

관련 자료를 제대로 활용하지 못한 데에는 두 가지 차원의 문제가 있었기 때문으로 보인다. 시각 차원의 문제와 분석 차원의 문제이다. 시각 차원에서는 고려사회와 조선사회에 대한 선입관이 문제가 된다. 두 사회는 동질적인 중세사회로서 조선 초기의 부세제가 고려시대의 부세제와 근본적인 차이가 없을 것이라는 예단이다. 여말선초 사회변화를 둘러싸고 연구자 사이에 적지 않은 이견이 있기는 하지만, 대체로 양 사회를 모두 같은 중세사회로 간주하기 때문에[121] 부세제상의 획기적인 차이가 있을 것으로 상정하지 않는다. 개설서의 부세 항목에서 양 사회의 지배계급은 부세를 거의 부담하지 않고 평민이 무거운 부세를 홀로 부담하는 것으로 묘사되기 일쑤다. 조선 초기에 개세제·비례세제가 실현되고 있음을 시사하는 자료가 산견되어도 그러한 자료들은 무시되거나 경시되는 반면, 지배계급의 부세상의 특혜와 지배계급의 탈세 사례에 주목하는 것이 보통이다.

분석 차원의 부진은 자료 간에 내용이 서로 착종되어 분석에 갈피를 잡기 어려웠던 데서 빚어졌다. 이를테면 상이한 분정 기준을 담은 자료들이 동시에 출현하는 것이다. 그러나 일견 착종된 것 같이 보이는 것도 실은 분정 단계별로 다른 분정 대상·기준이 적용되는 데서 연유하는 바 크다. 즉 중앙정부가 각

---

120) 田川孝三, 『李朝貢納制研究』, 동경: 동양문고, 1964.
121) 고려왕조에서 조선왕조로의 교체가 어떤 역사적 의미를 갖는 것인가를 주제로 한 근래의 종합적인 논의(연세대학교 국학연구원 편, 『중세사회의 변화와 조선 건국』, 혜안, 2005; (특집)「조선 건국 다시 보기, 연속성의 관점에서 본 왕조 교체」, 『역사비평』 123, 2018, 120-125쪽)에서 양 사회의 성격에 대한 연구자들의 시각을 일별할 수 있다.

도에, 그리고 각도에서 군현에 부세가 분정되는 단계(이하 1단계)[122]에서의 분정의 대상이나 기준과 군현에서 인민에 분정되는 단계(이하 2단계)에서의 대상이나 기준이 사뭇 달랐던 데에서 빚어진 것이다. 1단계에서는 주로 군현의 '잔성殘盛' 즉 양안상의 전결과 호적상의 호구의 다과를 기준으로 배정하는 데 반해[123] 2단계에서는 상부에서 할당된 부세량을 군현의 수령·향리 등의 재량에 따라 실제상의 민호에 다시 분정하고 수취한다는 것이다.

종래에도 1단계와 2단계에서의 분정 내용이 다를 수 있다는 사실을 모르지 않았다. 이점을 지적한 자료도 널리 알려져 있다. "조세는 … 내야 할 수량을

---

[122] 조선 초기에 군현에 대한 부세의 분정은 중앙에서 군현에 직접 분정되는 경우도 있었지만 중앙에서 각도로, 그리고 각도에서 각군현으로 두 단계에 걸쳐 이루어지는 경우도 적지 않았다. 조선 초기에는 道制가 확립되어 중앙에서 군현에 직접 분정하는 대신 각도를 거쳐서 군현에 분정하는 경우가 종종 발생했기 때문이다.(공물 분정 체계에서 차지하는 도의 비중에 대해서는 소순규(2017), 『朝鮮初期 貢納制 운영과 貢案改定』, 고려대학교 박사학위논문 참조) 그러나 이하에서는 논의의 편의상 중앙에서 군현에 분정되기까지는 한 단계로 묶어서 1단계로, 군현에서 민호에 분정하는 단계를 2단계로 나누어 서술해도 무방할 것으로 생각된다. 첫째, 전체 부세의 분정에서 차지하는 도의 비중은 그리 크지 않기 때문이다. 공부의 경우 중앙각사와 군현이 직접적인 수취관계로 설정되어 있으며 한번 중앙에서 정해져 공안에 기재된 공부의 물목과 물량은 오랫동안 변하지 않았다.("各司納貢之數 本無盈縮也" 『世宗實錄』 권 111, 세종 28년 1월 22일) 감사가 분정에 개입하는 것은 주로 기존의 공부를 재조정할 필요가 있을 때나, 공안에 없는 물자를 새로 분정하는 경우로 한정된다. 둘째, 각도를 매개로 하여 군현에 분정되는 경우에도 중앙에서 각도에 분정하는 기준이나 각도에서 다시 각군현으로 분정하는 기준은 별반 다를 바 없기 때문이다. 이밖에 중앙에서 수취하는 물자 중에는 군현을 거치지 않고 직접 지방에 거주하는 개인에게 분정하는 경우가 있다. 염간이나 생선간과 같은 물납의 잡색역호의 경우가 그것이다. 이들은 현물을 납부하는 것이기는 하지만 신역의 일환으로 납부하는 것이어서 여기서 취급하지 않는다.

[123] 다음의 기사들에서 볼 수 있듯이 전결과 호구의 다과에 따른 부세의 분정은 고려 후기 분명히 나타나지만 전기에도 원칙적인 면에서 큰 차이가 없었다. (충렬왕) 十八年十月 敎曰: "諸道之民 自兵興以來 流亡失業 在元王己巳年 計點民戶 更定貢賦 厥後 賦斂不均 民受其病 可更遣使 量戶口之羸縮 土田之墾荒 計定民賦 以遂民生" 『고려사』 권 79, 식화지2 호구; 忠肅王元年正月 忠宣王諭田民計定使曰: "先王置州縣 定貢賦 斂民以時 以充國用 兵興以來 戶寡田荒 貢賦之入 不古若 自己巳 量宜定額之後 提察·守令固執其額 徵斂不止 病民實多 宜以見在田口 更定貢賦 民流野荒者 限年蠲免 其餘雜貢 亦宜詳定 有減無加 凡諸民弊 隨宜革正"(『고려사』 권 78, 식화지1 공부)

헤아릴 수 있지만 상요·잡공의 경우에는 단지 관부(군현)에서 납부할 수효만 정해 놓았을 뿐 어떤 호에서 무슨 물건을 조調로 납부해야할 것인지, 어떤 개인이 무슨 물건을 용庸으로 내야할 것인지 구분해서 말하지 않기 때문에 그것을 기화로 관리가 넘치게 걷고 횡렴한다"(『조선경국전』 부전 부세)라고 한 것이 그것이다. 즉 2단계에서 상부에서 내려온 할당량을 민호로부터 어떻게 수취해야 하는 것인지 그 구체적인 방법은 마련되어 있지 않았던 것이다.

여기서 주의할 것은 단순히 2단계의 수취 방법을 정해 놓지 않은 것만이 아니라, 애당초 중앙에서는 군현에서의 재량권을 폭넓게 인정하고 있었고 또 인정할 수밖에 없는 사정이 있었다는 점이다. 군현으로부터의 부세 납부가 별탈 없이 이루어지는 한 중앙에서는 특별히 군현의 수취에 간여할 필요가 없었을 뿐만 아니라, 간여하기도 어려웠던 것이다. 1단계에서는 군현의 부세 분정량을 결정하는 데 해당 군현의 전결 수와 함께 공식 호구 수를 참작하였지만, 군현에서는 책정된 부세량을 공식 호구만이 아니라 그보다 훨씬 더 많은 비공식 호구(준공식 호구)에게까지 분정해야 하는 것이기 때문이다.[124] 1단계에서는 정부 또는 감영에서 보관하고 있는 호적과 전적(양안)을 이용하여 분정 기준을 정하였다. 반면 2단계에서는 할당된 부세량에 맞추어, 군현 자체의 호구·신역·부세와 관련된 각종 문서를 이용하고 자체 기준에 따라 민호에 분정하고 수취하였다. 정부나 각도에서 이용하는 호구 수는 실제의 호구 수에 크게 못 미치는, 호구장에 기록된 호구(공식호구)의 수였지만, 군현에서는 공식 호구보다 훨씬 많은 비공식 호구까지 파악하고 있었으므로 중앙과 지방의 분정 기준은 애당초 다를 수밖에 없었던 것이다. 군현의 재량권이 많이 축소된 조

---

124) 이하 고려·조선의 호구제와 관련된 내용은 이 책의 2부 1장 「조선 초기 '호'·'구'의 실체와 고려시대 및 조선 초기의 호구제」 참조.

선 초기 세종 대에도 수령은 상당한 재량권을 발휘하여 수령에 따라 부세 수취 방법을 달리하고 있었다. 대표적인 사례 하나만 살펴보자.

> (이조 참판 김익정이) 또 아뢰기를, "① 호구와 전적田籍을 계산하여 공부를 정하니 국가의 법은 아름답습니다. 그러나 ② 수령이 공부를 정할 때에 간혹 호구의 대소와 소경의 다과를 계산하지 않는 까닭으로 공부가 고르지 못합니다. 또 공부의 수납을 감고에게 맡기고 친히 검사하지 아니하여, 수납할 적에는 여러 가지로 이익을 취하므로 민간의 폐단은 이루 말할 수 없습니다. 신이 일찍이 충청도의 경력이 되었을 때에 하륜이 신에게 이르기를, ③ '전에 박은이 충주 목사가 되어 호구의 잔성과 소경의 다과를 계산하여 분명하게 문안을 만들어 공부를 정하였더니, 민들이 편하게 여겼다. 그대가 충주에 가거든 그것을 준수하는지 여부를 살피라. 만일 그 법을 준수할 것 같으면 진실로 어진 수령이라 하겠다.' 하므로, 신이 가서 살펴보니, ④ 이미 폐하고 시행되지 아니하였습니다. 또 듣기를 ⑤ 조계생이 수원 부사가 되었을 때에 박은이 한 것과 같이 공부를 정하니, 민도 편하게 여겼다 합니다. ⑥ 그 후 얼마 되지 않아 수령이 이것을 폐하였습니다. 이는 다름이 아니라, 박은과 조계생의 법이 비록 민에게는 편하나, 관에게는 불리하였기 때문입니다. 엎드려 바라건대, ⑦ 전하께서는 여러 도로 하여금 호구의 대소와 소경의 다과를 기록하고 분명하게 문안을 만들어서 공부를 정하게 하여 민으로 하여금 두루 어진 혜택을 입게 하시면 매우 다행하겠습니다." 하였다 … ⑧ 좌대언 김종서가 아뢰기를, "신이 일찍이 수령을 지냈는데, 대·중·소의 호에 따

라 공부를 정했더니 민에게 매우 편하였습니다. ⑨ 익정의 말은 조용조의 법을 가리킨 것이 아니라, 바로 호구와 전적으로서 분명하게 문안을 만들어 일정한 법을 정하여 탐리貪吏로 하여금 지나치게 수취하지 못하게 하고자 하는 것입니다."(『세종실록』 14년 12월 18일)

공부는 전결과 호구의 다과로 결정하도록 규정되어 있음에도(①) 불구하고 수령들이 법을 따르지 않는 경우가 있을 뿐 아니라(②) 전임 수령이 호구의 잔성과 소경의 다과를 계산하여 분명하게 문안을 만들어 공부를 정하여도(③, ⑤) 후임 수령은 이를 따르지 않았다.(④, ⑥) 2단계에서의 분정 기준은 수령에 의해 정해지는 것임이 여실히 드러난다. 자체적으로 호등제에 따라 분정한 경우도 나타난다.(⑧) 수령의 자의적인 분정을 막기 위한 방안은 호구의 대소와 소경의 다과를 기준으로 문안을 만들어 사용하게 함으로써 수령에 의해 자의적으로 분정되는 것을 막는다는 것이었다.(⑦, ⑨) 요컨대 2단계에서는 군현 자체의 호구·신역·부세와 관련된 각종 문서를 이용하고 자체 분정 기준에 따라 민호에 분정하고 수취하는 것이었다.

군현의 수령·향리가 정부나 도의 분정 방식과 다른 방식을 채택하게 되는 데는 또 다른 사정도 있었다. 군현별로 이전의 분정·수취 관행을 존중해야 한다는 점이다. 관행을 저버림으로써 야기되는 민원을 우려하기 때문이다. 물론 무조건 관행만 따른 것은 아니었다. 관찰사나 정부로부터 분정의 지침을 위배했다는 문책을 당하지 않아야 했기 때문이다. 관행과 상부 지침과의 충돌을 피해 적당한 조정이 이루어지는 것이다. 그밖에 수령·향리는 납세자와의 친분이나 관계, 그리고 사익을 위해 수단을 부리는 경우도 적지 않았다.

조선 초기에는 시간이 흐를수록 군현의 재량권에 대한 중앙정부의 통제가 강화되었다. 상당히 폭넓었던 군현의 재량권 행사와 과세의 형평성을 높이기 위한 상부의 통제를 함께 고려하면서 관련 자료에 접근하면 이제까지 연구자들을 혼란스럽게 했던 사항들을 풀 실마리를 찾을 수 있다. 이를테면 인정 기준이냐, 전결 기준이냐, 그 병행이냐—이른바 '계정법'·'계전법'·'절충법'—와 같은 분정 기준의 이해하기 어려운 잦은 변동 같은 것이 그것이다. 정작 수취가 이루어지는 군현의 현장에서는 자체의 재량권 덕분에 상부로부터 곧잘 엇갈려 하달되는 분정 기준으로 인한 혼란은 크게 겪지 않을 수 있었던 것이다. 이상의 사항들을 염두에 두면서 부세의 부과체계가 고려시대의 계급별 부과체계에서 조선 초기의 개세제에 기초한 비례세제로 바뀌기까지의 경위를 살펴보기로 한다.

2. 고려시대

1) 고려 전기 —계급별 부세 부과체계의 시행

(1) 문벌계급과 노비계급

고려 전기의 부세제는 계급별로 부과체계를 달리했다는 점에 특색이 있다. 문벌계급은 조세·공부·요역 등 모든 부세 종목에서 사실상 면세 특혜를 누렸다. 조세의 경우 문벌계급의 핵심을 이루는 재경관원은 외방의 소유지에 수조지가 설정되어 조세 면제의 효과를 거두었다.[125)]

---

125) 면조권(면조권에 대해서는 이 책의 1부 1장 5절 참조)이 부여되는 외방의 소유지에 전시과 소정의 액수를 초과하는 소유지를 가지고 있을 수 있지만, 규정액을 초과하는 보유지도 사실상 면세의 혜택을 누렸을 것으로 추정된다. 그 근거는 대략 다음과 같다. ① 당시에 중앙정부가 수조자의 신고를 받아 수조지를 수수하는 식의 소극적 행정을 운용한 때문에, 초과지에 대해서도 그 수취에 별 관심을 두지 않는 분위기가 조성되어 있었을 것이라는 점, 그러한 분위기 속에서 ② 作丁

공부의 경우 재경관원들은 애당초 공부와 무관하였다. 서울의 호적에 등재되어 있기 때문이다. 공부는 '임토작공任土作貢'이라 하여 지방의 토산물을 바치는 것이었으므로 서울에 적을 두고 있는 자는 애당초 부과 대상이 아니었다.[126) 서울 거주자가 공물 부과의 대상이 되지 않은 것은 조선시대의 경우도 마찬가지였다. 『세종지리지』에는 도별로 '궐부'·'궐공'의 항목, 군현별로 '토공土貢'·'토산土産'·'약재藥材' 등의 항목으로 나뉘어 많은 공부 물품이 기재되어 있지만, 한성부에는 아예 항목 자체가 설정되어 있지 않았던 것도 그 때문이다.

다만 요역의 경우에는 공부와 달리 서울 거주민에게도 부과되었다. 따라서 재경관원도 일정한 부담을 지지 않을 수 없었다. 그러나 관원의 요역 부담은 아주 제한적으로만 이루어졌던 것으로 보인다. 우선 서울의 요역은 지방의 요역과 달리 부과 되는 경우가 많지 않았으며, 부과되는 경우라도 관원은 제외되는 일이 많았기 때문이다. 서울의 요역이 많지 않았던 것은 무엇보다 지방 요역의 큰 부분을 차지하는 공역貢役이 서울에는 없었기 때문이다. 또 도성의 축성이나 궁궐 등의 영선 같은 대규모의 공역工役과 같은 경우는 상시적으로 있는 일이 아닐 뿐 아니라, 그와 같은 대규모의 공역에는 전국에서 역부를 징

단위가 커서(조준의 1차전제개혁상소문에서 20결·15결·10결 단위로 작성하는 방안을 제시하고 있었던 데서 실상을 엿볼 수 있다) 초과지를 분급지와 동일 작정에 집어넣어 면조시키는 편법을 쓸 수 있다는 것이다. ③ 재경관원은 자신의 초과지를 납조지에서 제외하도록 군현에 대한 영향력 행사할 수 있는 지위를 누렸다는 점 ④ 수령이나 향리가 재량권을 이용하여 수취 전지에서 제외하여 진황지 같은 것으로 처리할 수 있다는 점 등이다.

126) 고려 후기에 개성부에서 삼세를 부담하였음을 알려주는 자료가 있지만(『고려사』권 80, 식화지 3 賑恤 恩免之制) 개성부민에 해당하는 것일 뿐 서울인 개경과는 무관한 것이었다. 당시 개성부의 관할 범위에는 개경이 들어 있지 않았기 때문이다.(박종진, 「고려의 경기, 개성부의 설치와 변화」, 『개경』, 눌와, 2022)

발하여 차역하였다.[127] 서울 자체의 노동력을 사용할 때에도 보통 군사를 우선적으로 부리며 방리인을 동원하는 경우는 많지 않았다.

> (정종) 11년 5월에 방을 게시하기를, "국가의 제도에 근장近仗 및 제위諸衛는 영領마다 호군 1명, 중랑장 2명, 낭장 5명, 별장 5명, 산원 5명, 오위 20명, 대정 40명, 정군방정인正軍訪丁人 1,000명, 망군정인望軍丁人 600명을 두어, 무릇 호가扈駕와 내외의 역역力役을 하지 않음이 없었다. 근래에 화란을 겪으면서 정인丁人이 많이 없어져, 정인이 할 천역을 녹관 60명으로 하여금 이를 대신하게 하였다. 이로 인하여 영의 역무(領役)가 어렵고 괴로워 서로 다투어 피하려고 하니, 오위와 대정 등이 이를 감당할 수가 없었다. 이에 국가에 역역이 있게 되면 추역군秋役軍·품종品從·5부방리五部坊里의 각호에서 쇄출하여 소요를 일으킨다 … "(『고려사』 권 81, 병지1 병제 오군)

여기서 경군이 평소에 군사업무만이 아니라 호가나 내외 역역까지 담당하였음을 알 수 있다. 군인을 역역에 동원하는 것은 아주 일상적인 일이었다. 다시 말하면 오부방리의 각호와 함께 관원의 사노비인 '품종'을 차역하는 것은 일상적인 일이 아니었음을 확인할 수 있다는 것이다. 정도전은 아예 '공역功役'은 병졸의 일로 못박아 놓기도 하였다.

---

[127] "顯宗 二十年京都羅城成(王初卽位 徵丁夫三十萬四千四百人築之 至是功畢 …)"(『高麗史』 권 56, 지리지1 王京開城府) 개경의 나성을 축성하는데 연인원 30만명이 넘게 차역되었는데, 이들 역부가 전국에서 동원된 것임은 완공을 기념하여 역부의 조포와 주군의 밀린 부세를 감면해 주는 데서 알 수 있다. "顯宗 … 二十一年六月築羅城營重光寺赴役者 減今年調布 諸州郡縣逋欠 限戊辰年蠲免"(『高麗史』 권 80, 식화지3 賑恤 恩免之制)

사람의 마음이란 것은 근로하면 선심善心이 생기고 안일하면 교심
驕心이 생긴다. 그러므로 무릇 병졸들이란 비록 지나치게 근로하게
하여도 안 되지만 또한 지나치게 안일하게 하여도 안 되는 것이다.
군중軍中에서 일으키는 각종 토목 공사는 모두 그들에게 역사를 시
키되, 그들의 힘이 미치는 정도를 헤아리고, 그들의 공역이 이룰 만
큼 부과하고, 삼농三農으로 하여금 농사에만 전력하게 한다면 군인
과 농민이 각기 자기의 사업에 안착하게 될 것을 기대할 수 있을 것
이다.(『조선경국전』 政典 功役)

병졸을 역역에 동원하는 것은 병졸이 안일하지 못하게 하기 위해서이며 병
졸과 농민이 각자의 사업에 종사하게 하기 위해서라는 것이다. 비록 조선 초
기의 사례이지만 경관이었던 개성부가 잠시 외관으로 변경되자 거주민의 요
역이 번중해졌다는 주장이 나오는 것을 보면,[128] 동일한 곳이라도 경관이냐,
외관이냐에 따라 요역의 부담이 달라짐을 알 수 있다. 한마디로 서울에는 요
역을 잘 부과하지 않는다는 것이다.

고려 전기에 서울 거주민에게 요역이 부과되는 경우에도 관원은 여기서 제
외되거나 제한적으로 부담할 뿐이었다.

인종 13년 2월에 판判하기를, "서울에 거주하는 대소인원의 자제가
요역을 피하고자 꾀하여 각기 본관 친척의 호적에 떼거리로 편입하
여 명목과 실제가 뒤섞여짐에 이르니, 금후로 서울 사람으로서 지방

---

[128] "開城府舊都人民素不力農 專事商販以生 今以開城府爲外官 自後居民徭役煩重 人不聊生"(『예종실록』
권6, 예종 1년 6월 9일).

호적에 편입하는 것을 통렬하게 금지하라"라고 하였다.(『고려사』 권 79, 식화지2 호구)

종래 이 기사를 근거로 하여 요역은 관원 본인에게는 부과되지 않을지라도 가족에게는 부과되는 것으로 이해되어 왔다. 그러나 달리 해석할 여지가 있다. 위 기사에서 요역을 피하고자 한 대소인원 자제는 관원과 함께 거주하는 자제가 아니라 분가해서 독립호를 구성한 자제로 볼 수 있다는 것이다. 즉 비록 호적에는 부와 함께 등재되어 있더라도 실제로는 자식이 가계를 달리하여 각거하는 경우가 많고, 서울에서는 비교적 자연가를 충실히 파악하고 있었기 때문에[129] 아직 사환하지 않은 각거 자제들에게 요역이 부과된 것으로 볼 수 있다는 것이다.

관원과 동거하는 가족이든 각거하는 가족이든 다수의 자제가 떼거리로 호적을 옮기는 것을 보면 이들에 대한 요역 부과는 이례적인 일이었으며, 인종대인 12세기 전반에 와서 비로소 요역이 부과되었음을 시사하는 것으로 볼 수 있다. 다음의 자료에는 그러한 점이 명시되어 있다.

> 가을 7월. 대시大市의 좌우 장랑長廊을 고쳐 지었다. 광화문으로부터 십자가에 이르기까지 모두 1,008영楹이었다. 또 광화문 안에 대창의 남쪽 행랑과 영휴문 등 73영을 지었다. 무릇 오부방리의 양반은 집집마다 쌀과 곡식을 추렴하여 공역供役의 품삯을 모았다. 양반의 방리역이 여기서 시작되었다.(『고려사』 권 21, 세가 희종 4년)

---

[129] 이 책 2부 앞의 글 참조.

고려 후기 희종 대에 가서야 "양반의 방리역이 여기서 시작되었다."고 한 것을 보면 이 이전까지 양반에게 방리의 역을 부과하는 것은 일상적인 일이 아니었음을 알 수 있다.

고려시대의 노비들은 공·사노비, 솔거노비·외거노비를 막론하고 기본적으로 부세를 납부하지 않았던 것으로 보인다. 문벌계급의 외거노비 가운데에는 자신의 소유지를 가진 자도 있었지만 그 역시 상전의 토지와 함께 공부나 요역의 부과 대상에서 제외되었다고 보인다. 유명한 평량과 같이 '무농치부務農致富'한 노비가 나올 수 있었던[130] 요인의 하나도 거기에 있었다고 보인다. 상전에게 역사되는 사민私民이어서 공민처럼 납세의 의무를 질 필요가 없다는 이유에서였다.

> (충렬왕) 24년 정월 교서에 이르기를 이르기를 " ⋯ 1. 양반의 노비는 그 주인에 대한 역이 각기 별도로 있으므로 예로부터 공역公役과 잡렴이 있지 않았다. 지금 양민들이 모두 세력가의 집으로 들어가, 관역官役에 이바지하지 않고 도리어 양반의 노비로서 양민의 역을 대신시키고 있는데, 지금부터는 모두 금지하라. 노처와 비부도 그 주인에게 맡긴다" 라고 하였다.(『고려사』 권85, 형법지2 노비)

위의 자료는 고려 후기의 자료이지만 "예로부터 공역과 잡렴이 있지 않았다"라 하여 이미 오래 전부터 공부·요역을 부담하고 있지 않았음을 분명하게 밝히고 있다.[131] 양인인 노처·비부도 노비주의 자유로운 사역에 맡겼다. 역시

---

130) 『고려사』 권 20, 세가 명종 18년 5월 병진.
131) 보통 이 자료를 근거로 외거노비에 공적 부담이 없는 것으로 이해하고 있지만(주등길지, 「여말선초에 있어서의 농장에 대하여」, 『청구학총』 17, 1934; 홍승기, 『고려귀족사회와 노비』, 일조각,

후기의 자료이나 전란을 맞아 모든 신분계급의 사람들을 대상으로 모병할 때에 사인·향리에서 궁사노예에 이르기까지 그 대상이 되었지만 사천만은 제외되고 있었음을 보면,[132] 정부에서 사노비는 부세 대상에서 애당초 제외시키고 있었을 것임을 능히 짐작할 수 있다. 공노비 역시 평상시의 부세 관련 자료를 일체 찾을 수 없는 것으로 미루어 사노비에 준하여 과세의 대상이 되지 않았을 것으로 짐작된다.

(2) 중간계급

고려 전기에는 중간계급에게도 독자적인 부과체계가 있었다. 정호 즉 향리와 경군으로 구성된 직역인층은 문벌계급과도, 평민계급과도 부세체계를 달리 했던 것이다. 직역인 본인(또는 1가)의 소유지에 전정이 설정되어 전조가 면제되었다. 요역의 경우 백정과 다른 요역을 부담했다. 이제까지 대체로 직역인들은 직역을 부담하는 대신 요역은 면제되었고, 요역은 직역을 지지 않는 백정이 담당했다고 이해해 왔다. 일반 군현민이 지는 요역의 경우에는 그러한 이해가 타당하다고 생각된다.[133] 그러나 아무런 요역도 부담하지 않은 것은 아니었던 것으로 보인다. 군인호는 군인호대로, 향리호는 향리호대로 직역 외

1983) 강진철은 솔거노비에 대한 규정으로 이해하고 조선 초기의 예를 들어 외거노비는 요역을 부담했다고 주장했다.(『고려토지제도사연구』, 고려대학교 출판부, 1980, 302쪽) 그러나 '공역잡렴'이 부과된 것으로 미루어 솔거노비가 아니라 외거노비를 가리키는 것으로 보는 것이 온당하며, 근거로 삼은 조선 초기의 자료는 이미 개세제가 성립된 시기의 일이므로(후술) 고려시대 외거노비의 요역 부담의 방증으로 이용될 수 없다.

132) "募兵: 凡應募者 除私賤外 士人·鄕吏 官之 宮司奴隷 良之 或賞錢帛 聽其自願"(『고려사』 권 81, 병지 1 병제 공민왕 10년 10월)

133) 태조 이래 군사의 요역 면제는 준수되어 온 것으로 보인다. "(癸卯)二十六年夏四月御內殿召大匡朴述希親授訓要曰: … 其九曰: … 又以强惡之國爲隣 安不可忘危. 兵卒宜加護恤 量除徭役 每年秋閱 勇銳出衆者 隨宜加授"(『고려사』 권 2, 세가 태조 26년)

에 각자의 독자적인 요역을 부담했다는 것이다. 즉 직역호의 절대다수를 차지하는 군인호의 경우에는 남정 중 1인 정도가 1품군으로 편성되고, 향리호에서는 그들을 지휘·감독하는 임무를 맡는 것으로 역의 의무를 대신했던 것이다.

1품군이 군인호에서 배출되었다고 추정하는 근거는 다음과 같다. 첫째, 호적에 등재된 공식호인 군인호가 기본세목인 요역을 지지 않는다는 것은 명분에 어긋나는 일이라는 점이다. 더욱이 1품군이 부담하는 역은 국가차원의 요역이므로 공식호에 어울리는 역이었다.

1) (현종) 21년 6월에 나성을 쌓고 중광사를 지었는데, 역에 나간 자들에게는 올해의 조포調布를 감해 주었다. 여러 주·군·현의 체납된 조세는 무진년에 한하여 감면해 주었다.(『고려사』 권 80, 식화지2 진휼 은면지제)

2) (현종) 20년에 경도京都의 나성이 완성되었다. 왕이 처음 즉위했을 때, 정부丁夫 304,400인을 징발해 쌓았는데, 이때에 이르러 공사를 마쳤다.(『고려사』 권 56, 지리지1)

자료 1)에서의 나성을 축조하고 중광사를 영건한 부역자는 자료 2)에서 전국에서 차출된 '정부'임을 확인할 수 있는데, 선행연구에서 추정된 바와 같이 일품군으로 보는 것이[134] 타당할 것으로 보인다.

둘째, 1품군은 중앙에서 요역을 부과하기 편리한 자였다는 점이다. 경군이라는 직역호에 속한 공식구이므로 중앙에서 비치된 호적을 통해 군현별 구체적인 액수를 파악할 수 있기 때문이다. 실제로 정부는 군사도軍士道별로 보

---

134) 이기백, 「고려 주현군 연구」, 『고려 병제사 연구』, 일조각, 1968, 223쪽.

승·정용과 함께 1품군의 정확한 숫자를 파악하고 있었다.(『고려사』 권 83, 병지 3 주현군)

셋째, 공식구가 국가차원의 역을 지는 것은 "무릇 병사를 징발하고 요역에 차출하는 것은 호적을 가지고 뽑아 정한다"는 법 규정과[135] 부합한다는 점이다.

넷째, 고려 전기에는 공식호에 소속된 인정이 많았기 때문에 직역호에 요역을 부과하지 않는다면 많은 노동력이 사장될 것이라는 점이다.

다섯째, 보승·정용의 숫자와 1품군의 숫자가 상응하는 것은 양자가 같은 호에서 배출되었을 가능성을 시사한다는 점이다. 즉 〈고려사 병지 소재 남도 주현군 일람표〉[136]를 보면, 군인 수와 1품군 수는 상관관계를 보인다는 것과 양자의 비율도 비교적 일정하다는 것을 알 수 있다. 군사도軍事道 별로 보승·정용 1명에 1품군은 최고 1.93명에서 최저 0.30명의 편차를 보이기는 하지만, 주로 0.7명을 전후한 분포를 보이고, 도별 역시 최고 0.77명에서 최저 0.62명의 편차를 보이지만 0.7명을 전후한 수치에 몰려 있고 총 평균 역시 0.70명이다. 간추려 말하면 보승·정용을 가진 정호 하나에 비교적 고르게 0.7명의 1품군이 대응하고 있다는 것이다.

만약 1품군을 정호에서 차출했다는 것이 바른 추정이라면, 정호 하나에 1품군이 1명도 배정되지 않는 경우도 꽤 있고, 2명이 배정되는 경우도 더러 있지만, 대개 1명 정도의 1품군이 배정된다고 하겠다. 군인호에 인정이 많은 데도 불구하고 1명 정도만 차출한 이유는 직역과 요역을 동시에 수행하므로 여타의 인정을 '진첩津貼(조역인)'으로 인정하여 '1가완호'를 기하려는 것이었을 것

---

135) "國制 民年十六爲丁 始服國役 六十爲老 而免役 州郡每歲計口籍民 貢于戶部 凡徵兵調役 以戶籍抄定"(『고려사』 권 79, 식화지2 호구)
136) 이기백, 『고려 병제사 연구』, 일조각, 1968, 204~205쪽.

이다.[137]

여섯째, 1품군은 잠시 뒤에 살펴볼 바와 같이 전정을 받는 호의 구성원이었다는 점이다. 이상으로 1품군은 보승·정용의 군인호에 속한 공식구였음을 알아보았다.

향리호나 군인호를 막론하고 직역호는 공부로서 조포를 부담했다고 추정된다. 우선 공식호로서 요역과 함께 기본세인 '포'를 부담하는 것이 명분상 당연하다고 생각되기 때문이다. 기본세인 조세·공부·요역은 당제의 조용조 부세체계로 표현하면 각기 租租·租調·庸庸에 해당하는 것이며 租·布·役의 형태로 수취되었다.[138] 즉 고려시대의 租調를 대표하는 것은 포布이며 조포調布로 지칭되기도 하였다. 다음으로 정부가 군현별 직역호의 수를 파악하고 있으므로 포의 수량을 추산하고 분정하기도 용이하기 때문이다. 마지막으로 실제로 직역인들이 조포를 부담했음을 시사하는 자료를 찾을 수 있기 때문이다.

> (예종) 3년 2월에 왕태후를 책봉하였는데, 여러 주·군·현의 진봉장리 進奉長吏와 종졸從卒 등에게 각각 전정세포田丁稅布를 전액 면제해 주었다.(『고려사』 권 80, 식화지3 진휼)

공물을 가지고 와서 상납한 장리와 종졸에게 전정의 세포를 모두 면제해 주었다. 여기서 '전정'의 '세포'라 했으니 세포는 전정을 받는 직역호에 부과되

---

137) "揭榜云 … 丁人戶 各給津貼 務要完恤"(『고려사』 권 81, 병지1 오군 정종 11년 5월) 1가완호에 대해서는 앞의 2부 1장 참조.
138) 박종진, 「조세제도의 성립과 조세체계」, 『고려시기 재정운영과 조세제도』, 서울대학교 출판부, 2000 참조.

는 조포이자 호포였다.[139] 그렇다면 여기서의 '종졸'은 누구를 가리키는 것인가. 향리의 지휘를 받는 1품군으로 볼 수 있다. 그 역시 전정의 수급자임을 보아 군인호에 속하는 사람이라 해야 할 것이고, 경군에 속하는 보승·정용이 장리를 수행하여 상경하는 것은 납득하기 어렵기 때문이다. 1품군이 조포를 부담해야 하는 자임은 다음의 자료에서도 짐작할 수 있다.

> 나성을 쌓고 중광사를 건축한 관리·승려·속인·공장에게 모두 품계와 관직을 더하고, 부역자赴役者에게는 올해 바칠 조포調布를 줄여 주었다.(『고려사』 권 5, 세가 현종 21년 6월 신묘)

위 기사에서 나성의 축성과 중광사의 영건과 같은 국가차원의 대규모의 역사에 동원된 역부는 공식호에서 차출되었을 가능성이 높은데 이들이 조포 면제라는 포상을 받고 있었던 것이다.

직역호에게 부과된 조포가 어떤 종류의 포인지, 어느 정도의 양이었는지는 알 수 없다. 군인호에 대한 공포 부과량은 그 호가 족정·반정인가 여부에 따른 차등은 있을 수 있으나 같은 족정·반정이라면 동일한 액수를 부담하였을 것이다.

(3) 평민계급

군현의 백정으로 대표되는 평민계급의 부세 부담에 대해서는 이제까지의 이해에 큰 문제가 없다고 여겨진다. 평민은 조세를 비롯한 삼세의 주 부담자

---

[139] 고려시대 사료에는 호포가 잘 나타나지 않지만 조선 태조 초에는 고려시대에 호포가 있었음을 전하고 있는데 이 호포는 '有戶則有調'에서 보듯이 바로 공식호에 부과되는 조포였음을 짐작할 수 있다. "戶布之設 只爲蠲免雜貢 前朝之季 旣納戶布 又收雜貢 民瘼不小 今後戶布 一皆蠲免"(『태조실록』 권 1, 태조 1년 7월 28일)

로서 공부는 주로 공역貢役의 형태로 부담하며[140] 부세의 수송, 지방 차원의 토목공사, 군현을 출입하는 관원들에 대한 영송·지대 등 다양한 잡역을 부담하였다는 것이다. 특수행정구역의 인민들도 지정된 특수한 공물을 납부하는 소민 외에는 일반 군현민에 비해 부과량이 다소 무거울 수 있으나 질적인 차이는 없었을 것으로 추정되고 있다. 이상과 같이 평민의 부세체계는 직역호의 부세체계와는 확연히 달랐던 것이다. 직역호를 정호로 부르고 직역이 없는 호를 백정으로 명명한 것이나[141] 양자의 부과체계를 달리한 것은 양자가 호적의 등재 여부에 의한 단순한 구분이 아니라 국가의 공공연한 인민 구분 정책의 소산이었음을 보여준다.

2) 고려 후기 부과체계의 변화

고려 후기에는 전기의 부세 부과체계를 탈피하지는 못했으나 부과체계의 변화가 없지 않았다. 변화를 가져온 가장 중요한 요인은 중간계급의 절대다수를 차지하는 군인호의 해체에 있었다. 군인전이 제대로 지급되지 않음으로 말미암아 중간계급 독자의 부과체계가 와해된 것이다. 군인호의 해체로 인하여 호구의 급격한 감소가 초래되자 공식 호구의 공백을 메운 것은 지방별초와 공호였다. 이들이 고려 후기에 새로운 공식호로 편성된 것이다. 공민왕 대 이후에는 또 한 차례 공식 호구의 변동이 일어났다. 군역이 신역화되고 대대적인 군사의 확충이 있게 되자 잡색역자 이외의 공호가 군사호로 흡수되어 버린 것

---

140) 공역은 중앙정부의 입장에서 보면 공부에 해당하지만 군현민을 역사하는 입자에서 보면 요역이다. 2단계에서의 부세 부담에 초점을 맞추는 이 글에서는 특별한 경우가 아니면 요역의 일환으로 취급하여 서술한다.
141) 앞의 2부 1장 참조.

이다. 이러한 공식 호구의 변동은 부세체계에도 일정한 변화를 야기하지 않을 수 없었다.

(1) 계급별 부과체계

고려 후기에도 문벌계급은 여전히 면세의 혜택을 누리고 있었다. 극심한 토지 부족 사태에 직면한 고려 후기의 정부가 관원들에게 사패를 내려 진황지를 할급해 주는 방식으로 분급토지 부족 문제를 해결하고 있었음은 잘 알려진 사실이다. 그런데 재경관원들은 사급전賜給田에서 전조만이 아니라 공부나 요역도 부담하지 않고 있었다. 앞에서 고려 후기에 그들의 외거노비들에게 공역이나 잡렴을 부과하지 못하도록 지시함을 보았지만 외방의 사급전에서 부세를 부담하고 있지 않았음은 다음의 자료에서 확인된다.

1) (충렬왕) 22년 6월 중찬 홍자번이 상서하기를 "… 토지에 경영자(役主)가 없어 사라진 인정(亡丁)이 많고, 민에 항심恒心이 없어서 도망간 호가 많습니다. 무릇 공부가 있으면 남아 있는 민으로 하여금 이를 감당하게 하니, 이것이 날이 갈수록 민이 조락하는 이유입니다. 마땅히 사급전도 그 (토지의) 다소에 따라 공부를 납부하게 하십시오."(『고려사』 권 78, 식화지1 전제 공부)

2) 충숙왕 5년 5월 교를 내리기를, "공신의 사전賜田이 산천을 표지로 삼아 받은 것은 날로 넓어지는데 세는 납부하지 않으니 공부를 내는 토지는 날이 갈수록 더 줄어들고 있다. 액수 외에 더 많이 차지하고 있는 경우에는 끝까지 조사하여 원래대로 되돌려라." 라고 하였다.(『고려사』 권 78, 식화지1 전제 공음전시)

자료 1)에서 홍자번이 사급전에도 전결의 다소에 따라 공부를 납부하게 하자고 요청한 것은 당시의 사급전이 공부를 내지 않고 있음을 반증하는 것이다. 자료 2)에서 공신의 사전으로 말미암아 공부지전이 날로 감축된다고 한탄한 것도 마찬가지이다. 그러나 이러한 요청은 받아들여지지 못하였다. 지급 액수보다 넘치게 점거한 경우에만 본주인에게 환급하도록 한 조치는 정부가 앞으로도 사전에서는 공부를 수취할 의사가 없음을 여실히 보여주는 것이다.

문벌계급은 면세의 특권을 이용해 농장에 투탁민을 수용하고 3세를 포탈케 하여 자주 물의를 빚었다.[142] 충선왕 대에 세법을 바꾸어 전결에 따라 부세를 부과하려는 움직임이 없지는 않았으나 재추들은 면세의 특권을 계속 향유하기 위해 이 건의를 눌러버렸다.[143] 그 뒤에도 충선왕은 전민계정사를 파견하여 현재의 토지와 인정을 기준으로 공부를 경정하게 하였지만[144] 큰 성공을 거두지는 못하였다. 다만 고려 후기에는 재정난을 타개하기 위해 부세제를 개정하는 대신 관원이나 개경민에게 임시세를 걷어 해결하는 경우가 많았음은 밝혀진 바 있다.[145]

고려 후기에도 문벌계급은 면세의 혜택을 누렸다. 다만 지방의 호적에 올라 있는 무직 양반에게는 해당되지 않았다.

---

142) 다음은 가장 대표적인 예이다. 乙酉 王在元 哈伯平章謂康守衡趙仁規曰: "昨有勅 其議可以安集百姓者 來奏." 王遂命宰樞與三品以上議之 皆曰: "上下皆撤處干 委以賦役可也." 處干耕人之田 歸租其主 庸調於官 卽佃戶也 時權貴多聚民 謂之處干 以逋三稅 其弊尤重 守衡曰: "必以點戶奏."(『고려사』 권 28, 세가 충렬왕 4년 7월)
143) "十一月. 宰樞議 遣採訪使于諸道 更定稅法 或曰 今郡縣田野盡闢 宜量田增賦 以贍國用 宰樞恐其所占田 圍入官 事遂寢"(『고려사절요』 권 23, 충선왕 2년)
144) 『고려사』 권 78, 식화지1 전제 공부.
145) 안병우, 「高麗後期 臨時稅 徵收의 배경과 類型」, 『한신논문집』 15, 1998.

충숙왕 5년(1318) 5월 하교하기를, "1. 대위왕大尉王이 주현의 세액이 날로 줄어들고 민생이 날로 피폐해지는 것을 염려하여 사자를 파견하여 순방하며 공부를 고르게 정하도록 하였다. 지금 황전荒田에서 은銀과 베布를 징수하여 공액貢額에 충당하고 있는데, 공부를 충실하게 할 수 없을 뿐만 아니라, 사민士民이 원망하고 한탄하고 있으니, 지금부터는 황전에서는 조租를 거두지 말라."고 하였다.(『고려사』 권 78, 식화지1 전제 조세)

공액을 채우기 위해 '사민'으로부터 진황전에서까지 은과 베를 걷고 있었던 것이다. 은과 베를 수탈당하던 자 가운데 '민'과 함께 '사' 즉 사족에 속하는 사람들이 들어 있었던 것이 주목된다. 외방의 호적에 등재된 탓이었다. 서울을 벗어남으로써 문벌계급으로서의 지위를 누리지 못하게 된 것이다.

그러나 외방의 호적에 등재되었더라도 당자가 직함을 보유하고 있으면 차역되지 않았다.

교서를 내려 말하기를 … 내외의 양반·향리·백성이 함부로 금인金印이 찍힌 검교직檢校職을 받아 직함을 내세워 부역을 피하니 심히 혼잡되고 외람된다. 사헌부와 각도의 존무제찰사들은 모두 (이들의) 직첩을 거두어 각자 본래의 역에 종사하게 하도록 하라 … (『고려사』 권 35, 세가 충숙왕 12년 10월 을미)

여기서 외방에 거주하는 '양반'이 향리·백성과 함께 불법적으로 검교직을 받아 부역을 피하는 사례가 있었음이 나타난다. 산직에 불과한 검교직을 받아도 부역을 피할 수 있었던 것이다. 관원의 후예들은 부세를 피할 수 없을지라도 직함을 보유한 당사자에게는 고려 후기에도 여전히 외방에 거주하여도 부세가 부과되지 않고 있었던 정황을 엿볼 수 있다.

(2) 새로운 공식호의 등장과 부과체계

고려 후기에는 공호貢戶와 '○○별초別抄'라는 새로운 공식호가 등장했다.[146] 새로운 공식호에 대한 부세 부과체계는 전기와 유사한 것도 있었지만 달라진 것도 있었다. 1단계에서 공식 호구를 염두에 두고 부세를 분정하면, 2단계에서는 위에서 분정된 부세를 준공식호까지 포함하여 재분정하는 이제까지의 분정 방식은 달라지지 않았다. 단지 고려 후기에는 창고궁사와 같은 왕실재정기구가 설치되어 군현에서 직접 수취하는 일이 잦아진 것이 달라졌을 뿐이다.

고려 후기에는 조용조 3세 외에 상요와 잡공과 같은 부가세가 출현한 것으로 알려졌다.[147] 이러한 부세들이 구체적으로 어떻게 부과되었는지는 잘 알 수 없다. 그러나 공식호와 준공식호가 부담하는 내용에는 차이가 있고 공식호 내에서도 성분별로 부담 내용이 다소 달랐을 것으로 짐작된다. 공호는 부담면에서 일반 공호와 물납物納의 잡색역호로 구분된다. 물납 잡색역호를 대표하는 자로는 염호를 들 수 있다. 소금 전매 정책에 따라 선정된 염호는 과거의 염소민 또는 그 후예이거나 본래 염업에 종사하던 다른 군현민들에서 차출된 것

---

146) 고려 후기 이들의 존재양태에 대해서는 이 책 2부 앞의 글 참조.
147) 박종진, 「조세제도의 변화」, 『고려시기 재정운영과 조세제도』, 서울대학교 출판부, 2000. 상요·잡공이 어떤 기준에 의해 부과되는지는 알 수 없다. 단지 명칭으로 미루어 상요는 전란으로 인하여 貢役 등의 요역 부과가 어려워 요역의 役價를 명분으로 하여 생긴 것이고, 잡공은 그때그때 정부의 필요에 의해 부과된, 일종의 常貢 후보 물품이 아니었을까 짐작된다.

으로 보인다.[148] 이처럼 특이한 생업을 영위하는 물납의 잡색역자들은 후일 지정된 물품을 앞에 명시하고 뒤에는 간干이라는 비칭卑稱을 붙여 '○○干'이라 명명되는 '칭간자稱干者'가 되었다.

줄어든 공식호의 숫자를 메우기 위해 백정에서 차출된 일반 공호들은 과거의 공식호처럼 조포를 부담하되 지방차원의 잡역은 면제되었을 것이다.[149] 그러나 과거의 공식호인 직역호에 대한 부과체계와 같을 수는 없었다. 공식호임에도 불구하고 백정 때와 마찬가지로 조세와 공부를 부담한다는 점이다. '공부를 부담하는 호'라는 지극히 평범한 이름으로 명명된 것도 그 때문일 것이다.

거주 지방의 이름을 붙여 '○○별초'라 불린 지방별초의 성분은 시기별로 달랐다.

처음에는 자발적으로 모집에 응한 자들로 구성되었으나 몽고와의 전쟁이 장기화되는 가운데 전정을 받고 정규군사로 동원되는 자들도 생겨났다. 원간섭기에는 백정 가운데 징발로 충원되어 지방의 상비군 조직으로 정착되었다.

고려 후기의 공식호에는 2인 정도의 남정만이 등재되고 공식호 호주의 1가에 속하는 나머지 인정은 비공식 호구로 남겨지는 것이 보통이었으므로 분정 1단계에서 부세는 일단 공식호를 대상으로 하여 부과하는 것을 원칙으로 하였을 것으로 보인다. 따라서 상요와 잡공도 공호와 지방별초호가 부담하였을 것이다.

같은 공식호라도 지방별초호는 공호와 부세 부담이 약간 달랐을 것이다. 지방별초는 모집에 의해 정규군으로 편성될 당시에는 전정을 받고 면조 외의 부

---

148) 유승원, 『조선초기 신분제연구』, 을유문화사, 1987, 196~199, 300~303쪽.
149) 지방차원의 소소한 요역을 비공식호가 부담했음은 다음의 조치에서 짐작할 수 있다. 恭愍王五年六月敎: "各處加定別抄 不論老弱單丁 勒令遠戍 往來疲頓 轉相避逃 其令沿海軍民 悉充防戍 仍蠲徭役 遠地之民代供其役 勿令赴防 兩得其便."(『고려사』 권 82, 병지2 鎭戍) 즉 防戍에 충당되는 '沿海軍民'(공식호)의 요역을 부방하지 않는 '遠地之民'(비공식호)이 대신 맡게 한 것이다.

세상의 특혜도 주었을 가능성이 있다. 그러나 징발에 의해 충원되는 원간섭기가 되면 요역의 면제 정도만 남게 된 것으로 보인다.

> (충렬왕) 9년 3월에 중방에서 산직·학생·백정을 뽑아서 동정군東征軍에 충당하였는데, 때때로 집을 부수고 도망하는 자가 있었다. 중방에서 요청하기를, "전정을 빼앗아 종군하는 자에게 주고, 사린四隣에서 신고하지 않으면 백금 1근을 징수하고, 집에 숨겨준 자는 2근을 징수하십시오."라고 하였다. 윤수가 목소리를 높여 말하기를, "여러 학생 가운데 과거에 응시하였다가 합격하지 못한 자들은 모두 동정군東征軍에 보충하십시오."라고 하였더니, 여러 학생들이 두려워서 나오지 않았다.(『고려사』 권 81, 병지1 병제)

여기서 피역하여 달아난 자의 토지를 빼앗아 종군자에게 지급하게 한다는 것은 이전에 종군자에게 토지를 주지 않았음을 의미하기 때문이다. 공민왕 초까지 요역의 면제는 유지되었다.[150]

공민왕 대 이후에는 부세제에 다시 일정한 변화가 생겼다. 공민왕 대 이르러 군역이 직역에서 신역으로 전환된 것이 계기가 된 것이었다. 공민왕 5년의 개혁을 기점으로 양인개병제의 첫발을 뗀 정부는 이후 계속된 왜구의 침략에 직면하여 대대적인 징병과 군적 작성에 힘을 기울였다. 평범한 납세호로서의 일반 공호들도 군사로 전환되었고 비공식호로 남아 있던 백정들도 대거 군사로 징집되었던 것이다. 이리하여 공호에는 주로 물납의 잡색역자만 남게 되었다.

징집된 군사들에게는 아무런 토지도 지급되지 못했다.

---

150) 바로 위의 각주와 같은 자료.

왕이 재이災異로 인하여 신하들에게 구언하자 김속명이 헌납 황근 등과 함께 글을 올리기를, "… 옛날에는 군사를 선발하면 토지를 주었기 때문에 군사들이 모두 먹을 것이 풍족하여 정역征役하는 것을 꺼리지 않았습니다. 요즘에는 호세가들이 1,000결, 100결에 이르기까지 겸병하기 때문에 일찍이 군부軍夫에게 1무도 지급하지 못하고 있습니다. 징발되어 적진으로 나아갈 무렵에는 거의 모든 사람들이 흐트러져 있는데, 하물며 적에 대한 분개를 바라겠습니까? 청컨대 선군하여 급전하는 법을 복구하시기를 요청합니다." 하였다.(『고려사』 권 111, 김속명 전)

급전의 필요성은 제기되었지만 급전은 이루어지지 못했고 별다른 부세감면조치도 찾아볼 수 없다. 이제 공식호의 대종을 이루게 된 군사호는 아무런 반대급부 없이 군역과 함께 이전의 공호처럼 광범위한 부세를 부담하지 않을 수 없게 되었다.

비례세제로의 지향이 나타난 것도 여말 부세제의 중요한 변화였다. 전결 다소를 기준으로 하여 부과하려는 움직임이 이미 원간섭기에 나타났음은 널리 알려져 있다. 비록 시행을 보지는 못하였으나 부세에 전결 기준을 도입하려는 노력은 계속되었다. 충숙왕 원년에 충선왕이 주도한 공부제 개혁이 그 좋은 예이다. 이때 중점을 둔 사항은 과거 호구의 정액에 얽매이지 말고 현존의 호구와 전결을 토대로 군현에 분정하라는 것이다. "현재의 토지와 인구로 공부를 다시 정하라"고 하거나[151] "양전하여 부세를 조정하자"라

---

[151] 『고려사』 권 78, 식화지2 전제 공부 충숙왕 원년 정월.

는 주장이[152] 그러하다. "주군의 잔성殘盛을 보아서 그 액수를 균형 있게 정하자"는 주장[153] 역시 주군의 전결과 호구 수를 토대로 부세액을 산정하자는 것이다.

비례세제와 병행하여 납세자의 부담을 덜어줄 수취방식도 도입되고 있었다. 호등제와 대납제가 그것이다. 고려 전기에 요역에서 인정기준의 호등제가 시행되던 것이[154] 고려 후기에는 과렴의 경우처럼 모든 서울 거주민을 대상으로 물품을 걷는 데 자주 적용되었다.[155] 처음에는 상중하 3등급의 호등을 구분하는 분명한 기준은 정해지지 않았으나 후에는 집의 칸수로 정해졌고, 물품을 걷는 데만이 아니라 출군하는 데에도 적용되었다.[156] 마침내 우왕 원년에는 호등제를 외방에까지 확대하려 시도하기도 했다.(『고려사』 권 84, 형법지1 공식 호혼)

고려 후기의 호등제는 조세형평성을 위한 것이라기보다는, 대토지겸병으로 인하여 농민이 광범위하게 몰락함에 따라 부에 따라 차등을 두어 부과하지 않고서는 수취가 원활히 이루어질 수 없었던 상황에서 부득이 취해진 조치였다. 그러나 비례세제로 발걸음을 떼놓은 것은 의미 있는 일이라 할 수 있다. 일단 조세형평성을 높이는 방향으로 물꼬를 튼 이상 다시 이를 되돌리기는 쉽지 않은 일이기 때문이다.

공부의 납부를 위한 대납이 확산되고 있었던 것도 고려 후기 부세제의 변화에서 간과할 수 없는 부분이다. 고려 후기에는 대납이 공물에서 활발히 이루

---

152) 『고려사』 권 78, 식화지2 전제 공부 충숙왕 원년 2월.
153) 『고려사』 권 78, 식화지2 전제 공부 충숙왕 원년 3월.
154) "編戶以人丁多寡 分爲九等 定其賦役"(『고려사』 권 84, 형법지1 공식 호혼)
155) 대표적인 사례를 한두 가지 보이면 다음과 같다. 『고려사』 권 28, 병지2 둔전 충렬왕 구년 삼월; 『고려사』 권 79, 식화지2 과렴 충렬왕 15년 2월.
156) 『고려사』 권 81, 병지1 병제 신우 원년 8월; 『고려사』 권 81, 병지1 병제 신우 3년 4월.

어졌고 요역에서까지도 행해졌다.[157] 대납은 방납의 폐단을 불러오기도 하지만 대납이 가진 이점도 뚜렷하다. 불산不産공물이나 난비難備공물을 미포로 대납하면 납부가 용이해진다. 또 현물의 납부보다는 대납이 빈부에 따른 부담의 차를 좀 더 섬세하게 조정할 수 있다. 다만 고려 후기의 대납은 체계적이고 합리적인 대납 규정에 의거한 것이 아니라 지방관아의 재량 하의 편의적이고 임의적인 대납이었다는 점에서 한계가 뚜렷했다.

3. 조선 초기 ―보편적 부세체계의 확립

1) 조선 건국기 ―보편적 부과체계의 지향

(1) 전제개혁기 ―개세제에 입각한 비례세제의 지향

위화도 회군 이후 역성혁명파는 누구나 담세능력에 비례해서 부세를 부담해야 한다고 생각하였고, 그에 맞추어 방안을 제시하고 개혁을 추진하였다. 즉 개세제에 기초한 비례세제라는 조선 초기 부세제 개혁 방안의 연원은 이들에게 있었던 것이다. 조준이 우왕 14년 8월에 올린 시무책에서 촉구한 호구제의 개혁방안은 다음과 같다.

> 원컨대 지금 양전할 때를 맞아 경작하는 토지를 살펴서 토지의 다과로 상·중·하를 매겨 그 호를 호적에 올리고, 또한 호는 양·천으로 나누어 수령이 안렴사에게 올리고 안렴사가 판도版圖에게 올리도록 하면, 조정에서 병사를 징발하고 역을 차정할 경우 근거할 것이 있게

---

157) 박종진, 앞의 책, 232-237쪽.

될 것입니다.(『고려사』 권 118, 조준 전)

양천 모두를 호적에 올리고 보유한 전결 수에 따라 호등을 나누어 요역은 물론 징병에까지 전결기준의 호등제를 적용하려 한 것이다. 군역과 요역 모두 인정을 대상으로 부과하는 것인데 가호의 토지 소유량을 참작하여 부과하고자 한 점에서 무척 파격적인 제안이었다. 이성계도 일찍이 동계東界에 전결을 기준으로 한 과세를 촉구한 바 있다.[158] 역성혁명과 사이에 전결기준의 비례세제에 대한 합의가 이루어져 있었던 것이다.

전제개혁 과정에서 전세공물전이 탄생되었다.[159] 전제개혁 이전에도 조운을 이용하여 서울로 전세를 수송하기 어려운 경상도 상도上道 같은 곳에서는 미두 대신 포화를 납부하였다. 그러나 전세공물전이 전국에 걸쳐 존재할 수 있게 된 것은 사전혁파의 결과였다. 외방의 사전에서 곡물 대신 포화잡물로 납조하던 이전의 관행을 정부가 그대로 인정해 줌으로써, 전세공물전이 국가 수조지의 중요한 몫을 차지하게 되었던 것이다.

대납 여부는 납조자의 의사에 따라 결정하도록 하였고, 대부분의 납조자는 대납을 선택했다. 전세 수송의 품도 줄일 수 있었고 무엇보다 정부가 전세공물의 값을 넉넉히 쳐주기 때문이었다. 정부 역시 전세공물전 설정을 통해 공물을 안정적으로 확보할 수 있는 이점을 누렸다. 전세공물전의 설정은 고려 후기에 활성화되고 있던 대납의 관행을 계승·발전시키는 것이기도 했다. 전

---

158) "我太祖獻安邊之策曰: 東北一道州郡介於山海 地狹且堉 今其收稅 不問耕田多寡 唯視戶之大小 和寧於道內地廣以饒 皆爲吏民地祿 而其地稅 官不得收取 民不均 餉軍不足 今後道內諸州及和寧 一以耕田多寡科稅 以便公私."(『고려사』 권 78, 식화지1 전제 조세 신우 9년 8월)

159) 이하 전세공물전과 관련된 내용은 이 책의 2부 3장 「전제개혁과 전세공물전」 참조.

세공물전에 의해 인민의 자원에 의한 대납이 공식화되었고 방납의 폐단 없이 정부와 인민이 모두 편리하게 대납을 이용할 수 있게 된 것이다.

(2) 태조 대 ―호등제의 시행과 호등적의 구비

① 공부 ―호포의 폐지와 공안의 정비

조선왕조가 개창되자마자 단행한 것은 공식호에 부과되던 '호포'의 폐지였다. 태조의 즉위교서에서 호포를 걷고서도 잡공을 걷는 것은 인민을 병들게 한다는 이유를 들었다.(『태조실록』 1년 7월 28일) 이 조치는 공안 정비의 신호탄이었다. 부과체계에서 공식호와 비공식호를 가르던 구분선 하나를 없앤 의미를 가진다. 태조 즉위 3개월 후 작성된 조선 최초의 공안에서는 전제개혁에서 설정된 전세공물과[160] 함께 기존의 상요·잡공 명목의 물품을 전면적으로 재조정하여 상공常貢으로 흡수하였다.[161]

공안 작성으로 군현의 상납물은 확정되었지만 2단계에서의 분정을 위한 별다른 규정은 제정되지 않았다. 중앙에서는 잡색역자로부터 지정된 공물을 수취하였을 뿐 2단계의 분정 기준은 군현의 재량에 맡겨졌다. 즉 해당 군현에서 종전의 관행이나 자체의 새로운 기준으로 준공식호 이상의 가호로부터 본래 지정된 현물 또는 대납가를 수취하거나, 공역貢役을 차정하여 마련하였을 것이다.

---

160) 이때의 공안에 전세공물이 포함되어 있었음은 다음의 자료에서 확인된다. "慶尙道監司啓民間弊瘼條件: 一. 歲在壬申(태조 1년)詳定貢賦之時 上道諸郡則多定布貨 陸路上納 沿邊各官則多定米穀 海路遭運 丙戌年始革遭轉 幷令輸賦於忠州金遷江 上下道米布 更不均定 遐遠下道 米穀多而人馬勞弊 不勝其苦 請以米布 分定上下道 以均賦役"(『세종실록』 권 56, 세종 14년 4월 17일)

161) "貢賦詳定都監上書曰: 恭惟殿下應天順人 奄有國家 踐祚之初 首命臣等考前朝貢案 歲入多寡 歲支經費 斟酌損益 以祛積弊 以立常法 實生民之福也 … 臣等謹稽舊籍 辨土地之物産 立貢賦之等第 量減前額 定爲常法 其時物之不可爲常貢者 則列於常貢之外 名之曰別貢 如橘柚之類是已 …"(『태조실록』 권 2, 태조 1년 10월 12일) 상요·잡공이라는 부가세가 상공으로 통폐합되자, 이후 '상요'·'잡공'이라는 용어는 각각 일상적인 요역과 여러 가지 공물을 가리키는 보통명사가 되었다.

② 요역 —호등제의 시행과 호등적의 구비

요역에서는 건국 직후 2단계에서까지 적용될 수 있는 요역의 명확한 차정 규정이 제정되었다. 가호의 인정 다소를 기준으로 한 3등호제였다.

1) 도평의사사의 배극렴·조준 등이 22조목을 상언하기를 " … 1. 민정은 16세로부터 60세에 이르기까지 역을 맡는데, 10정 이상을 대호로 삼고, 5정 이상을 중호로 삼고, 4정 이하를 소호로 삼아 정을 계산하여 민을 적에 올리고(計丁籍民), 만약 요역이 있으면 대호는 1명을 내고 중호는 둘을 합하여 1명을 내고 소호는 셋을 합하여 1명을 내어 그 역을 고르게 할 것이며, 만약 유망하는 자가 있으면 그 이유를 묻고 더욱 불쌍히 여겨 구휼함을 더하여 완취하게 하는데 힘쓰게 합니다 … " 임금이 모두 그에 따랐다.(『태조실록』 1년 9월 24일)

2) 도평의사사에서 장계하기를 "전에 성을 축성하는 공역에 방리의 사람으로 하여금 가게 했더니, 장실한 자는 갖은 꾀를 부려 면하기를 엿보고, 쇠잔하고 병 있는 호에서는 아이나 여자를 내보내니, 심히 도리가 아닙니다. 지금부터는 누구든지 집 있는 자(有家者)는 다 장정을 내어 보내되, 대호는 2명, 중호는 1명, 소호는 셋을 합하여 1명씩 나오게 하고, 만약에 부역을 빠지거나 아이나 여자를 역에 내보내는 자는 호주를 논죄하도록 하십시오." 하니 그에 따랐다.(『태조실록』 3년 7월 21일)

자료 1)은 인정의 다과를 토대로 제정된 호등제의 내용을 보여주며, 자료 2)는 대호·중호의 부담만 2배로 강화되었을 뿐 자료 1)의 호등제가 시행된 구체적인 사례이다.

  태조 1년의 호등제가 지닌 역사적 의미는 자못 큰 것이었다. 첫째, 조선 초기 고유의 부세제의 첫 시행이었다는 점이다. 보유 노동력의 크기를 정확히 반영할 수 없는 호등제를 채택했다는 점에서 한계는 뚜렷하다. 그러나 호등제 역시 노동력을 많이 보유한 가호는 적게 보유한 가호보다 요역을 더 많이 부담하도록 하는 것이어서 비례세제의 정신을 담은 것이었다. 또 사환호와 신역호를 가리지 않고 모든 공식호를 그 대상으로 한 것이어서 개세제의 정신이 담겨 있는 것이기도 하였다.

  둘째, 고려시대 이래 각 군현이 가진 부세 분정상의 재량권에 대해 중앙정부의 본격적인 통제가 시작되었음을 알리는 것이었다는 점이다. 1단계의 분정 기준을 정한 데 그치지 않고 2단계에서도 분정 시에 반영할 지침을 내린 것이었다. 이 규정에서 분등의 기준이 된 '호戶'와 '정丁'은 공식 호구이지만,[162]

---

162) 호등제에서의 호·정을 공식 호구로 보는 이유는 다음과 같다. 첫째, 중앙에서 파악하는 호구란 군현으로부터 중앙에 상송된 호적에 등재된 공식 호구일 수밖에 없다는 점이다. 세종 대의 호등제의 경우이기는 하지만 호등제의 대상이 된 호는 공식호였다. 둘째, 호등 사이에 호수 차이가 크다는 점이다. 당시의 공식호 1호당 평균 정수는 2명 내외였지만 사환호와 직역호 사이의 편차가 커서 지방의 사환호라도 공식구는 상당한 수에 달했다. 대호나 중호의 분등 기준이 각각 10정, 5정이었던 것은 그러한 사정을 반영한 것이다. 셋째, 호등별 호수 분포가 지극히 아래 호등에 편중되었다는 점이다. 자연호에 대한 분등이라면 이처럼 호수 분포의 편차를 크게 하는 호등을 책정하지 않았을 것이다. 세종년간 강원도 공식호의 호등별 호수 분포를 보면 잔잔호)잔호)소호)중호)대호의 순으로 호수가 많고 호등 간 격차도 무척 커서 대·중·소호의 수를 모두 합해도 최하 호등인 잔잔호의 숫자에 턱없이 못 미친다.("江原道監司啓 … 此道二十六官民戶 總一萬一千五百三十有八 其中大戶十 中戶七十一 小戶一千六百四十一 殘戶二千四十三 殘殘戶七千七百七十三 … 今後道內戶籍, 以二十結以下十結以上爲中戶, 六結以上爲小戶, 四結以上爲殘戶, 三結以下爲殘殘戶 從之"『세종실록』 권 74, 세종 18년 7월 9일) 전결수가 적은 강원도의 사례이기는 하지만 다른 도와의 형평을 맞추기 위해 분등을 낮춘 뒤에도 그 대략적인 분포의 모습이 이전과 별로 달라지지 않는 것을 보면 다른 도의 경우도 분등이 낮을수록 숫자가 증가하는 분포의 모습은 크게 다르지 않았을 것이다.

정부가 호적에 등재된 호구만 요역의 차역 대상으로 상정하지도 않았을 것이고 군현 역시 차역할 때 비공식 호구도 포함시키지 않을 수 없다. 비공식 호구는 제쳐 두고 공식호인 사환호와 신역호만 차역 대상으로 할 수 없는 노릇이기 때문이다. 또 군현에게 상당한 재량권이 주어졌다 하여도 차역할 때 중앙에서 천명한 분정의 취지와 방식을 전적으로 무시할 수도 없었을 것이다. 곧 살펴볼 바와 같이 군현마다 가호의 호등을 명시한 문적까지 작성하여 구비했다.

셋째, 이때의 호등제가 실제로 시행되고 태조 대 이후에도 조선 초기 부세 부과의 한 방식으로 자리 잡았다는 점이다. 우왕 원년에도 이와 비슷한 규정이 마련된 바 있었지만[163] 실행에 옮겨지지 못했던 반해, 이때의 3등호제는 실행되고 오래 유지되었다. 3호등제는 '원육전元六典'(『경제육전』)에 재록되었을 뿐 아니라 호등제의 성격이나 내용은 후술하는 바와 같이 여러 차례 바뀌었음에도 불구하고 '원육전'의 규정으로서 후대에 실행되고 『경국대전』에까지 계수된 규정도 있다.[164]

여기서 한 가지 유의할 사항이 있다. 이때를 기점으로 군현마다 호등제 시행하는 데 바탕이 되는 문적(이하 '호등적'이라 표기)을 갖추게 되었다는 점이다. 군현마다 호등적을 갖추게 한 사실은 우선 자료 1)에서 찾아볼 수 있다. 호적에 등재된 호와 구를 바탕으로 호등의 기준을 설정했는데 새삼스레 "정을 계산하여 민을 적에 올린다(計丁籍民)"고 한 것은 기존의 호적과는 다른 문적

---

163) 辛禑元年二月 敎曰 "使民之道, 務從優典 今後 外方各處民戶 一依京中見行之法 分揀大中小三等 其中戶以二爲一 小戶以三爲一 凡所差發 同力相助 毋致失所"(『고려사』 권 84, 형법지1 호혼).

164) "國家歲課官民種桑 法非不美 但在奉行如何耳 乞依『元六典』大戶三百本 中戶二百本 小戶一百本 有成效者 給復一年 不如法者 竝For令治罪 … 從之"(『세조실록』 10권, 세조 3년 12월 17일). 『元六典』에 대·중·소호의 구분이 있었음을 보여준다. 이 규정은 세조 대에 몇 차례의 논의를 거쳐 경국대전에 계수되었다. "矗室都會處 種桑培養 民戶竝令種桑 大戶三百株 中戶二百株 小戶一百株 守令檢察培養 …"(『경국대전』 공전 栽植).

을 상정하는 것이기 때문이다.[165]

공식호만 가지고 분등한 '호등적'은 어떻게 활용되는 것인가. 예컨대 국가적 차원의 공역이 있을 경우를 가정해 보자. 중앙에서 공역에 필요한 인원의 총규모를 산정한 다음 공식호·구의 수를 토대로 각도에 차출할 인원수를 배정하면, 각도에서도 마찬가지로 공식호·구의 수를 토대로 각 군현에 차출할 인원수를 배정하게 된다. 그러나 각 군현이 할당된 인정 수를 민호에 분정할 때는 공식호·구에 준공식 호·구까지 통산하여 호등제에서 정한 비율을 모범으로 하여 구체적인 자체 분정기준을 마련하게 될 것이다.

태종 대 이후의 4등호제나 5등호제처럼 호등의 수나 분등의 기준이 달라져도 호등적의 운영에 큰 어려움은 없었을 것으로 생각된다. 호등의 수를 증가시킨 4등호제나 5등호제의 경우도 '불성호'나 '잔호'·'잔잔호' 몇 호를 소호로 기능하게 하여 실제로는 3등호제에 준하여 운영하는 것이어서[166] 기존의 호등적을 충분히 활용할 수 있다. 분등의 기준이 달라져도 마찬가지이다. 호등은 공식호에 적용되는 것이어서 군현당 평균 700호 정도에 불과하기 때문이다.[167] 이 정도의 가호를 대상으로 변경된 기준에 맞춰 해당 가호의 기존 호등을 기계적으로 승강시키는 일은 난이도가 그리 높지도 않고 시간 소요도 그리 크지 않을 것이다.

---

165) '민을 적에 올린다'는 것이 기존 호적에 등재되어 있는 각호에 상·중·하의 호등을 부기한다는 것인지, 기존의 호적과는 별도로 호등별 호의 명단을 기록한 새로운 문적을 작성하게 한다는 것인지 확언하기는 어렵지만 후자일 것으로 여겨진다. 우선 '정을 계산하여 민을 적에 올린다'는 표현은 후자에 더 잘 어울리는 표현이라는 점이다. 다음으로는 '호등적'을 따로 마련하는 것이 요역의 운영에 더 편리할 것으로 여겨진다는 점이다. 호구장적은 문서의 부피가 클 뿐만 아니라, 호등제를 시행할 때마다 장적을 들추어서 호등별로 추려내기 번거로울 것이기 때문이다.
166) 김창회,『조선 전기 호등제도와 공물·요역 연구』, 가톨릭대학교 박사학위논문, 2024 참조.
167) 태종~세종 당시 전국 호수는 20만 호 정도이며 군현 수를 300개 정도로 잡으면 군현당 평균 700호에 미치지 못한다.

2) 태종~세종 대 ─보편적 부과체계의 발족

태종 대에는 요역과 공부의 분정에 전결기준이 도입됨으로써 보편적 부과체계가 본격적으로 시행될 수 있게 되었다. 일상적인 부과체계로서의 호등제는 퇴조하고 말았다. 기존의 호등제는 요역의 차역에 한정되는 것이었을 뿐 아니라 전결기준에 의한 부과는 호등제보다 비례세·개세제의 취지를 훨씬 더 잘 반영하는 것이기 때문이다. 요역과 공부에서 전결기준은 빠르게 보급되었고 호등제는 특별 사업을 위한 수취에 한정하여 이용되는 것으로 변모되었다.

(1) 태종 대 ─전결기준의 도입과 호등제의 변개

① 요역에서의 전결기준 도입

인정 수를 기준으로 한 요역의 차정 기준은 제1차 왕자란 이후 그 기준이 바뀌었다. 부세제 개혁의 신호탄을 올린 정종 즉위 교서에서는 다음과 같이 인구의 다소라는 기준에 토지의 광협이라는 기준을 병행하는 새로운 분정 원칙이 천명되었다.

> 군신들의 하례를 받고, 어가가 돌아와 정전에 앉아서 교지를 반포하였다. "왕은 말하노라. … 무릇 민에게 편한 사의事宜를 조목별로 열거하면 아래와 같다. … 1. 부역이 고르지 못한 것은 민에게 매우 해로우니, 지금부터는 부득이한 일이 있으면 도평의사사로 하여금 여러 도의 토지의 광협과 인구의 다소를 살펴서 차등 있게 분정하고, 여러 도의 감사는 주·부·군·현의 토지·인구의 광협·다소로 차등 있게 분정하며, 수령은 각호의 토지·인구로써 차등 있게 분정하면 균

등하지 않다는 탄식은 없게 될 것이며, 환과고독鰥寡孤獨·노쇠하고 폐질 있는 사람(疲癃殘疾)으로서 동거하는 사람이 없는 자는 전체를 면제하게 할 것이다.(『태조실록』 7년 9월 12일)

전결·인정 두 기준의 병행 원칙을 1단계에서만 아니라 2단계에까지 적용하도록 하는 것으로 목표가 세워져 있었던 점이 주목된다. 이 원칙은 이후 『속전』에 재록되었고 오랫동안 유지되었다.[168]

그런데 여기에서 유의할 점은 표면적으로는 인정과 전결 양 기준이 대등한 비중을 가지는 것 같지만 실은 전결기준에 초점을 둔 것이었다는 점이다. 전결 기준을 적용하기 위해 기존의 인정기준의 규정을 개정한 것이기 때문이다. 뿐만 아니라 정부는 기회가 있을 때마다 전결기준을 강조했고, 전결기준을 적용해서 과세했다. 이를테면 신역에도 전결기준을 도입한 것이다. 각 군현의 신역호나 관속호에 빈부강약에 따라 조호助戶를 차등지급하게 하면서 역종에 따른 기준 전결을 책정한 것이 그것이다.(『태종실록』 4년 5월 23일)

전결을 기준으로 요역을 차정하는 방식은 빠르게 정착되어 갔다.[169] 태종 10년에는 "묘畝를 계산하는 요역은 그 고통이 심하다"고 하여(『태종실록』 10년 10월 29일) 이미 철저한 전결 기준이 채택되고 있음을 알려 주고 있다. 또 태종

---

168) "頒降宥旨 … 其文曰: … 一. 差役均平 人口田糧多小爲差 著在戶律 今聞守令只以人口多少出役 甚爲未便 今後一遵律文 違者糾理 …"(『태종실록』 권 27, 태종 14년 6월 9일); "傳旨戶曹: 『續典』: 諸道監司賦役分定時 以土地廣狹人口多少差 等 其鰥寡孤獨疲癃殘疾家無餘丁者 全免"(『세종실록』 권 105, 26년 윤7월 6일)
169) 강제훈, 「조선초기 요역제에 대한 재검토: 요역의 종목구분과 역민규정을 중심으로」, 『역사학보』 145, 1995에서 차정 기준을 전결에 두는 '계전법'은 적어도 정종 즉위 이후 확고히 자리 잡았음이 지적된 바 있다.

13년에는 호패법을 시행하여 이전에 호적에 등재되지 않았다가 새로 노출된 '가현자'가 날로 늘어나게 되자 인민이 동요할 것을 우려해 호패에서 파악된 인정수에 따라 차역하지 말고 "예전대로 소경다소에 따라 차정하라"는 지시를 내리고 있었다.(『태종실록』 13년 12월 1일)

요역에 인정기준 대신 전결기준을 채택하는 것이 확산되자, 전결기준 일변도의 기준이 가지는 문제점을 지적하면서 인정기준으로 대치하자는 진언까지 나오는 상황이 벌어졌다.

> 전라도 도관찰사 정경이 각관 수령·품관의 진언을 올리니, 의정부·육조에 내렸는데 의견을 모으기를 … 1. 무릇 민은 먹는 것을 근본으로 삼습니다. 비록 환과鰥寡라 하더라도 소를 가지고 사람과 바꾸어 밭을 경작합니다. 역민役民의 일은 모두 소경所耕으로써 하니 입군立軍이 어렵고, 환과는 농사지을 수 없으므로 소경이 날로 줄어들며, 농사짓는 자는 적어지고 유수자遊手者는 많아져 민의 식량이 부족해집니다. 이제부터 부렴賦斂에는 소경의 다소를, 출군에는 인정의 다소를 쓰십시오 … 그에 따랐다.(『태종실록』 17년 윤5월 28일)

'부렴'에는 전결 기준을 적용하되, '출군'에는 인정 기준을 적용하자는 요청은 윤허를 받게 되었다. 여기서 '출군'이란 군사를 내는 것이 아니라 '역군役軍'을 내는 것이다.[170] 요청이 윤허되기는 했지만 이후 인정 기준으로 환원된

---

170) 연구자 중에는 간혹 출군을 군사를 내는 것으로 오해하는 경우들이 있었다. 앞부분에서 "민을 부리는 일"임이 명시되어 있는 바와 같이 여기는 군역의 차출 기준을 언급할 문맥이 아니다. 만약 군역이라면 군역과는 무관한 '鰥寡'의 경우가 예시될 까닭이 없다. '軍'이 군사만이 아니라 역군을 가리켜 사용한 용례는 쉽게 찾아볼 수 있다. "權軫啓: 各道築城人丁 田一二結 令出一二人 三四結 出二三人 民甚苦之 乞減其數 上曰: 人皆言 昇平之世 何汲汲於築城乎 予以爲不然 安不忘危 爲國之道

사례는 찾아볼 수 없다. 실제로 이 뒤에도 인정 기준의 적용은 환과고독이나 장애인의 경우처럼 전결기준과 인정기준이 극단적으로 배치되는 특수한 경우에 한하여 적용하는 것이었다고 보인다.

자료를 보면 이러한 진언을 한 자는 '각관 수령·품관'이다. 2단계에서는 군현이 상당한 재량권을 가지고 있었는데 이 같은 요청이 왜 나온 것일까. 분정기준에 대한 수령의 재량권을 재확인하는 요청이었던 셈이다. 법에도 전결기준과 인정기준을 병행하게 되어 있으니 이러한 요청은 정당한 것이고 정부로서는 허용하지 않을 수가 없다. 그런데도 진언이 나온 것은 그간 2단계에서도 전결기준을 적용하는 것이 하나의 대세가 되어 수령들이 그러한 대세를 거스르고 인정기준을 적용하는 데 상당한 부담을 느끼고 있었던 탓일 것이다.

중앙정부가 전결기준을 강력히 종용했고 2단계에서도 전결기준을 적용하는 것이 대세가 되었는데도 전결기준으로 바꾸지 않고 법전에 인정·전결의 두 기준의 규정이 오랫동안 그대로 유지되고,[171] 수령이 이를 재확인하려 한 이유는 무엇인가. 첫째, 굳이 기존의 인정기준을 삭제할 이유가 없다는 점이다. 그대로 두어서 병폐를 야기시키지 않는다면 "조종성헌을 가볍게 바꾸어서는 안 된다"는 원칙을 깨고 기존의 법령을 바꿀 필요가 없다는 것이다.

焉有寇至 然後築城之理乎 築城之事 不可緩也 然因所耕多少出軍 已有令 果如卿言 則太過矣 其令兵曹 考前受敎 申明擧行"(『세종실록』 권 58, 세종 14년 10월 10일); "左贊成皇甫仁議曰: 國初 先正田制 定其結負收租之法 使之不得數外加斂 此唐之租法也 今又田分六等 年分九等之法立 則租法可得正矣 至於庸調之法 則國家已定役民之時 量限役日之數 出軍之際 考其所耕多少 定其額數 分辨大中小戶殘戶殘殘戶 以定貢物之數 其間節目 雖不盡如唐法之詳 然其大略則已具 今更磨勘各戶在前貢物之數 酌定不易之制 考劾所耕出軍之數 明立一定之法 則庸調之法 庶可得行矣 … "(『세종실록』 권 112, 세종 28년 4월 30일)

171) 두 기준을 적용하게 한 규정의 존재는 태종 14년과 세종 26년에 확인되는데(『태종실록』 권 27, 태종 14년 6월 9일; 『세종실록』 권 105, 세종 26년 윤7월 6일) 전결 기준이 정착된 후인 태종 12년에 반포된 『속육전』에 본 규정이 등재되었고, 세종 8년에 반포된 『신속육전』과 세종 15년의 『신찬경제속육전』에도 그대로 남아 있었다.

둘째, 두 기준은 정부가 각 도에, 그리고 각 도에서 각 군현에 분정할 때 얼마든지 병행해 사용할 수 있다는 것이다. 중앙에서 도별 호구 총수와 전결 총수를 가지고 도별로 할당량을 책정하는 것은 별로 어려운 일이 아닌 듯하다.[172] 도에서 군현에 분정할 때도 마찬가지이다. 1단계에서는 두 기준의 병행이 별다른 문제가 되지 않을 뿐더러 사안에 따라서는 병행이 더 나을 수 있다.

셋째, 2단계에서 민호에 분정할 때에는, 어차피 군현 자체의 기준에 의해 분정할 터이므로 굳이 기존의 규정을 바꾸지 않아도 무방했고 그것이 도리어 더 편리했다는 것이다. 수령은 두 기준을 반영해도 좋고 두 기준 중 하나만 적용하는 것도 가능하다.[173] 수취량을 충족시키고 별다른 민원을 발생시키지 않는 한 정부에서 간여할 필요가 없다. 군현에서는 상부로부터 분정되어 내려온 수량을 기계적으로 분정하는 것이 애당초 불가능했다. 1단계에서의 추계에서는 빠져있는 비공식 호구가 허다했기 때문이다. 또 요역에는 중앙정부가 간여하지도 않고 간여할 수도 없는 지방관아 차원에 소소한 잡역이 있었고[174]

---

[172] 전결 수와 호구 수를 함께 참작하여 정부가 기준을 정하는 방식은 널리 사용되고 있었다. 예컨대 태종 대부터 본격화된 군현제 개편에서 주·부·군·현의 명호를 결정하는 잔성의 기준이 바로 전결 수와 호구 수였던 것이다. 李樹健, 「朝鮮初期 地方行政制度의 整備」, 『朝鮮時代 地方行政史』, 民音社, 1989 참조.

[173] 전결 기준이 대세가 된 이후에도 인정 기준을 채택하는 것이 가능했다. "晋山府院君 河崙等二十九人建言: 各戶差役 以田地人口多少 相考均定 曾有敎旨 官吏只以號牌 付人口數定役者 請以不從敎旨論 右條依陳言施行"(『태종실록』권 29, 태종 15년 6월 25일) 여기서 문제가 된 것은 인구수로 차정하는 방식 자체가 아니라 호패법을 시행해서 새로 파악하게 된 가현 인구를 인구가 증가했다고 차역하려는 행위였다. 세종 초년까지도 인정기준이 통용되고 있었다. "漢城府啓: 州郡丁口之數 載在戶籍 每當差役 易以考驗 府城底十里人丁及所耕多少 竝無文案 若東西兩江則豊儲倉·軍資監守護等項 差役頗多。管領·正長以人情好惡 不公差役 尤爲未便 請自今十里民戶 悉皆點考 並驗人丁·所耕多少 以均差科 …"(『세종실록』권 14, 세종 3년 11월 28일)

[174] 윤용출, 『조선후기의 요역제와 고용노동』, 서울대학교 출판부, 1998, 29쪽의 주 33).

그중에는 인정 기준의 적용이 편리한 것이 있을 수 있다.

② **공부에서의 전결기준의 도입**

태종 대에는 요역에서와 같이 공부에서도 전결 기준의 도입이 이루어졌다. 민호에 분정된 공물을 현물이나 대납으로 거두는 '수렴收斂'('부렴賦斂'이라고도 표현한다. 이하 수렴으로 통일하여 표기)에서는 전결 기준을 적용하여 수취하는 경우가 많아지게 되었던 것이다.

1) 간원에서 또 상소하여 말하기를, … "1. … 지금 국가에서 주현의 잔성殘盛에 따라 공철貢鐵의 다과를 정하고, 주현에서는 소경의 다소로 인민에게 나누어 부과합니다. 민에게 부과할 때에 간혹 경중이 같지 않고, 철을 거둘 때에 이르러서는 수령이 친히 감고監考하지 않고 품관·향리의 무리로 하여금 감고하게 하니, 어리석은 민이 저울눈을 알지 못하므로, 간사하고 교활한 무리가 여러 가지 방법으로 속이는데, 어리석은 자는 속이기 쉽고 약한 자는 제어하기 쉽습니다. … 신 등은 원하옵건대, 전하께서는 여러 도의 철이 산출되는 땅에 철장鐵場을 더 두시고 민을 모집하여 취련吹鍊하여 국용에 대비하고, 철을 수렴하는 법(斂鐵之法)은 정파停罷하게 하여 민생을 펴게 하십시오. …"(『태종실록』 7년 6월 1일)

2) 사간원 좌사간대부 이명덕이 상소하였는데, 대략 이러하였다. " … 1. 을유·병술(태종 5·6)년에 양전을 다시 한 뒤로 여러 군의 전지가 늘고 준 것이 같지 아니하고, 또 바다에 인접한 여러 군은 토지가 모두 개간되었는데도 공물의 액수는 아직 예전 그대로이니, 토

지를 나누어 공물을 배정한 것을 고치지 않을 수 없습니다. 엎드려 바라건대, 담당 기관에 명령하여 전에 정했던 공액을 가지고 한 해 동안의 소비량을 계산하게 하여, 부족한 것은 늘리고 남는 것은 감하게 하여, 하나같이 전결의 수에 따라 공물 액수를 정하여, 매년 가을과 겨울이 바뀔 때 수렴하여 상납하는 것을 항식으로 삼으십시오."(『태종실록』 11년 6월 4일)

3) 전라도 도관찰사 정경이 각관 수령·품관의 진언을 올리니, 의정부·육조에 내렸는데 의견을 모으기를 " … 1. 역민役民의 일은 모두 소경所耕으로써 하니 역군을 세우는 것이 어렵고, 환과는 농사지을 수 없으므로 소경이 날로 줄어들며 농사짓는 자는 적어지고 유수자는 많아져 민의 식량이 부족해집니다. 이제부터 부렴은 소경의 다소를, 역군을 내는 것은 인정의 다소를 쓰십시오 … " 그에 따랐다.(『태종실록』 17년 윤5월 28일)

자료 1)에서 국가가 주현의 잔성을 기준으로 하여 납공할 철의 다과를 배정하면 주현에서는 민의 소경 다소를 기준으로 부과한다고 말하고 있다. 그런데 소경의 다소를 기준으로 부과한다는 것은 가령 '1결당 납공철 1근' 혹은 '2결당 납공철 1근' 식의 기준으로 호마다 소경의 결부 수에 비례하여 납부할 공철의 양을 지정해준다는 것임을 알 수 있다. 민이 납부한 철의 무게를 저울로 달고 있기 때문이다. 그리고 이러한 수취방식은 '철을 수렴하는 법'이라 지칭되고 있다. 자료 2)에서도 전결 수에 비례하여 공물의 액수를 지정함을 볼 수 있다. 즉 양전이나 개간에 따른 경작 면적의 변동을 반영하여 '수렴'하게 하자는 것이었다. 자료 3)은 앞에서 이미 살펴본 자료이다. 공물을 납부할 때 일률적으로 소경 다소를 기준으로 하지 말고 민호로부터 직접 거두는 부렴은 종전대로 소경의 다소에 따라 공액을 결정하되, 공역을 통해 공물을 마련할 때는 인정의 다소에 따라 공역에 참가할 역군을 차출하자는 내용이다.

이상에서 보듯이 공물을 수렴할 때는 한결같이 소경 다소 즉 전결을 기준으로 분정하고 있으며 이는 이미 태종 7년 당시에 시행되고 있었다.(자료 1)) 주목할 것은 이러한 분정이 1단계에서만 이루어진 것이 아니라 2단계에서도 이루어지고 있었다는 점이다. "주현에서는 소경의 다소로 인민에게 나누어 부과합니다."(자료 1))라고 한 것이나, 소경의 다소를 기준으로 부렴하자는 요청이 "각관 수령·품관의 진언"에 의했다는 것이 그것이다.(자료 3)) 이처럼 공부에서도 전결 기준에 의한 비례세제가 빠르게 채택될 수 있었던 데에는 여말부터 대납제가 많이 시행되어 전결기준의 비례세를 적용하는 요령이 터득된 것이 일익을 담당한 것이 아닌가 한다.

③ 호등제 성격의 변화

태종 대에 전결기준이 도입됨과 동시에 호등제의 성격은 크게 바뀌게 되었다. 보편적 부세 부과체계를 시행하기 위한 첫 걸음이었던 호등제는 그 임무를 전결기준에 의한 분정에 맡기고 다른 구실을 맡게 되었다. 일상적인 공부나 요역을 위한 것이 아니라 특별한 사업을 위해 과세할 때 사용된 것이다. 이를테면 연호미법의 시행을 위해 쌀을 공출한 것이 그것이다.

의정부에서 연호미를 거두는 법을 정하여 계문하기를 "경중의 현임 1·2품은 상호로 하여 쌀 10두를, 3·4품은 중호로 하여 6두를, 5·6품은 하호로 하여 4두를 내고, 참외는 하하호로 하여 2두를, 서인은 1두를 내게 하되, 전함 각품은 각각 그 반을 감합니다. 외방은 전지 15결과 남녀 15구 이상을 상호로 하고, 전지 10결과 남녀 10구 이상을 중호로 하고, 전지 5결과 남녀 5구 이상을 하호로 하고, 전지 1·2결과 남녀 1·2구는 (호를) 이루지 못하는 호(不成戶)로 하여, 3호를 합하여 1호로 하여, 경중 3등의 예에 따라 쌀을 냄에 차등이 있게 하십시오. 그리고 전지 20결 이상은 전결과 인구를 계산하여 차례로 더 내게 하며, 풍년이면 정해진 수에 의하고, 중년이면 반감하고, 흉년이면 전면토록 하십시오."(『태종실록』 6년 11월 17일)

태종 대에는 호급둔전법의 시행이나(『태종실록』 9년 1월 18일) 저화유통을 위해서도(『태종실록』 15년 7월 14일) 호등제를 통한 수취가 이루어졌다.
　흥미로운 것은 호등을 구분하는 기준이 전결과 인정 두 가지를 병행하는 것이었다. 이 역시 부세의 분정에서 전결기준 사용을 강조하는 의미를 가진 것이다. 호등제가 2단계의 분정에서 전결기준의 사용을 유도하는 하나의 수단으로 쓰인 것이다.
　중앙정부가 제시한 호등제가 한결같이 호등을 나누는 구체적인 기준이 없거나, 바로 적용할 수 없는 모호한 내용으로 일관하고 있는 것은 정부의 호등제는 수령이 의무적으로 적용해야 할 규정이 아니라 정부의 취지를 살려 적절히 응용할 지침이었음을 시사하는 것이기도 하다. 이는 분정된 양을 수령이 재량껏 각호에 차등을 두어 부과하게 한 것으로 이해된다는 것이다. 위의 자료처럼 아주 구체적인 기준이 제시되는 경우에도 서울의 경우에는 모호성이 없는 반면 외방의 경우에는 그대로 적용하기 어려운 모호성을 남기고 있었다. 위의 분정기준을 따를 때 전결과 인정의 두 기준을 동시에 만족시키는 경우는 호등을 나누는 데 아무런 문제가 없다. 그러나 한 기준은 만족시키고 다른 기준은 그렇지 못한 경우, 또는 두 기준의 차이가 현격하게 나타날 때는 어떻게 해야 하는지 전혀 지침이 없는 것이 그것이다. 예를 들면 '전지 16결 남녀 14구인 호'는 상호로 간주할지 중호로 간주할지, 그리고 '전지 50결 남녀 8구인 호'는 상·중·하 중 어디에 해당되는지를 확정하기 어렵다는 점이다. 군현에서는 이러한 모호성이 별로 문제될 것이 없다. 수취량이 충족되는가 여부에 따라 두 기준을 모두 만족시켜야 하는 것으로 정할 수도 있고 한 기준만 만족시켜도 되는 것으로 자체 결정할 수 있다. 또 극단적으로 두 기준의 차이가 나는 경우에는 상식선에서 조정이 가능할 것이다. 이러한 모호성이야말로 수령에게 민호 분정을 위임한 반증이 될 수 있다. 정부가 제시한 분정기준은 한마디로 전체 민호에 대한 분정에 수령의 재량권을 인정하면서도 전결기준을 적용하도록 압력을 행사하기 위한 것으로 보아야 할 것이다.

(2) 세종 대 —전결기준의 확산과 항상적 부과체계의 지향

① 전결기준의 확산

태종 대 이후 군현의 재량에 맡겨진, 지방 자체의 소소한 역을 제외하고는 대부분의 요역은 전결을 기준으로 하는 역이 되었다. 세종 대에는 전결 기준의 비례세제는 요역에서부터 확고히 정착되었다. 이를테면 축성처럼 여러 군현의 역군이 동원되는 공역工役이 그러했다. 몇 결당 1명과 같은 식으로 분정하는 것이었다.[175]

전결을 기준으로 차역되는 요역과 수령의 재량에 맡겨진 요역이 구분되게 되자, 전자를 '소경요역所耕徭役'으로 부르고, 후자의 역을 '잡역'으로 포괄해

---

175) 『세종실록』 권 54, 세종 13년 10월 13일; 『세종실록』 권 58, 세종 14년 10월 10일.

부르는 관행이 생겨났다. '소경의 역'에는 공부를 마련하기 위한 역('소경공부 所耕貢賦'의 역)과 조세를 수송하기 위한 역('소경전세所耕田稅'의 역)이 포함되고, 축성과 같은 중요한 공역工役도 포함되었다.[176] 이처럼 세종 대에는 태종 대의 정책을 계승하여 요역 차역에 전결 기준을 강화하였기 때문에 요역의 종목을 나타내는 경우 종목명 앞에 '소경'이란 수식어를 붙이게 되었던 것이다. '소경○○'의 역이라는 표현이 세종 대에 집중되어 나타나는 것은 그 때문이다. 전결 기준의 채택이 확립된 후에는 전결 기준으로 차정되는 역임을 강조하는 '소경'이라는 어귀는 더 이상 사용되지 않고 사라지게 되었다.[177] 다만 전결기준의 확산에도 불구하고 세종 말년까지도 여전히 수령의 분정기준 선택에 일정한 재량권이 용인되고 있었다. 즉 세종 26년에 세종이 호조로 하여금 수령에게 요역을 차정할 때 『속전』의 규정대로 전결·인정의 두 기준을 참작하여 차역이 고르지 않게 되는 일이 없도록 잘 알게 타이르라 지시하고 있

---

176) 이러한 사항은 일찍이 아리이 토모노리有井智德, 「이조초기의 요역」, 『조선학보』 30·31, 1964에서 밝혀진 바 있다. 이를 부정하고 '所耕貢賦外 雜役'이나 '所耕田稅外 諸雜役'에서의 소경공부·소경전세를 단순한 공부와 전세로 간주한 연구자도 있다. 그러나 그와 같이 해석하는 것은 문장상으로도 어색하고, 단순히 공부와 전세를 가리키면서 굳이 '소경'이라는 관형어를 줄곧 붙일 필요가 없다는 점에서도 동의하기 어렵다. 세종 이후에는 소경의 다소에 따른 차정 원칙이 확립되어 굳이 소경공부의 역이라 표현하지 않고 소경을 생략하고 그냥 '공부외잡역'이라 하여 "공부의 역과 그 외의 잡역"을 표현하는 경우가 많다. "戶曹啓: 凡復戶 宜只復雜役 而守令不知法意 并復貢賦之役 有違於法 今後復戶者 田稅·貢賦外雜役 全除爲便 且內需司奴子復戶 不載 『大典』 但受敎內稱 '田稅外出軍雜役減除 而右司奴子等因此不供貢賦 未便 今後請依他復戶例施行 從之"(『성종실록』 권 232, 성종 20년 9월 21일) 그러나 아리이가 '잡역'을 전결 기준이 적용되지 않는 요역으로 정의한 것, 그리고 잡역이 항상 그러한 개념으로만 사용된 것으로 간주한 것은 오해라 보인다. 잡역의 차역기준은 어디까지나 수령에게 위임된 것이어서 소경요역으로 지정되지 않은 역이라도 수령은 얼마든지 전결 기준을 적용할 수 있기 때문이다. 또한 잡역은 '여러 가지 역'이라는 광의의 의미로 모든 요역을 통칭할 수도 있다. 그리하여 위의 기사에서 볼 수 있듯이 잡역을 면제해주는 복호를 수령이 광의의 잡역으로 간주하여 전세의 역이나 공부의 역까지 면제해 주는 일이 발생할 수 있었던 것이다.

177) 위와 같음.

었던 것이 그것이다.(『세종실록』 26년 윤7월 6일)

　세종 대에는 요역에서와 같이 공부에서도 전결기준이 크게 확산되어 있었다. 세종 9년 강원도 감사가 민간을 방문하고 폐단을 아뢴 대목 가운데 하나는 다음과 같다.

> 1. 무릇 공부貢賦는 소경의 다소로 수렴하는데 임인(세종 4)·계묘(세종 5)년에 흉년이 계속되어 유이자가 2천여 호이고, 전지가 진황한 것이 1만 1백 70여 결인데, 각관의 공물은 이전보다 감해지지 않고 액수대로 상납하니 전날에 7, 8호에서 거두는 공물을 지금은 1가가 바치게 되고, 5, 6사람에게 부과하던 공물을 1인이 납부하니 마침내 지탱할 수 없고 또 유이함에 이르니 민생이 무엇으로 회복하겠습니까. 청컨대 공부의 액수를 헤아려 경감하여 인민의 힘을 쉬게 하소서" 하였다. 임금이 … 공물을 5년을 기한으로 견감하게 하였다.(『세종실록』 9년 4월 24일)

　강원 감사는 공물의 분정 기준으로 인정기준에 대해서는 전혀 언급하지 않고 오직 전결기준만 거론하고 있었던 것이다. 세종 17년에 제정한 5등호제에서 인정기준을 빼고 전결기준으로 호등을 나눈 것도 이미 전결기준이 보편화되어 있었기 때문일 것이다. 위의 기사는 어디까지나 1단계에서의 분정 상황에 관한 것이다. 그러나 각관에 전결기준만 가지고 할당되면 2단계에서도 전결기준에 의해 민호에 재분정할 가능성이 높아질 것이다.

② 요역에서의 개세제 성립

　전결기준의 비례세제의 확립은 개세제 실현의 발판을 만들어 주었다. 전결

기준을 적용하면 전세의 경우처럼 토지 소유자의 성분을 가리지 않고 모두에게 부과할 수 있게 되기 때문이다. 실제로 전결 기준의 비례세제가 도입된 이후 다양한 성분의 사람에게 요역이 부과된 사례를 찾아볼 수 있다. 요역에 전결 기준이 도입된 이후 현직에 복무하고 있는 자까지 차역한 사례가 보인다.

> 사간원에서 시무 두 가지 일을 의논하여 상소하였는데 … 그 두 번째는 "… 하번下番 갑사가 부병府兵이라 칭하며 수령을 깔보아 무릇 자기 집의 전부차역田賦差役을 모두 다 거역합니다. 수령이 부역賦役을 고르게 하고자 한 번 강제하게 되면 문득 능욕을 가합니다. 또 자기 봉족 부리기를 자기 노처럼 하여 마침내 혹 도산자逃散者도 나올 지경에 이릅니다. 원컨대, 이제부터 하번 갑사는 잡역雜役 이외의 모든 전부차역을 평민처럼 하게 하고, 그 봉족도 집에서 부리지 말도록 하여 위반하는 자는 수령이 감사에게 보고하여 규찰하여 다스리게 하십시오." 하였다. 의정부에서 의논한 결과는 소청대로 따르는 마땅하다는 것이었다. 그에 따랐다.(『태종실록』 12년 7월 29일)

이 당시의 갑사는 상당히 중시되는 군사로서 군직과 녹봉을 받으면서 복무하고 있었다.[178] '부병'이라 자랑스레 칭한 것도 그 때문이다. 그런데 이때 정부는 갑사로 하여금 하번이 되어 집에 있을 때 잡역을 제외하고는 평민과 마찬가지로 '전부차역'하게 하고 있다. '전부차역'은 '전부와 차역', '전부의 차역' 어느 것으로도 해독할 수 있지만, 잡역과 대비시키는 것을 보면 여기서의 '전부차역'은 일반 요역을 가리키는 '전부의 차역' 즉 '토지에 부과되는 차역'

---

178) 『태종실록』, 권 17, 태종 9년 5월 30일; 『태종실록』, 권 19, 태종 10년 5월 12일.

일 가능성이 높아 보인다.[179] 다시 말하면 전결을 기준으로 부과되는 요역을 가리키는 것이다. 갑사가 수령의 조치에 크게 반발하면서 차역을 거부한 것은 이전에는 부담하지 않았던 요역에 차역된 때문이라 보인다. 즉 인정 기준이 전결 기준으로 바뀌면서 차역되었다는 것이다. 인정을 기준으로 요역을 부과할 때는 사환하는 자라는 이유로 그 호를 차역하지 않았다가 전결을 기준으로 부과하게 되자 사환 여부를 불문하고 차역한 데서 말썽이 빚어지게 된 것일 것이다.

재경 관원이 관직에서 물러난 뒤 낙향하여 외방에 거주하는 경우에도 사정은 마찬가지였다. 당연히 요역의 부과 대상이었다. 고려 후기에는 외방에 거주하여도 관품을 가지고 있다면 부역을 면할 수 있었다. 이에 반해 조선 초기에는 재지사족이 크게 늘어났고 이들 모두가 전결기준하에서 소경요역의 부과대상이 되었다. 관품을 가진 전함관도 마찬가지였다. 이는 치사致仕 고관의 경우에서 반증된다.[180]

과전법에서는 과전을 받은 전함관은 '거경성·위왕실居京城衛王室'의 원칙에 따라 거경의 의무가 부과되었고 그러한 의무는 2품 이상의 관원에게 더 철저히 요구되었다. 3품 이하의 관원에 대한 통제는 점차 완화되어 갔지만 2품 이상에게 거경의 의무가 좀처럼 완화되지 않다가 태종 말년부터 나이 70 이상자에 대해서부터 조금씩 완화되기 시작했다. 세종 22년에 70세에 이른 관원

---

179) 田賦의 용례를 보면 전세를 가리킬 수도 있고,(『세종실록』 권 49, 세종 12년 8월 10일), 공부를 가리킬 수도 있다(『세종실록지리지』) 그리고 전결을 기준으로 부과하는 요역을 '田賦之役'으로 표현하는 경우도 보인다.(『세종실록』 권 22, 세종 5년 12월 20일). 부병임을 내세워 전세나 공부를 내지 않겠다고 주장하는 것은 생각하기 어려우므로 '田賦之役'에서처럼 여기서의 전부는 역을 수식하는 말로 볼 수 있다.

180) 이하 낙향한 2품 이상 전함관의 복호에 대해서는 유승원,「朝鮮 太宗代 前銜官의 軍役: 受田牌·無受田牌의 服役을 중심으로」,『역사학보』 210, 2011 참조.

을 퇴임시키는 치사지법이 확정되고 세종 29년에는 당상관 이상의 치사자로서 전리田里에 퇴거한 자는 복호하게 하였다. 『경국대전』에는 복호의 대상자가 당상관에서 2품의 실직을 역임한 자로 수정되었을 뿐 그대로 계수되었다. 그들에 대한 복호 조치는 원래 이들도 다른 전함관처럼 요역에 차정되어야 하는 자임을 반증하는 것임은 말할 것도 없다.

낙향한 고관의 호에도 예외 없이 요역을 부과한 실례를 찾아 볼 수 있다. 성종 22년 노자형과 이약동의 사례가 그것이다. 복호의 대상자인데도 불구하고 해당 고을에서 치사한 재상에 대한 복호 조치를 미처 챙기기 못하고 기계적으로 요역을 배당했다가 항의가 제기된 사례였다.[181]

지방에 거주하는 중앙 각사 소속 공노비에게도 요역이 부과되었다. 이들은 태종 6년에 혁파된 사찰의 노비, 이른바 '혁거사사노비'에 해당하는데 속공되자마자 요역이 부과된 것이다. 그들은 종전대로 지방에서 생활하면서 선상選上·입역하거나 신공을 납부하였는데, 특수한 업무에 배정할 때에나[182] 선상할 때에 한하여 요역을 면제해 주었다.[183]

여기서 유의할 것은 전결기준의 채택이 개세제의 시행으로 바로 이어지기는 어렵다는 점이다. 이를테면 이직吏職을 수행하는 향리에게는 부역 면제의

---

181) 이 사례는 유승원, 앞의 책, 2020, 445~446쪽에서 소개된 바 있다.
182) "至是 命擇各道閑曠有桑之地 分遣採訪 屬典農寺奴婢 免其雜役 使之養蠶 以示民間"(『태종실록』 권 33, 태종 17년 5월 24일); "每壇置壇直奴子二戶 各給分田二結 蠲雜役"(『세종실록』 권 47, 세종 12년 2월 19일). 지방 거주 공노비에 대한 요역을 면제할 때 보통 '雜役'을 면제하는 것으로 표현되고 있는데 이때의 잡역은 소경요역과 구분되는 협의의 요역이 아니라 여러 가지 요역을 통칭하는 광의의 잡역을 가리키는 것이 아닌가 한다. 선상하거나 특수한 역에 차정하면서 그 반대급부로 일체의 요역을 면제해 주는 것이 요역 면제 규정의 제정 취지로 생각되기 때문이다.
183) "各司奴婢選上之際 各官奸吏以其好惡 寡弱爲正役 富實爲奉足 名實相反 請自今各道監司 令差使員考其選上奴婢居計貧富·立役先後 使吏不得容奸 又當選上之時 蠲減雜役 以全其生"(『세종실록』 권 30, 세종 7년 11월 17일)

혜택이 주어졌다.[184] 문제가 되는 것은 부재지주의 전결에 대한 부세 부과이다. 전결기준이 채택될 당시 권세가들의 큰 반발이 야기되었는데 혹시 자신들의 외방 소유지에 과세되는 일이 일어날까 우려한 때문이었다.

인구의 다소와 함께 전결의 광협을 기준으로 분정한다는 정부의 방침이 천명된 것은 앞에서 언급한 대로 정종 즉위교서에서였다. 교서 발표 후 바로 하륜은 전결을 기준으로 한 요역 부과를 법제화하려 하였다. 그러자 이에 대한 반대가 즉각적으로 일어났다.

> 삼군부에서 상언하기를 "민호의 개간한 전지의 다과로써 부역을 차정하는 것이 불편하니, 폐지하기를 청합니다." 하였다. 처음에 정당문학 하륜이 일찍이 경기·전라 두 도의 감사가 되었을 때에, 군사가 농민에게서 나오게 하는(兵出於農) 옛날의 뜻을 가지고 민호의 개간 전지의 다과로써 부역에 차정하는 법을 만드니, 민은 이를 매우 편리하게 여겼으나, 전원을 넓게 점유한 권세가는 대부분 이를 싫어했다. 이때에 이르러 하륜이 이것을 행하기를 다시 건의하니, 삼군부에서 이를 폐지하기를 청한 것이다. 그러나 수령들은 오히려 그대로 계속하여 이를 행하였다.(『태조실록』 7년 12월 2일)

여기서 보면 하륜의 지론은 어디까지나 전결기준 단독의 차정법이었다. 하륜은 관찰사로 나아가 경기와 전라 양도에서 전결기준을 실행한 전력이 있었

---

184) 향리들의 공부·요역이 면제되었기 때문에 교활한 자들이 자신의 토지를 향리의 명의로 전적에 올려 부역에서 빠지는 부정이 저질러지기도 했다. 협잡이 발각되어도 명의를 차용한 자에게만 '賦斂差役'을 부과하고 향리는 문제 삼지 않았다.(『세종실록』 권 20, 세종 5년 5월 28일)

던 것이다.[185] 사관은 전결기준의 채택에 대한 반대는 토지를 많이 가진 권세가에서 나온 것이라 지적했다. 여기서 권세가란 지방에 거주하는 자가 아니라 서울에 거주하는 자임은 말할 것도 없다.

삼군부의 반대에 의해 일단 입법은 중지되었으나 하륜은 계속하여 이 방안을 밀고 나갔다. 마침내 태종의 장인인 좌정승 민제와 충돌했다.

> 좌정승 민제가 병을 칭탁하고 출근하지 않았다. 이에 앞서 우정승 하륜이 말하기를 "우리나라 전부田賦의 법은 고르지 못합니다. 무릇 민호가 되어, 혹 경작하는 토지가 많은데 복역할 자는 적거나, 혹 경작하는 토지는 적은데 복역하는 자가 많습니다. 이제부터 경작하는 것의 다과로써 그 부역의 수를 정하는 것이 좋겠습니다." 하였다. 민제가 다투어 말하기를 "법이 이처럼 가혹하면 민심이 이반합니다. 어떻게 오늘날에 행할 수 있겠습니까?" 하였다. 이때에 이르러 병을 칭탁하고 출근하지 아니하였다. 하륜이 경력 이관을 시켜 이 법을 행할 것을 청하여 아뢰었으나, 일이 아직 시행되지 않았는데, 민제가 이관에게 허물을 돌리며 말하기를 "반드시 이 사람이 죄를 받은 뒤에야 출사하겠다." 하였다.(『정종실록』 2년 10월 11일)

여기서 민제가 "이 방안을 채택하면 민심이 이반한다."라고 말했을 때의 민심이란 인민의 마음이 아니라 재경 관원 즉 외방에 소유지를 갖고 있는 부재지주의 여론이었던 것은 짐작하기 어렵지 않다.

---

185) 하륜은 공양왕 3년과 태조 원년에 각각 전라도관찰사와 경기도관찰사를 역임하였다. 하륜은 태종의 지지를 바탕으로 전결 기준의 비례세제를 강력하게 밀고 나갔다. 비례세제가 부국강병을 이룰 수 있는 부세제의 핵심 요소라고 여긴 것이었다.

이러한 분란을 겪었음에도 불구하고 앞에서 살펴 본 바와 같이 이후 전결기준은 결국 채택되고 빠르게 확산되었다. 전결기준이 채택되었는데도 불구하고 왜 더 이상의 논란이 벌어지지 않고 잠잠해졌는가. 부재지주의 전결에는 과세하지 않도록 한다는 데 어느 정도 조정 관원들의 합의가 이루어졌기 때문으로 생각된다. 부재지주의 전결에 과세하지 않기로 한 데에는 나름의 이유가 있다. 우선 현실적인 이유이다. 이제까지 과세되지 않고 있던 부재지주,[186] 특히 재경의 종친이나 고위 관원과 같은 권세가들의 전결에 일률적으로 과세한다는 것은 당연히 큰 반발과 저항을 불러올 수밖에 없다.

다음으로는 법제적인 이유이다. 부재지주를 부세의 부과 대상으로 삼는 데에는 법리상 타당하지 못한 점이 있다는 점이다. 조세와 달리 공부나 요역은 현지에 거주하는 호구를 대상으로 하는 것이다. 현지에 거주하는 호구 중에 과세 대상 호구를 선정하고 나서 비로소 그 호구가 소유한 전결을 가지고 부세의 납부량이 결정되는 것이기 때문이다. 과세 가능한 전결을 선정하고 나서 그 소유자에게 조세를 부과하는 것과는 정반대의 순서를 밟아 과세에 이르는 것이다. 부재지주가 공부와 요역을 부담하는 곳은 소유지의 소재지가 아니라 자기가 거주하는 지역(호적지)이다. 거주지가 서울인 경우는 서울에는 공부가 부과되지 않으므로 요역만 부담하게 된다. 이를테면 재경사족은 요역에만 차역되었다.[187]

전결기준의 과세에서 문제가 되는 자는 또 있었다. 바로 부재지주의 외거노

---

[186] 부재지주의 전지에도 과세가 이루어지는 경우가 전혀 없었다고는 할 수 없다. 전결기준이 채택되기 이전에도 고관의 전지에 차역한 사례를 찾을 수 있다. "檢校議政府右議政盧嵩卒 … 丁丑(태조 6년)爲京畿左道都觀察使 畿內之地 多達官別業 嵩均其差役 請托不行"(『태종실록』 권 28, 태종 14년 8월 4일) 그러나 이례적인 일에 불과했다. 노숭의 졸기에 특기된 것은 그것을 반증한다.

[187] 다만 관원의 경우 직접 입역하는 대신 노자의 대역이 허락되었다. 品從이라 불렸다. "凡公役 各品 隨品出其僕從 以助之者 謂之品從"(『세종실록』 권 44, 세종 11년 4월 2일)

비이다. 이들은 세종 중년까지 요역이 부과되지 않고 있었던 것이다. 전결기준이 도입될 당시 권세가들이 격렬히 반대한 이유는 일차적으로는 전결기준의 채택이 혹시 자신의 외방 소유지에 대한 과세로 이어지지 않을까 하는 의구심 때문이었지만 외거노비에 대한 과세 역시 우려하지 않을 수 없는 사항이었다. 외거노비에게 아무런 전지가 없다면 문제가 되지 않는다. 그러나 외거노비 중에서 자기 소유의 전지를 가진 자도 적지 않게 있었기 때문에 전결기준이 무차별적으로 적용되면 외거노비라도 공부나 요역을 부담하지 않을 수 없다.

그동안 자신의 전결을 소유한 외거노비에게 공부나 요역을 부과하지 않았던 것은 외거노비는 공적인 역할에서 배제되는 사민私民이라는 점 때문이었다. 이미 고려시대부터 주인에게 사역되어야 할 자이므로 공역에 일체 동원하지 못하도록 하였음은 앞에서 본 대로이다. 또 하나의 걸림돌은 수령이 부과상의 재량권을 행사할 수 있다는 데 있었다. 수령에게 재량권이 있다는 것은 뒤집어보면 재량으로 외거노비를 봐줄 수 있다는 뜻이 된다. 재량권을 가지고 있기 때문에 도리어 권세가의 압력이나 청탁이 발생하기 쉽고 수령이 이를 거스리기 어렵게 되는 것이다.

왜 재경在京 관원들이 외거노비의 과세 문제에 초미의 관심을 가지는 것인가. 노비주에게 불이익이 올 수 있기 때문이다. 우선, 자기 노비가 없던 부세를 새로 부담하게 됨으로써 자신의 외방 토지를 경작하거나 관리하는 노비가 조락할 가능성이 커진다는 점이다. 노비의 조락은 부재지주인 노비주의 큰 걱정거리가 아닐 수 없다. 조락을 막기 위해서는 노비에 대한 수탈을 줄이거나, 노비의 새로운 부담을 어느 정도 상쇄할 수 있는 추가 지원이 필요하게 된다.

다음으로는 외거노비에게 면세 혜택이 사라지게 되면 노비주의 토지에 흡수될 인력이 감소하게 된다는 점이다. 어려운 처지에 놓인 양인이 농장에 투탁하거나 외거노비와의 교혼을 망설이게 될 수밖에 없다. 이리하여 새로운 노비나 고공, 노처·비부 등의 예속인을 확보하기 어려워지게 되는 것이다.

그러나 전결기준이 채택된 이상 노비에 대한 과세는 조만간 실현될 수밖에 없었다. 그것이 전결기준이라는 과세기준에 합당한 처사이고 조세의 형평성에도 부합하는 것이기 때문이다. 또한 양인은 부세를 납부하느라 애쓰는 데 천인들이 아무런 부담을 지지 않는다는 것은 윤리적 문제가 될 수 있다. 요역에서 전결기준이 확고히 정착된 세종 대에 마침내 권세가의 외거노비도 차역의 대상이 되었다. 요역에서의 개세제를 시행하는 조치를 지시하는 것은 자연히 군주의 몫이 되었다. 세종은 다음과 같은 엄명을 내렸다.

> "교지: 제군諸君과 세가勢家의 노예들로서 외방에 흩어져 사는 자는 각관 수령이 차역할 수 없으므로, 이로 인하여 부역이 공평하지 못하니 실로 온당치 못하다. 윗 항목의 각처 노예들을 모두 차역시키고, 만약 항거하는 사람이 있으면 논죄하라. 수령으로서 차역하지 않는 자는 모두 그 죄를 다스리라." 하였다.(『세종실록』 14년 7월 16일)

제군·세가의 외거노비에게 부역을 부과하도록 하고 이를 위반하는 수령을 처벌하게 한 것이다. 세종 14년에 이르러서야 요역에서 개세제가 실현될 수 있었던 것이라 하겠다.

군주의 이러한 명령은 군현의 수령에게는 사실상 지극히 반가운 명령이었다. 왕명을 빌어 부담스러운 처지에서 벗어날 수 있게 되었기 때문이다. '부역을 균등하게 하는 것(賦役均)'은 수령 7사의 한 조항인데, 권세가의 외거노비 전결을 공부·요역의 부과 대상에 넣자니 그들의 원망이 두렵고, 빼자니 혹여 생길지 모르는 정부나 감사의 적발·문책이 두렵지 않을 수 없다. 이제

왕명을 빙자하여 부과대상에 포함시키면, 감사의 포폄 걱정을 덜 수 있을 뿐 아니라 수취 행정에도 한결 여유가 생기며, 군현민에게도 신망을 얻을 수 있게 되니 일석삼조라 할 수 있는 것이었다. 재경 권세가의 외거노비에 대한 차역 조치는 재지사족의 노비의 차역에도 큰 영향을 미쳤을 것임이 틀림없다. 재지사족의 외거노비로서 상전과 같은 군현에 거주하는 자가 전결을 소유하고 있다면 원칙상 차역의 대상이 된다. 재경 권세가의 노비도 차역하게 되면 그동안은 제대로 차역되지 못한 재지사족의 외거노비도 당연히 차역하게 되지 않을 수 없게 된다.

전결을 기준으로 한 요역의 차역 기준은 확고하게 유지되었으므로 일단 국왕의 특명이 내린 이후 외거노비에 대한 차역은 순조롭게 이루어지고 있었던 것으로 보인다. 세종 23년, 잡색군 조직을 강화하였을 때 서울과 지방에 있는 대소관원의 '각거노자各居奴子'도 잡색군적에 등재하고, 그 반대급부로 잡색군을 동원한 해에 공천으로부터는 신공을 받지 않고 사천에게는 12개월 동안 잡역을 면제하는 조치를 취했던 것은[188] 각거노자들이 차역되고 있었기 때문임은 말할 것도 없다.

③ 호등제 —항상적·통일적 부세 부과체계의 지향

태종 대에 와서 성격을 완전히 바꾸었던 호등제는 세종 중년에 이르러 다시 한번 성격을 일변하게 되었다. 이때의 호등제는 태조 대처럼 요역을 위한 것도 아니고 태종 대처럼 특별 사업에 따른 과세를 위한 것이 아니라 공부와 공역의 부과를 위한 수단으로 바뀐 것이다. 세종 대 5등호제가 제정된 경위를 살펴보기로 하자.

---

[188] 『세종실록』 93권, 세종 23년 6월 8일. 앞의 2부 1장 참조.

1) (이조 참판 김익정이) 또 아뢰기를, "호구와 전적田籍을 계산하여 공부를 정하니 국가의 법은 아름답습니다. 그러나 수령이 공부를 정할 때에 간혹 호구의 대소와 소경의 다과를 계산하지 않는 까닭으로 공부가 고르지 못합니다. … 엎드려 바라건대, 전하께서는 여러 도로 하여금 호구의 대소와 소경의 다과를 기록하고 분명하게 문안을 만들어서 공부를 정하게 하여 민으로 하여금 두루 어진 혜택을 입게 하시면 매우 다행하겠습니다." 하였다. … 익정이 나가니, 왕이 대언들에게 말하기를, "익정의 말은 매우 좋으나, 당·우·삼대 공부의 법을 후세에 시행할 수는 없으니, 당나라(李唐)의 조용조의 법을 행함이 어떠한가. 다만 신법이 쉽사리 시행되지 못할까 두렵도다." 하였다. 지신사 안숭선이 아뢰기를, "성상의 하교가 지당합니다." 하였다. 좌대언 김종서가 아뢰기를, "신이 일찍이 수령을 지냈는데, 대·중·소의 호에 따라 공부를 정했더니 민에게 매우 편하였습니다. 익정의 말은 조용조의 법을 가리킨 것이 아니라, 바로 호구와 전적으로서 분명하게 문안을 만들어 일정한 법을 정하여 탐리貪吏로 하여금 지나치게 수취하지 못하게 하고자 하는 것입니다." 하니, 왕이 말하기를, "익정으로 하여금 사목의 초를 잡아 아뢰게 하라."하였다.(『세종실록』 14년 12월 18일)

2) 호조에서 아뢰기를, "각도 각관의 호적은 토지 50결을 대호로 하고, 30결 이상을 중호로 하고, 10결 이상을 소호로 하고, 6결 이상을 잔호로 하고, 5결 이하를 잔잔호로 하는 것을 정식을 삼아, 차등 있게 차역합니다. 경중의 오부는 칸수로 정하여 40칸 이상을

대호로 하고, 30칸 이상을 중호로 하고, 10칸 이상을 소호로 하고, 5칸 이상을 잔호로 하고, 4칸 이하를 잔잔호로 하여 차등 있게 호적을 시행하게 하십시오." 하였다.(『세종실록』 17년 3월 6일)

3) 강원도 감사가 아뢰었다. "지금 정해진 제도의 호적은 50결 이상을 대호로 하고, 25결결 이상을 중호로 하고, 10결 이상을 소호로 하고, 6결 이상을 잔호로 하고, 5결 이하를 잔잔호로 하는 것을 정식으로 삼았습니다. 그러나 이 도 26관의 민호 총 11,538 가운데 대호는 10, 중호는 71, 소호는 1641, 잔호 2043, 잔잔호 7773로 땅은 좁고 전지는 적으나 영서橫西는 산전山田의 소출이 정전正田의 배가 되고 영외橫外 또한 어염魚鹽의 이득이 있으니 다른 도에서 작성한 문적과 같이 분정하여 차역하면 역을 정하기도 어려울 뿐 아니라 수고롭고 안일함이 균등하지 못하게 될 것입니다. 지금부터 도내의 호적은 20결 이상 10결 이하를 중호로 하고 6결 이상을 소호로 하고, 4결 이상을 잔호로 하고 3결 이하를 잔전호로 하십시오."라고 하니 그에 따랐다.(『세종실록』 18년 7월 9일)

세종 14년의 자료 1)은 이미 살펴본 자료이지만 앞에서 인용되지 않은 부분의 기사이다. 이때 김익정은 수령의 자의적인 부세 분정을 막기 위한 방안으로 호구의 대소와 소경의 다과를 기준으로 문안을 만들어 두게 하는 방안을 건의한 바 있다. 세종은 김익정이 제시한 방안을 찬동하여 "익정으로 하여금 사목의 초를 잡아 아뢰게 하라."라 지시하였는데 그 결과로 탄생한 것이 3년 뒤인 세종 17년에 제정된 5등호제였다.(자료 2)) 1년 뒤의 자료 3)에서는 그간 중호의 분등 기준이 30결에서 25결로 하향 조정되었을 뿐 나머지 분등은 달라지지 않아서 1년 전의 방안이 확정되었음을 보여준다. 다만 강원도는 전지는 적으나 타도에 산전의 소출과 어염의 이득이 많으므로 분등의 기준을 낮출 것을 요청한 것이다.

세종이 제정한 5등호제는 나름의 의미를 가지고 있었다. 우선 요역에서와 같이 공부의 영역에서도 비례세제가 강화되었음을 의미한다. 전결기준과 인정기준을 병행한다는 『속육전』의 규정을 과감하게 버리고 이제부터 오직 전결만을 기준으로 호의 등급을 매긴다는 것이었기 때문이다. 다음으로 공부와 공역에 명확한 분정 기준을 정립함으로써 공부·요역에 항상적이고 통일적인 표준을 가지게 된다는 점이다.

세종이 부세제 개혁에서 무엇보다 중요시했던 것이 바로 부세 분정에 있어서의 항상적이고 통일적인 표준의 수립이었다. 세종은 가장 먼저 조세 수취를 위한 표준 수립에 착수하여 초년부터 공법에 대한 논의를 개시하였고 세종 12년에는 17만명에 달하는 광범한 인원의 의견을 수렴한 바 있다. 같은 해인 세종 12년 요역에서 인민을 사역하는 날 수의 제한(역민의 일한 日限)을 마련했다.[189] 그리고 세종 14년에 시작하여 세종 17년에 5등호제를 제정하여 분정의 표준을 세운 것이다. 이어서 세종 18년에는 공법상정소(전제상정소)를 설치해 공법의 구체적인 방안을 모색하였고 마침내 세종 26년에 공법 실시를 위한 최종안을 마련했다.

세종은 자신이 마련한 부세 개혁 방안에 만족하지 못했다. 조세·공부·요역을 모두 아우르는 종합적인 과세 방안을 수립하려 계속 부심하였다. 다음은

---

[189] "兵曹啓: 役民不可無日限 請自今解氷後農前十日 秋收後氷凍前二十日役使 以爲恒式命與政府諸曹同議 僉曰: 『禮記』月令 '孟春之月 行秋令 修宮室補城郭 則其民大疫 仲春毋作大事 以妨農事 『春秋左傳』: '龍見而戒事 火見而致用 水昏正而栽 日至而畢 請依古制十月始役 限二十日 而豊年加十日 凶年減十日 春節毋得役民 從之"(『세종실록』 권 50, 세종 12년 12월 5일)

세종의 그러한 고심을 볼 수 있는 기사이다.

> 의정부에 글을 내리기를 … ① "또 말하기를, '토지가 있으면 조租가 있고, 몸이 있으면 용庸이 있으며, 호조戶調도 또한 그렇다.' 이것으로 본다면 군상이 쓰는 것이 한도가 있어서 마음대로 할 수 없는 것인데, 지금은 그렇지 아니하여 과세하고 수취하는 데 규범이 없고, 용도에 절도가 없기 때문에, 혹 일로 인하여 더 거두고, 혹 몇 년의 공貢을 끌어당겨 쓰기도 한다. … 마땅히 당나라 제도에 의하여 조용조법을 세우고, 그 수량은 시의에 따라 정해진 법을 가감하는 외에는 털 하나라도 더 거두지 못한다. 만일 부득이한 용도가 있으면 마땅히 정해진 법 안에서 남은 물건은 감하고, 부족한 물건은 더할 것이다. 이렇게 하면 민의 뜻에 정해짐이 있고, 용도에 절도가 있어, 관리의 탐오한 자가 또한 그 악한 것을 멋대로 하지 못할 것이다 … 검토하고 의논하여 아뢰라." 하였다. ② 영의정 황희·우의정 하연·우찬성 김종서·우참찬 정갑손이 의논하기를, "조용조 세 법은 본조에서 시행한 것이 비록 당나라 제도와 완전히 같지는 않지만, 그 대략은 이미 갖추어졌으니 만일 지금 전분육등田分六等과 연분구등年分九等의 제도가 완성되면 조법租法이 바르게 될 것이요, 각호의 공물을 분정하는 제도는 지금 전제상정소에 내렸사오니, 이 제도를 의견이 모아지는 대로 시행하게 된다면 조법調法이 바르게 될 것이며, 10월에 역사를 시작하여 20일로 한정하고, 풍년에는 10일을 가하고, 하년에는 10일을 감하는 법이 이미 성립되었사오니, 용법庸法이 또한 바르게 될 것입니다. … " 하고, ③ 좌찬성 황보인은 의논하기를, "국초에 먼저

전제를 바로잡아 결부수조법結負收租法을 정하여 정액 외에는 더 거두지 못하게 하였으니, 이것은 당나라의 조법租法입니다. 지금 또 전분육등과 연분구등의 법이 섰으니 바른 조법租法을 얻었다고 할 수 있습니다. 용·조의 법에 이르러서는, 국가에서 이미 역민役民의 시기를 정하고, 역일役日의 수를 헤아려 제한하며, 역군을 낼 때에는 소경의 다소를 고찰하여 그 액수를 정하고, 대·중·소·잔·잔잔호를 분변하여 공물의 수를 정하였으니, 그간의 절목은 비록 당나라 법의 자세한 것에는 다소 미치지 못하지만, 그 대략은 이미 갖추었으니, 지금 각호의 종전 공물의 수를 다시 조정하고 바꾸지 않을 제도(不易之制)를 참작하여 정하고, 소경에 따라 낼 역군의 수를 산출하여 일정한 법을 분명하게 세운다면, 용·조의 법이 거의 행할 수 있을 것입니다. …" 하였다.(『세종실록』 28년 4월 30일)

세종은 조용조 도입에 대한 의견을 물었지만 조용조 도입 자체에 관심을 가진 것은 아니었다. 어디까지나 전田·정丁·호戶에 일정한 과액이 정해져 있는 당의 조용조처럼 분명한 부세 표준을 수립하는 데 골몰했던 것이다. 그러나 신료들은 세종이 취지에는 공감하면서도 항상적이고 통일적인 표준 마련에는 적극성을 보이지 않았다. 영의정 황희나 좌찬성 황보인 등은 우리의 부세가 당과 똑같은 조용조는 아니지만 명확한 기준을 갖고 있으므로 조용조의 실질은 이미 갖추고 있다고 자부하고 있었다.

5등호제는 고심 속에서 제정된 것이지만 뚜렷한 문제점을 가진 것이었다. 첫째, 세종이 바라는 대로 2단계에 이 5등호제를 그대로 적용한다는 것은 애당초 바라기 어려웠다는 점이다. 호등의 대상이 공식호에 국한되어 있었기 때문이다. 공식호의 몇 배에 달하는 비공식호에게도 공부를 부과하지 않을 수 없었다. 더구나 '출군' 즉 역군을 분정할 때는 5등호제 대신 전결을 기준으로 하여 인부를 할당하게 되어 있었다. 둘째, 비례세제로서 뚜렷한 한계점을 가진다는 점이다. 앞에서 언급한 대로 호등제는 같은 호등에 들어 있는 호에 대해서는 보유 결수가 달라도 같은 과액을 부과하게 되기 때문에 그만큼 불철저한 비례세가 된다는 것이다. 그리고 공역의 경우 이미 전결기준이 거의 확립되어 있었는데 새삼스런 호등제의 적용은 이제까지의 추세에 역행하는 것이다.

모처럼 마련된 5등호제는 군현이 민호에 공물이나 공역을 분정할 때 거의 활용되지 못하였다. 현물을 수렴할 때 호등이 아닌 소경다소에 따라 분정하고 수취하고 있었으며,[190] 공안에 기재된 공물(元定貢物)에 대한 대납을 금지하려 할 때에도 호등이 아닌 소경을 계산해서 가호에 할당할 것을 건의하고 있었다.[191] 이미 현물이나 공역을 막론하고 전결을 기준으로 분정하는 방식이 확산되어 있었을 뿐 아니라, 현물이나 공역 대신 미·포 등으로 대납하는 것이 대세로 자리 잡아 있었기 때문이다.

그렇다면 위의 세종 28년 기사에서 황보인이 5등급의 호를 가려서 공물의 수를 정한다고 말한 것은 무엇인가. 중앙에서 각 도로, 그리고 도에서 각 군현으로 분정할 때의 사정을 염두에 두고 발언한 것으로 생각된다. 5등호제 제정 이후 지방관아에서 호등제가 사용되었음을 시사하는 자료가 전무한 것은 지방관아에서 거의 활용되지 않고 따라서 호등제를 둘러싼 논란도 생기지 않았던 때문이라고 짐작된다. 전제상정소에서 마련한다던 '각호에 공물을 분정하

---

[190] "以所耕多少 收斂於民者 非一物"(『세종실록』 권87, 세종 21년 11월 11일); "時獻議者欲將各官貢案付物件 計其時直 以民所耕多少 差等均分置簿 以憑科斂"(『세종실록』 권111, 세종 28년 1월 22일)

[191] "俾守令於元定貢物之數 計民所耕 差科分授 戶給文憑 勒成案籍"(『세종실록』 권111, 세종 28년 1월 22일)

는 법제'가 실록 기사에 보이지 않는 것도 제정되지 못하고 만 때문으로 추정된다. 세조 대에 뽕나무를 심게 할 때 5등호제가 아니라 『원육전』의 3등호제를 따르고 있었던 것도 그 때문일 것이다.[192]

3) 세조 대 이후 —보편적 부과체계의 확립과 전결기준의 표준화

(1) 세조 대 —호구제 개혁과 보편적 부과체계의 시행

① 대납과 전결기준

주지하는 바와 같이 세조 대에는 대납이 전면적으로 허용되었다.[193] 세조 대 이전에도 군주들은 인민의 편의를 위해 대납에 대한 개방적인 입장을 취하는 경우가 많았다. 문종이 특히 그러했는데 다음도 그 하나의 예이다.

> 왕이 또 말하기를, "각색 공물을 대납하는 데 정해진 값이 없어서 거두어들이는 값이 거의 다 높고 무거우니, 관으로 하여금 그 값을 정하게 하는 것이 어떠하겠는가?" 하니, 이계전이 대답하기를, "대납을 금지하고서 또 그 값을 정한다면 이것은 사람들로 하여금 대납하게 하는 것이어서, 입법의 뜻에 어긋남이 있습니다. 불가한 것 같습니다." 하였다.(『문종실록』 1년 1월 4일)

---

192) 세조 원년에 논의를 시작하여 마침내 세조 5년에 '양잠조건' 중외에 반포하기에 이르렀다.(『세조실록』 2권, 세조 1년 8월 25일; 『세조실록』 10권, 세조 3년 12월 17일; 『세조실록』 16권, 세조 5년 6월 28일). 이 조건은 『경국대전』에 그대로 증재되었다. 공전 재식. 民戶竝令種桑 大戶 三百株 中戶 二百株 小戶 一百株 守令檢察培養 無主野桑 禁斬伐 觀察使巡審考察 違者 論罪
193) 대납이 전면적으로 허용되기까지의 과정은 김진봉, 「朝鮮初期의 貢物代納制」, 『史學研究』 22, 1973 참조.

문종은 대납가를 공정하여 인민의 부담을 덜어주려는 방안을 타진한 것이다. 대납가를 정하면 민간의 대납을 부추겨 방납의 폐단을 막으려는 기존의 입법의 취지를 위반하게 된다는 이유로 문종의 의견은 정부의 반대에 부딪혔다. 여기서 주목할 것은 문종이 지방관아에서 민호로부터 대납가를 수렴하여 공물을 장만하고 있는 현실을 전제로 모든 공물에 대납가를 정하려는 구상을 내놓았다는 사실이다. 대납이 성행되고 있었던 것이다. 이러한 추세를 바탕으로 마침내 세조 대에 이르러 대납이 전면적으로 허용될 수 있게 되었다.

현물이나 공역의 대납 관행은 공부에 비례세제를 확립하는 데 결정적인 역할을 했다. 대납은 불산공물이나 난비공물 문제를 해결할 수 있었으므로 지방의 관민에 의해 광범위하게 수용되었고 대납가 산출은 자연스럽게 전결에 비례하여 책정되었던 것이다. 오직 적정한 대립가 설정의 어려움과 강제적인 방납의 폐해만이 문제가 되었다. 태종 대 이후 방납의 단속이 간혹 이루어지기는 했지만 대납 자체를 금지하지는 않았다. 민호와 지방관아 사이의 자발적인 대납은 문제되지 않았던 것이다. 세조 대에 이르러 대납이 전면적으로 허용되었다. 그리고 대부분의 물품에 일상적으로 통용되는 대납가가 형성될 수 있었다.

② 보편적 부세체계의 확립

세조 대에는 대대적인 호구개혁이 단행되어 공식호가 크게 증가되었다. 이로써 준공식호를 바탕으로 행사되던 군현의 재량권이 자의적으로 이용될 여지가 크게 축소될 수 있었다. 2단계에서도 전결기준을 무차별적으로 적용할 가능성이 커진 것이다.

공부에서의 개세제 실현은 요역보다 늦게 이루어졌다. 공부와 요역 사이에 시기적 차이가 나타난 데는 두 가지 이유가 있었다. 하나는 요역보다 공부에서의 전결 기준의 전면적 도입이 늦었던 때문이다. 공물의 물종이나 성격이 다양한 데서 말미암은 것이다. 다른 하나는 공부는 호에 부과하는 것이라는 원칙이 고수되어 온 때문이다.

세조 대에 이르러 공부에서도 전결기준의 비례세제가 확고부동하게 뿌리를 내리게 되자, 마침내 공부에서도 개세제가 성립할 수 있는 바탕이 마련되었다. 그러나 호에 부과한다는 원칙의 폐기는 바로 이루어지지 못했다. 민호에 현물을 직접 부과하여 수취하는 '수렴'의 경우(민비공물)에는 공역과 달리 공식호에만 부과되고 있었던 것이다. 이것은 조세는 토지, 요역은 인정, 공부는 가호라는 조용조의 기본 원칙이자 고려시대 이래의 전통 때문이었다. 세종 대의 5등호제가 이러한 전통을 재확인하는 것이었음은 앞에서 본 대로이다.

한편으로 전결 기준의 대납제가 성행되고, 다른 한편에서는 대대적인 호구개혁이 단행되어 그동안 거의 사문화되어 있던 호등제는 더 이상 발붙일 곳이 없어졌다. 공식호가 크게 늘어나 기존의 호등은 적용할 수 없게 되고 호 사이의 불균형도 크게 줄어들면서 호등제의 필요성도 크게 줄어들었기 때문이다. 이제 개세제의 장애물로는 현지의 호적에 등재되지 않은 부재지주의 외거노비 토지에 공부를 부과하지 않았던 관행만이 남게 되었다. 군현에서는 이들의 전결에 대한 공부의 부과에 여전히 소극적이었던 것이다.

요역에서와 같이 이번에도 장애물의 제거는 군주의 몫이었다. 세조는 양인의 신분적 제일성을 확립하기 위해 진력하였고 억강부약의 정책을 강력하게 추진하였던 군주였다.[194] 부세제의 경우에도 조세형평성을 구현하려는 의지가 강하였다. 집권 초기부터 권세가에 대한 부역 부과를 강조하던 군주였

---

194) 전함관들을 평민과 똑같이 정병에 편성시켜 양인개병제를 실현하고자 한 것이나 자기원억의 경우 수령을 고소할 수 있게 하여 부민고소금지법을 무력화시킨 것은 그 대표적인 것이다.

다.[195)] 호구개혁과 함께 군액 확대 작업을 마친 세조 14년, '구언'에서 올라온 진사 송희헌의 상서를 수용하는 형식을 밟아 마침내 요역뿐만 아니라 공부에까지 개세제를 확장할 것을 전국 관찰사에게 시달하였다.

> 1) 성균 진사 송희헌이 상서하기를, " … 부세가 균등함을 얻지 못하고, 역사가 균평함을 얻지 못하는 것은 대저 까닭이 있습니다. 한 고을 안에 거실巨室이 수십 집 있으면, 세력은 족히 수령을 깔아뭉개고 힘은 족히 옳고 그른 것을 뒤집으니, 권세를 끼고 이용하는 것을 감히 누가 어찌 하겠습니까? 용렬하고 나태한 관리 또한 위세를 두려워하고 거실에게 죄를 얻을까 두려워하며, 대상大相에게 꾸지람을 당하니 어찌 그 사람에게 법을 시행하게 할 수 있겠습니까? 역민할 때에 민호를 하나하나 가리키어 의논하기를, '아무 호는 아무 재상의 노이니 공부(賦)를 뭇사람과 같이할 수 없고, 아무 호는 아무 재상의 노이니 요역(役)을 뭇사람과 같이할 수 없다.' 합니다. 이에 10가의 부세를 1가로 하여금 겸하게 하고, 1백 집의 요역을 열 집으로 하여금 겸하게 합니다. 급하지 않은 부세와 때아닌 요역을 추가하여 날로 달로 일으키고, 성화같이 재촉하고 서둘러서, 치부한 자는 갈수록 더 부유해지고 가난한 자도 갈수록 더 가난해져서, 소민의 생계가 날로 조폐하여지니, 이것이 지금의 부역의 불균등함입니다. … "(『세조실록』 14년 6월 14일)
>
> 2) 팔도 관찰사에게 유시하기를, " … 1. 혹은 진달하기를, '한 고을 안에 거실이 권세를 끼면 용렬하고 나태한 관리가 위세 부리는 것을 두

---

195) 『세조실록』 권 5, 세조 2년 8월 25일.

려워하여 역민할 때에 의논하기를, '아무 호는 아무 재상의 노이니, 부역을 뭇사람과 같이할 수 없다.'하여, 이에 10가의 부역을 1가가 겸하게 하여, 부유한 자는 더욱 부유해지고 가난한 자는 더욱 가난해져서, 날로 조폐하게 된다.'고 하니, 역민의 법은 누차 유서諭書를 내렸는데도 관리들이 아직도 이와 같으니 이것이 어찌 내가 민을 구휼하는 뜻이겠느냐? 감사는 한 도를 통찰하면서 어찌 검거하지 못하여, 이에 이르도록 아직도 규식을 고치지 못하였느냐? 마땅히 통징하여 후래를 경계하라 …" 하였다.(『세조실록』 14년 6월 18일)

세조가 나서서 '거실'의 외거노비에게도 요역과 공부를 부과하라는 엄명을 내렸던 것이다. 여기서의 자료 2)에 나오는 '부역'은 요역만을 가리키는 것이 아니라 공부와 요역의 합칭이다. 1)에서 '아무 호는 아무 재상의 노이니 (공)부를 뭇사람과 같이할 수 없고, 아무 호는 아무 재상의 노이니 (요)역을 뭇사람과 같이할 수 없다.'와 같이 '부'와 '역'을 구분해서 다른 문장에 배치한 것으로 보아 앞의 '부'는 공부, 뒤의 '역'은 요역을 가리키는 것이 분명한데 2)에서는 한 문장으로 묶어 '부역'으로 표현한 것이기 때문이다. 이제 재경관원의 외거노비 소유지도 현지 사족이나 평민·노비의 소유지와 마찬가지로 전결의 다과에 따라 공부와 요역을 부담하게 되었던 것이다.

재경관원의 외거노비에 대한 부세 부과가 이루어지자 내수사 노비에 대한 부세도 피할 수 없는 일이 되었다. 내수사 노비에 대한 공부·요역의 부과가 언제 이루어졌는지 구체적인 시기는 확인되지 않는다. 그러나 세조 생전의 일이었음은 분명하다. 아마도 외거노비에 대한 부세 부과와 동시에 이루어졌을 것으로 추정된다.

첫째, 권세가의 외거노비에 대한 부과를 지시하면서 내수사의 노비만 제외하는 것은 과세 형평에 어긋나는 일이기 때문이다. 둘째, 이미 예종 1년 당시 내수사 노비가 요역과 공부를 부담하고 있었던 것이 확인되고 있기 때문이다.[196] 세조가 돌아간 직후부터 세조 개혁의 과격성 때문에 바로 개혁에 대한 반동이 일어났는데 이때 내수사 노비에 대한 잡역 면제도 이루어졌다.

③ 호등제

세종 17년 소정의 5등호제는 사문화되어 있지만 호등제 자체가 소멸된 것은 아니었다. 세종 대의 5등호제와는 성격을 달리하여 이용되었던 것이다. 세조 대 이후의 호등제는 태종 대의 호등제로 돌아갔다. 특별한 국가사업을 위한 의무 부과에 3등호제가 사용된 것이다. 방금 위에서 소개한 뽕나무 심기 사업에서 3등호제가 시행된 것 외에도 세조 3년의 의창미 수취(『세조실록』 3년 7월 4일), 세조 8년의 돼지·소·말 등의 사육(『세조실록』 8년 6월 3일), 예종 원년 양성지의 3등호별 궁시 자비 건의(『예종실록』 1년 6월 29일) 등을 찾아볼 수 있다.

④ **공부와 요역의 부과방식의 통일**

개세제에 입각한 비례세제가 정립되자 공부와 요역을 가릴 것 없이 분정 기준은 전결 하나로 통일되었다. 정확한 시기를 특정할 수는 없지만 늦어도 세조 말년에는 통일되어 있었다. 예종 원년의 "무릇 공부와 요역은 국가가 전지 결부의 다소에 따라 등급의 차이를 둔다",(『예종실록』 1년 3월 5일) 성종 원년의 "무릇 공부와 요역은 인민이 경작하는 전지의 결부의 수에 따라 정한다."(『성종실록』 권4, 성종 1년 4월 28일) 같은 지적이 그것이다.

---

196) "刑曹啓: "前此本宮奴婢所犯 守令直決 己丑(예종 1년)四月受教內 徭役貢賦拒逆者 啓聞推考 …"(『성종실록』 권3, 성종 1년 2월 21일)

(2) 세조 사후 ―전결기준의 표준화

① 대납의 폐지와 전결기준의 표준화

잘 알려진 대로 예종 즉위 직후 세조 대의 대납 전면화조치는 폐기되었다. 그러나 방납의 금지였을 뿐 민호와 지방관아 사이의 자발적인 대납은 그 이후에도 문제되지 않았다.[197] 전결에 따른 분정이라는 기조도 그대로 유지되었다.[198] 성종 2년에는 호조에 모든 수세전의 8결마다 1부를 내게 하고 부득이할 때는 6결에 1부를 내게 하되 반드시 왕에게 보고한 후 시행하게 하는 '역민식役民式'을 내려 보냈다.(『성종실록』 2년 3월 19일) '역민의 일한'은 이미 세종 12년에 상정된 바 있지만 이때에 와서 '전8결 출1부'와 같이 역민의 전결단위까지 지정되어 공역과 일반 요역 구분 없이 적용하게 된 것이다.[199] 이 기준은 2단계에서도 지켜야할 객관적 기준이 되었던 만큼 개세제에 기초한 비례세제는 더욱 현실에서 구현될 가능성이 커졌다. 이것은 역민식의 제정이 가지는 중요한 역사적 의의라 할 수 있다. 성종 20년, 6도에 인민의 괴로움을 탐문할 경차관을 보내면서 가지고 가게 한 사목에는 "무릇 공물은 소경다소로 균일하게 분정하는지 여부"가 들어 있었다.(『성종실록』 20년 11월 23일) 개세제의 실현 여부를 잘 살피라는 것이다. 개세제에 기초한 비례세제는 이제 확고부동

---

[197] 이를테면 성종 1년 현재 대납이 버젓이 이루어지고 있었다. 단지 납가를 크게 높여 수취하는 것이 문제가 되었을 뿐이다. "戶曹議啓陳言內可行條件: … 一. 貢墨其數百丁 則阿膠所造牛皮不下五六張 其一張價 穀至十碩 民戶督徵未便 一. 貢炭民不能自納 納價於貢吏 貢吏倍徵 侵民未便 一. 狸皮一張 價穀二碩 黃毛一條價穀一碩 本數雖至一張一條 而守令濫收未便 … 以上七條 令觀察使 嚴加糾察 何如?" 從之"(『성종실록』 권4, 성종 1년 3월 16일)

[198] "凡貢賦徭役 國家從田結負多少而差等焉"(『예종실록』 권4, 예종 1년 3월 5일)

[199] "下役民式于戶曹: 一應收稅田 每八結出一夫 觀察使量功役多少 循環調發 若事鉅不得已加調發 則六結出一夫 須啓聞乃行 其京藏氷·採金·修站館·築場·埋貢炭·造橋梁·刈郊草·鐵物吹鍊·牧場驅馬·禮葬造墓 爲常例調發 築城·運米·天使轎夫·新築牧場·波吾達·焰硝·輪木·石築·堤堰·山臺·採葛·石灰燔造 爲別例調發" 박도식은 공부도 요역처럼 8결 단위로 부과되는 경우가 많았음을 지적하면서 이를 '8결作貢'이라고 명명한 바 있다.(『조선전기 공납제 연구』, 혜안, 2011, 125쪽).

한 부세 부과의 원칙으로 뿌리를 내렸던 것이다.

② 개세제에 기초한 비례세제의 실상

세조 말 권세가의 외거노비에 대한 부세 부과조치로 개세제의 시행은 정점에 도달했지만 세조 사후 내수사 노에 대한 잡역 면제 조치는 개혁의 후퇴였다. 성종 원년에는 호조에 전지傳旨하여 "내수사노의 호는 공부 외의 잡역을 면제하라"라고 명하였다.(『성종실록』 1년 9월 4일) 왕실의 비호를 믿고 내수사 노비는 기세가 등등하여 수령이 제어할 수 없음은 물론 관찰사까지 제어하기 어렵다는 지적이 나오기도 했다.(『성종실록』 6년 2월 2일) 그 후에는 잡역만이 아니라 공부의 역까지 부담하지 않는 상황까지 벌어졌다.(『성종실록』 14년 11월 12일) 성종 20년, 병조가 복호復戶는 단지 잡역만 면제해 주는 것인데도 수령은 법의法意를 모르고 '공부의 역'까지 면제해 주고 있다면서 이후 복호의 경우 전세의 역과 공부의 역을 제외한 잡역만 면제하게 할 것임을 확인하였다. 또 내수사 노자의 복호는 대전에는 기재되지 않고 수교에서만 "전세 외 출군·잡역을 면제하라"라고 하였는데 내수사의 노비가 이에 근거하여 공부의 역을 바치지 않고 있다면서 다른 복호에 따를 것을 요청하여 윤허를 받았다.(『성종실록』 20년 9월 21일) 『대전속록』에서는 복호인이라도 부담해야 할 역 17종을 구체적으로 명시하고 그 외의 잡역에 대해서만 면제하도록 하였고, 내수사 노자에게도 이를 적용하게 하되 솔정 5구 이상이나 전 5결 이상 자를 복호시키지 않도록 규정하였다.[200] 내수사 노비에 대한 특혜는 내수사 투탁의 성행을 초래하였다. 그러나 내수사 노비라도 잡역 외의 공부와 요역은 부담해

---

[200] "凡復戶人 進上輸納京·藏氷·採貢金·埋貢炭·採貢茶·鐵物吹鍊·貢物輸京·行幸支供·築城·運米布·使臣 檐陪·煮焰焇·牧場新築·堤堰新築·石灰燔造·貢船造作·倭物輸轉等事外雜役 竝蠲免 內需司奴子亦依右 例復戶 其中率丁五口 或田五結以上者 勿復"(『대전속록』 호전 요부)

야 했음은 개세제에 기초한 비례세제라는 원칙이 확고하게 유지되고 있었음을 보여준다.

조선 초기 부세의 부과 원칙은 실제로 얼마나 잘 지켜졌을까. 당시에 원칙과 실제의 간격이 동떨어진 수준은 아니었다는 것에 대해서는 이미 언급해 둔 바 있다.[201] 여기에서는 한두 가지 사항만 첨언하기로 한다. 지배계급이 수령과 결탁하여 부정한 짓을 하는 일은 없을 수 없다. 그러나 이러한 사례를 통해 도리어 현실에서 원칙이 지켜지고 있음을 엿볼 수도 있다. 지배계급이 수령에게 청탁하는 행위를 가리키는 '칭념稱念'이 그 대표적인 예이다.[202] 주목할 것은 이러한 '칭념'의 초견 연대가 예종 즉위년이었다는 점과(『예종실록』 즉위년 10월 21일) 칭념의 내용은 자신의 외거노비를 잘 돌봐 달라는 부탁이었다는 점이다.[203] '칭념'의 초견 연대가 예종 즉위년이었으니 개세제에 기초한 비례세제가 완성된 직후의 시기이며, 외거노비를 잘 돌봐 달라는 것은 외거노비에 대한 잡역을 감면해 달라는 요구임에 틀림없다. 전결을 기준으로 한 부세 부과가 확립된 직후 '칭념'과 같은 수령에 대한 종친이나 고관의 청탁이 나타난 것이나 그것도 주로 수령의 재량권이 큰 '잡역'에 집중되었던 것은 부과 원칙

---

201) 유승원, 앞의 책, 2020, 446~449쪽 참조.
202) 칭념에 대해서는 다음과 사실이 밝혀져 있다. "칭념이란 곧 자기노비가 거주하는 각관의 수령에게 노비를 완호(지키고 보호함)해 줄 것을 청탁하는 것을 말한다. 또 칭념의 중요한 결과 가운데 하나는 공역(대개 잡역)을 면제받게 해줌으로써 부역이 편중되는 것임을 알 수 있다. … 관의 힘을 빌어서 노비를 제압함으로써 노비에 대한 통제력을 증대시킬 목적으로 칭념이 행해지는 수가 있었다."(지승종, 『조선전기 노비신분 연구』, 일조각, 1995, 313~315쪽) 도망노비를 추쇄하거나 신공을 거두는 데 편의를 부탁하는('노비칭념') 외에도 잊지 않고 있다는 마음을 현물로 표시하는 형태('식품칭념')로도 칭념이 성행되었다.(이성임, 「조선 중기 양반관료의 '稱念'에 대하여」, 『朝鮮時代史學報』 29, 2004)
203) 성종 9년의 주계부정朱溪副正 이심원의 상서에서 칭념이 만연하여 공경대부의 영향을 벗어나기 어려운 수령은 '공역公役'을 공천과 양민에게만 부과하고 사천은 빼주는 비리가 성행되고 있음이 지적되고 있다.(『성종실록』 권91, 성종 9년 4월 8일).

이 현실에서도 어느 정도 작동되고 있었음을 오히려 반증하는 것이라고 할 수 있다.

외거노비에게 모든 부세가 부과되고 있었던 또 하나의 사례를 찾을 수 있다. 성종 22년, 원자元子(연산군)를 양육한 바 있는 영응대군가에 대해 경외에 거주하는 만 구에 달하는 노비의 "세외잡역稅外雜役" 면제해 주도록 성종이 특지를 내린 바 있다.(『성종실록』 22년 3월 2일) 이튿날부터 대간이 여러 차례에 걸쳐 명령 철회를 요청하여 한 달 여 뒤에 마침내 성종이 철회하고 말았다.[204] '세외잡역'에서의 잡역은 전세의 역이나 공부의 역과 같은, 전결에 부과한 역을 제외한 나머지 요역을 가리키는 것이었는데도 불구하고[205] 그마저도 철회된 것이었다. 한 군현에 거주하는 자는 신분이나 계급을 막론하고 누구나 본래 조세에서 공부·요역에 이르기까지 모든 부세를 부담해야 하는 것이었음을 시사하는 사례이다.[206] 개세제에 기초한 비례세제는 확고부동한 부세 부과의 원칙으로 현실에 뿌리를 내리고 있었던 것이다.

---

204) 『성종실록』 권 251, 성종 22년 3월 3일; 『성종실록』 권 251, 성종 22년 3월 27일; 『성종실록』 권 252, 성종 22년 4월 10일.
205) 성종 20년에는 복호할 때의 잡역은 전세와 공부의 역을 제외한 나머지 역으로 한정하도록 결정되었다. "戶曹啓: "凡復戶 宜只復雜役 而守令不知法意 幷復貢賦之役 有違於法 今後復戶者 田稅·貢賦 外雜役 全除爲便 … 從之"(『성종실록』 권 232, 성종 20년 9월 21일)
206) 부세를 납부하지 않은 재지사족에 대해서 단호한 처벌을 가하고 있었다. 다음은 그 한 사례인데 이때 고관들과 국왕 모두 계본에 따라 시행하도록 하였다. "義禁府啓: "禦侮將軍李湝以土豪 不供徭役罪 律該杖八十 追奪告身三等"(『성종실록』 권 225, 성종 20년 2월 22일)

3장 전제개혁의 성과와 파장

1. 전제개혁과 군자전

1) 군자전에 대한 종래 견해의 검토

전제개혁이 거둔 가장 큰 재정개혁의 성과 중 하나는 10만 결이 넘는 군자전을 확보한 것이다. 무슨 토지를 가지고 그처럼 방대한 양의 군자전을 설정할 수 있었던 것인가. 이를 확인 수 있는 구체적인 자료를 찾을 수는 없다. 단지 '과전법'에 "옛 것을 따라 덜고 보태서(因舊損益)" 설정했다는 여러 종목의 토지 가운데 '군자시전軍資寺田'이 열거되어 있는 것이 전부이다.

군자전이 무엇으로 마련되었는가에 대해서 종래 두 가지 견해가 있었다. 하나는 과전법에서 고려 후기에 설치된 '군수전軍須田'을 토대로 설치되었다는 견해이다.[207] 다른 하나는 전제개혁의 기사양전에서 파악된 황원전을 군자전으로 설정하였다는 견해이다.[208] 군자시전이 과전법에 "옛 것을 따라 덜고 보태서" 설정한 지목의 하나로 열거되고 있었던 데서 알 수 있듯이, 전자의 주

---

207) 서종태, 「고려후기 군수전에 대한 일고찰」, 『고려말·조선초 토지제도사의 제문제』, 서강대학교 인문과학연구소, 1987.
208) 이장우, 「군자전」, 『조선초기 전세제도와 국가재정』, 일조각, 1998.

장대로 기존의 군수전이 군자전의 일부가 되었을 것임은 의심할 바 없다. 다만 적몰된 토지나 폐망 사원전·일부 양반수조지 등으로 조성된 군수전의 양이 그리 많을 것으로 보이지 않는다는 점이 문제가 된다.

후자는 소액의 기존 군수전을 토대로 20만 결에 달하는 군자전을 마련하는 것은 불가능하다고 보고, 황원전으로 군자전을 설정했다고 주장한 것이다. 주장의 논거는 세 가지로 간추릴 수 있다. 첫째, 조준이 3차 전제개혁 상소문(『고려사』 권 78, 식화지1 전제 녹과전. 이하 녹과전조에 보이는 조준의 세 차례 전제개혁 상소문은 '○차상소문'이라 표기하도록 한다)을 올린 공양왕 원년 12월 당시에 군자전은 마련되어 있지 않은 상태였다는 것이다. 그가 3차상소문에서 "6도에서 파악된 실전의 총 면적 약 50만 결 가운데서 군자전을 설정할 전지가 없다는 견해를 표명"했다는 판단을 근거로 한 것이다. 둘째, 황원전의 결수 175,030결은 군자전의 결수 20만 결과 그 액수가 비슷하다는 점, 셋째, 황원전으로 배정하는 것은 당시 개혁추진자들의 정책에도 부합된다는 것이다. 즉 "황원전을 경제력이 빈약한 농민들에게 분급하여 경작하게 함으로써, 우선 그들의 경제적 기반을 안정시키고자 하는 의도" 때문이었다는 것이다.

황원전에 대한 개혁추진자들의 정책에 대한 견해는 경청할 만하지만 군자전은 황원전이 아니라 실전(=간전)으로 설정되었다고 보인다.

> 1) 간관 박신 등이 상언하기를 "충성스럽고 믿음직한 사람에게 녹을 많이 주는 것이 비록 관원(士)을 권하는 방도는 되지만, 저축하여 불우에 대비하는 것이 실로 국가의 좋은 계책이 됩니다. 전하께서 녹봉이 충분하지 않다고 하여 호조와 급전사에 명하여 녹과전

을 더 정하게 하셨으니 참으로 후하다 하겠습니다. 그러나 여러 도의 전지가 각 과에서 이미 정한 것을 제외하면 **군자에 속하는 것이 10만여 결에 불과한데, 매번 진손陳損으로 인하여 조세 수입이 실로 적습니다.** 만약 녹과로 옮기어 정한다면 축적에만 결핍이 생길 뿐 아니라, 중외의 연례 용도 또한 부족하게 될 것입니다. 만일 변경의 침입이 있다면 무엇으로 대응하겠습니까? 하물며, 원래 정한 녹과의 조세도 수송하기가 어려워서 오히려 시기가 늦춰지고 있는데, 지금 더 늘린다면 민력이 지탱하지 못할 것입니다. 원컨대 삼사로 하여금 그 원래 액수를 상고하여 녹과를 헤아려 감하고, 군자전을 가지고 (녹과를) 더 늘리지 말아서 축적에 대비하고, 민력을 여유롭게 하십시오." 하였다. 국왕이 말하였다. "양부에서 헤아려서 줄여라"(『태조실록』 7년 4월 3일)

여기서 군자전에 속한 10만 여결에 대해 "매번 진손으로 인하여 조세 수입이 실로 적습니다."라고 말하고 있는 것이 주목된다. 즉 군자전은 황원전이 아니라, 진손이 자주 발생하는 척박한 전지일망정 과전과 마찬가지로 조세를 수취하고 있는 실전이었던 것이다. 전제개혁 이후 10만 결이 넘는 황원전이 개간되어 수조까지 하고 있었다고 보기는 어려운 일이다. 과전법 반포 때부터 태조 7년까지 아무리 길어도 7년밖에 안 되는 짧은 기간 동안 그 많은 황원전이 개간되었을 가능성은 희박할 뿐 아니라, "매번 진손으로 인하여" 수입이 적다고 한 것을 보면 군자전에서 조세를 거둔 지 이미 오래였음을 알 수 있기 때문이다.

2) 군자전의 설정 시기

군자전은 언제 설정되었나. 조준이 3차상소문을 올렸던 공양왕 원년 12월 당시, 군자전은 이미 확보되어 있었던 것을 확인할 수 있다.

> 2) 경기는 서울에 거주하면서 시위하는 자의 토지로 지급하여 사족을 우대하니 바로 문왕이 사환하는 자에게 대대로 녹을 주었던 아름다운 뜻입니다. 제도諸道는 군전을 지급하는 것으로 그치는데 (군전으로써) 군사를 돌보는 것은 바로 선대의 국왕들이 군사를 뽑아서 토지를 지급하던 좋은 법입니다 … 지금 6도관찰사가 보고한 간전의 수는 50만 결에 차지 못하는데 ① 공상은 풍족하지 않을 수 없기 때문에 10만으로 우창에 소속시키고 3만을 4고에 소속시킵니다. 녹봉은 후하게 하지 않을 수 없기 때문에 10만으로 좌창에 소속시킵니다. 조사는 우대하지 않을 수 없으므로 경기의 전지 10만을 떼어 지급합니다. 그 나머지는 17만 결에 그칠 따름입니다. 무릇 6도의 군사·진津·원院·역驛·사寺의 전지와 향리·사객使客·늠급廩給·아록衙祿의 용도로도 부족하니 ② **군수를 지출할 토지가 없습니다[軍須之出則無地矣]**. 그런데 ③ 지금 사전을 외방에 지급하고자 하니 ④ 공상·녹봉의 비용과 진·원·역·사의 여러 위전은 어디에서 나올 것인지, 변방군진(方鎭)의 병사와 해도海道의 군사는 무엇으로 공급할 수 있을지 알 수 없습니다. ⑤ 만일 3, 4년의 홍수·가뭄의 재해가 있다면 무엇으로 진휼합니까? ⑥ 천만군의 양향糧餉의 비용은 무엇으로 공급합니까?(3차상소문)

50만 결의 실전 내에 군자전을 설정할 토지가 없었다는 기존의 주장은 위 기사의 ② "군수를 지출할 토지가 없습니다"라는 발언을 근거로 한 것이다. ②의 '군수'가 구체적으로 무엇을 가리키는 것인지는 뒤에서 다루기로 하고, 우선 이 기사는 군자전이 이미 확보되어 있음을 오히려 반증하는 자료로 볼 수 있다는 점에 유의할 필요가 있다. 상소문의 각 조항을 하나씩 뜯어보면 ①은 50만이 채 되지 못하는 간전으로 분급할 대상을 열거한 것인데, 공상·녹봉·조사 및 군사를 비롯한 국역부담자가 그 대상이었다. ③은 이미 시행된 사전혁파 조치를 번복시키려는 사전의 외방 지급 시도를 거론한 것이다. ④는 사전을 외방에 지급했을 때 바로 피해를 입게 되는 대상을 열거한 것인데 모두 ①에서 열거한 분급 대상과 겹친다. 그런데 앞에서 열거되지 않은, 새로운 분급처로 나타난 것이 ⑤·⑥이다. 모두 군자전의 용처에 해당되는 것이다. 다시 말하면 군자전은 이미 확보되어 있었기 때문에 ①에서 제시하지 않았지만 사전혁파 조치를 무산시키게 되면 초래될 결과로서 ⑤·⑥이 ④와 함께 거론된 것으로 볼 수 있다는 것이다. 결국 10만 결이 넘는 군자전은 공양왕 원년 12월 이전에 확보되어 있었던 셈이다.

군자전이 공양왕 원년 12월 이전에 이미 확보되어 있었던 것은 조준의 3차 상소문과 과전법의 간전 결수 비교를 통해서도 알아낼 수 있다.

> 3) (공양왕) 3년 5월 도평의사사에서 과전을 지급하는 법을 정하도록 청하니 그에 따랐다. … 경기·6도의 전지를 모두 답험하여 양전하여 얻은 것은 경기는 실전實田 131,755결, 황원전 8,387결, 6도는 실전 491,342결, 황원전 166,642결입니다.(『고려사』 권 78, 식화지1 전제 녹과전)

조준의 3차상소문에서 50만 결 미만으로 나타난 6도의 간전 총수는 불과 1년 5개월 뒤인 3)의 과전법에서는 62만3천 결로 나타나고 있다. 양자의 간전 결수는 무려 12만3천 결의 차이가 있다. 양전이 기사년에 종료되었고 과전법 선포 때까지 또 다른 양전은 없었는데[209] 12만3천 결이 늘어난 것으로 되어 있는 것은 무엇 때문인가. 이제까지 이러한 불일치 문제는 거의 거론되지 않았다. 전제개혁 반대자의 반발을 피하기 위해 의도적으로 축소한 것일 수 있다는 가벼운 추측이[210] 유일한 것이다.

이러한 차이가 나타나게 된 것은 조준이 3차상소문에서 이미 분급이 결정된 군자전의 전결을 제외하고 앞으로 분급할 결수만 거론한 데서 빚어진 것이라 생각된다. 즉 12만3천 결은 그 모두가 군자전으로 배정된 토지라고 단언하기는 어렵지만 그 대부분이 군자전이었다고 말할 수 있다. 우선 앞의 1)자료에서 보이는 군자전 10만여 결은 이와 가까운 수치이기 때문이다.

앞의 자료 1)에서 보이는 10만여 결이 이미 전제개혁 당시에 확보된 군자전이었음을 방증하는 또 다른 자료가 있다.

4) 사간원에서 시무 몇 조목을 올리었는데, 소의 대략은 이러하였다.
… 1. 녹전祿轉은 관리를 대접하기 위한 것이고, 군자는 사졸을 기르기 위한 것입니다. 두 가지는 모두 국가의 중사이나 군자의 저축은 더욱 많이 하지 않을 수 없기 때문에, 국가에서는 전제를 정하던 처음에 군자에 속하는 전지를 녹봉전보다 배나 되게 하였는데,

---

209) 공양왕 원년 12월에 "國家旣革私田"(『고려사』 권 80, 식화지3 상평의창)이라 하여 양전이 끝났음을 전하고 있고, 공양왕 2년 1월에는 이를 토대로 給田都監에서 새 전적을 반포하기 시작하였다.(『고려사』 권 45, 공양왕세가 2년 1월 임오)
210) 오정섭, 「高麗末·朝鮮初 各司位田을 통해서 본 중앙재정」, 『한국사론』 27, 1992, 160쪽 주 93).

근년 이래 매번 진손으로 인하여, 녹봉이 이전 액수에 차지 못하게 되면, 문득 군자의 전조로 충당합니다.(『태종실록』 3년 6월 6일)

즉 국가가 전제를 정할 당초(전제개혁)에 군자에 소속된 전지는 녹봉보다 배로 책정되었다고 말하는 자료이다. 조준이 3차상소문에서 녹봉에 충당하기 위해 광흥창에 납입하도록 책정한 액수가 10만 결이었으니 그 2배라는 주장을 그대로 적용하여 계산한다면 군자전은 20만 결 정도가 된다. 이 숫자는 현재의 군자곡 부족을 개탄하는 문맥에서 나온 것이기 때문에 이전의 군자전 규모를 다소 부풀렸을 개연성이 있다. 그러나 그렇다고 군자전 액수를 터무니없이 과장할 수는 없었을 것이다. 전제개혁에서 10년도 채 지나지 않아 당시의 일을 기억하는 사람들이 다수 생존하고 있을 것이기 때문이다. 12만3천 결의 대부분이 군자전 예정지였다면 이러한 주장은 다소의 과장이 있을 것을 감안할 경우 어느 정도 수긍이 간다. 더욱이 군수를 위해 중앙으로 상송하지 않고 현지에 보관하는 양계의 전지 수만 결을 합산하여 발언한 것이라면 20만 결이라는 수치는 실제에 상당히 부합하는 숫자라 할 수 있다.

조준의 3차상소문이 올려진 공양왕 원년 12월 이전에 군자전이 확보되어 있었을 것으로 판단하는 데는 이 밖에도 여러 가지 정황적 근거가 있다.

첫째, 전제개혁을 위해 양전에 착수할 당시 이미 대규모의 군자전의 설정이 계획되어 있었다는 점이다. 군자전의 설정은 전제개혁의 3대 명분—권세가에 침탈된 민생의 구제, 부국강병 실현을 위한 국가재정의 확충, 그리고 비상시를 대비한 군자의 확보— 중 하나였고 시급한 과제였다는 것이다. 군자는 전란을 대비한 군사들의 식량이자 국가재난을 대비한 예비재정이었다. 국가재정 확충과 군자 확보에 대한 당초의 구상은 토지분급제에 의해 국가재정 기반의 안정적 토대를 구축하기 위한 토지를 할당하고 남는 토지는 모두 군자전으로 삼는 다는 것이었다. 전제개혁 추진자들은 당면한 초미의 과제로 공통적으로 군자를 마련할 것을 제안하였다. 조준은 1차 상소에서 군비의 중요성을 누누이 강조하였고, 모든 조세를 3년 동안 공수公收하도록 하면서 "군국의 수요를 채울 수 있고 현직 관리의 녹봉을 지급할 수 있다."라는 두 가지 명분 중 하나로 군국의 수요를 들었다. 둘 중에서도 녹봉보다 군국의 수요를 앞세웠다. 이행 역시 "지금 바다의 도적이 마구 포악을 부리고 영토는 날로 줄어들고 있는데, 나라 토지 조세의 반이 쓸모없는 사람에게 들어가고 있으니, 군사는 배고픈 기색을 보이고 수송할 물품은 비었다고 아뢰고 있습니다. … 사전을 혁파하여 이를 나라에 귀속시키지 않는다면 장차 무엇으로 오늘날 사직을 중흥시킬 계책을 삼겠습니까?"라고 반문하였다. 황순상과 조인옥도 각각 "혹시 뜻밖의 사태로 군대를 일으키고 민중을 동원하게 된다면 그때의 축적은 한 달의 군량도 부족할 것인데 하물며 1년의 군대 동원이나 여러 해의 군대 운영이겠습니까?", "병사와 식량이 모두 고갈되어 인민이 괴롭고 초췌하게 되었으니 이는 실로 위급하여 존망이 걸린 때입니다."라고 호소했다.(『고려사』 권78, 식화지1 전제 녹과전)

이상에서 처음부터 사전혁파와 함께 군자전을 확보한다는 계획을 가지고 있었다고 보아야 할 것이다. 당시 장기간 외환에 시달리는 상태였고 전제개혁 당시에도 왜구의 침입은 중단되지 않았다. 실제로 양전 시작 불과 수개월 후 대마도 정벌에 나섰으니 군자 마련이 시급하다고 역설한 것은 빈말이 아니었던 것이다.

둘째, 정도전은 양전하여 전지 총계를 파악한 다음, '상공의 전'·'국용·군자의 전'·'문무역과文武役科의 전' 등을 책정했다고 하였다.[211] 군자전이 다른

---

[211] 『조선경국전』 상, 부전 경리조.

토지의 지급이 이루어진 뒤에 책정된 것이 아니라 상공전 등과 함께 책정되었음을 시사한 것이다. 열거의 순서도 '문무역과의 전'의 앞에 두어 토지 할당의 우선순위가 '문무역과의 전'보다 높은 토지항목임을 보였다.

셋째, 그 밖의 정황으로는 1) 조준의 3차상소문이 나오고 얼마 지나지 않은 공양왕 2년에 군자시의 창설이 이루어졌다는 점,[212] 2) 공양왕 2년부터 토지 분급 작업이 계속 진행되는 가운데서도 유독 군자전의 설정을 알리는 기사는 보이지 않는다는 점 등이 있다.

넷째, 양전 단계에서부터 의창이 설립되고 있었던 점이다.[213] 의창은 군자곡과 마찬가지로 진휼에 쓰이는 것이고 그 재원도 군자곡으로 충당하는 것이므로 이를 통해 의창 설립 당시 군자전이 설정되어 있었음을 미루어 짐작할 수 있다.

이상에서 국가수조지 가운데 상공·국용·녹봉 등 국가의 필수적인 지출항목을 제외한 나머지 토지를 무조건 군자전으로 돌리도록 하였고, 군자전은 양전 과정에서부터 확보된 것이었음을 확인할 수 있었다.

3) 1차상소문의 '군전軍田'과 3차상소문의 '군수軍須'

이미 10만 결이 넘는 군자전을 확보해 놓은 상황에서 조준이 왜 3차상소문에서 "군수를 지출할 토지가 없습니다."라고 발언한 것인가. 결론부터 말한다면 앞으로 충원할 예정인 군사에게 지급해야 할 '군전'을 염출할 만한 방도를 찾기 어렵다는 점을 지적한 것이라는 것이다. 다시 말하면 우왕 14년 7월의 조

---

212) 『고려사』 권 76, 백관지1 군자시.
213) 기사양전 당시인 창왕 원년 8월에 양광도 도관찰사 성석린이 의창을 세웠고 공양왕 원년 12월 조준은 양광도의 예에 따라 전국에 의창을 설치하고자 하였다. 이후 공양왕 2, 3년 경에 의창 설치를 결정하고 공양왕 3년 4월에 오부에 의창을 설치하는 것을 시작으로 모든 군현에 의창을 설치하게 되었다. 김훈식, 『朝鮮初期 義倉制度硏究』, 서울대학교 박사학위논문, 1993.

준 1차상소문에서 지급이 예정되어 있던 '군전軍田'은 이미 양전이 완료되어 실전의 면적이 파악되어 있던 공양왕 원년 12월 당시에는 군전으로 할당한 만한 토지가 없어 사실상 지급 계획을 포기한 상태였다는 것이다.

1차상소문에는 두 가지의 군전이 나타난다. '구분전' 항목 내의 군전과 '군전' 항목 내의 군전이다.

> (우왕) 14년 7월 대사헌 조준 등이 상서하여 말하기를, " … 1. 구분전: 궁궐 안에 있는 여러 군(在內諸君) 및 1품에서 9품에 이르기까지의 관원은 시관·산관을 따지지 말고 품계에 따라 지급한다. 그 중 첨설직을 받은 자는 그의 실직實職을 고찰하여 지급한다. 모두 당자가 죽을 때까지로 한정한다. 그 처가 수절할 때에는 역시 죽을 때까지 허락한다. 현임 이외에 전함과 첨설직으로써 토지를 받는 자는 모두 오군五軍에 소속시키고, 그중 외방에 있는 자는 단지 군전①만을 지급하여 역에 충당시킨다(充役). 무릇 토지를 받은 자가 죄를 지으면 토지를 국가에 반납하게 하고, 승급하면 차례에 따라 더 지급한다. 1. 군전(②): 재주와 무예를 시험하여 20세에 받고 60세에 반납한다. … "

군전②의 지급 대상은 군전①의 지급 대상과 다르다. 군전①의 대상은 모두 실직을 역임한 전함관이다. 본래 구분전 지급 대상이지만 외방에 거주하기 때문에 구분전이 아닌 군전의 지급 대상이 된 것이며 "역에 충당시킨다"라고 한 것처럼 군사로서 복무해야만 군전을 받을 수 있다.[214] 군전②의 지급 대상은 새로 군사로 복무하게 되는 자라 추정된다. 그 근거는 우선 전함관이

---

214) 상세한 것은 유승원, 「조선건국기 전함관의 군역」, 『한국사론』 41·42합집, 1999 참조.

아니라는 점에 있다. 전함관과 달리 군전이라는 별도의 항목에 규정되어 있을 뿐 아니라 "재주와 무예를 시험하여 20세에 받고 60세에 반납한다."는 전함관에 해당되지 않는 규정이 적용되고 있기 때문이다. 다음의 근거는 기존의 군사로도 보기 어렵다는 점이다. "재주와 무예를 시험하여 20세에 받고 60세에 반납한다."는 규정이 기존의 군사에게는 어울리지 않기 때문이다.

새로 뽑으려 한 군사는 구체적으로 어떠한 군사인가. 가장 가능성이 높은 것은 토지를 받으며 복무하는 부병府兵이다. 지급 규정의 내용이 부병에 잘 어울리기 때문이다. 아무나 뽑는 것이 아니라 재주와 무예를 시험하여 선발하게 한 것이라든가, 20세에 받고 60세에 반환하는 복무규정이 조준이 1차상소문에서 언급한 고려 전기 부병의 복무규정과 같기 때문이다. 조종祖宗의 부병제는 하은주 삼대의 뜻을 계승했다고 상찬한 조준만이 아니라 다른 전제개혁 추진자들도 이구동성으로 고려 전기의 부병제를 칭송했다. 이행이 "조종이 법을 세운 뜻은 대개 제군·양부 이하 군사에 이르기까지 모두 나라의 토지를 받아 부모를 섬기고 처자를 양육하는 데 부족함이 없게 하고자 하는 것이었다"라 한 것, 황순상이 "본조의 토지법은 문무백관으로부터 군인에 이르기까지 각각 토전을 지급하여 공사 모두 풍족하여 정제定制가 있었다"라 한 것, 조인옥이 "42도부 4만2천명의 병사에게 모두 토지를 주는 것은 무비를 중하게 여긴 때문이다."라 한 것 등이 그것이다.

그러나 조준은 3차상소문을 올린 당시에는 군전을 주어 부병을 대대적으로 충원하는 방안은 이미 포기한 것으로 보인다. 3차상소문에 군전 지급 방안이 보이지 않을 뿐 아니라 상소문과 같은 공양왕 원년 12월에 조준이 헌사의 이름으로 올린 부병제 강화 방안에도 부병을 충원하는 방안은 빠져 있었기 때문이다. 3차상소문 중의 "무릇 6도의 군사·진·원·역·사의 전지와 향리·사객·늠급·아록의 용도도 부족하니 군수를 지출할 토지가 없습니다."(앞의 자료 2)의

①에 나오는 '6도의 군사'는 새로 충원할 부병과 무관한 기존의 군사이다. 6도의 군사와 함께 열거된 진·원 이하에 지급하는 전지는 모두 전례에 따라 절급하는 토지이기 때문이다.

같은 시기에 올린 부병제 강화 방안은 근시近侍·충용위忠勇衛와 각종 성중애마를 모두 8위에 통합하고 품계에 따라 녹을 준다는 것이었다.(『고려사』 권 81, 병지1 병제 오군) 여기에서 8위에는 장교만 소속시키고 있었을 뿐 군전을 받고 복무할 일반 부병에 대해서는 언급하지 않았던 것이다. 과전법에서도 전함관에 대한 군전과 기존 군사에 대한 토지 지급밖에는 언급하지 않고 있다.

> 공·사公私의 예전 토지대장田籍을 거두어 철저히 거듭 조사하여 그 진위를 자세히 살피고, ① 옛것을 기준으로 덜거나 더하여 능침전·창고전·궁사전·군자시전 및 사원전·외관직전·늠급전, 향·진·역리전, 군전·장전·잡색(軍匠雜色)의 전을 정하였다. 경기는 사방의 근본이므로 마땅히 과전을 두어 사대부를 우대하고, 무릇 서울에 거주하며 왕실을 시위하는 사람에게는 현관인지 산관인지를 묻지 않고 각각 과에 따라 받게 하였다. … ② 지방은 왕실의 울타리이므로 마땅히 군전을 설치하여 군사들을 양성하고, 동서 양계는 예전대로 군수에 충당한다. ③ 6도의 한량관리는 자품의 높고 낮음을 따지지 않고 그 본전本田의 많고 적음에 따라 각각 군전 10결 또는 5결을 지급한다. … ④ 군전을 받은 자가 서울에 가서 사환하게 되면, 과에 따라 경기의 토지를 받는 것을 허락한다. 군인·향리 및 여러 역이 있는 사람으로서 만약 늙고 병들어 사망하였는데 후손이 없는 자, 본래의 역을

도피한 자, 서울에 나가 벼슬하는 자는 그 역을 대신하는 자가 그 토지를 교체하여 받는다.(『고려사』 권 78, 식화지1 전제 녹과전)

①의 '군전·장전·잡색의 전(軍匠雜色之田)'에서의 군전은[215] 기존의 군사에 지급된 토지이다. 바로 앞의 향·진·역리와 함께 '옛 것을 기준으로 덜거나 더하여' 지급한 토지이기 때문이다. ②의 마땅히 설치해야 할 군전의 수급대상은 ③의 '6도의 한량관리'이다. 이들은 군사로 복무하며 군전을 받게 되지만 ④에서 볼 수 있듯이 상경하여 사환하게 되면 군전 대신 과전을 받게 된다.[216]

8위 군사에 대한 군전 지급은 조선에 들어와서도 실현되지 못하였다. 8위는 이성계의 친위 군사로 이루어진 의흥친군 좌·우위 2위와 합쳐져 10위가 되었으나 8위는 군전을 받는 부병이 아니라 주로 징병된 의무군사로 충원되었으니 그것이 곧 시위패였다.[217] 그리고 시위패에는 군전을 받고 상경시위를 응락한 '전함군사'도 의무군사와 함께 편성되어 있었다.[218]

조준은 왜 부병을 선발하여 군전을 지급하는 방안을 포기한 것인가. 막대한 군전의 재원을 염출할 방도가 없다고 생각했기 때문이다. 번상병까지 모두 계산하면 "42도부의 병사 십이만"이고 정원만 "42도부 4만2천의 병사"이니 당번기간 동안에만 지급하고, 10결이나 5결로 책정된 군전의 액수 중 낮은 5결씩만 지급한다

---

215) '軍匠'의 전은 군전과 장전이 아니라 "군에 소속된 장인"인 군장의 전으로 보아야 한다는 견해도 있으나(권영국 외 6인, 『역주 「고려사」식화지』, 한국정신문화연구원, 1996, 193쪽) 이 기사 외에 "군에 소속된 장인"에게 급전이 주어졌음을 보여주는 기사는 말할 것도 없고, "군에 소속된 장인" 자체를 언급하는 기사도 찾기 어렵다는 점에서 받아들이기 어렵다.
216) 유승원, 앞의 글 참조.
217) 민현구, 「조선 건국초 중앙군의 실태」, 『조선초기의 군사제도와 정치』, 한국연구원, 1983.
218) 유승원, 앞의 글.

고 계산하여도 부병에게 지급하는 군전만 21만 결에 달하게 될 것이다.

1차상소문을 올릴 당초 부병에 대한 군전 지급 계획을 가졌던 조준이 3차상소문에서는 왜 포기한 것인가. 양전을 마친 후 도저히 군전을 지급할 형편이 못되는 것임을 확인한 것이 첫 번째 이유이다. 그러나 조준은 처음부터 8위에 일반 군사로 부병을 대폭 충원하고 이들에게 군전을 지급하는 방안이 이루어질 수 있는지 반신반의했던 것이 아니었나 한다. 1차상소문의 군전 항목에서 "재주와 무예를 시험하여 20세에 받고 60세에 반납한다."고만 말하고 군전의 지급 액수나 방법에 대해서는 아무런 언급이 없었던 것은 실현 가능성에 대한 회의 때문이 아니었을까 한다.

그렇다면 반신반의하면서도 막대한 재원이 필요한 군전 항목을 조준이 왜 설치해 두었을까. 두 가지 정도가 그 이유로 짚어진다. 하나는 모든 국역부담자에게 토지를 지급한다는 토지분급제의 균전 원칙 때문이다. 다른 국역부담자에게는 토지를 지급하면서 정작 그 중요성을 가장 역설한 군사에 대해서 지급하지 않는 것은 불합리한 일이 된다는 것이다. 다른 하나는 경자유전의 균전제를 이상으로 여겼던 정도전이 다른 국역부담자와 마찬가지로 모든 군역부담자에게 토지를 주어야 할 것을 강력히 요청한 때문이다. 조준은 지나치게 많은 토지가 필요하므로 주저하였지만 지급 원칙에는 동조하지 않을 수 없었고, 양전에 착수하기 전이라 실현불가능이라 미리 못박을 수도 없는 사정 때문에, 실현에 대한 확신을 못 가진 채 군전 항목을 설치하게 된 것이 아닌가 한다. 이러한 추측은 다음과 같은 정도전의 술회에서 뒷받침된다.

> 사전 혁파를 의논을 할 때 저는 처음부터 (사전을) 모두 국가에 귀속시켜야 한다고 생각하였습니다. 국용을 두텁게 하고 병식兵食을 풍족

하게 하며 사부士夫에게 봉록을 주고 군역(을 부담하는 자)에 녹미祿
米를 지급하여 상하가 궁핍해지는 근심이 없도록 하는 것이 저의 뜻
이었으나 (저의) 뜻은 끝내 행해지지 못하였습니다. 전하를 찾아뵙고
요청하여 제조관에서 벗어난 지 오래인데도 토지분배가 고르지 못하
다는 원망은 모두 저에게 돌아왔습니다.(『고려사』 권 119, 정도전전)

위의 술회는 정도전이 삼군도총제부 우군총제사를 맡고 있다가 사직을 요청했던 공양왕 3년 5월(또는 6월)의 일이다. 정도전은 토지분배의 원망뿐만 아니라 '구가세족舊家世族'이 군역을 지게 된 일, 호구 성적으로 결과로 맹인과 무당들의 자식들이 악공에 충당된 일처럼 자신이 하지도 않은 일에 대한 원망과 불평이 모두 자신에게 쏟아진다는 억울함을 토로하였다. 여기서 유의할 것은 정도전이 자신의 뜻이라고 피력한 사안 가운데 관철되지 못했다고 불만을 가질 만한 구체적인 사안은 "군역(을 부담하는 자)에 녹미를 지급"해야 한다는 것에 국한될 뿐이라는 점이다. 사전을 "국가에 귀속"시키는 조치를 취하지 못한 것에 대한 불만은 내심 가지고 있었을 것이나 그 실현성이 희박하다는 것은 그 자신도 알고 있었을 것으로 짐작된다. 여기서 자신의 경자유전 이상을 피력하지 않았던 때문이다. 즉 무전농민에게 토지를 나누어주는 방안에 대한 언급은 없었던 것이다. 결국 정도전이 거론한 구체적인 목표 중에서 사전을 "국가에 귀속"시키지 못하여 이루지 못한 목표로는 "군역(을 부담하는 자)에 녹미를 지급"해야 한다는 것 한 가지에 해당된다고 할 수 있다. 이로 미루어 1차 상소문에 군전 항목이 설치된 것은 전제개혁 사업의 제조관으로 참여하고 있던 정도전의 강력한 주장이 반영된 것으로 볼 수 있다. 양전이 끝난 공양왕 원년 12월의 3차상소문에서 조준이 "군수를 지출할 토지가 없습니다."라고 한

것은 1차상소문의 방안대로 부병에게 지급할 군전을 마련할 수 없는 상황을 염두에 두고 말한 것이라 할 수 있다는 것이다. 한마디로 말하면 3차상소문의 '군수'는 새로 충원될 군사에게 지급할 1차상소문의 '군전'을 가리키는 것이었다는 것이다.

이상에서 조준이 3차상소문을 올린 공양왕 원년 12월 당시 군자전은 이미 설 정된 상태였다는 것, 3차상소문에서 "군수를 지출할 토지가 없습니다."라는 발언은 당시 군자전이 설정되어 있었던 사실을 의심할 만한 근거가 되지 못한다는 것을 확인할 수 있었다. 결국 양전 과정에서 혁파된 사전은 우선적으로 군자전 후보지로 설정되었다는 것이다.

2. 전제개혁과 전세공물전田稅貢物田

전세공물전이란 조세를 미·두와 같은 통상적인 곡물로 내는 대신 마치 공물처럼 포화잡물布貨雜物로 납부할 있도록 인정된 전지를 말한다. 전세공물전은 언제 설정되었는가. 일찍이 전세공물전에 대한 선구적인 업적을 남긴 타가와 코조田川孝三는 전세공물의 여러 가지 이칭을 소개하는 한편, 전세공물전의 설정 시기를 '국초'(태조 원년)로 간주했다.[219] 그 뒤 이재룡은 전세공물 중 전세포화에 한정하여 다루면서, 고려시대부터 경상도 지역에서 전세포화가 수취되었던 사실을 밝히고 국용전제國用田制 시행 이후에도 용도에는 변화가 없었다는 것과 시가보다 가볍게 책정되어 징수되었음을 주장했다.[220] 강제훈은 이재룡의 주장과 반대로 포화잡물의 정가가 시가보다 높게 책정되어 백성에게 유리하였음을 밝혔으며, 곡물을 부담하는 농민과 포화잡물을 부담하

---

219) 田川孝三, 「李朝貢物考」, 『李朝貢納制研究』, 동경: 동양문고, 1964.
220) 이재룡, 「朝鮮初期 布貨田에 대한 一考察」, 『한국사연구』 91, 1995.

는 농민 사이에 빚어진 불공평은 국용전 원칙이 도입되면서 해소되었음을 지적하였다. 전세공물전 설정은 타가와 마찬가지로 태조 원년으로 보았다.[221]

전제개혁 이전에도 전세공물전이 존재한 것은 분명한 사실이다. 바로 이재룡이 지적한 경상도의 경우였다. 경상도 가운데 북부지역의 경우는 조운의 이용도 어렵고 육전陸轉으로 수송하기도 어려웠다. 그리하여 특별히 곡물 대신 포화잡물의 납부가 일찍부터 허용되었던 것이다.

> 1) 사헌부와 사간원에서 교장交章하여 상언하였다. "가만히 보건대, 경상도는 산과 바다가 막혀, 조세 수납의 어려움이 다른 도의 배가 되기 때문에, 고려조 이래로 그 지방 산물의 편의에 따라 혹은 명주로 거두고 혹은 면포로 거두어 일찍이 조나 쌀로 거두지 않았으니, 백성의 소망에 따른 것이었습니다. 이처럼 제도를 정하여 5백 년을 내려오며 행하였어도 폐단이 없었습니다."(『태종실록』 2년 9월 24일)

그런데 위의 기사에서 '500년'이라 하여 마치 고려시대 내내 시행하였던 것처럼 말한 것은 그대로 받아들이기 어렵다. 경상도 전체에 해당하는 것으로 보기도 어렵다. 경상도 지역에서도 조운이 행해지고 있는 것을 볼 수 있기 때문이다.[222] 즉 공민왕 11년에 밀직제학 백문보가 차자箚子를 올려 경상도의 조운 비용이 세보다 배나 많이 든다면서 세수를 감하할 것을 요청하고 있는

---

221) 강제훈, 「조선초기의 田稅貢物」, 『역사학보』 158, 1998.
222) 고려 중기까지 고려의 조운은 정상적으로 운영되고 있었으며 경상도에도 조창이 설치되어 있었다.(최완기, 「조운과 조창」, 『고려 전기의 경제구조』, 한국사 14, 1993)

것이 그것이다.[223] 전세공물전은 경상도 중에서도 주로 낙동강 수로를 이용하기 어려운 상도를 중심으로 설정되어 있었던 것이다.[224]

전세공물전이 전국에 설정된 것은 전제개혁이 계기가 되었던 것으로 보인다. 태종 원년 당시 10만 결을 상회하는 규모로 추산되는 전세공물전이 있었고,[225] 『세종실록지리지』에서는 전세공물전이 전국에 분포되어 있는 것을 확인할 수 있다. 이와 같은 방대한 규모의 전세공물전은 어디서 창출된 것인가? 전제개혁에서 혁파된 사전에서 대부분 확보된 것으로 추정된다. 즉 정부가 혁파된 사전에 대한 수조권을 확보하면서 혁파되기 전에 많은 사전에서 행해지고 있던 포화잡물 수취 관행을 그대로 수용하여 전세공물전으로 인정하였다는 것이다.

> 2) 사간원에서 시무 두어 조목을 올렸는데, 대략 이러하였다. " … 전조의 전제에서 기내畿內의 토지는 사대부의 구분전 외에는 모두 공전이고 사전은 모두 하도下道에 두었습니다. 그렇게 한 까닭은 공전의 조세는 반드시 인민의 힘을 써서 수송하기 때문에, 경기는 쉽고, 하도는 어려웠기 때문입니다. 사전은 비록 하도에 있더라도 그 전지의 주인이 각자 임의로 잡물을 거두어들이는 만큼, 전객은 수송의 폐단이 없고, 전주 또한 무역하는 번거로움을 꺼리지 않았습니다."(『태종실록』 권 5, 태종 3년 6월 6일)

---

223) 『고려사』 권 78, 식화지1 전제 조세.
224) 『태종실록』 권 1, 태종 1년 8월 2일.
225) 강제훈은 11만 결로 추산했고(앞의 글) 소순규는 15만 결에 가까운 10만~15만 결로 추산했다.(『朝鮮初期 貢納制 운영과 貢案改定』, 고려대학교 박사학위논문, 2017)

위 기사에서 고려시대 지방의 사전에서 미곡 대신 잡물을 수취하는 관행이 있었음을 알 수 있다. 이러한 관행은 여말에도 행해지고 있었다.

> 3) (수조하는 무리가) 전호에게 당도하였을 때 사람은 주식에 물리고 말은 곡식에 물리며 햅쌀은 먼저 납부하게 하고 면縣·마麻·각전 脚錢·개암榛·밤·대추·포脯를 강제로 파는 데까지 이르면 거두어 들이는 것이 조세의 10배나 됩니다.(『고려사』 권 78, 식화지 1, 전제 녹과전 우왕 14년 7월)
>
> 4) 조세를 받아갈 때 인마人馬의 접대를 요구하고, 강제로 사는 물품, 노자의 돈, 조운의 값은 진실로 그 조세 액수의 2배·5배에 그치지 않았다.(『조선경국전』 상, 부전 경리)

3)과 4)는 모두 수조하는 무리가 전호에게 가서 수탈하는 모습을 보여주고 있는데 조준은 "강제로 파는(抑賣)" 것으로, 정도전은 "강제로 사는(抑買)" 것으로 서로 반대로 표현하고 있다. 중요한 것은 수조하러 간 사람과 전조를 납부해야 할 사람 사이에 물품의 매매나 수수가 이루어지고 있다는 사실이다. 수조자는 전호에게 곡물 대신 특정한 포화잡물을 내라고 요구하거나, 수조자가 전호에게 자기가 가진 포화잡물을 다른 물품으로 바꾸게 하거나 강제로 사게 하는 등 여러 상황을 함축해 묘사한 것이라 보인다. 이는 전조로 곡물 대신 포화잡물의 수취가 이루어지는 데서 빚어진 현상이라 할 수 있다.

여기서는 수조하는 무리의 수탈을 고발하고 있지만 전조를 곡물 대신 포화잡물로 걷어가는 자체는 2) 기사에 보았듯이 경작자에게도 선호되는 방식이었다. 이리하여 전제개혁에서 혁파된 사전 가운데, 과거에 곡물 대신 포화잡물로 사전의 조세를 납부하던 토지에 대해서는 종전대로 포화잡물로 납부하는 것을 정부가 허락하였다. 이때 조세를 곡물로 납부할 것인지, 포화잡물로 납부할 것인지는 당연히 경작자의 희망에 따랐을 것이다.

이상에서 전제개혁에서의 사전 혁파 결과로 전국에 걸쳐 10만 결을 상회하는 전세공물전이 설정되었음을 살펴보았다. 즉 정부가 외방의 사전에서 곡물 대신 포화잡물로 납조하던 이전의 관행을 그대로 인정해 줌으로써 전세공물전이 국가 수조지의 중요한 몫을 차지하게 되었던 것이다.

3. 조선 초기 '병작竝作' 용어의 성립 경위

'병작(幷作, 竝作)'이나 '병경(幷耕, 竝耕)'이라는 용어의 뜻은 문자 그대로 '함께 경작한다'이다. 농지소유자가 부득이한 사유로 경작하지 못할 상황을 맞게 되면 친족이나 이웃의 도움을 받아 함께 경작하는 것이 '병작' 또는 '병경'이었다. 따라서 병작은 어느 시기에도 일상적으로 행해지기 마련인 일이었다. 그런데 갑자기 조선 초기에 와서 그것이 농지 차경借耕관계, 즉 지주-소작관계를 가리키는 말이 된 연유는 무엇인가.

최근에는 조선 초기의 '병작제'가 경제외적 강제를 동반하는 '지주-전호제'였다는 종래의 관점에서 벗어나 지주-소작관계라고 이해하는 연구자가 많아지고 있다. 그러나 '병작'이 소작관계를 가리키는 용어로 성립하게 된 경위는 밝혀져 있지 않다. 일찍이 공법상의 전호와 사법상의 전호가 함께 경작하는 데서 병작이라고 불리었다는 주장이 나온 바 있지만,[226] 무리가 있는 주장이라 보인다. 토지국유제를 전제로 하여 공법상의 전호와 사법상의 전호를 설정한 것이기 때문이다.

---

226) 周藤吉之,「高麗朝より朝鮮初期に至る田制の改革: 特に私田の變革過程と其封建制との關聯に就いて」,『東亞學』3, 1940.

결론부터 말한다면 '병작'은 토지 '광점廣占'에 대한 정부의 강력한 단속을 피하기 위해서 호강자들이 자신들과 유이민과의 차경관계를 일상에서 행해지는 병작으로 위장한 데서 성립된 용어였다는 것이다. 지주-소작을 가리키는 '병작'이라는 용어가 조선 초기에 비로소 출현한 것, 지주는 경작하지 않는데 '함께 경작한다'고 표현하는 것, 마지막으로 병작으로 내세울 만한 구실을 실제 어느 정도 구비하고 있었다는 것, 이 세 가지가 추정의 근거가 된다.

차경제를 가리키는 '병작'의 초견사료는 다음과 같다.

> 좌정승 하륜 등이 민폐를 제거하는 몇 조목을 올려 말하기를 "전조前朝의 말에 민폐가 많았으나, 우리 조정에 이르러 점차 혁거하였습니다. 그러나 아직도 민간에 남아 있는 폐단이 있습니다. … 또 품관과 향리들이 전토를 광점하고, 유망인을 불러들여 병작반수하니, 그 폐단이 사전보다도 심합니다. 사전 1결에서는 풍년에 단지 2석을 거두는데, 병작 1결에서는 많으면 10여 석을 거둡니다. 유이자는 이것에 의탁하여 피역하고, 영점자影占者는 이것에 의탁하여 (유이자를) 수용하여 숨기니, 부역이 고르지 못한 이유가 오로지 여기에 있습니다. … 전지의 병작은 환과고독鰥寡孤獨으로 자식 없고 노비 없이 3·4결 이하를 경작하는 자를 제외하고는 일체 금단하십시오. … " 하였다. (열거한 조목) 모두 따랐다.[227]

여기서 '병작'은 본래 어의와 같은 협동 경작을 가리키는 것이 아니었다. 토지를 광점한 품관·향리가 유망인을 부려 경작하면서 그들로부터 '반수' 즉

---

[227] 『태종실록』 권 12, 태종 6년 11월 23일.

2부 _ 고려 · 조선 두 사회의 구조 비교를 위한 기초 작업 | 465

1/2의 조를 거두었다. 유의할 점은 차경조건이 이례적으로 경작자에게 유리한 조건이었다는 점이다. 이는 '유망인을 불러들인' 상황에서 차경관계와 성립된 것과 관련이 있다. 즉 유망한 자가 타지에서 남의 땅을 경작하기 위해서는 추수하기까지 지주가 많은 지원을 해주지 않으면 안 되었을 것이라는 점이다. 우선 유망자에게 열악한 것이라 할지라도 거처를 마련해 주어야 할 것이다. 거기에다 씨를 뿌릴 종자는 말할 것도 없고 수확을 거두는 추수 때까지 먹고살 양식도 대주지 않으면 안 된다. 그런데도 수확의 분배는 보통의 소작료율인 반수에 그쳤다.

이와 같은 파격적인 차경조건은 어떻게 성립되었을까. 경작자의 성분만 놓고 보면 고려 후기 농장에 은점된 '처간處干'과 매우 흡사하다. 그러나 처간의 처지와는 다른 점이 있다. 지주가 부재지주인 권세가가 아니라 재지지주인 품관·향리였다는 것, 고려 후기처럼 정부로부터 별다른 제재를 받지 않고 공공연히 농장을 운영한 것이 아니라, 정부의 단속을 피하려고 '병작'을 표방하고 있다는 점이다. 지주의 입장에서 보면 거처·종자·양식을 제공하여 경작자의 영농에 참여하니 '병작'이라 주장한 구실은 가지고 있었던 셈이다. 지주가 정부의 제재를 피하는 한편, 노동력을 확보하기 위해 유망인과의 차경관계를 '병작'으로 위장하는 상황에서 경작자는 좋은 조건을 누릴 수 있었던 것이다.

위의 자료에는 병작 조항에 이어 "호강자의 노예가 큰 하천을 점거하고는 어업의 이익을 독차지 하고 인민이 손대지 못하게 한다"고 비난하면서 이러한 행위를 금단하도록 요청하고 있는 또 다른 조목이 있는데, 이때 하륜이 그와 같은 조목들을 올린 취지를 감안해 보면, 병작 조항에서의 '광점' 역시 단순한 대토지소유를 말하는 것이 아니라 개간을 위해 토지를 광범위하게 선점한 상황을 가리키는 것으로 보인다.[228] 이때의 '병작' 금지는 지주-소작관계 자체를 금지한 것이 아니었다고 생각된다. 어디까지나 개간을 빙자해 토지를 광점하고 유망인·피역민을 끌어들여 불법이 자행되는 소굴로 만든 고려 후기의 폐해가 재연되는 것을 막으려는 것이었다고 보아야 할 것이다.

정부의 단속을 의식해서 개간할 때에 병작을 위장하는 풍조는 지속되었다. 지방관아에서 '관병작官并作'이라 하여 종자를 지급하는 것으로서 실제 경작자와 협동 생산하는 시늉을 하고 있었던 것은 그 좋은 예이다.

> 의정부·6조가 각품(관원)이 진언한 것을 채택하여 계하였는데 … 예조판서 신상 등 2인이 진헌하기를 … "외방으로 이사한 사람의 전지는 마땅히 전지 없는 사람에게 고쳐 지급하여 살아갈 밑천으로 삼게 해야 할 것인데, 간혹 수령이 '관병작'이라 일컫고 종자를 대주어 평민으로 하여금 갈고 가꾸게 하였다가, 가을에 추수하였을 때 그 소출을 나누어 쓰니 매우 옳지 않습니다. 앞으로는 이를 통렬히 금지하십시오." 하였다.[229]

지방 관아에서 '병작'을 표방한 민간의 차경관계를 모방하고 있었으니, 태종 6년에서 세종 7년에 이르는 동안 새로운 의미의 '병작'이 상당히 확산되고 있었음을 알 수 있다. 그러나 아직도 종자를 지급해 주며 '병작'이라는 용어를 가지고 실제의 차경관계를 위장하고 있었으니 이 시기에도 '병작'은 지주-소작제를 가리키는 말로 완전히 전화되지는 못한 상태에 있었다고 보아야 할 것

---

228) 전제개혁 이래의 '광점'에 대한 정부의 제재에 대해서는 이 책 1부 3장 4절「조선 초기 토지소유권 제한의 실상」참조.
229) 『세종실록』 권 28, 세종 7년 6월 23일.

이다. 실제로 같은 시기에 '병경'이 '수조'와 구분되어 사용되는 사례를 찾아볼 수 있다. 세종 7년, "(역리가) 해야 할 일이 번거롭고 무거워 몸소 경작할 겨를이 없어 혹은 타인과 병경하고 혹은 단지 그 조만 받는다"하여 '함께 경작한다'는 원의를 유지하고 있었던 것이 그것이다.230)

그러나 문종 원년 무렵에는 병작이 이미 지주-소작제를 가리키는 말로 전화되어 있었음을 볼 수 있다. 이때 사관이 "시속에 전지를 남에게 주어 경작하게 하고 소출을 함께 나누는 것을 병작이라 한다"는 주를 달고 있었던 것이다.231) 사관이 새삼스레 '병작'에 대한 어의 풀이를 남긴 것은 이 무렵에 이르러 병작의 본래 의미가 달라져 지주-소작관계를 가리키는 일반명사로 변화되어 있었기 때문임은 말할 것도 없을 것이다.

'병작'이라는 이름의 지주-소작관계가 빠르게 확산되어 갈 수 있었던 것은 단순히 '광점'에 대한 정부의 감시가 강화된 때문만은 아니었다. 조선 초기의 활발한 개간활동도 중요한 이유의 하나로 간주할 수 있다는 것이다. 즉 토지를 개간할 노동력이 부족해지게 된 상황이 소작인의 지위 향상에 크게 기여한 것이 아닌가 한다. 이제 소작인은 종자나 양식까지는 제공받지 않는다 하더라도 적어도 인신적 예속이나 경제외적 침해는 감수하려 하지 않았을 것이기 때문이다. '양인'이라는 신분에 걸맞는 자유소농으로서의 지위를 확보할 수 있게 된 것이다.

고려 후기 이래 개간활동이 활발히 전개되었음은 널리 알려져 있다. 몽고와의 강화가 이루어진 후에 활발히 전개될 수 있었던 개간활동은 여말의 홍건적란이나 왜구의 침략으로 다시금 큰 난관에 봉착했다. 그러나 전제개혁에서 사패에 의한 권세가의 개간권 독점이 철폐됨으로써 개간활동은 다시 박차

---

230) 『세종실록』 권 27, 세종 7년 2월 25일.
231) 『문종실록』 권 10, 문종 1년 11월 24일.

를 가할 수 있게 되었다. 첫째, 전제개혁으로 사전이 혁파되면서 개간 명목으로 확보해 놓은 황무지나 기경하다 중단된 원진전遠陳田이 많이 남아 있었다는 점.[232] 둘째, 발전된 농사기술로 개간 특히 해안의 간척지를 개간하기 용이해졌다는 점. 셋째, 사전혁파로 이전의 외방 수조지를 상실한 전직 관원층이 귀향하여 소유지를 경영하면서 생활기반을 넓히려 했다는 점. 넷째, 과전지로 경기지역의 간지墾地만이 아니라 황원전荒遠田도 지급했고, 과전만으로는 부족한 자들은 연고지에 농지를 마련하거나 확장하는 데에 많은 노력을 기울였다는 점 등이다. 도처에서 황무지나 진전의 기경이 활발해지면서 노동력이 부족한 사태가 빚어지자 자연히 차경인은 좋은 조건에서 경작할 수 있게 되었던 것이다.

경제적 관계로서의 지주-소작제가 '병작'이 출현하는 14세기 초반에야 성립한 것이라 할 수는 없다. 바꾸어 말하면 그 이전의 고려시대에도 인신적 예속과는 무관한 지주-소작제는 있었다고 보인다. 그리고 이러한 지주-소작제는 전제개혁 때 제재의 대상이 되지 않았을 것으로 추정된다. 다만 고려시대의 토지 차경관계에서 지주-소작제가 차지하는 비중은 크지 않았을 것이다. 고려시대 지주를 대표하는 문벌계급이나 향리층은 용전인을 예농처럼 부렸을 것으로 보이기 때문이다. 고려시대의 소작은 복무로 인하여 토지 관리에 어려움을 겪던 일부의 경군이나[233] 자작 규모를 넘는 토지를 소유한 평민이 택하는 정도를 크게 넘는 것은 아니었을 것으로 여겨진다. 전제개혁으로 사전이 혁파되고 불법적 농장이 해체되면서 지주-소작제가 확대되기 시작하였

---

[232] 과전법 조문에서는 6도 荒遠田의 총액을 166,643결로 집계하였다.
[233] 예종 3년 군인의 逃散을 막기 위해 수령에게 군인전을 경작할 전호를 정해주라 지시했을 때의 전호는 인격적인 예속을 받지 않는 지주-소작관계를 형성하였을 것이다. "睿宗三年二月 制 近來州縣官 祗以宮院·朝家田 令人耕種 其軍人田 雖膏腴之壤 不用心勸稼 亦不令養戶輸粮 因此 軍人飢寒逃散 自今 先以軍人田 各定佃戶 勤稼輸粮之事 所司委曲奏裁"(『고려사』 권79, 식화지2 농상)

다고 보인다. 전국에서 개간사업이 활발히 전개되면서 지주-소작제가 본격적인 확대의 기회를 맞게 되었다고 하겠다.

찾아보기

| 숫자 |

1가 70, 306, 315, 367 ☞집안
1가의 범위 38, 316
1가1역 312, 316, 370
1가완취 155, 306, 313~317, 344, 345, 353, 357, 360, 361, 363, 368, 370, 373
1전1주 113, 130
1전다주 116, 124, 132
3가1호 112, 310, 312, 329, 332, 333, 366
3등호제 241, 264, 404, 406, 407, 435, 440
3정1호 278, 279, 309~315, 318, 332, 333, 344, 345, 353, 366~368, 371
4서의四書疑 110, 164
5등호제 178, 240, 241, 265, 407, 419, 428, 430, 431, 433~435, 437, 440
6경의六經義 110, 164
6조 180, 182, 187, 190, 191, 192, 260 ☞속아문

| 가 |

가문 20, 21, 23, 24, 37, 38 ☞집안
가속둔전법 221
가족 70, 309, 315, 316, 340, 352, 353, 363, 365, 366, 368, 373
각사위전 227
감찰기구 92, 190
강제훈 409, 460, 461, 462
강진철 133, 387
개간 107, 116, 123, 126, 133, 161, 166, 167, 197~199, 206~250, 262, 263, 270, 466~470
개국공신 181, 189, 192, 230, 260, 300
개병제 112, 117, 150~154, 158, 160, 252, 256, 278, 398, 437 ☞양인개병제
개세제 121, 126, 149, 178, 235, 239, 241, 265~266, 375, 381, 419, 436, 442
검교직 161, 230, 395
겸직 79~82, 88~93, 186, 187, 190, 249, 261 ☞본직
경군京軍 21
경명행수經明行修 164, 258
경시위패 152
계급 36~37 ☞전위집단, 사회적 관계, 사회적 구분, 사회적 역할
계급내혼 18
계급의 분류-검출 기준 36, 37
계급투쟁 6, 7, 105, 106, 112~114, 137, 141, 142, 148, 161, 173~175, 180, 188, 192, 198, 250, 254, 259, 260, 267~269

계수관시 33, 55, 56, 64
계층 36~37
골품귀족 17, 18, 67, 68
공공성 119, 198, 211, 223, 225, 270
공교육수혜권 21, 147, 256
공노비 58, 59, 239, 247, 302, 303, 387, 422
공부貢賦 334, 419
공식호 277
공신 152, 181, 189, 192, 212, 224, 230, 260, 300, 393, 394 ☞ 개국공신
공안 176, 222, 223, 225, 234, 235, 264, 377, 403, 434
공역工役 102, 237, 382, 417, 418
공역貢役 102, 237, 265, 334, 382, 392, 403
공증제 199, 203, 206, 219, 262
공호貢戶 125, 334~336, 396~398
과전 96, 100, 117, 121, 124, 127~131, 134~136, 138, 139, 150~153, 198~202, 204, 206, 214, 226, 228, 252, 254, 255, 259, 262, 337, 421, 445~447, 449, 450, 452, 456, 457, 463, 469
과전법 100, 127~129, 136, 150, 198~202, 204, 206, 214, 262, 421, 445, 447, 449, 450, 456, 469
관교 189, 261
관당 43
관료제 93, 183, 260
관반官班 40, 41, 68, 246
관원층官員層 39
관속官屬 160, 409
관천민官賤民 31
관학官學 349
광점廣占 133, 167, 211~213, 262
교생 286, 287, 295, 349, 350
국가주의적 민생주의 174, 177~178
국보호적 277, 297, 299, 300, 301, 302, 305, 336, 343, 366, 369
국왕주도론 74~77 ☞ 재상우위론
국용 222, 223, 231, 413, 452, 453, 458, 460, 461
군반씨족 28, 34, 35, 46
군신의리 174
군역 33, 34, 117, 125, 126, 139, 149, 150~160, 162, 166, 178, 195, 202, 218, 252, 255, 256, 258, 259, 277~279, 282~284, 289, 292, 296, 312, 313, 317, 329, 332, 336, 337,

340, 343, 349, 358, 360, 362, 364~367, 392, 398, 399, 402, 410, 454, 458, 459
군자전 8, 130, 136, 254, 445~453, 460
군전軍田 128, 448, 453~460
군주권 73, 75~77, 80, 83~89, 108, 173, 177, 187~189, 191, 192, 249, 251, 261, 270
군주제 84
군직軍職 265, 284, 420
궁방전 234
궁부일체 223, 263
권근 113, 139, 140
권력구조 74
권력의 축 77, 196
권문權門 108, 109, 116
권영국 97, 329, 336, 457
궐내상공기구 226, 231, 264
귀족계급 38, 114
귀족사회 16~18
귀족신분 17, 245
귀족제 17, 18, 65
귀향 23, 162, 246, 469
균역법 160
균전제 131, 253, 458
기사양전 134, 199, 205, 206, 208, 212, 254, 445, 453
기역妓役 146
길재 163
김갑동 85
김경희 81
김기섭 95
김난옥 53
김석형 277~280, 282, 324
김송희 187
김용선 39
김의정 148
김익정 379, 429, 430
김창회 407
김태영 130
김태욱 89

| 나 |

낙강충군 158
남반 26, 28, 29, 43~45, 246
납세 101, 148, 149, 242, 256, 259, 271, 380, 386, 398, 400
낭사 76, 92, 186
낭청 195, 196, 261
내료 47, 53
내수사 233, 242, 263, 266, 439, 440, 442
노명호 38, 70, 73, 308, 309, 320
노비 58~59
노주 172, 242, 266, 271
노처 59, 133, 356, 386, 420, 427
녹과전 100, 124, 131, 135, 139, 226, 337, 446, 449, 452, 457, 463
녹관 187, 232, 261, 383
녹봉 33, 42, 72, 80~82, 124, 135, 136, 139, 223, 224, 228, 230, 231, 254, 255, 420, 446, 448, 449, 450~453
농노 52
누정 347~349, 351, 358
누호 306, 344~346, 348, 357, 372
능력주의 17, 61, 63~67, 69, 70, 71, 86, 115, 118~120, 248, 249, 252, 259, 268

| 다 |

단정호 309, 311, 312, 332, 333, 340, 341, 366, 367
답험손실 176, 224
대간 190, 195~186, 253, 261
대납 126, 178, 238, 241, 265, 266, 400~403, 413, 415, 434~437, 441
도병마사 74, 83, 121, 193
도평의사사 120, 121, 137, 139, 140, 181, 182, 188, 192, 232, 260, 317, 404, 408, 449
동정직 43, 161, 185
둔전 178, 199, 221, 400, 416

| 마 |

맹자 174, 179
면조권 72, 94, 95, 99~101, 103, 120, 128, 250, 381
면천 58, 146, 247
명경업 22, 55~58
모병제 329, 332, 365

모수사패 124, 133
무고진전 215, 217, 218
무과 46, 119, 120, 148, 154, 166, 184, 259
무반 33, 45, 48, 87, 97, 192
무수전패 150~152, 162
무역호 305~307, 349, 352, 367, 368, 369, 372 ☞합법적 무역호
무정務停 211
문벌 16~24
문음 17, 22, 23, 28, 38, 44, 64, 65, 71, 119, 120, 184, 185, 246, 259
문지 2, 22
문철영 43
민본주의적 민생주의 174~177
민비공물 437
민생주의 174
민제 424
민현구 278, 285, 318, 341, 457

|바|

박용운 41, 56, 75, 81, 92
박재우 17, 75
박종진 44, 124, 382, 390, 396, 401
박홍갑 185
방매 201~204
백근 199, 207, 209, 210, 211, 213~216, 218, 219~222, 262, 263 ☞종백근
백문白文 207, 303
백성 26, 64, 209, 258, 285, 307, 325, 326, 331, 334, 336~340, 364, 395, 460, 461
백정 22, 26, 33, 49, 52, 55~57, 60, 101, 125, 148, 153, 168, 315, 320~322, 327, 328, 334~339, 364, 387, 391, 392, 397, 398
번상군 34, 35, 45, 46, 95
법제호 278, 309, 310, 352, 371
법치주의 181, 183, 260
변안렬 139
별초 125, 329, 331, 332, 365, 392, 396, 397
병농일치 117, 150, 252, 333, 365
병역 149, 150, 256
병작 8, 167~169, 197, 212, 213, 221, 242, 258, 262, 270, 464~469

보법 153, 156, 158, 159, 293, 313, 316, 345, 347, 352, 353, 358, 360, 368, 369, 372, 373
보승 102, 125, 328, 388~391
보충군 146, 147
복호 162, 239, 418, 421, 422, 442, 444
본직 76, 77, 80~82, 89, 92, 93 ☞겸직
봉족 277, 278, 281~283, 286, 289~292, 295, 306,~315, 317~319, 332, 344, 349, 351, 352~354, 357, 366~368, 370~372, 420
부거권 31, 33, 35, 55, 148
부렴 237, 410, 413~415 ☞수렴
부민고소금지 190, 437
부병 265, 420, 421, 455~458, 460
불성호不成戶 416
비부 59, 133, 263, 306, 348, 355~357, 386, 427
비삼망備三望 193
사경私耕 169
사관史官 195, 261

| 사 |

사급전 393, 394
사노비 31, 58, 59, 169, 239, 240, 242, 243, 247, 266, 271, 298, 299, 302, 303, 337, 369, 383, 386, 387, 422
사대부 114
사대부계급 105, 141, 142, 161, 162, 172, 173
사민 101, 240, 242, 266, 386, 395, 426
사서士庶 114
사장私藏 225, 227
사전재분배 117, 128, 129, 130
사족 114
사천민 31
사패 123, 124, 133, 134, 138, 206, 209, 210, 254, 393, 468
사표四標 198
사환권 30, 31, 33, 63~65, 146, 148, 166, 302, 340
산관散官 156, 229
산림천택 133, 198, 219
삼망 193, 194 ☞비삼망
상공上供 222, 225, 226, 228, 232, 233
상요 124, 125, 235, 264, 378, 396, 397, 403

찾아보기 | 477

생원 154, 161, 165, 273
서경제 189
서리 26, 28, 29, 33, 43~46, 120, 157, 184, 246, 259, 288, 297, 298, 349
서성호 48
서얼 166, 273
서종태 445
성리학 109~112, 164
성왕 174
성학 179
세습귀족 17, 18, 27, 86
세족世族 21, 108, 109, 112, 116, 459
소경所耕 199, 200
소경요역 238, 417
소경공부 238
소경전세 238
소농 130, 168, 468
소순규 377, 462
소유권 94, 129, 130 ☞ 토지소유권
소작 42, 118, 168, 196, 197, 213, 242, 258, 262, 266, 270, 271, 464~470 ☞ 지주소작제
소작농 168
속아문 180, 182, 192, 231, 260
속현 39, 91, 182, 183
손병규 305
솔거노비 59, 247, 299, 386, 387
솔정 286, 307, 316, 348, 351, 354~356, 372, 442
송수환 222
송웅섭 189
수속 43, 246
수전패 150~152, 162
수조권 60, 94~96, 98~100, 113, 128, 129, 132, 138, 199, 253~255, 462
순자제 74, 93
승선 81~92, 186
승전 232, 233, 264
승정원 186, 187, 191, 233
시녀 230, 231
시위군 284, 313, 315, 341
시취 185, 186

신동훈 189, 209, 350
신량역천 145, 146, 340
신문고 189, 190
신분의 분류-검출기준 32
신분적 제일성 30~32, 60, 117, 144, 147, 160, 248, 255, 256, 437
신분제 7, 25, 26, 27, 29, 30, 32, 59, 60, 115, 144, 145, 245, 248, 268, 271, 292, 334, 338, 397 ☞선별형, 포괄형, 일원형, 다원형, 소극형, 적극형
신역 33 ☞직역, 정액제
신역호 281, 282, 289, 292~295
신진(흥)사대부 108~110
신흥유신 110, 112, 113
실적제 63, 74, 119, 121, 122, 181~184, 253, 260, 267
심급제 189, 190, 261
심의기구(관) 75, 92, 182, 190, 260
쌍정호 311, 332, 333, 341, 366, 367

|아|

아리이 토모노리有井智德 279, 294, 297, 418
악공 45, 47, 53, 54, 55, 64, 459
안병우 394
압량위천 168, 169
액내 308, 350
액외 308, 349, 350
양부兩府 77
양성지 159, 351, 352, 354, 360, 440
양수척 30, 31
양인 144
양인개병제 150~153
양인개역제 347, 357
양적 101, 273, 302, 303, 304, 338, 369
양천교혼 59, 169, 170, 242, 259
양천미변자 117, 145, 338, 339, 340
양천(신분)제 27, 30, 116, 117, 144, 145
억강부약 207, 221, 348, 437
여정餘丁 312, 360, 409
여정위 154, 155, 156
역가役價 171, 334, 396

역성혁명 6, 111, 114, 141, 143, 173, 174, 175, 176, 177, 188, 189, 198, 259, 261, 300, 366, 401, 402
역역力役 334, 383
연호미 178, 236, 264, 415
염간 115, 146, 289, 377
염호 335, 396
영업전 34, 54, 70, 72, 97, 100, 124, 324, 338
예농 47, 51, 52, 168, 258
예속민(인) 166, 247, 306, 348
오일순 334
오정섭 450
오천五賤 31
오치훈 97
오항녕 195
완취 70, 155, 306, 313, 315, 316, 317, 344, 345, 353, 354, 357, 360, 361, 362, 363, 368, 370, 373, 404 ☞ 1가완취
왕도정치 111, 120, 130, 141, 142, 165, 170, 173, 174, 175, 177, 178, 179, 180, 188, 252, 260, 268, 270
왕실부 226, 228, 229, 232, 263
왕실재정 222~223, 225~236
왕실공재정 222, 223, 226, 233~234
왕실사재정 222, 233, 234
왕족 19, 86~87
왕토사상 94, 95, 198, 200
외거노비 59, 101, 196, 240, 241, 242, 243, 248, 265, 266, 271, 299, 369, 386, 387, 393, 426, 427, 428, 437, 439, 440, 442, 443, 444
외아전 160, 289, 307, 308, 346, 350
외역전 166, 258
용전인傭佃人 42, 46, 49~51, 166~167
우현보 139
월소越訴 190
위은숙 107
유고진전 215, 216
유백유 139, 140
유승원 16, 22, 25, 27, 49, 56, 63, 117, 145, 148, 150, 162, 166, 171, 173, 176, 186, 189, 207, 214, 218, 233, 292, 307, 338, 340, 397, 421, 422, 443, 454, 457
유일천거 185, 259

윤경진 85, 91
윤소종 140
윤용출 412
음서 16, 17, 23, 26, 41, 43, 44, 69, 70, 93, 97, 109, 245, 248
음자제취재 120, 185
의정부 182
의정부서사제 182
의창 136, 223, 440, 450, 453
이경식 113
이규철 194
이기백 388, 389
이데올로기 61~62, 63, 67, 142, 172~173 ☞ 지배정당화의 논리
이색 110, 113, 138, 139, 140, 142, 301
이성계 6, 112, 127, 140, 141, 142, 194, 251, 402, 457
이성임 443
이수건 278, 279, 347
이영훈 278, 279, 314, 315, 359
이우성 325
이장우 445
이재룡 460, 461
이정란 226
이지훈 186
인물추변도감 134
인보법 293, 313, 345, 368, 369
인보적 299, 328
일천즉천 31, 147, 170
일품군 102, 388
임용한 185
입안 20, 47, 78, 171, 199, 203, 206, 207, 209, 213, 219, 220, 233, 343

| 자 |

자기원억 189, 190, 437
자연호 277, 278, 290, 295, 306, 309, 310, 312, 315, 319, 348, 352, 353, 366, 371, 405
자유농 47, 51, 52, 118, 160, 166, 168, 196, 197, 252, 258, 262, 270
자유민 49, 52, 59, 61
자작농 47, 49, 116, 197, 247

자천제 195, 261
작개 169, 242, 262, 271
잔성殘盛 377
잔잔호 405, 407, 429, 430, 433
잡공 124, 125, 136, 235, 264, 378, 396, 397, 403
잡로雜路 53, 54, 55
잡류 28, 34, 53, 55, 64, 65, 120, 288
잡역 102, 125, 238, 239, 243, 265, 286, 288, 392, 397, 412, 417, 418, 420, 422, 428, 440, 442, 443, 444
잡척 29, 30~31, 32, 35~36, 52, 60
잡학 177
장리長利 234
장정壯丁 22, 55
재경관원 39, 41, 101, 116, 124, 125, 239, 244, 265, 273, 381, 382, 393, 439
재부 92
재상우위론 74~76, 80 ☞국왕주도론
재신 76, 80, 83, 88
재지사족 161, 162, 163, 164, 165, 179, 239, 240, 242, 257, 258, 265, 421, 428, 444
재추 80, 83, 88, 121, 394
저화 178, 204, 236, 264, 416
전객 199, 200, 201, 202, 204, 205, 462
전결 112, 117, 126, 149, 178, 235, 236, 237, 238, 239, 240, 241, 243, 254, 264, 265, 266, 375, 377, 378, 380, 381, 394, 399, 400, 402, 405, 408, 409, 410, 411, 412, 413, 414, 415, 416, 417, 418, 419, 420, 421, 422, 423, 424, 425, 426, 427, 428, 431, 434, 435, 436, 437, 439, 440, 441, 443, 444, 450
전민변정도감 134, 338, 339
전세공물 126, 402~403, 460~464
전시과 34, 42, 53, 72, 80, 94, 95, 97, 99, 100, 102, 104, 124, 128, 139, 250, 324, 365, 381
전위집단 106, 114
전적 5, 118, 378, 379, 380, 406, 423, 429, 450
전정田丁 32, 125, 321, 390
전주田主 201
전주銓注 54, 192, 261
전최 186
전품 98
전함관 117, 149, 150, 151, 152, 153, 154, 155, 156, 157, 159, 161, 162, 256, 259, 265,

298, 421, 422, 437, 454, 455, 456
전호 42, 50, 350, 430, 463, 464, 469
정군 279, 281, 282, 283, 286, 292, 314, 315, 332, 341, 352, 353, 357, 366, 367, 383, 398
정도전 6, 110, 112, 119, 120, 122, 123, 129, 131, 135, 140, 141, 142, 176, 181, 184, 188, 191, 194, 195, 208, 229, 230, 251, 300, 301, 383, 452, 458, 459, 463
정몽주 110, 127, 140, 142, 143, 300
정병正兵 152
정액제 151, 155, 156, 159, 160, 256, 292, 307, 343, 367, 369, 371, 372
정용 102, 125, 328, 389, 390, 391
정정正丁 281, 283
제술업 55, 56, 57, 58
제조提調 131, 187, 301
조관朝官 265
조민수 137
조세형평성 121, 237, 268, 400, 437
조용조 42, 246, 250, 380, 390, 396, 429, 432, 433, 437
조준 6, 112, 120, 122, 131, 135, 136, 137, 140, 141, 142, 148, 165, 176, 181, 184, 188, 195, 208, 227, 229, 230, 232, 251, 299, 300, 305, 337, 338, 339, 382, 401, 402, 404, 446, 448, 449, 450, 451, 452, 453, 454, 455, 457, 458, 459, 460, 463
조포調布 102, 250, 383, 388, 390, 391
족망 19, 21, 22, 23, 65, 86
종백근從白根 199, 207, 209, 210, 213, 214, 215, 219, 220, 222, 262, 263
종부위량 147, 170, 259
종친불임이사宗親不任以事 19, 86
주도오 요시유키周藤吉之 227, 286, 464
준공식호 328, 344
중간계급 21, 22, 37, 40, 41, 42, 43, 44, 45, 46, 54, 60, 63, 64, 65, 101, 103, 115, 118, 125, 149, 160, 165, 245, 246, 248, 250, 256, 258, 327, 364, 387, 392
중간신분 29, 31, 32~33, 36, 43, 60, 115, 245, 246
중류층 26, 244, 246
중소지주 46, 107, 108, 110, 113, 116, 118, 126, 129, 130, 140, 161, 176, 197, 205, 208, 210, 213, 222, 252, 257, 262
지방세력 24, 39, 40, 66~68, 85, 249, 268
지배정당화 논리 70, 119 ☞이데올로기
지승종 443
지주-소작제 168 ☞ 병작
직계가족 353, 363, 373

직역 33 ☞ 신역
직역호 320, 321, 323, 364
직전제 159
진고 151, 217, 330
진골 66, 68, 86
진전陳田 50, 51, 213~219, ☞무고진전, 유고진전
진황지 132, 205, 208, 214, 216, 382, 393
징병제 150, 152, 329, 330, 332, 333, 336, 340

| 차 |

참지정사 80, 81, 82
창고궁사倉庫宮司 135, 226, 227, 228, 233, 254, 263, 396
채웅석 16, 28
처간 133, 167, 466
천리天理 111
천망 193, 194
천인 26, 30, 31, 55, 60, 116, 117, 144, 146, 170, 171, 245, 252, 259, 270, 276, 277, 296, 304, 337, 338, 339, 366, 369, 427
천자수모법 170
천적賤籍 302, 303, 304
첨설직 161, 165, 454
청대請臺 233, 265
초음직初蔭職 185
총재 122, 123
최선혜 163
최승희 181
최완기 461
최이돈 190
최정환 81
최종석 35
최충행 48, 57
출군 400, 410, 434, 442
충순위 154, 155, 156, 157, 195, 256
취재 120, 184, 185, 259, 349
치사 5, 162, 173, 181, 239, 260, 421, 422
칭간칭척 146, 256

|타|

타카와 고조田川孝三 376, 460
토지국유제 131, 200, 464
토지분급제 72, 94~100, 102
토지소유권 196, 199~200, 209, 214
토지이용권 196, 198~199
토지환수 129
통혼권 16, 18
특권의식 72, 103, 119, 120, 121, 123, 249, 252, 259, 268, 270

|파|

판사 76, 80, 93, 187, 192, 193
판정백성 340
편제호 309, 310, 371
평민 47
품군 102, 328, 388, 389, 390, 391

|하|

하륜 7, 176, 177, 193, 212, 237, 379, 423, 424, 465, 466
한산관閑散官 229
한영국 279
한인전 43
한충희 187
한희숙 284, 285
행정기구(관) 75, 83, 90, 92, 187, 190
향공 33, 46, 55, 321
향교 148, 149, 256, 286, 287, 349, 350
향리 21, 22, 165~166
현관現官 156, 157, 185, 229, 456
협호 306, 311, 344, 345, 346, 347, 348, 349, 351, 352, 354, 357, 358, 371, 372
호구제 276
호급둔전 416
호등적 235, 264, 403, 404, 406, 407
호등제 125, 235, 236, 237, 240, 241, 264, 265, 290, 291, 380, 400, 402, 403, 404, 405, 406, 407, 408, 415, 416, 428, 434, 437, 440 ☞3등호제, 5등호제
호별봉족 312, 368, 370
호장 34, 46, 55, 56, 115, 325, 336

찾아보기 | 485

호적 39, 42, 59, 70, 116, 117, 126, 145, 148, 160, 246, 247, 254, 276, 277, 278, 279, 282, 283, 289, 290, 291, 292, 293, 294, 295, 296, 297, 298, 299, 300, 301, 302, 303, 304, 305, 306, 307, 308, 309, 310, 317, 319, 320, 321, 322, 323, 324, 325, 326, 327, 328, 329, 334, 335, 336, 337, 338, 339, 340, 341, 342, 343, 346, 347, 348, 349, 350, 351, 352, 353, 354, 355, 356, 357, 358, 359, 360, 364, 365, 366, 367, 368, 369, 370, 371, 372, 373, 377, 378, 382, 384, 385, 388, 389, 392, 394, 395, 401, 402, 405, 406, 407, 410, 425, 429, 430, 437 ☞국보호적
호족 85
호패법 309, 313, 345, 347, 357, 368, 373
호포 136, 176, 235, 264, 391, 403
홍승기 59, 386
화외지민 化外之民 32
화척 31, 147, 208, 299, 307, 355, 356
확대가족 353
환관 233
환수 72, 96, 97, 98, 100, 102, 103, 128, 129, 131, 250, 253 ☞분급
환시 215, 231, 232, 264
황무지 133, 161, 209, 254, 263, 469
황원전 199, 445, 446, 447, 449, 469
황한지 198
횡간 225, 232, 234, 264
후궁 228~231

終